한국의 과학과 문명 011

한국 천문학사

"이 저서는 2010년도 대한민국 교육부와 한국학중앙연구원(한국학진흥사업단)을 통해 한국학 특정분야 기획연구 (한국과학문명사) 사업의 지원을 받아 수행된 연구임."(AKS-2010-AMZ-2101)

한국 천문학사

초판 1쇄 발행일 2017년 4월 14일

지 은 이 전용훈

출판책임 박성규
편　집 유예림 · 현미나 · 남은재
디 자 인 조미경 · 김원중
마 케 팅 나다연 · 이광호
경영지원 김은주 · 박소희
제　작 송세언
관　리 구법모 · 엄철용

펴 낸 곳 도서출판 들녘
펴 낸 이 이정원
등록일자 1987년 12월 12일
등록번호 10-156
주　소 경기도 파주시 회동길 198
전　화 마케팅 031-955-7374 편집 031-955-7381
팩시밀리 031-955-7393
홈페이지 www.ddd21.co.kr

I S B N 979-11-5925-217-4(94910)
　　　　 979-11-5925-113-9(세트)

「이 도서의 국립중앙도서관 출판예정도서목록(CIP)은 서지정보유통지원시스템 홈페이지(http://seoji.nl.go.kr)와 국가자료공동목록시스템(http://www.nl.go.kr/kolisnet)에서 이용하실 수 있습니다.(CIP제어번호: CIP2017007477)」

한국의 과학과 문명 011

한국 천문학사

전용훈 지음

지은이 전용훈

서울대학교 천문학과를 졸업하고 대학원 과학사 및 과학철학 협동과정에서 1991년 "조선중기 유학자의 천체와 우주에 대한 이해"로 석사학위를, 2004년에 "조선후기 서양천문학과 전통천문학의 갈등과 융화"로 박사학위를 받았다. 박사학위과정 중 1997~2000년 동아일보사 ≪과학동아≫팀에서 기자로 일했다. 박사학위를 마친 후, 2004년 서울대학교 과학문화연구센터 전임연구원, 2005년 영국 케임브리지대학 니덤연구소 박사후연구원, 2007~2009년 일본학술진흥회(JSPS) 지원 교토산교대학 객원연구원을 지냈다. 2010년 한국천문연구원 선임연구원을 거쳐, 2010~2013년 서울대학교 규장각한국학연구원 인문한국(HK)교수를 지냈고, 2013년 4월부터 한국학중앙연구원 인문학부 교수로 재직하고 있다. 한국 천문학사 관련 연구 이외에도 한국 과학사의 다양한 주제들을 탐구하였다. 19세기 유학자 홍길주(洪吉周)의 수학 연구, 최한기(崔漢綺)의 철학과 서양 과학의 관계, 뉴턴 과학에 대한 한·일 학자의 태도 비교, 서양 점성술 문헌의 조선 전래 등에 관한 연구를 하였다. 전통과학과 천문학의 상식을 담은 대중서로 『물구나무 과학』(문학과지성사, 2000), 『천문대 가는 길』(이음, 2008)을 썼고, 불교계 탄생점성술에 관한 일본어 책을 『밀교점성술과 수요경』(동국대출판부, 2010)으로 번역하였다. 동아시아의 역법과 역서, 우주론, 점성술에 관한 글로 여러 가지 공동 저술에 참여하였다.

〈한국의 과학과 문명〉 총서

기획편집위원회
연구책임자_ 신동원
전근대팀장_ 전용훈
근현대팀장_ 김근배
전 임 교 수_ 문만용
　　　　　　 김태호
전임연구원_ 전종욱
　　　　　　 신향숙

일러두기

- 옛 서명과 인명은 각 장마다 처음에 등장할 때 한자를 병기하고 이후에는 가독성을 위해 가급적 한자 병기를 생략했으나, 그 노출 간격이 긴 경우 다시 병기했다.

- 중국인명의 경우 전통시대 인물은 한자음대로 표기하고 근현대 인물은 중국어 음으로 표기했으며, 일본인명은 일본어 표기법에 따라 표기했다.

- 한국 천문학사 관련 주요 인물 외에도 시대 파악에 필요한 인물의 생몰연도를 표기했으며, 생몰연도가 미상인 인물에 대해서는 이를 따로 밝히지 않았다.

- 주석은 미주로 하고, 각 장별로 번호를 다시 매겨 정리했다.

- 인용 그림은 최대한 소장처와 출처를 밝히고 저작권자의 허락을 얻었으나 일부 저작권자를 찾지 못하여 게재 허가를 받지 못한 사진은 확인되는 대로 통상 기준에 따른 허가 절차를 받기로 한다.

〈한국의 과학과 문명〉 총서를 펴내며

우리나라는 현재 세계 최고 수준의 메모리 반도체, 스마트폰, 디스플레이, 철강, 선박, 자동차 생산국으로서 과학기술 분야의 경이적인 발전으로 세계의 주목을 받고 있다. 그것을 가능케 한 요인의 하나가 한국이 오랜 기간 견지해온 우수한 과학기술 문화와 역사 속에 있다고 우리는 생각한다.

문명이 시작된 이래 한국은 항상 높은 수준을 굳건히 지켜온 동아시아 문명권의 일원으로서 그 위치를 잃은 적이 없었다. 우리는 한국이 이룩한 과학기술 문화와 역사의 총체를 '한국의 과학문명'이라 부르려 한다. 금속활자·고려청자 등으로 대표되는 한국 과학문명의 창조성은 천문학·기상학·수학·지리학·의학·양생술·농학·박물학 등 과학 분야를 비롯하여 금속제련·방직·염색·도자·활자·인쇄·종이·기계·화약·선박·건축 등 기술 분야에서도 다양하게 분명히 드러난다.

우리는 이런 내용을 종합하는 〈한국의 과학과 문명〉 총서를 발간하고자 한다. 이 총서의 제목은 중국의 과학문명에 대한 새로운 인식의 지평을 연 조지프 니덤(Joseph Needham)의 『중국의 과학과 문명』을 염두에 두고 만들었다. 그러나 니덤이 전근대에 국한한 반면 우리는 전근대와 근현대를 망라하여 한국 과학문명의 총체적 가치와 의미를 온전히 담은 총서의 발간을 목표로 한다. 나아가 한국의 과학과 문명이 지닌 보편적 가치를 세계에 발신하고자 한다. 지금까지 한국은 세계 과학문명의 일원으로 정당한 가치를 인정받지 못한 채, 중국의 아류로 인식되어왔다. 이 총서에서는 한국 과학문명이 지닌 보편성과 독자성을 함께 추적하여 그것이 독자적인 과학문명이자 세계 과학문명의 당당한 일원임을 입증하고자 한다. 우리는 이 총서에서 근현대 한국 과학기술 발전의 역사와 구조를 밝힐 것이며, 이로써 인류의 과학기술 발전사를 새로이 해명하는 데에 기여할 것이다.

이 총서에서는 한국의 과학문명이 역사적으로 독자적인 가치와 의미를 상실하지 않았던 생명력에 주목한다. 이를 위해 전근대 시기에는 중국 중심의 세계질서 아래서도 한국의 과학문명이 독자성을 유지하면서 발전을 지속한 동력을 탐구한다. 근현대 시기에는 강대국 중심 세계체제의 강력한 흡인력 아래서도 한국의 과학기술이 놀라운 발전과 성장을 이룩한 요인을 탐구한다.

우리는 이 총서에서 국수적인 민족주의나 근대 지상주의를 동시에 경계하며, 과거와 현재가 대화하고 내부와 외부가 부단히 교류하는 가운데 형성되고 발전되어온 열린 과학문명사를 기술하고자 한다. 이 총서를 계기로 한국 과학문명에 대한 관심과 이해가 더욱 깊어지기를 기대한다.

마지막으로 〈한국의 과학과 문명〉 총서의 발간은 교육부와 한국학중앙연구원 한국학진흥사업단의 지원에 크게 힘입었음을 밝히며 이에 감사를 표한다.

〈한국의 과학과 문명〉 총서 기획편집위원회

이 책에서 나는 한국 천문학사를 보는 관점의 전환을 제안하면서, 한국 천문학사의 의미와 가치를 한국의 역사 속에서 천문학이 수행한 역할에서 찾아야 한다고 주장했다. 천문학사를 구성하는 지식과 활동을 이론적 차원과 실행적 차원으로 나누어 보면, 지금까지 한국 천문학사 연구에서는 이론적 차원에만 중점을 두고 논의해왔으며 실행적 차원에 대해서는 거의 무관심했다는 것을 쉽게 알 수 있다. 이것은 서양 천문학사나 동아시아 천문학사에 대해서도 거의 다를 바 없었다. 애초에 이런 시각은 서양 천문학사 연구에서 제안된 것으로 동서양을 막론하고 오랫동안 널리 받아들여져왔다. 과학사라는 학문을 만들고 발전시킨 서양에서는 현대천문학에 이르기까지 천문학적 지식과 활동의 발전사를 탐구하는 일이 천문학사 연구라는 것을 당연하게 생각해왔다. 그리고 이런 생각은 중국, 한국, 일본을 중심으로 한 동아시아의 천문학사 연구에서도 거의 그대로 수용되었다. 사실 이러한 관점에서 진행한 연구를 통해 동아시아 천문학사에 관한 많은 사실들이 밝혀졌고 어떤 이론적 진보가 이루어졌는지를 이해할 수 있게 되었다.

하지만 나는 이런 관점을 한국 천문학사 연구에 채용할 경우 커다란 문제가 있음을 알게 되었다. 사실 이런 인식은 어느 한순간에 생겨난 것이 아니라, 내가 천문학사를 공부하기 위해 대학원에 진학하던 때부터 최근까지 여러 번 새로 깨닫고 조금씩 생각이 변화한 끝에 도달한 것이다. 이는 과학사 특히 동아시아 과학사는 어떤 학문인가 하는 학문의 정체성에 대한 내 생각의 변화, 그리고 동아시아 전통시대에 천문학은 어떤 학술이었는가 하는 전통천문학의 가치와 의미에 대한 내 생각의 변화와도 깊이 연관되어 있다. 나는 과학사 연구자, 동아시아 과학사 연구자 그리고 한국 천문학사 연구자는 무엇을 하는 사람인 가를 오래 생각해왔는데, 이런 숙고는 앞으로도 계속될 것이다.

과학사가 학문으로 성립하여 발전한 서양에서는 과학사를 'History of Science'라고 부르는데, 문자 그대로 번역하면 '과학의 역사'이다. 나는 오랫동안 내 연구에서 '과학'과 '역사' 가운데 어느 것이 더 본질적인지를 생각해왔고, 또 지금도 여전히 생각하고 있다. 현재의 시점에서 내가 얻은 결론을 말한다면, 나 는 과학이 더 본질적이라고 생각하며 과학사 공부를 시작했다가 먼 길을 돌아 서 이제는 '역사'가 더 본질적이라고 믿게 되었다. 현재의 나는 역사를 과학의 앞에 두는 과학사 연구자라고 할 수 있다. 과학사 일반에서 동아시아 과학사 로, 다시 동아시아 과학사에서 한국 과학사로, 또 한국 과학사에서 한국 천문 학사로 지역을 바꾸고 분야를 좁히면, 나는 '한국에서의 천문학의 역사'를 탐 구하는 것이 아니라 '한국의 역사 속의 천문학'을 탐구하는 사람이라고 할 수 있다. 천문학의 역사를 탐구하는 천문학사 연구자는 천문학을 역사보다 앞세 우는 반면, 역사 속의 천문학을 탐구하는 사람은 역사를 천문학보다 앞세운다. 이 책의 제목은 '한국 천문학사'인데, 이것은 내가 '한국의 역사 속의 천문학' 을 탐구한 결과물이라고 할 수 있다. 그리하여 나는 '천문학'보다는 '역사'를 앞 세우고, 그 역사가 다른 무엇이 아닌 '한국의' 것이라는 점을 천문학을 통해 드 러내려고 하였다.

근대 이전의 중국에서 이루어진 '과학의 역사'를 탐구한 대표적인 서양 사람 이 조지프 니덤(Joseph Needham, 1900~1995)이다. 그는 중국 과학사를 가치 있는 학문의 반열에 올려놓은 기념비적이고 방대한 『중국의 과학과 문명(Science and Civilisation in China)』이라는 책을 저술하였다. 그가 했던 작업의 핵심은 중국에 서 과학의 역사를 탐구하는 것이었다. 니덤의 저작 속에는 '하늘의 과학(the Sciences of the Heavens)'이라는 제목의 중국 천문학사도 포함되어 있는데, 그는 여기 에서 중국에서 있었던 천문학의 역사를 기술하려고 하였다. 니덤의 '중국 천문학사'는 두 가지 점에서 내가 기술하려고 하는 '한국 천문학사'와 다르다고 할 수 있다. 우선 천문학사의 대상으로 삼은 나라, 혹은 문화공동체가 중국과 한국으로 다른 것은 두말할 필요가 없다. 보다 더 본질적이고 중요한 차이는, 니덤은 중국의 역사보다는 천문학을 앞에 두었던 반면 나는 한국의 역사를 천문학보다 앞에 두고자 한다는 점이다.

처음 천문학사 공부를 시작했을 때부터 오랫동안 나는 니덤이 중국 천문학사에서 했던 것과 마찬가지로 한국의 천문학사에서 어떤 천문학 이론이 창안되고 발전되었는지, 한국의 천문학이 얼마나 과학적이었는지를 찾으려고 노력했다. 하지만 한국 천문학사에 관한 지식을 쌓고 연구를 진행할수록 이런 목표는 쉽게 달성할 수 없었을 뿐만 아니라, 오히려 한국 천문학사는 중국 천문학사의 아류이거나 중국의 천문학을 답습한 보잘것없는 역사로 보일 뿐이었다. 예를 들어 중국에서 개발된 수시력(授時曆)은 현대천문학에서도 인정할 만한 정도의 정확한 천문 상수를 채용하였고, 이런 수치를 얻기 위해 방대하고 정교한 관측을 수행하였으며, 천문학적 계산을 위해 창의적이고도 수준 높은 수학 이론을 적용하였다. 그래서 수시력은 중국식 역법의 정수라는 평가를 받아왔다. 하지만 한국 천문학사에서는 수시력처럼 우수한 역법은 고사하고 단 한 번도 독자적인 역법을 개발한 일이 없었다. 욕심을 줄이고 줄여서 사소한 천문학 이론의 창안이라도 찾아보려 했지만 그마저도 거의 찾을 수가 없었다. 결국 한국 천문학사는 중국 천문학사의 저열한 아류이자 답습일 뿐인가.

하지만 한국 민족이 역사기록이 증거 하는 한에서 최소 2천5백 년 이상을 독자적인 역사 및 문화공동체로 존속해왔다는 사실은 무엇을 말하는가. 이런 유구한 한국의 역사 속에 있었던 천문학이 중국 천문학의 아류이자 답습일 뿐일 수 있을까. 역사기록들을 검토해보면, 한국의 역사만큼이나 그 역사 속에서 실행된 천문학의 역사 또한 유구한 것이었다. 그렇다면 한국사에서 이루어진 천문학의 역사는 그만한 의미와 가치가 있는 것이 아닐까. 나는 이런 생각을 붙잡고 여러 해를 보냈다.

　최근에야 나는 한국 천문학사의 연구 목표와 역사적 실상과의 괴리가 생기는 이유를 알게 되었다. 그것은 서두에 말한 '과학의 역사'를 탐구하려는 목표를 지닌 채 '역사 속의 과학'을 탐구했기 때문에 벌어진 일이었다. 바꾸어 말하면, 한국의 역사 속의 천문학에서 보편적인 천문학의 역사를 찾으려고 했기 때문이었다. 니덤과 그 후학들, 그리고 최근까지의 나는 중국과 한국에서 과학의 역사를 탐구하고자 하였다. 그런데 중국과 한국의 역사 속의 과학은 애초부터 그리고 본질부터 우리가 찾으려고 했던 그 '과학'이 아니었다. 동아시아 역사에 있었던 과학은 서양의 역사에 있었던 그 과학이 아니다. 그럼에도 불구하고 우리는 동아시아 역사 속의 과학에서 서양의 과학을 찾으려고 했다. 마찬가지로 한국의 역사 속의 천문학에서 서양 천문학에서 도출한 진보, 발전, 의미, 가치 등을 찾으려고 했다. 그 결과 한국의 천문학사는 아무런 진보, 발전, 의미, 혹은 가치가 없는 역사로 인식되고 말았던 것이다.

　우리가 현재 천문학이라고 부르는 것은 서양에서 발생하고 변화해서 오늘에까지 이어지고 있는 특별한 성격의 학술을 말한다. 사실 동아시아의 전통시대에 이러한 천문학은 존재하지 않았다. 그렇다고 해서 동아시아 전통시대에 우리가 천문학이라 부를 만한 것이 전혀 없었던 것은 아니다. 우리가 현재 천문학이라고 부르는 서양 천문학과 일면 유사하고 일면 다른 학술이 동아시아의 전통시대에 존재하였는데, 우리는 그것을 부를 마땅한 이름이 없어서 어쩔 수 없이 그것을 '천문학'이라고 부른다.

　하지만 동서양의 천문학은 그 이름이 같을 뿐, 이 학술에 부여된 이념과 가치를 시작으로 탐구의 목적과 방법, 사회적 기능과 역할, 다른 학술과의 관계 등 많은 것들이 서로 달랐다. 그리고 동아시아의 전통천문학은 오늘에까지 이어진 것이 아니라 19세기 말~20세기 초에 완전히 종언을 고하고 서양 천문학으로 대체되어 단절되어버린 학술이다. 때문에 동아시아의 천문학에서 그것이 현대천문학으로 이어진 천문학의 역사를 탐구할 수는 없다. 그래서 지금까지 많은 학자들은 현대로 이어지지 못한 단절된 역사에 대해 동아시아 천문학은 왜 현대천문학으로 이어지지 못했는지를 탐구하고자 하였다. 그들은 현대천문학에서 중요한 무엇, 혹은 서양 천문학사에서 중요한 무엇이 동아시아의 전통천문학에 있었는가, 있었다면 얼마나 있었는가, 없었다면 왜 없었는가, 그리고 동아시아 천문학은 왜 현대의 서양 천문학으로 발전하지 못했는가를 묻고 이에 대한 답을 찾아왔다.

이런 식의 연구가 지닌 가장 큰 문제는, 서양 천문학과 비교하고 그 수준과 가치를 평가하기 위해 동아시아의 천문학을 원래의 역사적 맥락으로부터 이탈시킨다는 점이다. 비교와 가치 평가의 기준은 항상 현대 서양 천문학이며 나아가 그것에 이르게 된 천문학의 역사인 서양 천문학사이기 때문이다. 우리 속담에 비유하자면, 이런 탐구는 우물에서 숭늉을 찾는 격이다. 숭늉을 기준으로 우물물의 농도를 판정하고 이것이 얼마나 숭늉에 가까운지, 혹은 가까워질 가능성이 있었는지, 왜 우물물은 결국 숭늉이 되지 못했는지를 묻는다. 마찬가지로 한국 천문학사 연구자는 한국의 천문학이 얼마나 서양 천문학 혹은 중국 천문학과 비슷했는지, 혹은 달랐는지, 그것이 왜 서양 천문학이나 중국 천문학처럼 되지 못했는지를 묻고 이에 대한 답을 찾으려고 한다. 그리고 그 결과 한국 천문학사의 사실들이 '한국의' 맥락에서 이탈하고, 연구자는 그것이 원래 한국의 역사 속에서 지녔던 의미와 가치를 서양이나 중국의 관점과 맥락에서 재단해버린다.

나는, 한국 천문학사의 의미와 가치를 제대로 이해하기 위해서는, 한국의 역사 속의 천문학에서 일반적인 서양 혹은 중국 천문학에서 도출된 의미와 가치를 찾으려는 목표를 버려야 한다고 생각한다. 그 대신 한국의 역사에서 천문학이 수행한 역할을 한국사의 맥락에서 이해하려는 목표를 가져야 한다고 생각한다. 서양 천문학사, 혹은 그것과 거의 대등하다고 생각되어온 중국 천문학사와의 비교를 통해서 판단하는 한국 천문학사의 의미와 가치가 아니라, 유구한 한국의 역사에서 천문학이 수행했던 역할을 통해 그 의미와 가치를 드러내는 일이 필요한 것이다.

그리하여 내가 이 책에서 의도한 한국 천문학사는 보편적인 천문학의 발전사에 비추어본 한국의 천문학사가 아니라 한국의 역사 속에서 천문학이 수행한 역할의 변천사가 되었다. 내 관점대로라면, 중국 천문학사는 중국의 역사 속에서 천문학이 수행한 역할의 변천사가 되어야 하겠지만, 중국 천문학사가 무엇이어야 하는지는 내 주제를 넘는 일이다. 하지만 중국 천문학사가 무엇이어야 하는지에 상관없이, 한국 천문학사는 중국 천문학사와 다를 수밖에 없고 나아가 독자적 특질과 가치를 지니는 본질적인 이유가 있다고 나는 믿는다. 그리고 그것은 서양 천문학과 다른 동아시아 천문학의 근본적 특성과 한국 역사의 독특성 때문이다.

동아시아의 전통시대에 천문학은 동아시아인들이 신뢰할 만한 모든 권위와 가치를 최종적으로 의탁했던 하늘에 대한 학술이었다. 하늘의 명(命)을 받은 하늘의 아들, 즉 천자(天子)만이 천문학을 연구하고 실용할 수 있었다. 천문학은 하늘의 명을 읽고 이를 백성에게 전달하는 도구였기에, 천문학의 실행은 천자의 의무이기도 하였다. 이론적으로 천문학은 중국의 천자에게만 실행할 의무와 권리가 있는 학술, 나아가 위정자가 정치를 위해 독점하는 학술, 즉 국가천문학(state astronomy)이었다. 중국에서는 이런 천문학이 당연히 실행되었고 그 역사는 중국 천문학사가 되었다.

그런데 이러한 천문학을 한국 왕조에서 실행할 때, 한국 왕조의 특수한 지위와 지리적 위치가 천문학의 실행에 개입되면서 한국 천문학사의 독특성이 생겨났다. 먼저 천자만이 실행할 수 있는 학문이라는 동아시아 천문학에 부여된 근본이념은 한국 왕조가 중국 왕조와 조공책봉(朝貢冊封) 관계를 맺으면서 한국 왕조에서 천문학의 실행을 근본적으로 제약하게 되었다. 한국 왕조의 위정자는 천자가 아니기 때문에 이론적으로는 독자적으로 천문학을 실행하는 것이 금지되었다. 삼국시대 이후 19세기 말까지 중국의 왕조와 조공책봉의 관계를 맺어왔던 한국 왕조의 천문학, 즉 한국의 천문학은 애초부터 조공국의 천문학으로 제약되었던 것이다.

하지만 전통시대의 동아시아에서 천문학이 실행된 것은 이와 같은 정치성에 더하여 이보다 더 강한 실용적 목적과 천문학의 역할 때문이었다. 천문학은 연월일시의 시간규범을 수립하고 이것을 공동체가 사용하게 함으로써 공동체를 통합하고 문화생활을 영위할 수 있게 하는 필수불가결한 학술이었다. 나아가 동아시아의 천문학은 천체현상을 포함한 자연의 현상이 알려주는 의미를 해석하여 위정자의 올바른 정치 행위와 백성들의 올바른 행동 양식을 규정하는 역할을 하였다. 한마디로 천문학이 없이는 전통시대 동아시아 사회에서 수준 높은 문화생활이 불가능했다고 할 수 있다. 따라서 한국 왕조에서는 조공책봉 관계가 강제하는 제약 속에서도 자국 내에서 독자적인 천문학을 실행할 필요가 있었고, 실행하고자 노력하였으며, 단절 없이 지속적으로 실행하였다. 한국 민족은 공동체로 존재하는 내내 스스로 천문학을 실행함으로써 동일한 시간규범을 공유하는 공동체를 유지하고 수준 높은 문화생활을 영위하였던 것이다. 그리고 한국에서 천문학을 실행한 역사가 한국 천문학사가 되었다.

천문학을 실행할 수 없는 이념적 제약 속에서도 단절 없이 이루어진 천문학의 실행, 이것이 한국의 역사 속의 천문학이 지닌 독특하고도 근본적인 성격이었다. 이 때문에 한국의 천문학은 이론적 차원에서는 중국에서 형성된 천문학 지식을 수용하고 따르면서도 실행적 차원에서는 독자적인 실천으로 한국적 특성을 형성하는 천문학이 되지 않을 수 없었다. 한국의 천문학사에서 이론적 차원의 진보가 거의 보이지 않는 반면, 실행적 차원에서의 활동과 실천에서 중국의 그것과 마찬가지로 독특하고 가치 있는 역사가 생산된 것은 이런 이유 때문이었다.

그럼에도 불구하고, 우리는 지금까지 서양 천문학사에서 얻은 이론적 창안과 진보를 측정자로 삼아 한국 천문학사의 가치와 의미를 평가해왔다. 그러니 한국의 천문학이, 서양 천문학은 고사하고 그보다도 열등한 중국 천문학의 보잘것없는 아류가 아닐 수 있었겠는가. 나는 중국 천문학사의 가치와 의미를 재는 측정자를 서양 천문학사로 삼아온 지금까지의 천문학사의 관점에 동의하지 않는다. 사실 중국 천문학사에는 서양의 기준을 넘는 이론적인 창안과 진보를 어느 정도 볼 수 있고, 또 어떤 경우에는 서양의 그것을 능가하는 것들도 있어서, 그 측정자에 문제가 있다는 것을 인식하기가 쉽지 않다. 그런데 이 측정자를 생각 없이 한국 천문학사로 가져오면 우리의 기대와 역사적 실상과의 괴리가 극명해진다. 한국 천문학사에는 이 측정자를 만족시키는 가치 있고 의미 있는 진보가 거의 없기 때문이다. 내가 천문학 지식과 천문학적 활동을 이론적 차원과 실행적 차원으로 나누어 살펴야 한다고 생각하게 된 이유가 여기에 있다. 나는 한국의 역사 속에 서양의 것과도 중국의 것과도 다른 천문학이 있었으며, 그것이 한국의 역사를 보다 한국적이게 만들었다는 것을 알게 되었다. 그리하여 한국 천문학사 연구는 한국의 역사 속에서 천문학이 수행했던 역할의 의미와 가치를 드러내는 것이어야 한다고 믿게 되었다.

"과학사를 연구하는 사람입니다"라고 내가 자기소개를 하면, 한국에서는 상대가 전공하는 학술 분야에 따라 나를 어떤 사람으로 여기는지가 달라진다. 가장 극명한 두 대조군이 있는데, 문학, 역사, 철학 등을 전공하는 소위 인문학자와 물리학, 수학, 화학 등을 전공하는 소위 과학자이다. 내가 경험한 바로는, 이런 내 소개에 대해, 인문학자는 나를 과학자로 여기는 반면 과학자는 나를 인문학자로 여기는 일이 많다. 인문학자들은 나를 인문학을 모르는 과학자로 여기고 과학자들은 나를 과학을 모르는 인문학자로 깔보는 것 같은 속내도 느껴져 언짢았던 기억도 있다.

나는 얼핏 양편의 판단이 반은 옳고 반은 잘못이라고 생각한 적이 있다. 하지만 지금은 상대에게 온전하게 옳은 판단을 이끌어내는 일은 과학사학자인 스스로에게 달려 있다고 생각한다. 인문학과 과학에 모두 밝은 과학사 연구자, 그것이 옳고 온전한 판단이 되도록 노력하고자 하는 것이다. 한가지도 어려운 마당에 두 가지를 겸전(兼全)한다는 것은 터무니없는 목표처럼 보일지도 모르겠다. 하지만 이렇게 되지 않으면 과학사 연구자는 특히 동아시아 전통시대의 과학사를 연구하는 사람은 독자를 설득할 수가 없다는 것을 나는 잘 알고 있다.

이런 생각은 동아시아 전통과학사의 연구 방법과 서술 방법에 대한 많은 선생님들의 가르침과 스스로의 숙고를 통해 깨달은 바이기도 하다. 동아시아 전통과학사에서는 다루는 지식의 특성상 그 지식의 과학적 원리에 대해 제대로 알지 못하면 사실상 아무런 주장도 할 수 없는 경우가 많다. 예를 들어 이십사절기의 계산 원리와 윤달의 배치 원리를 알지 못하면, 이를 기술하고 있는 한문 사료를 해득할 수 없고, 이 원리를 채용한 역법을 이해할 수 없으며, 그 역법의 특성과 가치도 파악할 수 없다. 만일 한 천문학사 연구자가 절기 계산법과 윤달의 배치 원리에 관한 지식 없이 어떤 역법이 도입된 과정에서 벌어진 일들의 시간적 선후만을 나열하는 글을 썼다고 해보자. 이런 글은 앞서 말한 과학자와 인문학자 양쪽에서 불신하는 글이 되기 십상이다. 과학자는 글쓴이가 천문학 지식도 없이 역사만 나열한 글을 썼다고 나무라고, 인문학자는 글쓴이가 과학만 알고 역사는 모르며 특히 시간적 선후만을 나열한 글에는 역사의식이 없다고 나무란다.

나는 서울대학교 과학사 및 과학철학 협동과정의 석사과정 때부터 과학사 논문은 논지 혹은 주장(argument)이 있어야 한다는 말을 지도교수이신 김영식 선생님과 선배들에게 귀에 못이 박히도록 들어왔다. 그래서 늘 그런 글을 쓰려고 노력하고 있지만 지금까지도 스스로의 글에 내려질 그분들의 비판이 두렵다. 2005년 지도교수님의 추천과 학술진흥재단(현 연구재단)의 지원으로 영국 케임브리지의 니덤연구소(Needham Research Institute)에서 공부하게 되었다. 이곳에서 지내면서 나는 서양인들의 탐구와 논의 방식이 지닌 장점을 다시 확인했다. 이미 알고 있는 대로 서양의 학자들은 주장을 만들어내는 것을 중시하며 서술 방식 또한 주장을 잘 드러낼 수 있도록 논리적으로 잘 조직하도록 훈련받고 그렇게 실천하고 있었다. 그들의 글은 읽기에 흥미롭고 읽고 나면 어떤 메시지를 남겨주는 경우가 많았다.

2007년 말부터 2년간 한국 과학사의 개척자이신 전상운 선생님의 추천과 일본학술진흥회(JSPS)의 지원, 그리고 야노 미치오(矢野道雄) 선생님의 지도로 교토(京都)에서 연구하면서 야부치(藪內淸, 1906~2000) 스쿨에 속한 교토의 여러 선생님들로부터 많은 것들을 새로 배웠다. 교토에서는 천문학사에 관계되는 사소한 역사적 사실부터 동아시아의 역사와 철학을 보는 관점과 연구 방법 등을 배우면서 한국 천문학사 연구자로서의 정체성을 되묻는 소중한 경험을 하였다. 교토의 선생님들은 모두 훌륭한 과학사 연구자였는데, 유서 깊은 교토대학의 중국학 전통 속에서 훈련을 받아 철저한 문헌고증적 연구를 동아시아 과학사에 관철하는 것을 보고 깊은 감명을 받았다.

한국과학문명사총서의 한 권으로 한국 천문학사를 써보라는 권유를 신동원 선생님으로부터 받은 것도 교토에서의 체재가 끝나가던 무렵이었다. 지금 생각해보면, 케임브리지와 교토 두 곳 모두에서 공부할 기회를 얻었다는 자만한 마음에 이번에도 어떻게든 잘되리라는 요행을 믿었던 것인지, 나는 뒷감당은 생각지도 않고 호기롭게 교토의 연구 방법과 케임브리지의 서술 방법을 결합한 책을 써보겠다고 약속했다. 애초에 내 목표는 교토의 학자들처럼 문헌고증에 철저한 방식으로 한국의 역사 속의 천문학을 탐구하여 서양의 학자들처럼 논지와 주장이 분명한 글로 표현해내는 것이었다. 하지만 말이 쉬워 양편의 장점을 결합하는 것이지, 이런 연구와 저술이 현실에서 가능하기도 어려울 뿐더러 그 대상이 선행연구가 거의 없는 한국 천문학사였으니 결심과 동시에 내가 느꼈던 막막함은 표현할 말이 없다. 이상적인 연구 방법과 서술 방식을 채용하는 일 이전에, 한국 천문학사는 단순한 역사적 사실에 대해서도 알려진 것이 거의 없었다. 세종시대의 천문학에 집중된 관심과 연구를 제외하고는 전체가 거의 황무지나 다름없었다. 더욱이 내 목표가 한국의 역사 속의 천문학이었기 때문에 연구의 관점과 목표가 비슷한 선행연구는 거의 찾아볼 수가 없었다.

한국 천문학사를 써보겠다는 호기로운 약속을 감당해내지 못한 채 약 7년이 흘렀다. 그사이 나는 고대부터 삼국시대와 통일신라시대, 고려시대, 조선전기, 조선후기, 19세기, 근대 등으로 시대를 설정하고 각 시대마다 주요한 천문학사의 주제를 탐구하여 학술지에 발표하였다. 2004년에 박사학위논문의 일부로 제출한 조선후기 시헌력의 도입과 시행 그리고 미완의 본국력(本國曆) 시행에 관한 것을 제외하면, 이 책에 실린 내용은 대부분 그간 출간한 논문을 재편집한 것이다. 다만 고려시대 이전의 천문학은 이 책에서 처음 서술하는 것이다. 원 논문의 제목과 출간한 학술지를 이 책의 서술 시대 순으로 나열하면 다음과 같다.

"고려시대의 역법과 역서",『한국중세사연구』39, 2014, 193-257쪽.
"한국천문학사의 한국적 특질에 관한 시론",『한국과학사학회지』38-1, 2016, 1-34쪽.

"정조시대 다시 보기: 천문학사의 관점에서", 『역사비평』 115, 2016, 185-209쪽.
"19세기 조선의 역산매뉴얼 추보첩례", 『규장각』 44, 2014, 93-125쪽.
"19세기 조선에서 서양과학과 천문학의 성격", 『한국과학사학회지』 35-3, 2013, 435-464쪽.
"남병철의 추보속해와 조선후기 서양천문학", 『규장각』 38, 2011, 177-201쪽.
"전통적 역산천문학의 단절과 근대천문학의 유입", 『한국문화』 59, 2012, 37-64쪽.

나는 이 책이 애초부터 한국 과학사 학계나 한국 과학사의 일반 독자들을 향해 알려지지 않은 중요한 사실을 밝혀주고 무슨 뜻 깊은 주장을 하려고 목표하지 않았다는 점을 들어 이 책의 부족함에 대한 독자들의 너그러운 용서를 바란다. 과장과 엄살을 섞어 말한다면, 나는 이 책에서 실로 죽을힘을 다해 고대부터 20세기 초반까지 한국의 역법사를 중심으로 한국의 역사 속의 천문학 이야기를 얽어놓기는 했지만, 이 책을 써보겠다고 결심했을 때에 지녔던 스스로의 포부와 그간에 가르침을 얻은 많은 선생님들의 기대 앞에서는 부끄러울 뿐이다. 특히 천문(天文)과 역법(曆法)이라는 동아시아 전통천문학을 구성하는 두 가지 핵심 분야 가운데 천문에 대해서는 거의 다루지 못한 것이 더욱 그렇다. 그렇다고 일반 독자들의 기대는 충족할 수 있는가 하면 그렇지도 않다. 예를 들어 고구려 고분벽화에 나타난 별자리 그림이나 신라의 첨성대에 대해서는 일반 독자들도 천문학사 연구자의 전문적인 설명을 듣고 싶어 하겠지만, 이 책에서는 다루지 못했다. 그 외 전 시대를 통틀어 이 책에서 다루지 못한 다양한 주제들에 대해서도 하고 싶은 말이 조금씩 있기는 하지만 아직 설익은 것이라 참았다. 또 고려의 선명력(宣明曆), 조선전기의 대통력(大統曆), 조선후기의 시헌력(時憲曆) 등 한국에서 사용된 역산(曆算)의 과학적 원리를 알고 싶어 하는 독자에게는 이 책이 과학을 도외시한 역사 이야기로만 읽혀 아쉬울 수도 있을 것이다. 천문학을 통해 수립한 시간규범은 현재는 미신으로 치부되는 선택(選擇, 택일)과 술수(術數) 문화에 밀접하게 연결되어 있지만 이 책에서는 이에 대해서도 다루지 못했다. 나는 한국의 역사 속의 천문학과 관련된 문화 전반을 포괄하는 서술이어야 보다 바람직한 한국 천문학사가 될 수 있다고 생각한다. 이런 욕심만으로도 벌써 일모도원(日暮途遠)이지만, 앞으로 탐구를 계속하여 현재의 부족을 메워나가 해가 완전히 지기 전에 스스로 목표 삼은 한국 천문학사의 완본을 만들어보고자 다짐한다. 장담할 수 없는 미래의 일이지만, 독자 제현은 이 책에서 느끼게 될 실망을 보다 완결된 책을 기다리는 기대와 바꾸어주기를 바란다. 이 책에서 다룬 대부분의 주제와 그것을 향해 설정한 문제는 거의 전적으로 나 자신의 궁금증과 의문으로부터 비롯된 것이니, 탐구의 결과에 대한 평가도 나 개인에게 한정할 뿐, 내가 사숙(師叔)한 선학들과 학은(學恩)을 입은 여러 선생님 및 동학(同學)에게까지 미치지 않았으면 한다.

아직 턱없는 미완성이라고 할 수밖에 없는 이 부족한 책을 억지로 상재(上梓)하게 된 마당에 부끄러운 가운데서나마 스스로 헤아려보니 필자가 천문학과를 졸업하고 대학원에 진학하여 과학사를 공부하기 시작한 1989년 이후로 많은 시간이 흘렀다. 그럼에도 불구하고 그간 나에게 베풀어준 국내외 여러 선생님들의 학은에 비하면 내가 지닌 자질과 그동안 쏟았던 분투가 그분들의 기대에 턱없이 부족했다는 점이 이 책으로 다시 한 번 분명해진 것 같다. 학부에서 일반 천문학의 기초나 겨우 뗀 필자를 전문적인 한국 천문학사 연구의 길로 이끌어주신 고 유경로(兪景老, 1917~1997) 선생님께는 누구보다 먼저 가장 자랑스러운 제자이고 싶었으나 이 책으로 인해 가장 늦게까지도 미욱한 제자로 남아 있음을 증명한 셈이 된 것 같아 감사하면서도 송구스러울 따름이다. 하지만 결과야 어찌되었든 필자가 학부 4학년 때 선생님이 강의하신 '천문학사'를 수강하지 않았더라면, 그리고 대학원의 시작부터 선생님이 세상을 버리시기까지 10여 년 동안 선생님께서 『증보문헌비고』 상위고, 『서운관지』, 『칠정산내편』 같은 한국 천문학사의 고전들을 직접 해독해주지 않으셨다면, 또 한국 천문학사를 연구하려면 지식 이전에 어떤 태도와 품성을 갖춰야 하는지를 가르쳐주시지 않으셨다면, 필자는 오늘 이 부족한 책이나마 출간하지 못했을 것이다.

석사과정 입학부터 박사학위를 마치기까지 내내 지도교수로서 서양 과학사는 물론 동아시아 과학사의 지식과 함께 전문학자의 글쓰기를 전수해주신 김영식 선생님께 한량없는 감사를 드린다. 미덥지 못한 제자 때문에 오래도록 노심초사하셨을 선생님의 훈육(訓育)이 없었더라면 나는 지금 이런 책을 앞에 두고서도 부끄러움을 몰랐을 것이다. 한국 과학사의 개척자인 전상운 선생님과 박성래 선생님은 나와 동학들에게 한국 과학사라는 학문을 열어주셨고, 송상용 선생님은 언제나 내가 당면한 연구를 채근해주셨기에 그분들께 드려야 할 감사도 끝이 없다. 국외에도 내가 감사를 드려야 할 분들이 많이 있다. 2005년 니덤연구소에서 연구할 수 있게 배려해준 당시 소장 크리스토퍼 컬른(Christopher Cullen) 선생님은 현재에도 나의 한국 천문학사 연구에 대해 관심과 조언을 아끼지 않고 있으며, 또 프랑스 국립과학연구소(CNRS)의 캐서린 자미(Catherine Jami) 선생님은 영국에 체재하던 때부터 내 논문에 조언을 해주고 기회 있을 때마다 나를 학술의 장으로 초대해주고 있다. 일본 교토에서 필자의 지도교수가 되어 인도 및 불교 천문학의 지식을 전수해주신 교토산교대학(京都産業大學)의 야노 미치오(矢野道雄) 선생님, 동아시아 천문학사 연구에서 정확하고 섬세한 천문학 지식의 중요성을 일깨워주신 도시샤대학(同志社大學)의 미야지마 가즈히코(宮島一彦) 선생님, 철저한 문헌고증을 방법 삼아 문사철(文史哲)을 아우르는 전면적이고 총체적인 지식과 관점으로 동아시아 과학사에 접근해야 함을 일깨워주신 교토대학인문과학연구소(京都大学人文科学研究所)의 다케다 도키마사(武田時昌) 선생님 등 세 분이 내게 베풀어주신 학은

은 평생 잊을 수 없다. 세 분의 가르침이 없었더라면 내가 이 책에서 서술한 천문학 지식과 시도한 연구법은 결코 얻을 수가 없었을 것이다.

2016년 9월부터 케임브리지의 니덤연구소에서 1년간 해외파견 연구를 할 수 있도록 허락해준 한국학중앙연구원, 해외파견 연구의 길을 열어준 문화예술학부의 김현 선생님, 그리고 해외 체재에 경제적 지원을 해준 전북대학교 과학문명학연구소에도 감사를 드린다. 학과의 후배 교수인 나의 연구를 늘 격려해주시는 한국학중앙연구원의 최진덕 선생님, 한형조 선생님, 이종철 선생님께 드리는 감사도 빼놓을 수 없다. 고색창연한 학문의 도시 케임브리지에서 이 책의 서론과 고대 부분을 완성하고 원고의 최종본을 탈고할 수 있게 된 것은 위에 열거한 많은 분들의 후원 덕분이다.

이 책의 기획 단계부터 많은 조언을 준, 그리고 현재에도 한국과학문명사 총서발간 프로젝트를 이끌고 있는 전북대학교 과학문명학연구소의 신동원 소장님께 특별한 감사를 드린다. 그는 내가 과학사 공부를 시작한 이래 내내 나에게 날카로운 비판자이자 친절한 조언자였다. 과학문명학연구소의 김근배 선생님, 문만용 교수, 김태호 교수, 신향숙 교수, 전종욱 교수 등에게서 받은 따뜻한 격려와 기대는 물론 악착같은 원고 독촉에 대해서도 감사한다. 역시 혼자 하는 것보다는 여럿이 함께하면 더 수월한 법이다. 또 이 책의 초고를 읽고 여러 사실 오류를 바로잡아주고 내용과 관점에 대해서도 친절한 조언을 아끼지 않으신 경희대학교의 구만옥 선생님께 감사드린다. 거친 원고를 부드러운 책으로 만들어 준 들녘출판사의 박성규 주간님과 편집부에도 감사드린다. 석사과정 때부터 중국 천문학사 공부를 함께하며 순진한 후배를 위해 난잡한 유흥마저 함께해준 전북대학교 과학학과의 이문규 선생님과 거명하기 어려울 정도로 많은 서울대학교 과학사 및 과학철학 협동과정의 선후배님들께 감사한다. 그들로부터 내가 얻은 지식과 지혜는 물이나 공기처럼 넘쳐나는 것이라서 내가 누구에게서 무엇을 받았는지조차 잘 분간되지 않는다. 마지막으로 내가 지닌 모든 사랑과 에너지의 원천이신 어머니와 가난 속에서 본인들의 재능과 기회를 나에게 양보해준 형님들, 누나들 그리고 동생에게도 감사한다. 또한 결혼 후에도 공부를 계속할 있도록 오랫동안 경제적, 정신적 후원을 해준 아내 문주영 과 아들 전인에게도 감사한다.

2016년 11월

전용훈

차례

제3장 고려시대의 천문학

제4장 조선전기의 천문학

제5장 조선후기의 천문학

제6장 19세기 전통천문학의 정점

제7장 전통천문학의 단절과 근대천문학의 유입

제8장 결론: 한국천문학사의 한국적 특징

七政筭内篇卷上

高麗崔誠之從忠宣王在元得授時曆法以還
本國始遵用之然術者且得其造曆之法其日
月交食五星分度等法則未之知也
世宗命鄭欽之鄭招鄭麟趾等推筭悉究得其
妙其所未盡究者加以
睿斷始釋然矣又得大陰大陽通軌於中朝其
法小與此異稍加櫽括為内篇又得回回曆法
命李純之金淡考校之乃知中原曆官有差謬
者而更加潤正為外篇於是曆法可謂無遺憾
矣
太元至元十八年歲次辛巳為元

제1장 서론

한국
천문학사의
구성

1절

연구사

한국의 천문학사를 1권의 통사로 구성하려는 입장에서 선행 업적들을 검토하여 본 작업의 방향을 설정하는 것은 의미 있는 일일 것이다. 가장 최근의 현대적인 작업으로는 유경로의 『한국천문학사연구』(녹두, 1999), 나일성의 『한국 천문학사』(서울대학교출판부, 2000)를 들 수 있다. 또한 역사학적 시각이 부족하나마 한국의 전통천문학을 시대별로 정리하려고 했다는 점에서 박창범의 『한국의 전통과학 천문학』(이화여자대학교출판부, 2007)도 참고할 수 있다.

이상의 책들은 각각의 필자들이 진행한 다년간의 연구 결과를 토대로 한국 천문학사의 흐름을 시대별로 정리하고 있어서 나름대로의 장점을 지니고 있는 것은 사실이다. 유경로의 책은 대체로 그가 번역하고 연구한 『칠정산내편(七政算內篇)』, 『증보문헌비고(增補文獻備考)』 상위고(象緯考), 『서운관지(書雲觀志)』 등의 자료에 의존한 연구 결과를 모아서 만들어진 것이다. 이 책에는 『칠정산내편』의 수치, 홍대용(洪大容)의 지전설, 조선시대의 조석론(潮汐論), 성도(星圖)와 보천가(步天歌)의 역사 등 여러 가지 선구적인 연구 성과들을 수록하고 있지만, 전체가 천문학의 통사로 통일되지 못한 점이 아쉽다. 사실 이렇게 된 이유는, 이 책이 유경로 자신의 기획에 의해 저술된 것이 아니라, 여러 학술지에 발표된 원고들을 그의 사후에 제자들이 편집하여 책으로 묶었기 때문이다.

유경로의 책에서 한국 천문학사의 통사를 구성하려는 우리에게 가장 도움이 되는 부분은 서두에 있는 '한국 천문학사'라는 두 개의 장이다. 여기에서는 한국의 천문학사를 ①삼국시대에서 조선말까지, ②개화기 직전에서 광복 이후까지로 정리하였다. 서술이 자세하지 않음에도 불구하고 한국 천문학사의 거시적인 흐름을 명료하게 정리하고 있다. 삼국시대의 천문학에 관해서는 고분벽화, 관측기록, 역법, 의상(儀象), 천문관서를 다루었고, 고려시대를 대상으로는 관측기록, 제도, 역법, 개성의 첨성대를, 조선시대를 대상으로는 관상감(觀象監), 의상, 관측기록, 역법, 경도(經度)와 위도(緯度), 중성(中星, 절기별 남중성), 천문학자 등으로 분류하여 기술하였다. 한마디로 유경로의 책은 그가 그려놓은 한국 천문학사의 밑그림을 보다 풍부한 사료를 통해 정확하고 세밀하게 기술해야 할 필요를 오늘날의 우리들에게 일깨워준다.

나일성의 책은 신라의 첨성대를 비롯한 천문대의 역사, 한국의 천문도유물과 그 역사, 조선시대의 천문의기와 그 역사, 측우기와 기상학, 한국역법의 변천과 각종 역서 등 천문학사의 다양한 주제에 대해 서술하였다. 주제별 서술의 형식을 취하고 있지만, 각 주제 안에서 역사적인 흐름을 기술하려는 관점을 취하고 있다. 이 책에서 다루고 있는 주제는 대체로 한국 천문학사에서 잘 알려진 것들이다. 대부분 저자의 연구에 기초하고 있기는 하지만, 구사하는 사료들이 소략하고, 과학기술의 발전사를 중시하는 관점에서 천문학사를 기술하고 있는 점은 조금 아쉽다. 또 논의의 주제나 역사적 사실의 중요성을 현대과학 혹은 현대기술의 관점에서 판단하여,

현대의 과학기술에 가까운 것을 중시하고 거기에 더 큰 의미를 부여하는 경향이 있다.

박창범의 책은 고대에서는 고구려 고분벽화의 천문도와 천문현상 기록, 고려시대에서는 천문기록과 천문대, 조선시대에서는 천문기록, 천문도, 관측기기, 천문학 제도와 역법 등을 다루고 있다. 대체로 시대적인 흐름을 중시하는 통사적 기술로 보이기는 하지만, 실제로 다루고 있는 내용을 보면 천문도와 관측기록에 치우쳐 있다. 박창범이 주로 연구한 것이 이 주제들이었기 때문이겠지만, 그 밖의 주제들에 관해서는 기존의 연구 성과를 간단히 소개하는 데에 그치고 있다. 통사적인 형식을 취하려고 하였지만, 다루는 주제가 제한되고 본인의 연구 분야에 국한된 서술에 머물고 있는 점은 아쉽다. 박창범의 서술에서도 현대과학 혹은 현대기술의 관점에서 역사적 사실을 평가하려는 경향이 있다는 점도 부정할 수 없다.

이들 책보다 앞서 저술된 책 가운데 고려대학교 민족문화연구소에서 전집으로 발행한『한국문화사대계』(고려대학교 민족문화연구소출판부, 1965)의 제5권 과학·기술사 분야에 전상운이 집필한 "한국천문기상학사"가 있다. 이 책에서는 ①천문학적 우주론, ②천문도, ③천문의기의 발달, ④역법의 발달, ⑤관측과 기록, ⑥기상학 등으로 항목을 구성하였다. 이 가운데 기상학을 제외하면, 천문학사에 대해서는 다섯 개의 항목을 설정한 셈이다. 대체로 한국 천문학사의 기술 대상이 될 만한 분야들을 망라하고 있다. 하지만 기술된 내용을 보면, 각 분야의 역사적 추이를 서술하려고 하였지만 사료의 제약 때문에 고대와 고려시대의 내용은 매우 소략하고, 조선시대의 천문학사를 중심으로 한 기술이 되었다. 또 구사하는 사료의 측면에서도『증보문헌비고』상위고,『조선왕조실록』,『서운관지』등 기본 사료만으로 조선시대 천문학사의 주요 사실을 기술하는 데에 머물고 있다. 당시까지 한국 천문학사에 관해서는 축적된 연구가 거의 없었기 때문에 전상운 자신의 연구에 기초한 개략적 서술에 만족할 수밖에 없었을 것이다.

1960년대 이전에 한국 과학사의 통사로 구성한 책에서도 천문학 분야의 역사를 다룬 경우를 검토해볼 수 있다. 이에 해당하는 책으로 홍이섭의 『조선과학사』(東都書籍株式会社, 1944 일어판; 正音社, 1946 한글판)와 전상운의 『한국과학기술사』(과학세계사, 1966; MIT Press, 1974 영문판; 正音社, 1976 한글판)가 있다. 홍이섭의 책에서는 삼국시대, 고려시대, 조선시대의 과학사를 구성하는 여러 내용 가운데 하나로 천문학과 역법에 관련된 내용을 '천문과 역상(曆象)', '측후(測候)' 등의 항목에서 서술하고 있다. 그러나 천문학사의 내용이 과학사 전체를 다루는 책의 일부로 들어가 있기 때문에, 내용이 상당히 소략하고 분산된 일차 사료를 정리한 정도에 머물고 있다. 전상운의 책에서는 천문학, 기상학, 물리학과 물리기술, 화학과 화학기술 및 제약학, 지리학과 지도 등으로 분야를 나누고, 이 가운데 한 가지 분야사로 천문학사를 다루고 있다. 하지만 내용은 1965년 발행된 『한국문화사대계』의 일부인 '천문기상학사'의 서술에서 크게 심화되거나 확대되지는 않았다.

한편 최초의 근대적인 한국 천문학사는 미국인 선교사이자 천문학자였던 칼 루퍼스(W. Carl Rufus, 1876~1946)에 의해 저술되었다.[1] 이 글은 『증보문헌비고』 상위고, 『서운관지』, 『성호사설(星湖僿說)』 등에 의지하여 단군(檀君) 시대로 추정되는 마니산 참성단(塹星壇)의 성신(星神) 숭배로부터 1908년에 간행된 최초의 근대적 천문학 교과서인 정영택(鄭永澤)의 『천문학(天文學)』에 이르는 한국 천문학의 역사를 서술하였다. 오늘날의 관점에서 보기에, 이용한 사료가 제한적이기 때문에 논의의 깊이와 내용의 범위가 만족스럽지 못한 점은 있다. 하지만 이 글은 한국 천문학사의 가치를 한국 사회에 각인시켰으며, 나아가 한국 천문학사 연구의 필요성을 환기시킨 획기적인 저술이라고 할 수 있다. 삼국시대, 고려시대, 조선시대 천문학사에 관해 루퍼스가 주목한 거의 모든 내용들이 이후 한국의 연구자들에게 주목되었다. 한국 천문학사 연구의 출발점과 방향을 결정하는 역할을 한 저술이다.

루퍼스는 단군이 건국한 고조선시대의 성신 숭배나 기자(箕子)조선시대에 관한 설화적인 내용을 천문학사의 시발점으로 설정하고 있다. 삼국시대의 천문학으로는 그가 고구려 천문학의 흔적을 담고 있다고 생각한 천상열차분야지도(天象列次分野之圖), 첨성대(瞻星臺), 천문도(天文圖), 천문박사(天文博士)와 누각박사(漏刻博士) 제도, 천변(天變) 관측 등을 언급하였다. 고려시대의 천문학으로는 개성의 첨성대(瞻星臺), 고려의 위력(僞曆), 최성지(崔誠之)의 수시력(授時曆) 도입, 강보(姜保)의 『수시력첩법입성(授時曆捷法立成)』의 성립, 오윤부(伍允孚)의 천문도(天文圖) 등을 기술하였다. 조선시대의 천문학으로는 권근(權近, 1352~1409)의 주도로 만들어진 태조대의 석각(石刻) 천문도인 천상열차분야지도2와 거기에 기술된 고대 6가(六家)의 우주론, 세종 때의 역법 연구, 각종 천문의기의 제작 및 관측, 혼천의 제작, 조선후기 서양과학과의 접촉, 김육(金堉, 1580~1658)에 의한 시헌력(時憲曆)의 도입, 최유지(崔攸之, 1603~1673)의 선기옥형(璇璣玉衡), 성변측후단자(星變測候單子) 등 관측기록 사료, 숙종(肅宗) 때의 천문시계의 제작, 허원(許遠, 1671~1729))의 『세초류휘(細草類彙)』, 백중력(百中曆) 천세력(千歲曆) 등의 역서, 정조(正祖) 때의 천문학자인 김영(金泳, 1749~1817), 철종(哲宗) 때의 남병철(南秉哲, 1817~1863)과 남병길(南秉吉, 1820~1869) 형제, 『신법보천가(新法步天歌)』를 편집한 이준양(李俊養) 등을 언급하고, 『성경(星鏡)』을 중심으로 조선후기의 성도(星圖)의 변천과 항성관측에 대해서도 다루었다. 1896년 태양력의 채택을 언급하였고, 근대적 천문학으로의 전환의 예로 1908년 출간된 정영택의 『천문학(天文學)』을 언급하였다. 이와 같이 루퍼스의 글은 한국사의 전 기간에 걸쳐 천문학사의 중요한 사실이나 주목해야 할 주제들을 거의 망라하고 있다.

하지만 루퍼스는 외국인으로서 한문으로 된 1차 사료에 접근하는 데 한계가 있었기 때문에 각 주제들에 대한 세심한 논의에는 진입하지 못한 점이 아쉽다. 또한 현대 천문학자로서 한국의 천문학사를 과학적 혹은 과학자적 입장에서 이해함으로써 한국 천문학사의 내적 맥락에 대한 고려가거의 없었다는 점도 루퍼스의 기술이 지닌 아쉬움이다.

한국 천문학사의 구성을 위해서는 루퍼스의 연구에서부터 시대를 더거슬러 올라가 전근대 시대에 이루어진 한국 천문학사 연구 및 기술로부터도 도움을 얻을 수 있다. 18세기 후반 조선 영조 때 서호수(徐浩修, 1736~1799)에 의해 집필된 『동국문헌비고(東國文獻備考)』 상위고(象緯考)는한국 천문학사를 구성하기 위한 좋은 선례를 제공해준다.[3] 전체 6권으로이루어진 이 책은 권1에서 한국의 역사에서 역법과 역서의 사용에 관한추이, 서양천문학 전래 이후의 우주구조, 천체의 운동 특성, 항성과 별자리, 그리고 세차운동으로 인한 항성의 위치 변화 등을 기술하였다. 권2에서는 28수의 황적경위표(黃赤經緯表), 28수의 황적도 점유범위[黃赤宮界], 북극고도(北極高度, 위도), 동서편도(東西偏度, 경도), 중성(中星) 등에 관하여 다루었다. 이어서 권2의 말미에 의상(儀象)이라는 항목을 두어, 간의(簡儀)와여러 관측기구를, 그리고 자격루(自擊漏)를 대표로 한 보시(報時) 기구를 서술했다. 권을 달리하여 권3에서는 측시(測時)와 보시 기구에 관련된 시간측정의 역사, 물시계 부전(浮箭, 측정자)의 규모와 사용법, 신혼대종(晨昏大鐘)을 이용한 보시체계의 역사 등에 대해 서술했다. 권4, 5, 6은 일월식(日月食), 엄폐(掩蔽), 객성(客星), 혜성, 그 외의 천변 등 역대 천문현상의 기록을망라하였다.

삼국에서 18세기 후반까지의 한국의 천문학에 관한 통사(通史)를 목표로 했다고 할 수 있는 서호수의 상위고는 한국 천문학사에서 다룰 만한 내용들을 거의 망라했다고 할 수 있다. 그런데 서술된 내용을 몇 가지 분야로 나누어보면, 각 분야마다 동원된 사료의 후박(厚薄)이 다르고, 분야마다 일관된 역사적 전통을 찾을 수 있는가의 여부가 다르다는 것을 알수 있다. 풍부한 사료가 사용되었고 장기간에 걸친 역사적 전개과정이 잘드러난 분야는 우선 ①역법과 역서의 사용에 관한 것과 ②천문현상의 관측과 기록에 관한 것이다. 이것은 달리 말해서 동아시아 천문학을 구성하는 기본 요소인 역법(曆法, 수리천문학)과 천문(天文, 천변점성술)의 전통이 한국 천문학사에서도 통사적 흐름으로 존재했었다는 것을 시사한다.

한편 조선 초기의 천문학자인 이순지(李純之, 1406~1465)는 『제가역상집(諸家曆象集)』에서 중국의 역대 전적(典籍)에서 자료를 뽑아 동아시아 천문학의 역사를 정리한 일이 있다. 여기에 사용된 사료들은 모두 중국의 것이기에 이것은 간략한 중국 천문학사라고도 할 수 있다. 이순지는 중국의 천문학사를 ①천문(天文): 우주와 천체에 대한 이론의 역사와 점성적 관념을 포함한 항성관측사, ②역법(曆法): 역서 제작을 위한 수리천문학의 역사, ③의상(儀象): 천문관측기구의 역사, ④구루(晷漏): 시간 측정 기구와 보시기구의 역사로 정리하였다.

이 구성 체계에 서호수가 편찬한 상위고의 내용을 대입해보면, 한국 천문학사의 서술 방향을 결정하고, 한국 천문학사에서 한국적 특징을 추출할 수 있는 가능성을 볼 수 있다. 우선 한국 천문학사는 중국의 천문학사와 마찬가지로 천문과 역법이라는 전통천문학을 구성하는 주요한 두 분야사를 중심으로 구성하는 것이 자연스러울 것이다. 나아가 의상과 구루를 이 두 분야사의 서술에 연결시켜 천문학의 전체사 속에서 한국적 특질이 드러나도록 할 필요가 있다. 상위고의 서술 내용 가운데 의상(儀象)에 관한 서술은 소략할 뿐만 아니라 이 분야에서 거론되는 관측기구들은 한국적 기원을 갖는 것은 거의 없다. 또한 구루, 즉 측시(測時)와 보시(報時)의 분야는 역법의 사용과 밀접한 관련을 지닌 것으로 이 분야의 역사를 역법의 실행과 연결하여 이해하게 되면, 여기에서 한국적 특질들이 잘 드러나게 된다. 구루의 분야에서 다루어지는 시간(時間)은 기준지(基準地, standard point)에 달려 있기 때문에, 이 분야의 지식과 활동에는 근본적으로 지역성이 개입된다. 지방시의 기준이 되는 중성의 수정이 이루어진 역사나 앙부일구(仰釜日晷)와 자격루(自擊漏) 등으로 대표되는 측시와 보시 기구에서 중국의 그것과 구별되는 한국의 독자적인 전통이 드러나는 것도 이 때문이다.

장구한 한국의 역사 속에서 이루어진 천문학이라는 지적, 실천적 활동이 어떻게 이루어지고 또 변화해왔는지를 보여주는 것이 한국 천문학사의 가장 큰 목표이다. 필자는 한국의 천문학사를 통해, 중국적 보편성과 한국적 특수성[지역성]이라는 두 가지 성격이 우리 역사에서 어떤 모습으로 발휘되는가를 드러내려고 한다. 그러나 현재까지 이루어진 한국 천문학사 연구의 성과를 볼 때, 한국 천문학의 통사를 완결한다는 것은 매우 어려운 일이다. 특히 삼국시대와 고려시대에 대해서는 루퍼스의 연구로부터 최근의 유경로 등의 연구에 이르기까지 『증보문헌비고』의 단편적인 기록에 의지하는 정도에서 심화되지 못하고 있다. 때문에 이 책에서는 통사적인 흐름을 가장 잘 보여줄 수 있는 역법사를 중심으로 하여 고대부터 근현대에 이르는 한국 천문학의 역사를 시론적으로 구성하고자 한다. 전통천문학을 구성하는 또 다른 축인 천문 분야의 역사에 대해서는 필자의 연구가 아직 충분치 않을 뿐 아니라, 이 분야에 관한 선행 연구도 불충분한 상황이기 때문에, 차후의 과제로 삼고자 한다.

2절

서술의 범위와 자료

1. 시간적 범위

한국 천문학사에 관한 최초의 통사라고 할 수 있는 루퍼스의 "한국의 천문학(Astronomy in Korea)"에서는 단군이 B.C. 2333년에 태백산(太白山, 백두산)을 중심으로 세웠다는 전설이 전해 내려오는 고조선(古朝鮮)으로부터 1908년에 정영택(鄭永澤)이 출간한 『천문학(天文學)』까지를 한국 천문학사의 시간적 범위로 삼고 있다.[4] 약 4,300년을 포괄하는 역사인 셈이다. 하지만 삼국시대 이전의 역사에 대해 신뢰할 만한 역사기록이 거의 없기 때문에, 고대 한국의 천문학사를 구성하는 데에는 상당한 어려움이 있다. 고대 한국의 역사를 구성할 수 있는 상당한 자료들이 20세기 이후 고고학적 발굴을 통해 알려지고 있으나, 천문학사의 구성에 의미 있는 것은 여전히 드물다.

삼국시대 이전에 한반도의 북부 지역에 존재했다고 추정되는 국가로 고

조선과 부여(夫餘)가 있다. 먼저 고조선이 언제 형성되었는지는 확정할 수 없으나, 한국사에서는 한반도 북부와 남만주 지역에 분포하던 한민족의 조상들이 가장 이른 시기에 형성한 국가로 인정되고 있다. 중국에서 기록된 신뢰할 만한 역사기록에 따르면, 청동기문화를 기초로 한 고조선은 기원전 3세기에 중국 전국시대의 연(燕)나라와 충돌하였고, 기원전 2세기 초 (B.C. 194)에 북중국에서 온 이주민 집단에 의해 왕실이 교체되었다. 이 집단의 우두머리가 위만(衛滿)이었기 때문에 이를 위만조선(衛滿朝鮮)이라고 한다. 이후 고조선은 철기문화의 사회로 진입한 것으로 생각된다. 그러나 B.C. 108년 한(漢)나라의 침공으로 고조선은 멸망하고, 그 지역에 한나라의 행정조직인 군(郡)이 네 개 설치되었다(한사군).

부여는 기원전 2세기에 중국의 동북, 즉 북만주 지역을 중심으로 성립하여 기원후 5세기말(494)에 다수의 구성원이 고구려에 흡수되기까지 존속했던 나라로 인정되고 있다. 또한 고구려, 백제가 모두 자국의 기원을 부여에 두고 있는 것은 역사기록에서도 확인된다. 특히 부여는 위만조선의 멸망과 한사군의 성립 이후 고구려가 출현하는 기원전 37년까지 중국과는 다른 한민족의 문화적 특질을 보유한 국가로 존재하였으며, 고구려의 건국 이후에도 5세기 말에 이르기까지 고구려와 더불어 만주 지역에서 "민족사 흐름의 큰 줄기 가운데 하나를 담당하는 역사적 실체"로 존재했다.[5]

고조선과 부여에 대한 기록은 한국의 『삼국유사(三國遺事)』를 비롯하여, 중국의 『사기(史記)』, 『삼국지(三國志)』, 『자치통감(資治通鑑)』 등의 사서에 약간씩 흩어져 있다. 그러나 하늘에 제사를 지내는 제천(祭天) 의례에 관한 기록을 제외하면 고조선과 부여의 천문학과 관련된 문화에 대해서는 알려진 것은 거의 없다. 이처럼 고조선과 부여의 경우, 한국사에서 가장 먼저 성립한 국가이기는 하지만, 기원전 3세기 이전의 역사에 대해서는 크게 신뢰할 만한 사료가 없는 실정이다. 따라서 이 책에서 다루는 한국 고대의 천문학사도 이 시기 이후부터 시작할 수밖에 없다.

이 책에서는 한국 천문학사의 시대를 ①고대, ②고려시대, ③조선전기, ④조선후기, ⑤19세기, ⑥근대 등 크게 여섯으로 구분하였다. 전체적으로 왕조의 구분을 따르면서도 역법의 채용과 역산(曆算)의 실행에서 나타나는 특징을 고려한 필자 나름의 시대구분이다.

먼저 고대천문학을 한 장으로 설정하여 고조선부터 통일신라 시기까지를 다루었다. 이 책에서는 신뢰할 만한 역사기록에 기초하여 가장 먼 시기로 고조선이 중국과 접촉하는 B.C. 3세기를 천문학사의 시작으로 설정한다. 이후 B.C. 1세기 무렵의 삼국(고구려, 백제, 신라)의 성립까지를 삼국 이전의 고대천문학으로 다루고, 이어서 삼국의 성립으로부터 통일신라시대까지를 삼국시대의 천문학으로 다루고자 한다. 고조선 말기부터 삼국시대까지는 중국의 영향을 받아 한국에서 고대천문학이 형성되는 단계로 보았다. 이어 삼국시대부터 통일신라시대까지는 중국 왕조와 한국 왕조 사이에 조공책봉(朝貢冊封) 관계가 형성되고 정착되어가면서 고대 한국 왕조의 역법 채용과 역산 활동이 중국의 그것에 동조해가는 시기로 상정하였다.

고려시대는 왕조의 구분을 따라 고려시대의 천문학을 한 장으로 설정하였다. 중국 대륙의 왕조와 고려와의 사이에 형성된 조공책봉 관계를 고려하면서 선명력(宣明曆) 중심으로 진행되었다고 알려진 고려에서의 역법 사용의 상황을 탐구하였다.

조선시대의 경우, 조선이 조공한 국가와 거기에서 채용한 역법에 따라 전·후기가 분명하게 구분된다. 전기는 명나라와 대통력(大統曆, 혹은 수시력)[6] 중심의 역산, 후기는 청나라와 시헌력(時憲曆) 중심의 역산이라는 점을 고려하여, 병자호란(丙子胡亂)을 경계로 조선전기와 조선후기로 크게 구분하였다. 조선시대는 형식과 내용 면에서 한국 전통천문학의 전형이 형성된 시기로 볼 수 있는데, 이는 조공책봉 관계 아래서 중국의 역법을 수용하여 조선에서 실용하는 방식으로 한국의 역산 활동이 이루어진 것을 뜻한다. 이러한 역산의 실행 과정에서 한국적 지역성이 반영되고 천문학의 한국적 특징도 출현하게 되었다. 특히 정조시대는 시헌력 중심의 천문학이 완전히 조선화(朝鮮化) 하는 시기이며, 동시에 오롯이 국가천문학으로 존재했던 천문학이 지식인들의 지적 탐구 대상이 되는 소위 천문학의 교양지식화가 일어났다.

정조시대에 이루어진 이런 변화는 19세기로 이어져 19세기 중반에 한국의 전통천문학은 두 가지 면에서 정점에 이르렀다. 하나는 국가천문학적 실행이 최고조에 이르러 시헌력 중심의 모든 역산지식이 편람(매뉴얼)으로 성립하였으며, 시헌력에 관련된 천문학 지식 또한 학습서로 정리되어 조선에서 시헌력의 체계는 완전하게 정착되고 운용되었다. 다른 하나는 정조대에 이루어진 천문학의 교양지식화가 더욱 진전되어 유가 지식인들 사이에서 천문학적 주제에 대한 자유로운 탐구가 확대·심화되었다. 이 점을 서술하기 위해 남병철과 남병길 형제의 천문학을 중심으로 19세기의 천문학을 한 장으로 구성하였다.

전통천문학이 근대천문학으로 대체되는 19세기 말부터 20세기 초에 걸친 격변을 한 장으로 설정하여 한국의 역사에서 전통천문학이 어떤 단절을 경험하고, 서구식 근대천문학으로 전환되어갔는지를 보고자 하였다. 이 책에서는 한반도와 주변 지역에서 이루어진 한국의 전통천문학사를 구성하는 것을 목표로 삼았으므로, 서양의 근대천문학이 본격적으로 한국에 정착해가는 시기에 대해서는 다루지 않는다.

2. 주요 사료

고구려·백제·신라 삼국의 역사를 서술한 『삼국사기(三國史記)』가 한국에 현존하는 역사서로는 가장 오래된 것이다. 앞서 언급한 고조선과 부여에 대한 정통적인 역사서는 존재하지 않고, 또 통일신라와 함께 남북국을 형성한 발해(渤海)에 대해 서술한 역사서도 없다. 『삼국사기』는 삼국이 신라로 통일되는 7세기 중반으로부터 500여 년이 흐른 12세기(1145)에야 나왔고, 그 이전에 편찬된 각종의 역사서들은 거의 모두 사라졌기 때문에 고조선과 부여, 발해의 역사에 대해서 근거할 사료가 거의 없다. 따라서 고조선과 부여 그리고 발해의 역사에 대해서는 중국 사서에 흩어져 있는 기록들을 참고할 수밖에 없다. 최근에는 다행히 중국 사서에 등장하는 한국사 관련 기록을 한데 모아 역주(譯注)한 『역주중국정사조선전(譯注中國正史朝鮮傳)』을 이용할 수 있다.[7]

삼국시대의 역사에 대해서는 고려시대에 김부식(金富軾, 1075~1151)이 1145년경에 편찬한 『삼국사기』가 가장 풍부하고 신뢰할 만한 기록을 담고 있다. 이 책은 기전체(紀傳體) 역사서로 왕조별 역사를 담은 본기(本紀) 28권(고구려 10, 백제 6, 신라 및 통일신라 12권)과 부문별 역사인 지(志) 9권, 표(表) 3권, 열전(列傳) 10권으로 이루어져 있다. 그런데 『삼국사기』는 제사(祭祀)·악(樂), 색복(色服)·거기(車騎)·기용(器用)·옥사(屋舍), 지리(地理), 직관(職官) 등 4개의 지(志)만을 설정하고 있다. 여기에는 중국의 일반적인 기전체 역사서에 필수적으로 실려 있는 천문지(天文志), 역지(曆志), 오행지(五行志) 등이 없고, 보통 천문지나 오행지에 수록되는 천변(天變)과 재이(災異)의 기록은 본기에 흩어져 있을 뿐이다. 『삼국사기』를 토대로 삼국 천문학사의 전모를 이해하는 일은 매우 어렵기 때문에, 금석문(金石文) 등 유물 자료는 물론, 중국과 일본의 사서에 흩어진 기록들을 함께 고려할 필요가 있다.

삼국의 역사에 관해 또 하나 널리 이용되는 사서(史書)는 1281년에 승(僧) 일연(一然, 1206~1289)이 지은 『삼국유사(三國遺事)』이다. 삼국에서 불교의 수용과 융성에 관한 내용을 중심으로 삼국과 가야, 후삼국의 연표와 간략한 역사를 수록한 이 책은 삼국시대에 관한 사료가 부족한 마당에 『삼국사기』와 함께 가장 풍부한 기록을 담고 있다. 그러나 여기에서도 삼국의 천문학에 관한 기록은 대단히 적다.

이처럼 삼국시대의 천문학에 관한 자료가 부족한 상황에서, 18~19세기 조선에서 한국의 고대사에 관심을 가졌던 일군의 학자들이 연구한 결과는 큰 도움이 된다. 한치윤(韓致奫, 1765~1814)의 『해동역사(海東繹史)』, 안정복(安鼎福, 1712~1791)의 『동사강목(東史綱目)』, 이종휘(李種徽, 1731~1797)의 『동사(東史)』, 홍경모(洪敬謨, 1774~1851)의 『총사(叢史)』 등에서 삼국시대의 천문학에 대해 이들이 제시한 연구 결과는 오늘날도 좋은 참고가 된다.

고려시대의 천문학을 이해하기 위한 사서로는 『고려사(高麗史)』와 『고려사절요(高麗史節要)』가 필수적이다. 특히 『고려사』는 기전체 사서로 천문지, 역지, 오행지를 설정하고 있기에, 이를 통해 일식을 포함한 고려시대의 천변과 재이의 관측기록을 확보할 수 있다. 그러나 『고려사』 역지는 역법지식의 운용에 관한 기록은 전혀 없고, 고려에서 사용된 역법인 선명력(宣明曆)과 수시력(授時曆)의 내용만을 수록하고 있다. 고려시대의 천문학사를 구성하기 위해서는 개인 문집(文集)과 묘지명(墓誌銘) 등을 함께 이용해야 하며, 고려와 시대를 함께했던 송(宋), 요(遼), 금(金), 원(元) 등 중국 왕조의 기록 속에서 고려 관련 기록을 추출하여 참고해야 한다. 이근명 등이 엮은 『송원시대의 고려사자료(전2권)』(신서원, 2010) 같은 책이 참고가 된다.

조선시대의 천문학에 관해서는 다른 어떤 시대보다 많은 사료가 남아 있다. 우선 가장 풍부한 자료는 조선시대 각 왕의 재위기간에 일어난 일들을 왕대별로 수록한 『조선왕조실록(朝鮮王朝實錄)』이다. 25대 472년

(1392~1863)간의 역사(일본 식민지 치하인 1935년에 완성된 『고종실록』은 1863년 ~1907년까지 45년간의 역사를 수록)를 수록하고 있다. 『조선왕조실록』을 편찬할 때 1차 자료로 사용된 『비변사등록(備邊司謄錄)』이나 『승정원일기(承政院日記)』도 함께 참고할 필요가 있다. 이들도 각 왕의 재위기간에 일어난 일들을 날짜별로 기록한 것으로 실록에 실리지 않은 자료들을 많이 포함하고 있다.

조선시대 천문관서인 관상감(觀象監)의 관서지인 『서운관지(書雲觀志)』 (1818) 또한 중요하다. 이 책은 조선전기에 설치된 천문관서에서 이루어지는 역서의 제작, 관측, 일월식의 예보 등은 물론, 관상감 활동의 역사, 관측기구와 시계에 대해서도 폭넓게 서술하고 있다. 이 책을 통해 조선시대에 천문학 관련 활동이 어떤 식으로 이루어졌는지를 자세히 알 수 있다. 정조대에 편찬된 『국조역상고(國朝曆象考)』(1796)를 통해 조선시대의 천문학사에서 주목할 만한 사건이나 성과에 대해서 이해할 수 있다. 이 책은 조선시대 역법사의 흐름을 정리하고, 조선의 경위도를 기준으로 주야시각과 절기시각을 확정하는 방법, 관측기구 사용의 역사, 마지막으로 물시계의 시각기준과 사용법을 서술하였다. 앞서 언급한 『증보문헌비고』 상위고 또한 한국 천문학사 전체를 이해하는 데에 매우 유용하다. "가장 잘 정리된 고전적인 우리나라 천문학사"[8] 혹은 "한국 고전 천문학의 '역사적 내러티브'와 '사료의 보고'"라는[9] 평가에서 알 수 있듯이, 이 책은 근대 이전에 나온 최초의 한국 천문학사라고 할 만하다. 이 책은 삼국시대부터 18세기 말에 이르는 한국 천문학의 역사를 앞서 언급한 여러 사서의 기록에 의거하여 서술한 것은 물론, 17세기부터 시작된 서양 천문학을 포함한 시헌력의 도입과 실행의 과정, 각종의 천문학적 이론들, 그리고 『삼국사기』, 『고려사』, 『조선왕조실록』에 기록된 천변(天變)과 재이(災異) 기록을 많이 수록하고 있다.

조선시대에는 역법과 역서의 제작, 천변점성술, 관측과 천문기구 등에 대해서도 많은 책이 생산되었다. 먼저 역법과 역서의 제작과 관련하여, 조선전기에는 원(元)에서 성립한 수시력에 기초한 역산법(曆算法)을 조선 세종(世宗) 때에 정리한 『칠정산내편(七政算內篇)』, 명(明)에서 이슬람 역법을 번역하여 성립한 회회력법(回回曆法)을 조선에서 교정하고 인쇄한 『칠정산외편(七政算外篇)』, 수시력에 기초한 교식(交食) 계산법을 정리한 『교식추보법가령(交食推步法假令)』 등을 주목해야 한다. 조선후기에는 청(淸)에서 시행한 시헌력의 역산법을 담은 『서양신법역서(西洋新法曆書)』에 기초한 역산법을 조선에서 정리한 허원(許遠)의 『현상신법세초류휘(玄象新法細草類彙, 줄여서 세초류휘)』(1711), 시헌력 시행(청 1645, 조선 1654) 이후부터 당시까지의 변화된 역산법을 반영하여 정조 때에 새로 정리한 『칠정보법(七政步法)』(1798), 시헌력에 채용된 천문학 이론을 관상감 관원 교육용으로 서술한 남병길(南秉吉, 1820~1869)의 『시헌기요(時憲紀要)』(1860), 그리고 그 이론을 적용하여 실제 역산을 실행하기 위한 매뉴얼로 제작된 『추보첩례(推步捷例)』(1861) 등도 참고해야 한다.

조선에서 실행된 천변점성술의 이론적 구조에 대해서는 조선전기 이순지(李純之)의 『천문유초(天文類抄)』(15세기경)가 매우 유용한 자료이다. 이 책은 『사기(史記)』 천관서(天官書)나 『개원점경(開元占經)』과 같은 중국의 대표적인 점성술서로부터 자료를 추출하여 천변점성술의 이론과 적용례를 정리한 것이다. 조선후기에도 천변점성술 관련 서적이 만들어졌는데, 『고려사』에 수록된 천변과 재이 기록을 다시 정리한 『천동상위고(天東象緯考)』(1708)가 있고, 한국 역대의 천변 기록은 앞서 언급한 『증보문헌비고』 상위고에 수록되었다.

한국의 성좌(星座)체계는 중국 고대에 성립한 체계를 그대로 따른 것이다. 조선전기에는 중국 수나라 때에 성립한 『보천가(步天歌)』를 복간하여 사용하였으며, 서양 천문학을 수용하여 새롭게 정리된 성좌와 항성에 대해서는 청에서 성립한 『신법보천가』를 복간하여 사용하였다. 남병길이 편찬한 『성경(星鏡)』(1861)은 청에서 편찬한 『의상고성(儀象考成)』의 성표를 그동안의 세차(precession)를 보정하여 조선에서 편찬한 최초이자 최후의 성표이다.

한국에는 천문관측과 관측기구를 다룬 독립적인 저술이 거의 없는 마당에, 남병철(南秉哲, 1819~1863)의 『의기집설(儀器集說)』(1859)은 서양 천문학이 전래한 이후 각종의 관측에 쓰인 10가지 기구의 제작법, 안치법, 사용법을 정리한 책으로 주목할 만하다.

항성기준의 표준시를 정하고 이것을 물시계의 시각으로 전환하기 위해 필요한 계절별 남중성의 관측, 그리고 물시계 측정자의 규정을 담은 『중성기(中星紀)』와 『누주통의(漏籌通義)』 또한 한국 천문학사에서 간과할 수 없는 책들이다. 정조 때에 편찬된 『신법중성기(新法中星紀)』(1789)와 『신법누주통의(新法漏籌通義)』(1789)는 이 분야의 지식과 실행을 대표하는 책이다. 그 외에 성좌체계와 우주에 대한 관념을 표현한 각종의 천문도(天文圖), 각종 해시계와 물시계의 현존 유물들도 모두 천문학적 활동을 이해하게 해주는 중요한 자료들이다. 개인들의 문집과 저작의 일부로 포함된 천문학 관련 자료들도 소홀히 할 수 없다.

그 외 해마다 발행된 역서들, 백중력(百中曆), 천세력(千歲曆)과 만세력(萬歲曆) 등 장기간의 날짜를 수록한 역서, 해마다 일월오성의 날짜별 위치를 수록한 칠정력(七政曆), 서운관절목(書雲觀節目)과 운관선생안(雲觀先生案) 같은 각종 규정과 직원들의 일람표, 한·중 간에 교환된 외교문서, 각종 국가의례의 실행과정을 기록한 의궤(儀軌), 개인들의 일기와 도서목록 등 각종의 사료들도 조선시대 천문학사를 이해하는 데에 도움을 준다.

3절

연구의 관점과 전환

"하늘을 삼가 공경하여, 일월성신(日月星辰)을 역상(曆象)하고 사람들에게 시간을 내려준다(欽若昊天, 曆象日月星辰, 敬授人時)"는 『서경(書經)』 요전(堯典)의 유명한 구절로 알려져 있듯이, 동아시아 천문학의 가장 큰 목적은 하늘로부터 명을 받은 천자(天子)가 하늘을 관측하여 하늘의 뜻을 살피고, 자신의 통치 공간에 통일적으로 적용할 시간규범을 반포하는 것이다. 전통시대 동아시아의 천문학은 『주례(周禮)』에 나오는 풍상씨(馮相氏)와 보장씨(保章氏)의 관직으로 나타나 있듯이, 역법(曆法)과 천문(天文)이라는 두 분야로 이루어져 있다고 보는 것이 일반적이다.[10] 역법은 연월일시(年月日時)라는 시간 단위를 규범화하기 위한 수리천문학적 지식과 그에 기초하여 성립한 시간규범을 일상에서 사용하도록 만드는 데 관련되는 제반 지식과 활동을 포함하고 있다. 그러므로 역법사는 천체의 운동을 관측하여 천체의 위치를 계산하고 예측하기 위한 수리적 방법을 확립하고, 계산을 통해 시간규범을 확정하며, 이것을 역서(曆書)와 보시(報時)체제를 통해 공동체에 반포하여 공동체가 시간규범을 사용하는 일에 관계되는 제반 지식과 활동으로 구성된다. 천문은 현대적인 관점에서는 천변점성술(天變占星術)과 관련된 제반 지식과 그 지식을 활용하는 활동을 가리킨다. 천문은 천변점성술의 이론적 체계, 천변의 예측과 관측, 천변의 의미 해석과 활용 등에 관련된 제반 지식과 활동을 포괄한다.

주지하다시피 역법과 천문은 분리된 두 분야가 아니라 상호 결합되어 있고 상호의존적이다. 예를 들어 천체현상을 관측하는 것은 그 점성술적 의미를 파악하기 위한 것이기도 하지만, 관측의 결과는 역법의 수립에 필요한 데이터로 쓰일 수 있다. 나아가 일월식의 계산과 오성(五星)의 위치 계산은 역법의 영역에 속하는 것으로 볼 수 있지만, 그 계산의 결과는 천체현상이 천변인지의 여부를 판단하고 의미를 해석하기 위한 기본 정보가 된다.[11]

역법을 수립하고 이것을 운용하는 활동의 최종 목적은 시간규범을 수립하여 실행 혹은 실용하는 것이다. 시간규범은 달리 말해서 연(年)·월(月)·일(日)·시(時)라는 분절된 시간주기인데, 그렇다면 역법은 연속해서 흐르는 시간을 분절하는 방법이라고도 할 수 있다. 그리고 하늘로부터 공인받은—실은 하늘을 대리하는 천자(天子)가 승인한 것이지만— 방법, 즉 역법으로 분절한 시간주기는 매년 발행하는 역서와 매일 측정하는 시간으로 현실화된다.[12] 그런 점에서 역서와 시계는 시간규범을 현실화하는 장치인 셈이다. 이 시간규범은 최종적으로 역서의 반포와 보시의 체제를 통해 전국으로 퍼져나가 공동체 모두가 공유하는 시간규범이 된다.[13]

한반도의 왕조는 지속적으로 중국의 주변에 존재하면서도 독자적인 문화공동체로 존재해왔다. 한국의 천문학사는 중국에서 형성된 보편적 이념과 지식체계를 공유하면서도, 여기에 한반도의 지역적, 문화적 독특성이 결합되는 특징을 보인다. 이 점은 특히 조선시대의 천문학사에서 분명히 드러난다. 한국 천문학사의 근본적 성격을 구성하는 이러한 보편성과 특수성은, 한편으로는 중국 중심의 세계질서, 다른 한편으로는 조선의 풍토성이 추동한 것이다. 중국 중심의 세계질서 안에서 한국 왕조의 특수성을 추동하는 가장 중요한 정치적 기제는 조공책봉(朝貢冊封) 체제라고 할 수 있다.[14] 한국의 왕조는 중국 대륙의 왕조에 형식적인 종속을 약속하여 조공을 바치고 대륙의 왕조로부터 책봉을 받음으로써 왕국의 정치적, 문화적 자율성을 보장받았다.[15]

『서경』 요전에 제시되어 있듯이, 천상을 관찰하고 시간규범을 반포하는 일은 하늘의 명을 받은 천자만의 권리이자 의무이다. 즉 동아시아 전통에서 관상수시(觀象授時), 즉 오늘날의 의미로 천문학은 제왕의 첫째가는 정치이념이자 정치행위였다. 천문학을 실행하는 것을 제왕의 독점적인 권리이자 의무로 여기는 이러한 관념은 동아시아 특유의 것으로, 천문학을 언제나 국가천문학(state astronomy)으로 존재하게 하였다. 나아가 이러한 관념은 한국 왕조의 천문학적 실행에서 각종 제한으로 작용하면서도, 한국적 천문학사를 형성하는 근본 조건으로 작용했다. 천문학은 제왕의 첫째가는 정치행위라는 중국 고대에 형성된 이러한 이념에서 볼 때, 중국의 천자에게 복속을 약속한 한국 왕조는 자국에서 천문학을 실천할 수 없다는 근본적인 제약을 지니게 된다. 한국의 왕조는 천상을 직접 관찰하여 그 뜻을 읽는 천문(天文)을 행할 수 없으며, 직접 자국의 시간규범을 수립하여 사용하는 역법(曆法)을 행할 수 없다. 만일 한국 왕조에서 독자적으로 천상을 관측하여 그 의미를 해석하고, 역법을 만들어 독자적인 시간규범을 반포한다면 이는 조공·책봉이라는 한국과 중국의 왕조가 맺은 계약을 위반하는 일이다.

그러나 한국의 왕조는, 고조선 이후 19세기 말에 독립적인 황제국을 선포할 때(대한제국, 1897년 2월)까지, 중국 왕조와의 형식적인 조공책봉 관계의 제약 아래서도 독자적으로 하늘을 관찰하고 해석하였으며, 중국 왕조의 시간규범과 다른 독자적인 시간규범을 실행하는 독립적인 공동체로 존재했다. 다시 말해 한국 왕조는 중국 왕조의 천문학에 종속되지 않은 독립된 천문학의 공동체로 존재했다. 이것이 한국의 천문학사를 한국적이게 만든 특수한 조건 가운데 하나이다.

이와 같이 중국과는 다른 특별한 조건에서 실행된 한국의 천문학사를 이해하기 위해서는 지금까지 중국의 천문학사를 동아시아적 보편으로 보아왔던 관점이 아닌 새로운 관점이 요구된다. 필자는 한국 천문학사의 특질을 정확하게 이해하기 위해 천문학사를 구성하는 지식과 활동 전체를 이론적 차원(theoretical dimension)과 실행적 차원(practical dimension)으로 나누어 살펴볼 것을 제안한다. 이론적 차원은 성좌체계, 천체에 대한 관념, 점성술의 이론체계, 우주론, 천체운동론, 그리고 역산법(曆算法) 등 동아시아 천문학 전반에 걸쳐 이론적 측면에 관련된 지식과 활동을 포괄한다. 반면 실행적 차원은 천변의 관측과 기록, 천변의 해석과 현실 정치에의 조언, 역산을 통한 시간규범의 수립, 역서의 발행과 시각제도의 운영 같은 천문학을 실행하는 과정에 관련된 지식과 활동을 포괄한다.[16]

지금까지 동아시아 천문학사 연구에서는 주로 이론적 차원의 지식과 활동에 대해서만 의미를 부여하는 일이 많았다. 이러한 관점에서, 조선전기 세종대에 편찬된 『칠정산내편』은 조선 천문학사의 가장 빛나는 성취로 상찬되곤 한다. 반면, 최근까지도 세종대에 이루어진 실행적 차원의 지식과 활동에 대해서는 거의 관심이 기울여지지 않았으며 그 의미를 해석하려는 시도조차 거의 없었다. 더 나아가 이론적 차원의 지식과 활동만을 중심으로 한국 천문학사에서의 성취와 그것의 의미를 평가해온 연구 관점은 몇 가지 중대한 결함을 가지고 있다는 사실을 인식할 필요가 있다.

첫째, 한국의 천문학사 연구에서 이론적 차원에 중점을 두는 시각은 동아시아 천문학, 특히 한국의 천문학사를 제약하는 조공책봉 체제의 의미를 쉽게 간과하도록 한다. 이런 시각에서 흔히 조선이 사용한 역법에 대해, 그리고 그 상징으로 알려진 칠정산(七政算)에 대해 자주성(自主性)과 독립성을 따지는 일이 많은데, 이것은 애초부터 존재하지 않았던 것을 찾으려고 하는 것과 다르지 않다. 조선과 중국이 맺은 조공책봉 관계 아래서는 애초부터 조선은 중국과 다른 독자적인 역법을 수립하고 이것을 채용할 수가 없다. 전통시대 한국 왕조의 존재 형태와 환경 자체가 현대적 의미의 자주 혹은 독립을 따질 수 없음에도 불구하고, 한국 왕조에서 사용하는 역법에 대해 자주성과 독립성을 찾는 것은 연목구어(緣木求魚)일 뿐이다. 그러므로 한국 왕조에서 사용한 역법이나 수립한 역산서가 얼마나 자주적이고 독립적인지를 따지는 일보다는 한국 왕조에서 자신의 시간규범을 어떤 방식으로 수립하고 실행하였는지, 바꾸어 말하면 한국 왕조에서 이루어진 실행적 차원의 지식과 활동을 탐구하고 그 의미를 드러내는 일이 필요하다.

둘째, 한국의 천문학사 연구에서 이론적 차원만 중시하게 되면, 한국의 천문학사는 발전적이고 창조적인 면이 전혀 없는 중국 천문학사의 아류에 지나지 않은 것처럼 보이게 된다. 그리하여 한국의 천문학사는 가치 있는 것이 거의 없는, 그래서 탐구할 필요가 없는 역사가 되어, 실행적 차원에서 이루어진 풍부하고 가치 있는 천문학사를 간과하게 된다. 한국 천문학사의 가치를 드러내려는 많은 연구들이 중국에는 없지만 한국에만 있었던 무엇, 혹은 중국의 것과 다른 무엇을 찾아내도록 하여, 역사적 사실(事實)의 의미를 한국 천문학사의 맥락에서 이탈시켜버리는 것도 이 때문이다.

첨성대가 동아시아에서 현존하는 가장 오래된 천문대라거나, 『칠정산내편』은 15세기 당시로서는 중국 및 이슬람권의 계산 정밀도와 어깨를 나란히 한 가장 정밀한 역법이었다는 평가도 이런 관점에서 나온 것이다. 또 조선전기에는 앙부일구, 일성정시의(日星定時儀), 자격루 등이, 조선후기에는 신법지평일구(新法地平日晷),[17] 송이영(宋以穎)의 천문시계[18] 등이 조선 천문학의 빛나는 성취로 거명되는 것도 그것이 한국에만 있었기 때문이다. 물론 이런 유물들이 한국 천문학사의 빛나는 성취인 것은 분명하다.

그러나 한국 천문학사에 있었던 사실(史實)의 가치는 그것이 동아시아 혹은 세계에서 유일하거나, 최초이거나, 가장 정밀한 것이기 때문에 생기는 것이 아니다. 한국 천문학사에서 일어난 모든 사실의 가치는 무엇보다도 먼저 그것이 한국 천문학사의 맥락에서 이해되고 평가되어야 한다. 한국 천문학사의 모든 사실은 한국인들이 역사 속에서 천문학을 실행하고 실천하는 과정 속에서 지녔던 의미와 가치를 통해 이해되어야 할 것이다. 하나의 사실이 어떻게 한국의 천문학사를 추동하고 한국의 천문학과 관련 문화를 이끌어갔는지를 살펴야 하는 것이다. 그렇지 않으면 한국 천문학사 속의 많은 가치 있는 사실은 한국의 역사와 문화 속에서의 의미를 잃어버린 채, 근거 없는 자기 자랑과 위안의 소재로 전락해버리게 된다.

사실 한국의 천문학사는 위의 두 차원 가운데 거의 전적으로 실행적 차원을 중심으로 구성된 역사이다. 천문을 예로 들면, 천변의 관측방법, 천변의 해석이론 등에 대해 한국의 역사에서 새롭게 제안된 이론은 거의 찾을 수 없다. 즉 한국 천문학사에서는 천문 분야의 이론적 차원의 발전에 기여한 바가 전혀 없다고 해도 과언이 아니다. 한국 천문학사는 천문 분야에서 이론적 차원의 지식과 활동의 진보를 성취한 일이 거의 없다. 반면 한국의 천문학사에서는, 중국 대륙에서 성립한 천문의 이론을 수입하여 그것을 한국 왕조에서 실행하는 과정에서 많은 성취를 만들어냈다. 그리고 그것이 한국 천문학사의 한국적 특징을 형성하였다. 한국의 왕조에서는 제왕의 첫째가는 임무가 천변을 관측하여 그것이 드러내는 의미를 읽어내는 것이라는, 중국에서 성립한 전통천문학의 기본 이념을 공유하면서 한국의 역사를 통틀어 단절 없이 천변을 관측하고 기록해왔다. 필자는 이 지속성

이 한국 천문학사 가운데 천문 분야의 역사를 만들어낸 가장 기초적인 기반이라고 생각한다.[19]

이처럼 천문 분야에서 한국 천문학사의 가치와 의미는 이론적 차원이 아닌 실행적 차원의 지식과 활동을 집중해서 보아야 제대로 평가할 수 있다. 한국 천문학사에서 천문의 이론적 발전사를 보는 것은 불가능하지만, 천문 실행의 역사를 보게 되면, 그로부터 한국에서의 천변점성술이 얼마나 활발하고 한국적인 방식으로 실행되었는지를 알 수 있다. 바로 한국의 천문학사는, 그중에서도 천문 분야의 역사는 실행적 차원의 지식과 활동을 중심으로 볼 때에 그 실상과 가치를 이해할 수 있는 것이다. 지금까지 한국의 천문학사를 발전 정체와 창조성 결여의 역사로 보이게 한 것은, 그간 한국 천문학사를 바라보는 우리의 시각이 성좌체계의 성립, 천체에 부여된 점성적 관념, 분야설, 천변의 해석이론 같은 이론적 차원의 지식과 활동에서 드러나는 진보와 독창성에만 집중되어 있었기 때문이다.

나아가 역법사를 예로 들면, 한국에서 이루어진 역법의 시행과 관련된 지식과 활동은 대체로 중국에서 개발된 역법의 이론적 지식을 수입하여 한국 왕조의 실정에 맞게 응용하는 방식으로 이루어졌다. 따라서 한국의 역법사를 이론적 차원의 지식과 활동을 중심으로 보게 되면, 거기에는 창조적 진보가 거의 아무것도 보이지 않는다. 한국의 천문학사에서는 한국 왕조가 스스로 개발해서 채용한 독자적인 역법이 하나도 없기 때문이다. 일본만 하더라도 시부카와 하루미(渋川春海, 1639~1715)의 정향력(貞享曆, 1684) 이후로는 모두 일본인 자신들의 손으로 개발한 역법을 사용했다.

반면 한국의 역법사를 실행적 차원의 지식과 활동을 중심으로 보면, 한국인들은 고대부터 오늘날까지 지속적으로 천체의 운동으로부터 자신들의 시간규범을 수립하고 그것을 사용해온 길고 풍부한 역사를 볼 수 있다. 한국 역법사의 특징을 이해하기 위해서는 한국에서 개발된 역법지식

의 이론적 창조성을 탐구하는 것보다는 역산을 통해 수립한 한국의 시간
규범과 그것의 운용 과정에 관련된 실행적 차원의 지식과 활동에 주목해
야 할 것이다.

제2장

고대의 천문학

삼국시대 이전의 천문학

1. 고조선과 한국의 고대천문학

루퍼스(Carl Rufus, 1876~1946)는 1936년에 쓴 "한국의 천문학(Astronomy in Korea)"에서 한국 천문학사의 시작을 B.C. 2333년 단군이 고조선을 건국한 시점으로 보았다.[1] 하지만 단군의 건국과 고조선의 성쇠에 대해서는 전설로만 전해올 뿐 이후 기원전 3세기까지 약 2천 년 동안의 역사에 대해 신뢰할 만한 역사기록이 거의 없다. 중국의 사서에 있는 신뢰할 만한 역사기록에 따르면, 청동기문화를 기초로 한 고조선은 기원전 3세기에 중국의 동북쪽을 차지한 연(燕)나라와 충돌하였고, 기원전 2세기 초(B.C. 194) 위만(衛滿)이 이끄는 북중국의 이주민들에 의해 왕실이 교체되었다. 위만 세력은 고조선에 철기문화를 이식한 것으로 이해된다. 이후 B.C. 108년 한(漢)나라의 침공으로 고조선은 멸망하고, 그 지역에 한나라의 행정조직인 낙랑(樂浪), 임둔(臨屯), 진번(眞番) 현도(玄菟) 등 네 개의 군(郡)이 설치되었다. 이후 약 반세기 만에 서로 합쳐지거나 혹은 고조선 지역에서 축출되었는데, 낙랑군은 313년까지 존속하며 한나라 문화를 한반도로 유입하는 통로가 되었다.

기원전 3세기 이전 한국의 고대천문학사를 구성하는 일은 아직 요원하다. 그럼에도 불구하고 일부 연구자들은 신뢰할 수 없고 조작의 흔적이 뚜렷한 단군시대에 관한 기록을 과학적으로 증명할 수 있다고 주장하였다. 단군시대에 관한 신빙하기 어려운 사서(史書)들에 들어 있는 행성결집(行星結集) 현상, 조수(潮水) 현상, 일식(日食) 현상에 관한 기록을 검토한 두 명의 공동연구가 대표적이다.[2] 연구자들은 719년 발해의 대야발(大野勃)이 썼다고 전해지는 단군조선과 기자조선의 연대기인 『단기고사(檀奇古史)』와 고려 말 1363년에 이암(李嵒, 1297~1364)이 저술한 책으로 알려져 있는 『단군세기(檀君世紀)』[3]에 나와 있는 천문현상에 대한 기록을 검토하였다.[4] 이들은 여러 행성이 한곳에 모여 있는 것으로 관측되는 행성결집 혹은 오성취합(五星聚合) 현상이 실제로 일어난 것인지를 검토하여 사서와 거기에 수록된 기록이 모두 신빙성이 있다는 주장을 하였다.

예를 들어 『단기고사』와 『단군세기』에 함께 기록된 "13세 단군 흘달 50년(B.C. 1733)에 다섯 행성이 루(婁) 자리에 모였다[五星聚婁]"는 기록에 대해, 연구자들은 현대천문학적인 계산을 통해 B.C. 1734년 7월 13일 저녁때 다섯 행성이 10도 이내로 모였다는 결과를 얻었다. 이들은 이를 근거로 "기록에 쓰여 있는 B.C. 1733년과 비교하면 불과 1년 차이로 실제 현상이 있었다"고 결론을 내렸다. 그리고 1년의 차이에 대해 "단 1년 차이로 우연히 가까울 확률은 0.007이 된다. 조작의 가능성이 거의 없다"고 하였다.[5] 연구자들은 결론적으로 오행성의 결집을 기록한 『단기고사』와 『단군세기』는 믿을 만한 역사서이며, 거기에 수록된 기록 또한 믿을 만하다고 주장하였다. 이들은 "고대의 자연 현상 기록은 관찰한 것을 있는 그대로 옮겼기 때문에 당시의 자연변화를 가감 없이 보여준다."[6] 혹은 "원 사서의 자연 현상 기록을 왜곡한다든지 허위 기록을 첨가하는 일이란 원칙적으로 불가능하고, 그럴 경우에는 쉽게 조작여부가 드러나게 되어 있다."[7]고까지 말한다.

그러나 위와 같은 연구 관점과 방법은 큰 문제가 있다. 첫째로 연구자들은 자연현상에 관한 기록이 실험 데이터처럼 객관적인 자료라고 생각하여 사료 비판을 전혀 하지 않고 있다. 자연현상에 관한 기록이기 때문에 객관적이라고 믿는 것은 모든 역사는 해석된 역사라는 역사학적 상식에 어긋난다. 나아가 천문현상의 기록에 관측자 혹은 기록자의 주관이 개입된다는 것은 천문학사의 상식에 속한다. 모든 천문현상이 기록되는 것은 아니며, 특이하고 희귀한 것들이 필수적으로 기록되는 것도 아니라는 점을 생각해보면 이 상식은 자명하다. 『삼국사기』로부터 조선후기의 『승정원일기』까지 사서에 기록된 천문현상은 당시 사람들의 관점에서 기록할 가치가 있는 것이었기 때문에 기록된 것이다. 천문학사의 연구에서는 어떤 천문현상이 기록으로 남게 되는 과정에 관측자나 기록자의 판단, 그리고 당시의 정치적 상황 등 수많은 주관적, 상황적 요소가 반드시 개입된다는 것을 전제하지 않으면 안 된다.

둘째로, 드물게 일어나는 천문현상을 통해 단군조선의 시기를 절대 연대로 확정할 수 있다는 믿음 자체도 문제이다. 앞서 보았듯이, 연구자들은 행성결집 현상의 기록과 실제의 현상이 "1년밖에 차이가 나지 않는다"고 하였다. 천문현상의 기록을 토대로 단군의 개국 연차(年次)와 단군시대 기록의 연차를 모두 확정할 수 있다고 믿는 것이다. 그러나 이는 결코 성립할 수 없는 믿음이다. 단군조선의 성립 시기는, 『삼국유사』를 따르면 요(堯) 즉위 후 50년인 경인년(庚寅年)이고, 『동국통감(東國通鑑)』을 따르면 요 즉위 후 25년인 무진년(戊辰年)이다. 단군기원을 절대 연대로 환산한 것은 중국 북송(北宋)의 소옹(邵雍, 1011~1077)이 제시한 연대학(年代學)에 근거를 둔 것이다.[8] 소옹은 『황극경세서(皇極經世書)』에서 요의 즉위년을 기원전 2308년으로 보았다. 하지만 황극경세학(皇極經世學)이라는 소옹의 연대학 자체가 상상의 산물일 뿐 아무런 과학적, 역사적 근거를 지니지 못한다. 그러므로 한국 고대사 전문가의 말대로 "기원전 2333년이라는 단군 즉위 원년은 절대 연대로서의 의미는 없다."[9]

그런데도 연구자들은 "위에서 여러 단제(檀帝)들의 재위기간을 단군왕검 1년을 B.C. 2333년이라고 가정하여 계산했는데, 단군왕검 1년이라는 해에 이미 49년의 불확실성이 있다"고 말하였다.[10] 소옹의 연대학 자체가 상상의 산물인 마당에 연구자들이 말하는 단군기원에 "이미 49년의 불확실성이 있다"는 말은 애초부터 성립할 수 없다. 연구자들은 "또 이런 까닭에 단군조선시대의 기록이 사실인지를 확인하기 위해서는 행성결집과 같이 매우 드물게 일어나는 현상을 이용해야 하는 것이다"[11]라고 하였다. 이런 주장은 역사적 불확실성에 대한 잘못된 인식에서 출발한 것일 뿐만 아니라 아무런 근거를 갖지 못하는 단군기원의 연대를 천문현상을 통해 고정할 수 있다는 착각에서 나온 것이다.

루퍼스는 1915년에 출간된 어윤적(魚允迪, 1868~1935)의 『동사연표(東史年表)』에 기대어, B.C. 2247년에 『비사(秘詞)』라는 책을 쓴 신지(神誌)를 "조선의 첫 번째 천문학자(the first astronomer of Chosen)"로 보았다.[12] 나아가 그는 기자(箕子)조선이 실재하였다고 보고 기원전 1122년에 기자가 학자, 점성술사, 달력 제작자, 악공(樂工), 기술자 등 5천 명의 추종자들을 거느리고 도래하였을 것으로 보았다.[13] 루퍼스의 주장 또한 상상의 산물인 소옹의 연대학에 기대고 있음을 알 수 있다. 하지만 루퍼스는 "비록 현재 남아 있는 기록, 유적 혹은 고고학적 발견을 가지고 단군과 기자시대에 관련된 일의 사실성(historicity)을 구축하기는 불가능하다고 하더라도, (사람들이) 이미 수용하고 있는 전통을 도외시한 채 조선의 초기 문화를 해석하는 것은

대단히 어렵거나 불가능하다"고 하면서 전설과 설화, 그리고 이미 한국의
문화적 전통으로 굳어 있는 전승을 적극적으로 수용하여 고대천문학사
를 구축할 것을 주문하였다. 루퍼스의 연대 고증은 성립할 수 없으나, 그
가 주문했던 전설과 설화는 물론 고고학적 발견을 끌어와서 한국의 고대
천문학사를 구성하기 위한 노력은 계속되어야 할 것이다.

2. 고인돌 별자리와 고대천문학의 독자(獨自)기원설

한국의 고고학계와 민속학계에서 고인돌의 덮개돌에 파여 있는 홈이 많
이 보고되었다. 바위구멍들은 자연바위나 탑, 비석, 선돌 등에서도 발견된
다. 보통 성혈(性穴), 알구멍, 굼 등으로 불리는데, 대체로 생산과 풍요를 빌
거나 자손을 기원하기 위한 민간신앙이나 원시종교의 표식으로 이해되어
왔다.[14] 이 구멍들이 별자리를 표현한 것일 수 있다는 주장이 1980년대부
터 제기되었고, 이어서 이것들이 별자리를 나타낸 것이라는 주장이 북한
의 고고학자들을 중심으로 제기되었다.[15] 북한의 한 학자는 1996년부터 제
출한 일련의 연구를 통해 고인돌의 바위구멍이 별자리를 그린 것이라고
주장하였다.[16] 뒤이어 남한의 일부 학자도 북한에서 제기된 별자리설을 토
대로 남한 지역에 분포하는 고인돌의 바위구멍은 별자리라는 설에 동조하
였다.[17] 남한의 일부 학자들은 충청북도 청원의 아득이 고인돌에서 출토한
돌판의 홈이 북극성 주변의 별자리를 표현한 것이라는 설을 제시하였다.[18]
　그러나 한국 천문학사의 관점에서 이러한 주장들은 수용하기 어렵다.[19]
북한의 연구자들은 평안남도 증산군 용덕리에서 발견된 고인돌 덮개돌에
새겨진 80여 개의 구멍에서 북극성과 용자리, 큰곰자리, 사냥개자리, 목동

자리 등 11개의 별자리를 찾았다. 나아가 덮개돌의 대각선 방향이 동지점, 하지점, 춘분점 추분점에 해당한다고 보고하였다. 이들은 세차운동을 적용하여 북극성의 이동을 검토하고 함께 발견된 질그릇에 방사성동위원소 분석법을 적용하여 고인돌의 축조 연대가 기원전 2900~3000년이며 이는 단군조선의 초기에 해당한다고 주장하였다. 같은 식으로 평안남도 평원군 원화리의 고인돌과 함경남도 함주군 지석리 고인돌에 새겨진 구멍도 북극성 근처의 별자리로 단정하고, 축조 연대를 각각 기원전 2500년과 기원전 3000~1500년으로 추정하였다.[20]

북한 학자들의 주장은, 단군조선 시대에 한국 독자(獨自)의 천문학이 존재했으며, 한국 고대천문학의 발원지가 대동강유역이라는 것을 합리화하려는 다분히 정치적인 의도를 바탕에 깔고 있다.[21] 이들은 더 나아가 고인돌의 별자리에 나타난 단군조선시대의 한국 독자의 천문학이 고구려의 그것으로 연결된다고 본다. 이들은 조선 초의 천상열차분야지도(天象列次分野之圖)의 원도(原圖)가 고구려시대의 것이라는 지금까지의 통설[22]을 수용하여, 고조선의 천문학과 별자리 그림이 고구려의 그것들로 이어지고, 이것은 다시 조선의 천상열차분야지도로 이어지는 전승도를 상정하기에 이르렀다. 그리하여 그들은 "천상열차분야지도의 원도는 기원전 500년경에 만들어진 것으로 추정된다. 따라서 고조선말기에 그 원도가 그려진 것으로 되며 그것이 고구려시기를 거쳐 리조시기까지 계승발전되었다고 말할 수 있다"[23]고 주장하였다.

이러한 북한 학계의 주장은 남한의 연구자들에게도 영향을 미쳐, 한국 고대에 고인돌에 새겨진 별자리로 확인되는 독자적인 천문학이 있었다는 소위 '한국 고대천문학의 독자기원설'을 주장하고, 나아가 이것이 고구려의 천문학으로 계승된다고 주장하기에 이르렀다. 경상북도 영일군 신흥리에서 발견된 W자 모양의 연결선까지 그려진 서양의 카시오페아자리를 닮은 바위구멍에 대해 남한의 한 연구자는 "한반도에서 W자 모양의 카시오페아 자리가 발견된다는 것은 생각하기에 당연한 일이겠지만, 중국 전통과 다른 우리나라 독자적인 천문 관측이 행해졌을 것임을 시사한다는 점에서 중요하다. 더구나 고구려 고분벽화에까지 이어진다고 볼 때, 선사시대 별자리 관념과의 연속성을 파악할 수 있는 중요한 실마리의 하나가 될 수 있다"[24]고 말한다. 또 다른 연구자는 "우리나라 천문지식에 관하여 그 기원을 삼국시대, 특히 한사군이 설치되었던 약 400년간(B.C. 108~A.D. 313)에 전래된 중국(漢)의 천문학(별자리 그림과 이름, 역법, 천문관측술, 천문관서 등)으로만 볼 수 없고, 선대의 고유한 천문지식의 발생과 전승이 있었을 중요한 근거가 발견되었다고 할 수 있다"고 말한다.[25]

한편, 최근에는 이와 같은 '바위구멍 별자리설'과 '한국 고대천문학 독자기원설'이 충분한 검토 없이 한국의 다른 연구들에까지도 수용되고 있는 형편이다. 한 연구자는 "지금까지 발견된 고인돌의 별자리 구멍들과 아득이 별자리 돌판은 일찍부터 우리나라에 독자적인 천문학이 자라고 있었을 증명한다"고 주장하였다.[26] 그리고 고고학계마저 '바위구멍 별자리설'에 대해 부정도 긍정도 못 하는 애매한 태도를 보이고 있다.[27]

한국 천문학사의 관점과 연구 방법으로 볼 때, 위와 같은 주장은 "우리나라의 과학사의 시점을 다루려는 분명한 역사의식"은[28] 너무 강한 반면, 고대천문학의 형성 과정과 실상에 대한 역사적 이해는 너무나 빈약한 상태에서 제기된 억설일 뿐이다. 청동기시대 한반도에서 중국과는 다른 독자적인 별자리체계가 있었고, 이에 기초한 천문학이 실행되었으며, 이것이 고구려의 천문학으로 계승되었으리라는 주장은 결코 받아들이기 힘들다. 먼저, 바위구멍의 의미 자체에 대해 일반적으로 수용할 수 있는 의견은 아직까지 존재하지 않는다. 나아가 바위구멍의 제작 동기와 제작 시기를 파악할 수 없다는 점은 바위구멍을 별자리와 일치시키려는 연구가 지니고 있는 근본적이고 결정적인 문제이다.[29] 제작 시기가 고대라는 것을 확인할 수 있는 바위구멍들이 존재하는 것은 사실이지만, 고인돌 덮개돌에 있는 바위구멍 모두가 고인돌 축조 당시나 그로부터 멀지 않은 시기에 제작된 것은 아니다.[30] 조사에 따르면, 근래에 제작된 것도 많으며, 현재까지도 해당 지역의 거주민들이 놀이 삼아 바위구멍을 만드는 경우도 많다고 한다. 또한 윷판 모양을 새긴 바위구멍의 경우, 반드시 선사시대의 것으로 볼 수가 없고, 삼국시대의 문화 속에서 만들어진 것일 가능성도 제기되고 있는 형편이다.[31]

연구자들이 바위구멍들을 서로 연결하여 그 모양을 별자리와 일치시키는 연구 방법과 추론 방식 또한 어떠한 과학적인 근거도 지니지 못한다. 어떤 연구에서는 북두칠성(北斗七星), 자미원(紫微垣), 구진(久陳), 문창(文昌), 관삭(貫索), 정수(井宿), 필수(畢宿) 묘수(昴宿), 오제(五帝), 초요(招搖), 대각(大角), 직녀(織女), 하고(河鼓) 등 중국에서 적어도 전국시대 이후에야 정형화된 별자리들을 고인돌의 구멍들에 연결시키고 있다.[32] 기원전 2000~3000년경의 한반도에 살았던 사람들이 의미를 두고 새겨놓은 별자리가 어떻게 하여 이보다 후대에 형성된 중국식 별자리일 수가 있을까.

이들 연구에서 별과 별 사이를 연결하여 별자리 형태를 만드는 과정을 보면, 이 연결은 아무런 합리적 근거가 없이 후대에 정착한 별자리의 모양과 닮게 만드는 방식으로 연구자가 임의로 그린 것일 뿐이다. 알려진 별자리 모양으로 구멍들을 연결한 후에도 연결되지 않고 남아 있는 구멍들이 있음에 유념해야 할 것이다. 또한 구멍들을 연결한 결과도 알려진 별자리의 모양과 비슷하게 보일 뿐이지, 별들 상호간의 거리와 방향이 알려진 별자리와 일치하는 것은 전혀 아니다. 어떤 연구에서는 바위구멍들을 연결하여 북극 주변의 용자리와 작은곰자리까지 추출해내고 있다. 그러나 연구자들은 바위구멍들이 기원전 2000~3000년경의 별자리 모양을 그린 것이라고 주장하면서도, 그 당시 사람들의 관념 속에 어떤 별자리와 별자리의 모양이 있었을 것인지에 대해서는 전혀 관심을 두지 않는다.

이는 한마디로 천문학사의 상식을 간과한 태도라고 할 수 있다. 별자리의 모양은 밤하늘을 바라보는 사람의 머릿속에 이미 자리 잡고 있는 별자리에 관한 의미의 체계가 있을 때에만 그려질 수 있다. 이것은 천문학사의 상식에 속한다. 그리고 그 의미체계는 다수의 사람들로 구성된 사회 속에서 오랜 시간에 걸쳐 형성된다. 어떤 사회와 문화에 속하는 사람들의 관념 속에 밤하늘에 관한 아무런 의미의 체계가 없는 상태에서 그저 밤하늘의 별을 눈에 보이는 상태 그대로 돌판 위에 새길 수는 없다. 사람의 말을 모르는 침팬지가 나열한 알파벳이 의미 있는 단어나 문장을 만들지 못하는 것과 마찬가지다. 기원전 2000~3000년 전에 한반도에 살았던 사람들이 밤하늘에 부여한 의미의 체계 속에 서양인들이 만든 별자리인 용자리나 목동자리가 있을 수 있을까. 또한 당시의 한국 민족 사이에서 구진, 관삭, 정수, 필수, 초요, 자미원 같은 수천 년 후 중국에서 성립한 삼원이십팔수의 별자리들이 그려질 수 있을까.

고인돌에 새겨진 북두칠성 모양의 구멍들은 실제로 북두칠성을 새긴 것으로 볼 여지는 있으나 이것이 어느 시기에 만들어진 것인지를 증명하지 못하는 한 그것을 고조선시대의 것으로 단정할 수가 없다. 따라서 이 책에서는 '바위구멍 별자리설'과 '한국 고대천문학의 독자기원설'을 채용하지 않는다.

3. 한국의 고대천문학과 중국 천문학의 영향

루퍼스는 1936년에 쓴 "한국의 천문학"에서 고조선의 천문학을 기술하기 전에 낙랑(樂浪)의 천문학을 서술하면서 한국 고대천문학에 미친 중국 천문학의 영향을 언급하였다.[33] 특히 그는 낙랑계 고분에서 발견된 두 개의 점술 도구(divination set) 즉 식점반(式占盤)을 소개하면서, 여기에 포함되어 있는 천문학적 개념에 대해서 큰 관심을 표하였다. 루퍼스는 상하 두 개의 판 가운데 위에 있는 원판이 하늘을, 아래에 있는 사각판이 땅을 상징하는 것으로 보고, 이것은 당대인들의 우주관이 반영한 것으로 추정하였다. 두 판을 겹치면 중앙에 북두칠성이 있고, 바깥쪽으로 천간(天干), 지지(地支), 이십팔수(二十八宿) 그리고 팔괘(八卦)의 명칭이 있다. 루퍼스는 "이러한 복잡한 상호관계를 지닌 천문학적 그리고 점성학적 시스템은 낙랑을 지

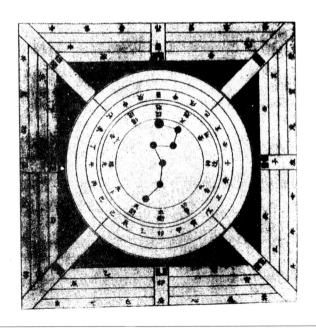

〈그림 1〉 낙랑 출토 고대 식점반(출처: Carl Rufus, "Astronomy in Korea," 부록 그림10).

배하던 시기의 한(漢)나라 문명의 중요한 요소였다"고 하면서 한사군 설치 이후에는 한나라의 천문학이 한반도에 광범위하게 유입되었다는 점을 인정하고 있다.

나아가 그는 한나라 천문학의 영향이 있기 이전에 한국에 유입된 중국 천문학을 추적하면서, 기자조선(B.C. 1122~B.C. 193)을 다루고 있다. 그는 기자가 한반도로 건너오면서 학자, 점성술사, 달력 제작자, 악공(樂工), 기술자, 그리고 백 가지의 사업에 밝은 일꾼들을 포함하여 5천 명의 추종자들이 함께 왔다는 기록을 토대로[34] 기자의 동래(東來)와 함께 중국 문화가 대규모로 한반도에 유입되었으리라고 보았다. 그리고 여기에 당연히 천문학과 점성술이 포함되었을 것으로 보았다.

필자는 한국 천문학사에서 기자조선의 실재를 인정하지 않는다. 루퍼스는 몇 가지 구전(口傳)을 끌어와 기자조선시대에 일식을 예측했다거나 하늘을 관측하여 점을 친 일을 기술하고 있지만, 이런 기술은 수용하기 어렵다. 한국 고대사학계의 의견을 따르면, "기자가 조선에 왔다는 전설은 실제 있었던 사실이 아니라 기원전 3~2세기 무렵에 한나라 사람들이 꾸며낸 것으로 판단된다." 나아가 "한반도 지역에서 출토되는 청동기 시대 고고학 자료 가운데 기자의 이동을 입증할 만한 은(殷)·주(周)시대 청동기 자료는 전혀 나오지 않고 있다."[35] 때문에 고고학계에서는 기자로 대표되는 중국계 유민 집단의 존재는 인정하지만, 요서 대릉하 유역에 '기자조선'이라는 나라가 있었다는 것은 받아들이지 않고 있다.[36] 이러한 고고학계의 주장을 수용하고 현존하는 문헌사료에 근거를 두면, 한국의 고대천문학과 관련하여 중국 천문학의 영향을 확인할 수 있는 시기의 상한선은 고조선이 연(燕)과 접촉한 것으로 기록된 기원전 3세기로 설정할 수밖에 없다. 이후 기원전 2세기 초(B.C. 194) 위만(衛滿)이 이끄는 북중국의 이주민들에 의해 중국 천문학이 더 많이 유입된 것으로 추정된다. 중국 세력과의 접촉과 중국인 이주민들의 유입 그리고 한사군의 설치라는 흐름은 한국의 고대천문학사에 미친 중국 천문학이 영향을 간과할 수 없게 한다.

루퍼스가 이미 지적하였듯이, 한반도에 유입된 중국 천문학의 흔적은 낙랑계 출토유물에서 확인이 가능한데, 그 가운데서도 평양 지역에서 출토한 식점반(式占盤)은 매우 주목된다. 한국에서 식점반은 낙랑계 유적인 석암리(石巖里) 201호분과 205호분(일명 王旰墓)에서 출토된 것이 알려져 있다.[37] 이들은 모두 식점반의 일반적 형식인 원형과 방형 2매의 얇은 판으로 구성되어 있다. 석암리 201호묘 출토의 칠제(漆製) 식점반은 육임식(六壬式)을 위한 식점반으로 생각되며, 이는 한대의 표준적 식점반의 형식과 유사하다.[38] 201호묘의 유물은 천반의 파편이 일부 남아 있다. 천반의 중앙에 북두칠성을 확인할 수 있고, 그 바깥으로 빙 둘러 십이월신(十二月神)이, 그 바깥으로 24방위가, 다시 맨 외곽에 이십팔수(二十八宿)가 배치되어 있었다는 것을 확인할 수 있다.[39] 석암리 205호묘(왕우묘) 출토 식점반의 행방은 현재 알려지지 않고 있지만,[40] 1916년 발굴 때부터 식점반은 거의 완전한 형태로 복원 가능하였다고 한다.[41] 루퍼스는 석암리 205호묘 출토 사실을 명기하지 않은 채, 식점반을 천원지방설(天圓地方說)을 반영한 유물이라고 소개하고 그 복원도를 제시하였다.[42] 후에 일본인 학자 나카무라(中村春壽)도 낙랑에서 출토된 이 식점반의 복원도를 제시하였는데[43], 무슨 이유에서인지 그림에서는 중앙의 천반 부분을 검게 칠해놓고, 글로써 천반의 형태를 묘사하는 데에 그치고 있다. 둘을 비교해보면, 루퍼스가 소개한 식점반이 석암리 205호묘의 것이라는 것을 알 수 있다.

천반 중앙을 중심으로 6개의 동심원을 두었고, 가장 안쪽 원에는 붉은색으로 북두칠성을 그렸다. 원의 중심은 북두칠성의 국자 모양 머리에서부터 다섯 번째 별과 일치한다. 그 바깥으로 첫 번째 동심원과 두 번째 동심원 사이의 공간에는 식점에 쓰이는 십이월신(十二月神)을 적었다. 이들은 정북(正北)에서부터 시계 방향으로 신후(神後, 혹은 神后), 대길(大吉), 공조(功曹), 태충(太衝), 천윤(天閏), 태복(太卜), 승선(勝先), 소길(小吉), 전송(傳送), 종괴(從魁), 천괴(天魁), 등명(登明)이다.[44] 두 번째 동심원과 세 번째 동심원 사이는 좁은 공간을 두고 여기에는 아무것도 적지 않았다. 다시 세 번째 동심원과 네 번째 동심원 사이에는 천간과 지지로 24개의 방향을 표시하고 있다.[45] 정북에서부터 시계 방향으로 자(子), 계(癸), 축(丑), 무(戊), 인(寅), 갑(甲)/ 묘(卯), 을(乙), 진(辰), 기(己), 사(巳), 병(丙)/ 오(午), 정(丁), 미(未), 무(戊), 신(申), 경(庚)/ 유(酉), 신(辛), 술(戌), 기(己), 해(亥), 임(壬)으로 되어 있다. 여기서 무(戊)와 기(己)가 동서남북의 중간 방향에 두 번씩 쓰였다.

방형으로 된 지반에는 방형의 띠가 3층으로 구성되어 있는데, 동서남북과 각각의 중간 방향을 합해 8개의 방향에는 팔괘가 그려져 있다. 가장 바깥쪽에는 이십팔수를 동북서남 각각에 일곱 개씩 배치하였다. 북쪽을 위로 둘 때, 오른쪽이 동쪽, 왼쪽이 서쪽, 아래쪽이 남쪽이다. 별자리는 동쪽에서부터 반시계 방향으로 동쪽의 각항저방심미기(角亢氐房心尾箕), 북쪽의 두우여허위실벽(斗牛女虛危室壁), 서쪽의 규루위묘필자삼(奎婁胃昴畢觜參), 남쪽의 정귀유성장익진(井鬼柳星張翼軫)이다. 이보다 안쪽인 가운데 층은 시계 방향으로 북쪽의 중앙에 자(子)를 배치하여 십이지지가 각 방향에 세 개씩 배치된다. 북쪽의 해(亥) 자(子) 축(丑), 동쪽에 인(寅) 묘(卯) 진(辰), 남쪽에 사(巳) 오(午) 미(未), 서쪽에 신(申) 유(酉) 술(戌)이다. 다음으로 가장 안쪽에는 동쪽에서부터 시계 방향으로 갑(甲) 을(乙), 남쪽에 병(丙) 정(丁), 서쪽에 경(庚) 신(辛), 북쪽에 임(壬) 계(癸)이다. 천반에 두 번씩 들어간 무(戊)와 기(己)가 지반에서는 빠져 있는 것을 알 수 있다. 또 이 가장 안쪽의 구획을 따라 동서남북 네 방향과 동북, 동남, 서북, 서남의 네 개의 중간 방향에 8괘가 배치되었다. 정북에서 시작하여 시계 방향으로 정북에 감(坎)괘, 동북에 간(艮), 정동에 진(震), 동남에 손(巽), 정남에 리(離), 서남에 곤

(坤), 정서에 태(兌), 서북에 건(乾)을 배치하였다. 이 식점반의 지반은 한 변이 13.7cm 정도로 알려져 있다.

식점반을 통해, 중국의 천문학이 한반도에 수입되었으며, 중국에서 발전한 별자리의 체계, 시간의 체계(점술에 사용), 방향의 체계, 점법 등이 고조선 말기부터 한반도에 유입되었다고 추정할 수 있을 것이다. 하지만 한국의 고대천문학이 어떤 모습이었는지를 구체적으로 이해하는 일은 현재로서는 사료의 부족 때문에 대단히 제한적인 것도 사실이다.

삼국시대의 천문학

1. 삼국시대의 천문학 연구사

우리나라 역사에서 처음으로 천문학사를 정리했다고 할 수 있는 『동국문헌비고』 상위고에는 고려 이전의 역법에 대해 하나의 기록이 있을 뿐이다. 그것은 "신라 문무왕 14년(674)에 대나마(大奈麻) 덕복(德福)이 당(唐)에서 역술(曆術)을 배워 와서 새 역법으로 고쳐 썼다"이다.[46] 원래 『삼국사기』에 나오는 이 기록에 필자인 서호수(徐浩修)는 자신의 추론과 역법지식을 약간 덧붙였다. 『삼국사기』의 기록에는 "새 역법으로 고쳐 썼다[改用新曆法]"고 되어 있지만, 서호수는 "그 (역)법을 사용하여 역(서)를 만들었다[始用其法造曆]"고 조금 바꾸어 기술했다.[47] 해마다 사용할 역서를 만들기 위해 필요한 계산법을 역법이라고 하면, 서호수의 기술은 "덕복이 당에서 역법을 배워 왔고, 이 지식을 이용하여 신라에서 처음으로 역서를 만들 수 있게 되었다"는 의미로 이해할 수 있다.

서호수는 『삼국사기』의 짧은 기록을 가지고, 중국의 역법사에 비추어 덕복이 배워 온 역법이 이순풍(李淳風)이 만든 인덕력(麟德曆)임을 추론하였다. 덕복이 당에서 돌아온 때는 당나라 고종(高宗)의 재위연간(650~683)이었다. 당에서는 인덕(麟德) 2년(666)부터 이순풍의 인덕력을 사용하여 역서를 반포하였다.[48] 서호수는, 덕복이 돌아온 때에 당에서는 인덕력이 사용되고 있었기에 그가 배워 온 역법은 당연히 인덕력이었을 것이라고 생각한 것이다. 나아가 서호수는 인덕력의 특징과 구조에 대해 좀 더 자세히 서술하였다. 인덕력에서는 인덕원년갑자(麟德元年甲子, 664)를 계산의 중간 기점으로 삼고, 역원은 이보다 26만9880년 전의 상원갑자(上元甲子)로 삼았다.[49] 상원갑자는 갑자년(甲子年) 갑자월(甲子月) 갑자일(甲子日) 갑자시(甲子時)가 동지(冬至)와 일치하는 경우를 말한다.

현대의 과학사학자들에 의해 다양한 기록들이 검토되고 현대적인 수리천문학적 분석법이 적용되어, 고려 이전 한국 역법사는 조금 더 풍부해지게 되었다. 국내에서는 홍이섭, 전상운, 유경로, 이은성 등이 노력했으며, 일본에서도 직간접적으로 한국 역법사에 관심을 가진 이이지마 다다오(飯島忠夫), 이마이 미치루(今井湊), 오타니 미쓰오(大谷光男), 사이토 구니지(斉藤国治) 등이 기여했다. 이들은 중국과 일본의 사서(史書)에 있는 기록과 한국의 기록을 종합적으로 검토하고, 현대천문학적인 계산을 통해 고대역법사의 여러 가지 사실들을 밝혀냈다.

그 과정에서 신라가 문무왕 14년(674)부터 인덕력을 사용하였다는 것은 논란의 여지가 없는 정설이 되었다. 하지만 삼국통일 이후의 신라에서는 같은 시기 중국에서 시행된 대연력(大衍曆)이나 선명력(宣明曆)이 수입되어 사용되었으리라 짐작되지만,[50] 기록이 불충분하기 때문에 여전히 짐작에 그치고 있다. 백제는 『주서(周書)』의 기록을 근거로 5세기 중반 이후로는 원가력(元嘉曆)을 사용하였으리라 추정된다. 특히 오타니(大谷光男)와 이은성은 무령왕릉(武零王陵)의 묘지(墓誌)와 『삼국사기』 및 중국 사서에 기록된 역일(曆日) 자료를 분석하고, 이것이 원가력에 따라 작성되었다고 결론을 내렸다.[51] 이 연구에 따라 학계에서는 백제에서는 5세기 중반 이후 삼국통일에 이르기까지 계속해서 원가력이 사용되었으리라 짐작하여왔다. 한편 백제에서는 성왕(聖王) 23년(545)에 역박사(曆博士) 고덕왕손(固德 王孫)을 일본에 보냈으며, 무왕(武王) 3년(602)에도 관륵(觀勒)이 역서(曆本)를 일본에 전해주었다는 기록이 있는데, 이때의 역법도 당연히 원가력이 었을 것으로 추정되었다. 나아가 『일본서기(日本書紀)』의 역일 분석을 통해 5세기 중엽 이후에는 일본에서도 백제를 통해 도입한 원가력법에 의해 역일이 작성되었다는 것이 확인된다.[52]

고구려의 역법에 대한 기록은 당나라 무덕(武德) 7년(624)에 고구려의 영류왕(榮留王)이 사신을 보내어 역서를 반포해주기를 요청하였다는 기록이 거의 유일하다.[53] 하지만 이 기록은 현대 연구자들에게 그리 주목되지 못했다. 기록의 부족으로 고구려의 역법에 대한 서술이 삼국 중 가장 소략할 수밖에 없었는데, 다행히 이마이(今井湊)는 광개토대왕비에 기록된 역일(曆日)이 진(晉)의 태시력(泰始曆)과 모순되지 않는다는 점을 지적했다. 태시력은 양위(楊偉)가 만들어 위(魏)에서 사용되던 경초력(景初曆)을 진(晉) 태시(泰始) 원년(265)에 개칭한 이름이다. 이 역법은 진을 이은 북위(北魏)에서도 451년까지 사용되었다. 중국의 남북조 시기에 고구려는 북조와, 백제는 남조와 각각 외교관계를 맺고 있었기에 역법도 자연스럽게 관계를 맺은 중국 왕조가 쓰던 것을 도입하였을 것이고, 그런 점에서 5세기 초 고구려에서 태시력이 사용되었으리라는 추정은 무리하지 않다.

사서의 기록과 현대적인 연구 성과에 기대어 서술할 수 있는 삼국시대의 역법사는 이 정도에 그친다. 앞서 언급한 『동국문헌비고』 상위고의 서술보다는 보다 풍부해지고 구체적인 사실들이 추론되었다. 하지만 대부분의 연구 결과들은 그대로 수용하기 어려운 주장을 포함하고 있다. 나아가 보다 풍부하고 입체적인 서술을 위해서는 새로운 자료를 발굴하는 것은 물론, 새로운 시각으로 기존 사료를 재해석하는 것도 필요하다. 그런 점에서 현대의 연구자들이 주목하지 못했던 조선후기의 역사가들이 제시한 한국의 고대역법사에 대한 의견은 살펴볼 필요가 있다.

이들은 대체로 18~19세기에 활동하며, 한국의 역사에 대해 새로운 관점으로 접근하여 이전에는 거의 논의되지 않았던 고대역법사의 문제들을 논의하였다. 이들의 연구에서 경청할 만한 것은 사서에 등장하는 역법 사용기록 이전에도 어떤 식으로든지 삼국에는 역법이 있었으리라는 추정이다. 그것은 대체로 "문무왕 14년(674) 정월에 당나라에 숙위로 갔던 대나마 덕복이 역술을 전해 배우고 돌아와서 새로운 역법으로 고쳐 썼다"는 『삼국사기』의 기사를 재해석하며 제출한 추론이다.[54] 먼저 18세기 말~19세기 초에 활동한 역사가인 한치윤(韓致奫)은 "신라는 국초부터 역(서)을 사용하였지만 (역)법은 전해지지 않았다"고 간단히 언급하였다.[55] 어떤 역법인지는 전해지지 않아 알 수 없지만, 신라는 국초부터 역서를 사용하고 있었을 것이라는 주장이다. 안정복(安鼎福, 1712~1791) 또한 『동사강목(東史綱目)』에서 『삼국사기』의 기사를 조금 변형하여, "신력을 썼다[用新曆]"고 쓰고 다음과 같이 보충설명을 붙였다. "신라는 국초부터 이에 대해 역(서)을 사용했지만, (역)법은 전해지지가 않았다. 이때에 이르러 (대)나마 덕복이 당나라에 숙위로 들어가 역술을 배워 돌아와서 그 (역)법을 사용했다."[56] 신라는 국초부터 역서를 사용해왔다는 것이다.

그렇다면 신라가 국초부터 역서를 만들 때 적용했던 역법은 어떤 것일까. 역법은 태양년과 태음월의 길이와 역원 등 기본 수치를 가지고 달, 날짜, 절기 등을 정하는 원칙과 방법으로 이루어져 있다. 이러한 원칙과 방법에 기초하여 매년 사용할 역서를 만들 수 있는데, 기록에는 나타나지 않지만 신라에서 문무왕 때까지 사용했을 법한 역법은 역시 중국에서 만들어진 역법을 수입한 것이었으리라는 추정이 가능하다. 이에 대해 조선후기의 역사가 이종휘(李種徽, 1731~1797)는 다음과 같이 추론하였다.

> 대체로 삼국에서 쓴 역법은 모두 중국의 역법이며, 한대(漢代)의 태초력(太初曆), 삼통력(三統曆), 송(宋)의 원가력(元嘉曆) 등 왕조마다 (중국에서) 만들어진 역법을 사용했다. 하지만 (역 계산에서) 늘리고 줄이고 빼고 더하는 방법은 또한 내외의 구분과 원근의 차이(중국과의 차이: 역자)가 있었을 것이지만, 문적(文籍)이 흩어져버려 어떠했는지 끝내 알 수가 없다. 애석하다.[57]

삼국에서는 오래전부터 중국의 역법에 따라 역서를 만들어왔으며, 삼국은 기준지가 중국과 다르므로 중국의 역법에 삼국의 기준지를 적용한 계산을 하여 역서를 만들어왔으리라는 추측이다. 그리고 태초력이나 삼통력 등 중국에서 만들어진 역법들이 어떤 식으로든지 삼국에 전래되었을 것이라고 추정하고 있다.

한편 홍경모(洪敬謨, 1774~1851)는 신라에서 인덕력 이전에 무인력(戊寅曆)을 썼을 것이라고 보다 구체적으로 추정하였다.

> 여기서 '새 역법으로 고쳐 썼다[改用新曆法]'고 했으니, 국초부터 이어 써오던 역법이 이미 있었다. 그리고 진덕왕(眞德王) 4년(650)에 중국의 정삭(正朔)을 처음으로 썼다고 되어 있는데,[58] 이때는 당(唐) 고종(高宗) 영휘(永徽) 원년이다. 영휘(원년)는 인덕력이 만들어지기 14년 전이다. 중국은 계속해서 무인력(戊寅曆)을 쓰고 있었고, 신라 또한 그 정삭을 시행했다고 하였으니, 신라도 무인력을 쓴 것이다. 다시 덕복이 인덕력을 배워서 돌아왔고 또 그 역법을 썼으므로 '고쳐 썼다[改用]'고 말한 것이다.[59]

홍경모는 나아가 신라에서 독자적으로 역법을 개발하여 사용했을 가능성도 상상하였지만, 어쨌거나 기록이 없으므로 추정에 그칠 뿐이었다.

대개 신라는 국초부터 선덕왕(宣德王)까지 7백여 년이나 되지만 하늘을 관측한 일[察紀驗天]은 (선덕왕 때에) 처음으로 사서에 실려 있고, 역(曆)은 문무왕대의 기록에 보이며, 덧붙여 '그 법으로 고쳐 썼다[改用其法]'고 했으니, 문무왕 이전에는 어떤 역을 썼는지 알 수가 없다. 혹시 스스로 역법을 만들어서 (백성들에게) 시간을 내려주었던 것일까? 문무왕 이후에도 3백여 년이 되도록 (기록은) 보이지 않으니, 나라가 끝날 때까지 인덕력법을 계속 쓴 것일까? 그렇지 않다면 중국에서 만든 것을 따라 썼으면서도 사서에 (기록이) 빠진 것일까? 알 수 없는 일투성이다.[60]

한편 지금까지의 연구자들은 거의 주목하지 않았지만, 효소왕(孝昭王) 4년(695)에 자월(子月)을 세수(歲首)로 했다가 다시 9년(670)에 인월(寅月)을 세수로 환원했다는 『삼국사기』의 기록을 주목해볼 필요가 있다. 여기서 효소왕 4년의 자월을 세수로 한 것은 당나라에서 690년에 측천무후(則天武后)의 집권과 함께 국호를 주(周)로 고치고 자월을 세수로 한 조치와[61] 관련이 있을 것이다. 그리고 이것은 신라에서 시행된 역법이 중국에서 시행된 역법과 밀접하게 연동하고 있었을 것이라는 짐작을 가능하게 해준다. 즉 신라의 통일 이후에는 당에서 고쳐 시행된 역법이 약간의 시차를 두고 전해져서 신라도 당과 동일한 역법을 사용하였을 가능성이 있는 것이다.

백제에서 원가력을 사용했다는 사실은 『주서(周書)』의 기록을 근거로 일찍부터 연구자들에게 알려졌다. 그리고 이것이 원가력을 중심으로 백제의 역법사를 탐구하게 된 계기가 되었다.

풍속은 말타기와 활쏘기를 숭상한다. 경전(經典)과 사서(史書)를 애독하니 똑똑한 사람은 제법 문장을 엮을 줄도 안다. 또 음양오행을 이해한다. 송(宋)의 원가력(元嘉曆)를 사용하여 건인월(建寅月)을 세수(歲首)로 삼는다. 또한 의약(醫藥), 복서(卜筮), 점상(占相)의 술법도 이해한다.[62]

원가력은 송 원가(元嘉) 22년(445)부터 시행되어, 송의 뒤를 이은 남제(南齊)와 양(梁)에서도 계속 사용되어 총 65년간 사용된 역법이다.[63] 원가력은 남조인 송, 제, 양에서 연이어 사용되었기에 이들 세 나라는 모두 백제가 원가력을 입수한 통로가 될 수 있다. 백제는 먼저 황하 이남을 차지하고 있던 동진(東晉, 317~420)과 국교가 있었다. 동진이 망한 후 중국은 소위 오호십육국의 분열을 거쳐 황하 이남에서는 송(宋, 420~479), 제(齊, 479~502), 양(梁, 502~557), 진(陳, 557~589)이 잇달아 일어났다. 이들이 남조인데, 백제는 이들 나라들과 각각 국교가 있었던 것이 사료로 확인된다. 양에서는 초기 10여 년 동안만 원가력을 사용했으므로 무령왕(재위 501~523) 당시에 원가력을 사용하고 있었다는 이은성의 역일 분석을 믿는다면, 양나라 이전에 백제가 원가력을 입수하여 사용하고 있었다고 볼 수 있다. 또한 제에서는 원가력이라는 이름 대신 건원력(乾元曆)이라는 이름을 사용하였기에 백제가 제로부터 이를 얻었다면 원가력보다는 건원력으로 불렀을 것이다.

백제는 원가 27년(450) 즉 비유왕(毗有王) 24년에 송에 국서를 올려 백제에서 파견한 사신에게 벼슬을 내려줄 것과 역림(易林), 식점(式占), 요노(腰弩) 등을 얻고자 하여 송 태조의 허락을 얻었다고 한다.[64] 『송서(宋書)』에는 백제가 457년과 471년에도 사신을 송에 파견했다는 기록이 있다. 백제와 송의 관계가 밀접했다는 것을 감안해볼 때, 원가력에 관한 지식은 송이 이 역법을 시행한 후 송에서 백제로 전해졌다고도 생각할 수 있다. 바로 이런 추론을 홍경모가 제시했는데, 그는 비유왕(毗有王) 때에 송에 사신을 파견

했다는 기록을 근거로, "비유왕 때에 이르러 송나라 하승천(何承天)의 원가
력을 사용했다"고 결론을 내렸다.[65] 『수서(隋書)』에도 백제는 "송의 원가력
을 사용하고, 건인월(建寅月)을 세수(歲首)로 한다"는 기록이 있다.[66] 그러므
로 백제에서는 원가력을 채용한 후부터 삼국통일 시기까지 계속해서 이
역법을 사용했다고 볼 수 있는데, 이는 역일을 분석한 연구 결과로도 어느
정도 지지되고 있다.

고구려의 역법에 대해 전하는 사서의 기록은 "당 고조 무덕(武德) 7년
(624) 2월에 고구려의 영류왕이 사신을 보내어 역서를 반포해주기를 요청
하였다"는 기록이 유일한 것 같다.[67] 이에 대해서는 한치윤이 『해동역사』에
서 『자치통감(資治通鑑)』의 기사를 인용하여 전하고 있는데, 『자치통감』의
기사는 홍경모도 주목을 하였다. 홍경모는 영류왕에게 반사(頒賜)된 역법
은 당시 당에서 사용하고 있던 역법일 것이라는 데에 착안하여 이것을 부
인균(傅仁均)의 무인력(戊寅曆)이라고 단정하였다.

> 고구려도 초기 상황은 자세하지 않다. 그러나 영류왕이 당에 반력(頒曆)
> 해주기를 청하였는데, 당은 부인균(傅仁均)의 무인력(戊寅曆)을 내려주었
> 다.[68]

이상이 현대 연구자들의 연구와 조선후기 역사가들의 추론을 함께 고려
하고, 중국 사서와 일본 사서의 기록들을 종합적으로 검토하여 제시할 수
있는 고려 이전 한국 고대역법사의 개괄이라고 할 수 있다. 정리하면, 우선
고구려에서는 5세기부터 북조(北朝)의 역법이 사용되었으리라 추정된다.
백제에서는 5세기 중반 이후에 원가력이 채용되어 삼국통일까지 계속되
었고, 신라에서는 7세기 말에 인덕력(麟德曆)을 채용하였지만 국초부터 역
서를 만들어 사용해왔을 것으로 추정된다. 전체적으로 고대 삼국에서 사

용된 역법은 보다 앞선 역법지식을 보유했던 중국에서 수입된 것으로 생각되는데, 이는 중국 천문학의 영향 속에서 한국의 고대천문학이 형성되고 발전되고 있었다는 것을 보여준다.

2. 조공책봉 체제와 한국의 고대천문학

니시지마 사다오(西島定生)는 '동아시아 세계론'을 주장하면서, 동아시아 세계가 공유하는 특성으로 한자(漢字), 유교(儒敎), 율령(律令), 불교(佛敎)의 네 가지를 들었다.[69] 이 밖에도 동아시아 세계가 공유했던 문화적 지표로 역일(曆日)체계와 의료체계, 그리고 공통된 미의식에 기초한 예술체계를 들 수 있다.[70] 동아시아 세계가 공유하는 여러 가지 특성 가운데, 특히 한국 천문학사와 관련해서 동아시아 세계 전체가 동일한 역일체계를 사용하였다는 점은 주목할 만하다. 중국 고대에 중국의 중원에서 형성되기 시작하여 전국시대 중기에는 체계적인 형식을 갖춘 동아시아의 역일체계는, 이와 접촉하고 교통한 주변 나라들에 퍼져 공유되었다. 그리하여 한대(漢代) 이후에는 확실하게 동아시아 전체가 동일한 역일체계를 공유하게 되었으리라 생각된다.

역사공동체로서 한국에서 실체를 가진 나라로서 가장 먼저 등장한 것이 고조선이다. 고조선은 기원전 3~4세기부터 중국과 접촉했으며, 인구의 직접적인 이동과 함께 무역, 외교 등을 통해 중국에서 형성된 문화적 양식들이 고조선에 수용되고 새로운 문화적 양식으로 진화되었으리라 생각할 수 있다. 중국의 역일체계와 천문학 지식 또한 이 시기에 고조선에 전해져 고조선 내에서 중국과 공통된 역일체계와 천문학적 관념을 형성하였으리라 생각된다.

하지만 고조선의 역과 천문학에 대해서 확인할 수 있는 자료는 거의 없다. 다만 고조선의 변경이 중국의 북쪽과 맞닿아 있었고 다양한 계기로 인적·물적 교류가 있었기에 역과 천문학을 포함한 다양한 형태의 중국 문화가 고조선에 전파되었으리라는 짐작은 가능하다. 『사기(史記)』 조선열전(朝鮮列傳)의 기록에도 "모든 만이(蠻夷)의 군장이 (중국에) 들어와 천자를 뵙고자 하면 막지 않도록 하였다"고 나와 있듯이,[71] 고조선이 중국과 접촉하고 있던 것은 사실로 확인된다. 고조선 지역은 중국의 동북부에 있던 연나라와 인접하였고, 이것으로부터 전국시대부터 연나라를 매개로 하여 중국과 문화적인 교류가 있었으리라 짐작할 수 있다. 또한 진(秦)의 통일로 연(燕)이 진에 복속되었으니, 진대(秦代)에도 고조선이 중국 문화에 접촉하는 일은 계속되었다고 볼 수 있다.

춘추전국시대 역법의 실상을 이해하는 일은 매우 어렵지만, 연나라의 역법에서 세수는 하정(夏正, 寅月이 정월)이었던 것으로 짐작된다.[72] 전국시대의 역은 연나라와 인접하여 교통하던 고조선에 알려졌고, 그것을 고조선에서도 사용했으리라는 점은 짐작하기 어렵지 않다. 특히 전국을 통일한 진나라가 성립한 B.C. 3세기에는 중국 전역에 통일적인 역법이 적용되었으므로, 이 시기를 전후하여 고조선이나 요동 지역에서 진이 채용한 전욱력(顓頊曆)이 사용되었을 가능성이 있다. 위만(衛滿) 집단이 고조선 왕실을 축출한 후 정권을 잡은 B.C. 2세기 초부터는 중국의 역법이 고조선에도 사용되었으리라는 짐작은 지나치지 않다. 위만은 연나라 사람으로 수많은 중국인 유망민들과 함께 중국 문화를 가지고 고조선 지역에 들어왔기 때문이다.

중국에서 한(漢)이 성립한 이후부터 요동 지역과 한반도는 한나라의 문화적인 영향을 더 크게 받게 되었으므로 한의 역법이 고조선에서도 사용되었으리라는 추론이 가능하다. 특히 B.C. 108년 고조선이 멸망하고 한사군이 설치된 때로부터 중국의 역법과 천문학이 새로 국가체제를 형성해가던 북방의 부여와 고구려, 한반도의 백제 지역에 전파되었으리라 짐작할 수 있다. 한반도 평양 지역에서 출토된 낙랑 및 중국계 금석문 자료 속에 한의 연호(年號)와 역일이 기록되어 있는 것은 한의 영향권 안에 있던 지역에서 한의 역이 사용된 직접적인 증거가 된다. 낙랑군이 있었던 평양 지역에서 가장 빠른 것은 B.C. 222년에 제작된 것으로 추정되는 진(秦)의 동과(銅戈)가 발견된 것을 비롯하여, 한사군 설치 이후 B.C. 1세기 초반의 것부터 A.D. 3세기 말의 것까지 다양한 유물에서 연호와 역일이 확인된다.[73]

또한 중국 사서의 기록에서도 중국에서 체계화된 역법을 한국의 고대 국가에서 사용했으며 나아가 중국에서 발전한 천문학적 지식을 활용하고 있었다는 증거를 확인할 수 있다. 『후한서(後漢書)』 동이열전(東夷列傳)에서 언어와 법령과 풍속이 고구려와 같아서 스스로 고구려와 같은 종족이라고 일컬었던 예(濊)에서는[74] "새벽에 별자리의 움직임을 관찰하여 그해의 풍흉을 미리 알았고" 제천행사 또한 10월에 지냈다고 한다.[75] 이 기록에서 예에서 제천행사를 규칙적으로 10월에 지냈다는 사실을 취하면, 예에서 규칙적으로 날짜를 셀 수 있는 역법을 사용했다는 증거가 된다. 진의 통일 이후 채용한 전욱력의 세수(歲首)가 10월이었다는 점과 예의 제천행사가 10월에 이루어졌다는 것을 연관시키면, 예의 제천행사는 전욱력의 세수와 모종의 연관이 있지 않을까 짐작해볼 수도 있다. 부여에서는 "은력(殷曆) 정월(正月)에 지내는 제천행사는 국중대회(國中大會)로 날마다 마시고 먹고 노래하고 춤추는데, 그 이름을 '영고(迎鼓)'라고 하였다."[76] 이 기록은 부여에서 날짜를 규칙적으로 셀 수 있는 역법을 사용하고 있었고, 나아가 12월을 세수로 하는 은력 방식의 정월을 기념했다는 증거가 된다.[77]

고구려의 제천행사인 동맹(東盟)도 10월에 지내는 제사였는데,[78] 이 또한 고구려가 역법을 사용하고 있었다는 증거이다. 고구려에서는 10월에 수신(襚神)에게도 제사를 지냈다고 하므로, 고구려의 풍속에서 10월은 매우 중요한 의미를 지닌 것이었다고 볼 수 있다.[79] 고구려는 영성(靈星)에도 제사를 지냈다고 한다.[80] 이런 기록들을 종합해보면, 고구려에서 국초부터 역법을 사용했던 것은 확실하며, 나아가 영성에 제사를 지내는 일과 같이 천문학적 지식이나 천체에 대한 숭배 관념까지도 중국의 그것을 공유하고 있었다고 볼 수 있다. 다만 부여(夫餘)와 고구려(濊는 고구려 계통으로 본다)가 서로 다른 달에 제천행사를 치렀다는 것은 양국에서 달이나 날짜에 부여한 관념이 조금 차이가 있었다고 볼 수 있다. 어쨌거나 중국과의 접촉을 통해 고구려와 예 그리고 부여가 모두 역을 사용하게 되었고, 일정 수준의 천문학 지식을 지니게 되었으며, 이것이 고대 한국에서 중국과 역일체계를 공유하는 새로운 문화양식의 형성으로 이어진 것은 확실한 것 같다.

고구려, 백제, 신라의 삼국이 성립한 이후의 역과 천문학 지식에 대한 이해는 동아시아 중심부의 중국과 주변부의 국가들 사이에 존재했던 독특한 방식의 정치·외교적 관계인 조공책봉(朝貢冊封) 관계를 중심으로 접근해볼 수 있다.[81] 중국의 은주시대에 중원의 은(殷)이나 주(周)와 같은 중심국가와 주변 제국(諸國) 사이에 책봉(冊封)과 칭신(稱臣)의 관계에서 발전한 조공책봉 관계는 진한(秦漢)시대 이후 중국의 왕조와 주변국 사이의 관계로 확대되면서, 동아시아 문화권의 형성에 핵심적인 역할을 하였다. "중국에서 생산되었거나 중국이 주변 공동체와 합작하여 생산해낸 갖가지 문화양식들"은 역사공동체로서 한국이 성립하고 발전하는 데 중요한 역할을 하였다.[82] 일찍이 고조선과 고구려 등에서 중국과의 접촉을 통해 형성된 동아시아 공통의 문화적 양식들은 조공책봉 관계를 통해 더욱 체계화된 형태로 한국의 문화 속에 정착될 수 있었다.

A.D. 1세기부터 4세기 초반까지는 전형적인 조공책봉 관계의 전 단계로

서 이해된다.[83] 전형적인 조공책봉 관계를 보여주는 지표는 '조공(朝貢)·회사(回賜)·봉전(封典)·칭신(稱臣)·연호(年號)와 역(曆)의 채용'이라고 할 수 있는데, 이 시기에는 조공책봉 관계의 지표를 보여주는 분명한 기록이 거의 없기 때문이다.[84] 조공책봉 관계의 초기적인 모습을 보이는 시기는 4세기부터 7세기 초반까지인데, 대체로 동진(東晉)의 성립(317)부터 수(隋)의 멸망(618)까지의 기간이다. 이 시기에는 조공책봉 관계의 지표가 대부분 드러나는 전형성을 띠기 시작하는 것으로 파악된다. 특히 7세기 초중반은 책봉국과 조공국의 정치적 지위를 상징하는 중국식 역(曆)과 연호(年號)가 삼국에서 채용되었다는 점에서 특기할 만하다.[85] 한국 고대의 천문학사를 조공책봉 관계를 중심으로 보면, 7세기 중반 이후에는 신라가 당과 거의 완전히 전형적인 조공책봉 관계로 진입한 것으로 이해할 수 있다. 전해종은 "고려와 송과의 조공 관계는 신라와 당과의 관계의 연장이라는 감이 깊다"고 하였듯이, 동아시아 전형의 조공책봉 관계는 신라와 당 사이에서 전형적인 형태로 구축되었다고 할 수 있다.

중국 왕조와 한국 왕조 사이에 성립한 조공책봉 관계의 변화 과정은 한국 고대의 역법 및 역일의 사용 양상과 거의 일치한다. 또한 시간규범을 공유하는 집단을 국가라고 할 때, 한국의 고대국가에서 국가의 성립과 함께 역법이 필요했고, 역법을 적용하여 계산한 역일을 사용하였으리라는 것은 쉽게 짐작할 수 있다. 그러므로 고조선은 물론, 고구려, 백제, 신라에서 국가의 성립과 함께 역법과 역일이 사용되었으리라는 추론은 당연하다. 중국 사서의 기록이나 한국에서 발굴된 낙랑 및 중국계 자료에 나타난 역일 표시를 볼 때, 조공책봉 관계가 확립되기 이전부터 한국의 고대국가에서 중국에서 발전한 역법과 역일이 사용되었다고 추정할 수 있다.

고대 삼국의 역일 사용 양상에 대해 알려주는 문헌 가운데 가장 명확한 것은 『삼국사기』이다. 이 책에서는 기본적으로 연차(年次)와 월차(月次)

로 구분하여 고대 삼국의 역사를 기록하고 있는데, 이것은 역사기록이 만들어질 당시부터 역일이 사용되었다는 가장 기본적인 증거이다. 나아가 당시 사용된 역일의 구체적인 모습을 보여줄 수 있는 자료가 『삼국사기』에 일식을 기록할 때 함께 기록한 삭일(朔日)의 간지(干支)이다. 신라 혁거세(赫居世) 시기의 예를 보면, "四年夏四月辛丑朔日有食之"라고 기록되어 있는데, 이것은 "혁거세 4년(A.D. 54) 4월 1일의 간지가 신축(辛丑)"이었다는 것을 알려준다. 『삼국사기』에 기록된 삼국의 일식기사는 모두 67회인데,[86] 이들 기록 중 회일(晦日)에 일식이 기록된 첨해이사금(沾解尼師今) 10년(256) "十月晦日有食之"의 기사를 제외하고는, 모든 일식기사에 삭일간지가 기록되어 있다. 그리고 이들 삭일간지는 모두 다 중국의 사서에서 기록한 것과 일치하고 있다.[87]

그러므로 삼국시대에는 삼국이 중국과 완전히 동일한 역일체계를 사용하였다고 주장할 수 있다. 다만 『삼국사기』의 일식기사가 중국의 사서에서 옮겨 온 것일 수도 있다는 의심이 제기되어 있기 때문에, 일식기사의 삭일간지를 가지고 삼국에서 사용한 역일체계의 구체적인 모습을 추론하는 것은 문제가 있다. 그럼에도 불구하고 연차와 월차에 따른 『삼국사기』의 기록이 당시의 기록에서 추출한 것이라고 보면, 4세기 이전 중국에 사절을 왕래시켜 조공책봉 관계가 성립하기 이전 단계에서도 삼국에서 역법과 역일체계를 사용하고 있었다는 것만은 분명히 알 수 있다.

삼국에서는 4세기경부터 역일의 사용 양상을 더욱 구체적으로 알 수 있는 금석문 자료들이 출토되었다. 또한 5~6세기에는 이러한 자료가 더욱 증가하는데, 이러한 출토자료들을 역일간지(曆日干支)를 중심으로 분석해 보면, 삼국에서의 역일 사용의 구체적인 양상에 대해 보다 깊이 파악할 수 있다. 광개토대왕비, 덕흥리고분 묘지명(墓誌銘)과 묵서명(墨書銘), 중원고구려비, 무령왕릉 지석 등 많은 금석문 자료들에 역일이 표시되어 있고, 경우에 따라서는 삭일간지도 표기되어 있다. 이들 삭일간지는 신뢰성이 의심받고 있는 『삼국사기』 일식기사의 삭일간지와는 독립적으로 기록된 것이기에 삼국에서 사용했을 역법과 역일을 이해하는 데에 좋은 재료가 된다.

4세기에서 7세기 초반은 중국의 남북조 시기에 해당한다. 이 시기의 금석문 자료들을 통해 삼국의 역일 사용 양상을 탐구해볼 때, 삼국이 각기 독립적으로 교통하던 중국 왕조의 역법을 수용하여 이를 기초로 역일을 계산하고 표기하고 있었다는 것을 알 수 있다. 이것은 사신의 왕래와 조공책봉을 통해 중국 왕조와의 조공책봉 관계가 초기 단계에 진입하는 것과 병진하여 중국의 역법체계를 수용하고 적용하는 초기 단계에 진입한 것으로 볼 수 있다. 이 시기는 아직 완전한 조공책봉 관계로 진입하지 않았고, 중국과의 관계 또한 국내외의 상황 변화에 따라 단속적이었기에, 중국 왕조에서의 개력 상황이 즉각적으로 삼국의 개력으로 이어지지는 못했을 것으로 추정된다. 또한 중국 왕조와 조공책봉 관계를 맺더라도 반드시 조공국이 책봉국의 정삭(正朔)을 채용하는 것이 강제되지는 않았던 것으로 생각된다.

한편, 7세기에 접어들면서 중국의 역서를 수령하고 한국 왕조가 중국의 정삭을 채용하는 것이 분명해지는 조공책봉 관계가 나타난다. 정삭에서 정(正)이란 정월(正月)을 어느 달로 삼는지 즉 세수(歲首)를 어느 달로 삼는지를 가리키며, 삭(朔)이란 매월의 초하루를 어느 날로 삼는지를 가리킨다. 그러므로 조공국이 책봉국의 정삭을 채용한다는 것은 책봉국에서 정한 연월일 즉 역일(曆日)을 동일하게 사용하는 것이 된다. 뒤에서 보게 될 것처럼 신라가 당(唐)의 조치를 따라서 세수(歲首)를 변경하는 것도 조공책봉 관계를 맺은 당의 정삭을 따르기 위함이다. 조공국이 책봉국의 시간규범을 따른다는 것을 보여주는 가장 명백한 증명이 책봉국의 정삭을 채용하는 것이기 때문이다. 전형적인 조공책봉 관계가 확립되는 단계에서 연호

(年號)와 역법의 채용이 중요한 상징적 요소가 되었다는 한중관계사 연구에서의 지적은 이런 맥락에서 이해할 수 있다.[88] 물론 여기서 '역법'은 책봉국과 동일한 역일을 만들기 위해 책봉국과 동일한 역법을 채용한다는 의미이다.

영류왕7년(624)에 고구려가 당에 정삭(正朔)을 요구(역서를 내려줄 것을 청함)한 것이라든지, 효소왕4년(695)에 당(唐)의 조치를 따라 동짓달(11월)을 세수(歲首)로 변경한 것 등은 조공책봉 관계에서 역법의 상징성이 매우 중요해지는 새로운 단계로 진입하고 있다는 것을 보여준다. 이보다 앞서 『삼국사기』에서는 7세기 초부터 삼국의 조공과 중국 황제의 정삭 반사가 조공책봉 관계의 확인으로 동시에 언급되는 기사가 여러 차례 등장한다.[89] 이것을 볼 때, 7세기 이후에는 역법과 역서를 통해 조공책봉 관계를 확인하려는 관념이 한중 양국에서 공유되는 방향으로 진행하고 있었다는 것을 알 수 있다.

이런 조공책봉 관계가 보다 공고해지는 삼국통일 이후에는 중국에서의 개력과 역법의 변화가 신라에 거의 즉각적으로 영향을 미치고, 중국의 역법에 연동하여 신라의 역법과 역서가 변화했으리라 추정할 수 있다. 따라서 통일 이후 신라는 당에서 사용된 인덕력(麟德曆, 665), 대연력(大衍曆, 729), 오기력(五紀曆, 762), 정원력(正元曆, 784), 관상력(觀象曆, 807), 선명력(宣明曆, 822) 등이 약간의 시차를 두고 수입되어 사용되었으리라 추정할 수 있다.

3절

한국 고대역법의 재검토

중국 사서의 기록, 조선후기 학자들의 연구, 그리고 현대 학자들의 연구를 종합하여 한국 고대(삼국시대와 통일신라시대)의 역법과 역일에 대해 가능한 여러 가지 추론들을 제시하였다. 하지만 한국 고대역법사에 대한 사료는 여전히 부족하고 파편적이며, 현대적인 연구에도 쉽게 수용하기 어려운 결론들이 있다. 이에 필자는 고대의 역일(曆日)에 대한 새로운 분석과 함께 지금까지 주목하지 않았던 새로운 자료를 동원하여 한국의 고대역법사에 다시 접근해보고자 한다.

1. 고구려의 역법

한국에서 출토된 삼국시대의 유물에 적힌 삭일간지(朔日干支)는 당시 사용했던 역법을 추정할 수 있는 단서가 된다. 삭일간지로 연대를 추정하거나 사용한 역법을 추정하는 연구는 고대의 사료를 다룰 때 상당히 많이 적용되는 방법이다. 일찍이 청나라 건가(乾嘉) 학파의 일원이었던 왕활정(汪曰楨, 1813~1881)이 기원전 234년부터 연도별로 삭일의 간지를 밝혀놓은 『역대장술집요(歷代長術輯要)』와, 일본의 내무성 지리국에서 펴낸 『삼정종람(三正綜覽)』(1880년 초간), 중국의 역사가 진원(陳垣, 1880~1971)의 『이십사삭윤표(二十史朔閏表)』(1926년 초간) 등이 역대 삭일간지의 검증에 많이 이용된다. 역사기록에 나오는 삭일의 간지를 참고도서의 그것과 대조하면서 일치하는 연대를 찾아보는 것이 연구 방법의 하나이다.

그러나 이 방법의 한계는 사용할 수 있는 역일간지의 수가 충분히 많지 않을 경우 한두 가지 역일간지의 일치만으로 특정한 역법의 사용을 확정할 수 없다는 것이다. 서로 다른 두 역법을 사용하여 월의 대소를 결정하고 삭일간지를 결정한다고 할 때, 1태양년과 1태음월의 길이가 현격하게 차이가 나지 않는 경우에는 두 역법 사이에 대부분의 역일이 일치하고 아주 드물게만 월의 대소가 달라져 삭일의 간지가 서로 다르게 될 수 있다. 때문에 두 역법 사이에 삭일간지가 서로 다른 경우, 어느 한쪽에 일치하는 삭일간지 자료가 있다면, 여기에 사용된 역법을 확정할 수 있다. 하지만 서로 다른 두 역법으로 작성한 삭일간지는 일치하는 경우가 대부분이기 때문에 적은 수의 삭일간지를 일치시키는 방법으로 사용된 역법을 확인하는 것은 불완전할 수밖에 없다. 다행스럽게도 남북조 시기에는 남조와 북조에서 서로 다른 역법이 쓰였고, 삭일과 윤달의 위치도 다른 경우가 많아서 이런 방법을 적용하는 데에는 큰 무리가 없다.

삼국의 사료 중에서 시기적으로 가장 이른 삭일간지는 고구려의 것으로, 광개토대왕비와 덕흥리고분의 묘지명(墓誌銘)과 묵서명(墨書銘)에서 볼 수 있다. 광개토대왕의 장례(葬禮)에 대해 언급하는 곳에, "甲寅年(414)九月廿九日辛酉朔"이라는 삭일간지가 나온다.[90] 또한 덕흥리고분의 유주자사진묘지명(幽州刺史鎭墓誌銘)에 "永樂十八年(408)太歲在戊申十二月辛酉朔卄五日乙酉"로 되어 있는 삭일간지와 날짜간지가 있고, 무덤의 입구에서 묘실에 이르는 통로의 서쪽 벽에 다음 해에 이 무덤의 문을 폐쇄하였다는 것을 기록한 묵서명에 "太歲己酉(409)二月二日辛酉"로 되어 있는 날짜간지가 등장한다.

이마이 미치루(今井湊)는, 광개토대왕비에 등장하는 삭일간지를 역대 중국에서 사용된 삭일간지와 비교하는 방법을 적용하여, 광개토대왕비에 기록된 역일이 진(晉)의 태시력(泰始曆)과 모순되지 않는다는 점을 지적했다.[91] 이것은 고구려에서 사용한 역법이 북조의 것이었다는 사실을 보여주는 간접적인 증거로 받아들일 수 있다. 그러나 앞서 언급하였듯이 이런 일치만으로는 고구려에서 당시 사용한 역법이 태시력이라고 확정할 수는 없다.

이러한 방식의 연구를 적용하여 고구려의 역법에 대한 더욱 구체적인 지적이 다케다 유키오(武田幸男)에 의해서 제기되었다.[92] 그는 덕흥리고분의 묘지명과 묵서명을 아울러 검토하여, 덕흥리고분의 묘지명에 "永樂十八年(408)太歲在戊申十二月辛酉朔卄五日乙酉"로 되어 있는 역일은 진(晉)의 역일보다 하루 늦게 되어 있고, 같은 무덤의 묵서명에 "太歲己酉(409)二月二日辛酉"로 되어 있는 역일은 진의 역일과 일치한다고 주장했다. 다케다는 고구려 때의 기록으로 남아 있는 세 가지의 역일 중 두 가지가 진의 역일과 일치하는 것을 기초로, 광개토대왕비의 비문과 덕흥리고분의 묵서명이 모두 기본적으로 진력(晉曆)과 다르지 않을 것이라고 추측하였다.[93] 이 주장을 받아들인다면, 5세기 초반에 고구려는 진의 역법을 사용하고 있었을 가능성이 대단히 높아진다.

당시 진에서 사용한 역법은 태시력인데, 이것은 원래 양위(楊偉)가 만들어 위(魏)나라에서 채용한 경초력(景初曆)의 다른 이름이었다. 위를 이어 진에서도 경초력을 사용하였는데, 진 태시(泰始)원년(265)에 이름만 태시력으로 바꾸었다.[94] 태시력(경초력)은 1년을 365와 455/1843(=365.2469)일로 하고, 1개월을 29와 2419/4559(=29.53060)일로 삼았다. 한편 중국의 남북조 시기에 고구려는 북조와, 백제는 남조와 각각 외교관계를 맺고 있었기에 역법도 자연스럽게 관계 맺은 중국 왕조가 쓰던 것을 도입하였을 것으로 생각된다. 그런 점에서 5세기 초 고구려에서 태시력이 사용되었다고 해도 이상할 것은 전혀 없다. 또한 광개토대왕의 시기는 요동과 중국 본토를 두고 중국과 경쟁하면서도 북조에 반복하여 사신을 파견하면서 중국 문화를 활발히 수용하던 때였으므로, 고구려가 북위(北魏)에서 사용하던 역법을 채용한 것은 당연한 일이었을 수도 있다.[95] 결국 확정할 수는 없지만, 5세기 초반 고구려는 북조의 역법을 사용하고 있었을 가능성이 매우 높다고 할 수 있다.

한편, 5세기에 고구려가 북조의 것과는 다른 독자적인 역법을 사용했을 가능성이 제기되기도 하였다. 다나카 도시아키(田中俊明)는 고구려의 금석문에서 발견되는 역일 가운데 덕흥리고분의 묵서명에 있는 역일처럼 당시 진에서 사용하던 역일과 모순되는 자료가 있다는 것을 지적하면서, 고구려가 독자적인 역법을 사용했을 가능성을 언급하였다.[96] 그러나 이러한 견해는 기노시타 레이진(木下礼仁)에 의해서 비판되었고, 아직은 확실한 증거가 없는 상태이다. 기노시타는 덕흥리고분의 묘지명에 나오는 "永樂十八年(408)十二月辛酉朔"을 "十月辛酉朔"의 오기(誤記)라고 보면, 진력(晉曆)과 하루 차이가 나는 문제는 사라진다고 하면서, 이것으로 고구려의 역법이 진력과 일치한다는 사실을 부정할 수 없다고 보았다.[97] 그는 고대의 역일 기록에 오인과 오기가 상당히 많이 있기 때문에 한두 가지 역일의 불일치를 가지고 상이한 역법을 사용한 증거로 삼는 것은 지양해야 한다고 주장하였다.[98]

고구려의 금석문 가운데 중원고구려비에도 역일 표기가 있는데, 이것을 가지고 비의 연대와 사용 역법을 추정하는 연구에 대해 여러 가지 논란이 있어왔다.[99] 중원고구려비에는 "十二月廿三日甲寅"이라는 역일간지가 있는데, 많은 연구자들이 12월 23일이 갑인(甲寅)일이 되는 해가 언제인가를 찾아보고, 비문에 서술된 다른 사건에서 나오는 간지나 혹은 고구려와 신라의 관계 등 다른 요소들을 종합하여 비의 건립연대를 추정하였다. 임창순이나 변태섭 등 한국 학자들과 일본의 기노시타의 연구가 있었다. 기노시타는 "三"이라는 글씨가 三인지 五인지 불확실하다면서, 연차간지나 날짜간지를 가지고 건립연대를 확정하는 것은 불가능하다고 보았다. 그러므로 비문에 나오는 다른 내용들을 검토하여 건립연대를 추정하는 것만이 가능하다고, 역일간지를 활용한 연구의 한계를 인정하였다.[100]

2. 백제의 역법

백제의 경우, 5세기 초반 무령왕릉에서 출토된 왕과 왕비의 묘지석에 삭일간지가 있는데, 이것이 일찍부터 백제가 사용한 역법을 추정하는 단서가 되었다. 무령왕릉의 무령왕묘지석에 왕이 죽은 날짜와 장사 지낸 날짜를 표시한 곳에 다음과 같은 삭일간지가 나온다. "癸卯年(523)五月丙戌朔, 七日壬辰崩, 到乙巳年(525)八月癸酉朔, 十二日甲申, 安厝登冠大墓." 또한 왕비의 묘지석에도 왕과 합장한 날짜를 "己酉年(529)二月癸未朔十二日甲午, 改葬還大墓"로 표기하였다. 여기에서 왕이 붕어(崩御)한 해인 계묘년(癸卯年, 523)은 양(梁) 보통(普通)4년인데, 이해의 삭일간지를 『역대장술집요』에서 찾아보면 묘지석의 '오월병술삭'과 일치한다. 『이십사삭윤표』에도 이해의 5월은 '병술삭'으로 일치한다.

왕의 묘지석에서 대묘(大墓)에 안장한 을사년(乙巳年, 525)은 양(梁) 보통(普通)6년인데, 이해의 삭일간지를 『역대장술집요』에서 찾아보면 묘지석의 '팔월계유삭'과 일치한다. 『이십사삭윤표』에도 이해의 8월은 '계유삭'으로 일치한다. 왕비의 묘지석에서 왕비의 묘를 대묘로 옮긴 기유년(己酉年, 529)은 양나라 중대통(中大通)1년인데, 이해의 삭일간지를 『역대장술집요』에서 찾아보면, 양나라의 역일에서는 이해에 윤6월이 있었으며, '이월계미삭'으로 무령왕비 묘지석의 간지와 일치한다. 『이십사삭윤표』에도 동일하다.

그런데 지금까지 『주서(周書)』의 기록을 근거로, 그리고 현대 학자들의 연구를 통해서도 백제에서는 원가력(元嘉曆)을 사용했다고 알려져온 통설이 문제가 된다.[101] 『역대장술집요』에서 양나라 보통4년(523) 계묘년 조에 기술한 대로, 당시 양나라는 대명력(大明曆)을 사용하고 있었고,[102] 이 대명력에 따른 삭일간지가 무령왕 묘지석의 삭일간지와 완전히 일치하는 것이다. 앞서 언급했듯이, 조선후기의 학자인 홍경모(洪敬謨)는 비유왕(毗有王) 때에 송에 사신을 파견했다는 기록을 근거로, "비유왕 때에 이르러 송나라 하승천의 원가력을 사용했다"고 결론을 내렸다.[103] 『수서(隋書)』에도 백제는 "송의 원가력을 사용하고, 건인월(建寅月)을 세수(歲首)로 한다"는 기록이 있다.[104] 현대의 연구자들 중에서도 특히 오타니 미쓰오(大谷光男)와 이은성은 무령왕릉의 묘지와 『삼국사기』 그리고 중국 사서에 기록된 역일 자료와 원가력법을 적용하여 추정한 역일을 비교, 묘지석의 역일이 원가력에 따라 작성되었다고 결론을 내렸다.[105] 한편 백제에서는 성왕(聖王)23년(545)에 역박사(曆博士) 고덕왕손(固德王孫)을 일본에 보냈으며, 무왕(武王)3년(602)에도 관륵(觀勒)이 역서[曆本]를 일본에 전해주었다는 기록이 있는데, 이때의 역법도 당연히 원가력이었을 것으로 추정되어왔다. 나아가 『일본서기』의 역일 분석을 통해 5세기 중엽 이후에는 일본에서도 백제를 통해 도입한 원가력에 의해 역일이 작성되었다는 것이 확인된다.[106]

그러나 앞서 언급했듯이, 이와 같이 상식화된 견해와 달리 무령왕릉 묘지석의 삭일간지는 대명력의 역일과도 일치한다. 때문에 이미 상식화된 현대적 연구 결과를 재검토해볼 필요가 있다. 먼저 『주서』의 기록은 백제가 원가력을 사용했다는 것만 알려줄 뿐, 어느 기간에 그것을 사용했는지를 특정해주지 않는다. 또한 오타니와 이은성의 연구는 백제가 원가력을 사용했다는 중국 사서의 기록을 근거로 원가력의 기본 수치를 적용하여 원가력의 방식으로 역일을 계산했을 때 삭일간지가 무령왕릉의 묘지석에 나온 것과 일치한다는 결론을 얻었다. 그렇다면 무령왕릉 묘지석에 나오는 세 개의 삭일간지가 원가력의 기본 수치를 적용하여 원가력의 방식으로 역일을 계산한 결과와 일치한다고 해서 묘지석의 삭일간지가 원가력을 적용하여 작성된 것이라고 확신할 수 있을까. 앞서 언급하였듯이, 상이한 두 역법을 적용하여 역일을 계산할 때, 삭일간지가 다른 경우는 아주 드물게 나타날 수 있다. 그리고 기본 수치에서나 역일의 계산방식에서 그다지 차이가 나지 않는 두 역법이라면 삭일간지가 차이가 날 가능성은 더욱 줄어든다.

더구나 백제와 조공책봉 관계를 맺은 중국의 양나라에서 이미 대명력으로 개력하여 더 이상 사용하지 않던 원가력을 백제가 독자적으로 계속 사용하고 있었다고 생각하기는 어렵다. 대명력이나 원가력은 모두 북조의 역법과 계통을 달리하는 남조의 역법이었다. 원가력은 송 원가(元嘉)22년(445)부터 시행되어, 송의 뒤를 이은 남제(南齊)와 양나라 초기까지도 계속 사용되어 총 65년간 사용된 역법이다.[107] 원가력은 남조인 송, 제, 양에서 연이어 사용되었기에 이들 세 나라는 모두 백제가 원가력을 입수한 통로가 될 수 있다. 백제는 이들 나라들과 각각 국교가 있었던 것이 사료로 확인된다. 백제는 송과의 국교를 통해 송으로부터 원가력을 입수했을 것으로 추정된다. 제에서는 원가력이라는 이름 대신 건원력(建元曆)이라는 이름을 사용하였기에, 백제가 제로부터 이를 얻었다면 원가력보다는 건원력으로 불렀을 것이다. 한편 대명력은 송 대명(大明) 연간(457~464)에 조충지(祖冲之)가 만든 역법으로 윤법(閏法)을 개선하고 세차(歲差)를 도입한 상당히 우수한 역법이었다.[108] 송, 제를 거쳐 양의 초기까지 원가력에 밀려 사용되지 못하다가, 510년 채용되었다. 이후 대명력은 진(陳)으로 이어져 진이 망하는 589년까지 사용되었다.

무령왕이 양나라로부터 영동대장군(寧東大將軍)이라는 작호를 받을 정도로 당시 백제는 양과 밀접한 외교관계를 맺고 있었다.[109] 7세기 이전에 중국의 왕조로부터 한반도의 왕조에 책봉이 내려질 때 정삭(正朔)이 함께 내려진 사례는 거의 없지만, 백제와 양의 경우처럼 작호를 내려줄 정도로 확립된 책봉 관계를 맺는 경우에 책봉의 상징으로 당시의 중국 역서[正朔]도 함께 내려졌으리라는 추정은 무리하지 않다. 이 때문에 필자는, 무령왕릉 묘지석의 삭일간지를 비교하고 중국 남조 역법사의 흐름을 백제와 양 사이의 조공책봉 관계에 연결시켜 볼 때, 6세기 초반 백제에서 사용하던 역법은 조충지(祖冲之)의 대명력이었다고 추정하는 것이 더 합리적이라고 생각한다.

이상의 검토를 통해, 5세기 초 고구려와 6세기 초 백제에서 사용된 역법은 중국의 남북조 시기 북조의 역법과 남조의 역법으로 서로 달랐다는 사실은 확인된다. 중국의 남북조 시기에는 남조와 북조에서 서로 계통이 다른 역법을 사용하고 있었는데, 남조와 북조 어느 쪽과 밀접한 외교관계를 맺고 있었는가에 따라 백제와 고구려에서 채용한 역법이 달랐던 것이다. 이것은 동아시아 문화권의 조공책봉 관계가 역법을 전파하는 주요한 통로가 되었다는 사실과 함께 조공책봉 관계를 매개하는 상징으로서 역법과 역서의 역할을 보여준다. 또한 중국에서 통일된 왕조가 성립하지 못하고 남조와 북조가 병립한 7세기 이전에 삼국이 중국의 왕조와 맺었던 조공책봉 관계는 항상적이고 안정적인 단계로 진입하지 못했다는 것을 보여준다. 이 시기 중국 왕조의 피책봉국이 되었던 한반도의 왕조가 외교적인 측면에서 지녔던 독자성과 자율성을 각국에서 사용한 서로 다른 역법을 통해 확인할 수 있는 것이다.

3. 신라의 역법

신라의 경우 고대국가로서 체제를 갖추는 시기가 고구려나 백제에 비해 늦었고, 또한 지리적으로도 백제와 고구려에 둘러싸여 있어서 중국과 교통하는 것이 불편하였기에, 역법의 수용과 활용 또한 늦었다고 생각된다. 6세기 이전의 기록으로 신라의 역법을 짐작하게 해주는 자료는 거의 없다. 신라계 금석문 자료들에서 역일을 표기한 기록들이 발견되지만, 삭일간지를 기록한 유물은 아직까지 알려지지 않고 있다. 예를 들어 울진(蔚珍) 봉평비(鳳坪碑)의 경우 건립연대가 524년(법흥왕11)으로 추정되는데, 일자를 "甲辰年正月十五日"로 적고 있지만, 삭일간지는 물론 날짜의 간지도 쓰지 않았다.[110] 영천(永川) 청제비(菁堤碑)에도 536년(법흥왕18)으로 생각되는 일자가 "丙辰年二月八日"로만 표기되었다. 황초령 진흥왕순수비(眞興王巡狩碑)의 경우 "八月二十一日癸未"라고 날짜의 간지를 표기한 경우도 있지만, 이것을 통해 사용한 역법을 추정하기는 쉽지 않다. 때문에 신라의 경우는,『삼국사기』의 기록에 등장하는 연차, 월차의 기록과 금석문 자료에 나오는 역일 표기를 통해 6세기 이전에도 신라에서 역법과 역일이 사용되고 있었다는 사실 정도만을 확인할 수 있다.

신라의 역법에 대하여『삼국사기』에 등장하는 최초의 기록은 "문무왕

14년(674) 정월에 당나라에 숙위로 갔던 대나마 덕복이 역술(曆術)을 전해 배우고 돌아와서 새로운 역법(曆法)으로 고쳐 썼다"는 것이다.[111] 이 기록을 통해 7세기 말 이전에 신라가 사용한 역법의 실체는 알 수 없지만, 역법을 사용하고 있었다는 점만은 분명해졌다. 문무왕14년(674)에 당에서는 인덕력을 사용하고 있었기 때문에 이때 덕복이 배워 온 역법은 인덕력이었으리라는 것은 거의 의심의 여지가 없다. 인덕력은 이순풍(李淳風)이 창안한 역법으로 666년(乾封1)부터 728년까지 사용된 역법이며, 당(唐)에서는 729년(개원17)부터 일행(一行)이 만든 대연력(大衍曆)으로 바꾸어 썼다.

효소왕(孝昭王)4년(695)에 자월(子月)을 세수(歲首)로 했다가 다시 9년(670)에 인월(寅月)을 세수로 환원했다는『삼국사기』의 기록은 신라의 역법 사용 상황을 이해하는 데에 중요한 단서를 제공한다. 이것은 7세기 말 신라에서 역이 사용되는 양상이 당과의 외교관계에 연동하고 있었음을 보여주는 기록이다.[112] 7세기 후반에 당나라와 신라는 조공책봉 관계의 새로운 국면으로 진입하고 있었는데, 신라를 피책봉국으로 제어하고자 하는 당의 욕구와 당에 조공함으로써 안전과 자율성을 보장받으려는 신라의 욕구가 결합했기 때문이다. 그 한 가지 증거가 진흥왕4년(650)에 처음으로 신라가 당나라의 연호인 '영휘(永徽)'를 채용한 것이다.[113] 이것은 "종속국임을 단적으로 상징하는 연호와 역(曆)을 채용"한 조치로 볼 수 있다.[114] 조선후기의 유학자 홍경모는 영휘 연호의 채용을 신라에서 중국의 역법을 채용한 것으로 보고, "처음으로 중국의 정삭(正朔)을 시행하였다"고 하였다.[115] 이때 연호와 함께 당나라의 역법이 시행되었다면, 이 역법은 부인균(傅仁均)이 고안하여 619년(武德2)부터 사용한 무인력(戊寅曆)이었을 것이다. 또한 효소왕의 즉위(692)를 계기로 당은 효소왕을 "新羅王輔國大將軍行左豹韜尉大將軍雞林州都督"으로 책봉하였다. 이처럼 당의 연호를 채용하고 당으로부터 책봉을 받는 것을 볼 때, 7세기 말 신라와 당은 조공책봉 관계가 굳건해지는 새로운 단계에 진입하고 있었고, 이 과정에서 신라의 역법은 당나라의 역법과 전보다 더욱 일치되는 방향으로 가고 있었다고 짐작할 수 있다.

효소왕4년(695)에 신라에서 자월(子月)을 세수로 채용한 것은 당나라를 따라 즉각 시행된 것이 아니라 당나라가 시행한 5년 후에 이루어졌다. 이것은 당시 당나라에서의 정치 상황의 불안과 계속해서 연호가 바뀌었던 것과 관련시켜 이해할 수 있다. 684년 정권을 잡은 측천무후(則天武后)는 689년(永昌1)에 12월을 세수로 삼는[子正] 조치를 내렸다. 이해는 정월, 2월, 3월, 4월, 5월, 6월, 7월, 8월, 9월, 윤9월, 10월까지 11개월로 마치고, 그해의 11월을 재초(載初)원년(690) 정월로 삼았다. 따라서 690년은 정월, 납월(臘月), 1월, 2월, 3월, 4월, 5월, 6월, 7월, 8월, 9월, 10월로 이루어졌다. 그런데 690년 9월에 또다시 국호를 주(周)로 바꾸고, 연호도 천수(天授)로 바꾸었다. 그러므로 재초(載初)원년은 천수(天授)원년(690)과 같은 해이다. 이해도 11월을 정월로 삼아 정월, 납월, 1월, 2월, …, 10월을 두었다. 이후 천수(天授)3년(692) 4월에 다시 연호를 여의(如意)로 바꾸고, 9월에 다시 장수(長壽)로 바꾸었다. 그리하여 천수3년은 장수원년(692)과 같다. 다시 장수3년(694) 5월에 연재(延載)로 연호를 바꾸어 장수3년은 연재원년(694)이 되었고, 다음 해(695)는 시작과 함께 증성(證聖)원년(695)이 되었다가, 다시 9월에 연호를 "천책만세(天冊萬歲)"로 바꾸었다. 695년은 증성(證聖)원년과 천책만세(天冊萬歲)원년을 같이 쓴다. 다음 해(696) 납월(2월)에 만세등봉(萬歲登封)으로 고쳤다가, 다시 3월에 만세통천(萬歲通天)으로 바꾸었다. 697년에는 9월에 다시 연호를 신공(神功)으로 바꾸었는데, 이해에 윤10월이 들었다. 원래 697년에는 윤달이 없고, 다음 해 정월(원래의 11월) 갑자삭(甲午朔) 정미일(丁未日, 14일)에 절기가 대설(大雪)이고, 임술일(壬戌日, 29일)에 동지가 들고, 납월(원래의 12월) 계해삭(癸亥朔) 병자일(丙子日, 14일)에 소한(小寒)이,

임진일(28일)에 대한(大寒)이, 윤납월(원래의 1월) 계사삭(癸巳朔) 무신일(戊申日, 16일)에 입춘(立春)이, 1월 임술삭(壬戌朔) 계해일(癸亥日. 2일)에 경칩(驚蟄)이 들게 되어 있었다. 하지만 당시에 정월갑자삭단동지(正月甲子朔冬至)를 만들기 위해 다음 해 정월을 올해의 윤10월(閏十月, 30일짜리 큰달)로 만들고 납월 계해삭(癸亥朔)이 정월(正月) 갑자삭(甲子朔)이 되게 한 다음, 임술동지(壬戌冬至)를 갑자동지(甲子冬至)로 만든 것이다. 이에 따라 8월 이후에 큰달이 4회나 반복되게 되었다.[116] 698년에도 다시 연호가 바뀌어 이해가 성력(聖曆)원년이 되었다. 그런데 이해에도 정월갑자동지를 만들기 위해 대한(大寒)이 원래 임진일(壬辰日)에 들었던 것을 무리하게 다음 날인 계사일(癸巳日)에 들게 만들었다.[117] 699년을 지나, 700년(庚子年) 10월에 원래의 인월을 정월로 삼는[夏正] 조치가 내려졌다. 10월 다음에 정월, 납월, 1월을 지나 2월이 다음 해의 정월이 되었으므로, 이해(서기 700년)는 총 15개월이 있었던 셈이다.[118]

측천무후 시기에 자월(子月)을 정월로 삼은 것은 당시까지 역법 사용의 역사로 볼 때 대단히 이례적인 것이었고, 또한 연호가 이처럼 빈번하게 바뀌었기 때문에, 신라에서는 당에서의 역법 운용을 상당히 불안정하게 보았을 수 있다. 이 때문에 11월을 세수(歲首)로 삼는 조치는 신라에서는 당보다 5년 늦게 이루어졌다고 생각된다. 반면, 세수를 다시 인월(寅月)로 복원한 조치는 당에서는 서기 700년 10월에 이루어졌는데, 신라에서 같은 해(효소왕9년)에 기록된 것을 보면[119] 세수 복원의 경우 신라에서도 당나라를 따라 즉각 이루어진 것으로 보인다.

당에서는 측천무후 시기, 그리고 신라에서는 효소왕대에 이루어졌던 세수 변경의 조치는 모두 인덕력을 사용하는 시기에 이루어진 것이다. 이미 한반도 삼국과 당(唐)은 7세기 후반에 조공책봉 관계가 확립되는 단계로 진입하고 있었는데, 조공책봉 관계가 강해지면 강해질수록 조공국의 역법은 책봉국의 역법에 일치되는 방향으로 가지 않을 수 없었다. 당연하게도 7세기 후반부터 신라의 역법 운용은 당나라의 역법 운용에 밀접하게 연동하고 있었다고 할 수 있다.

7세기 후반 이후 신라의 역법이 당나라의 역법과 일치되어 있었다는 간접적인 증거는 일본인 승려 엔닌(圓仁, 794~864)의 『입당구법순례행기(入唐求法巡禮行記)』에서 찾아볼 수 있다.[120] 중국에 들어가 불법(佛法)을 구하고자 했던 엔닌은 838년 6월에 하카다(博多)를 출발하여 중국으로 여행을 시작했다. 그런데 엔닌은 839년 5월 30일(음력)의 일기에 "오늘이 일본달력으로는 6월 초하루이다"라고 기록하였다.[121] 일본 역일과 당나라의 역일 사이에 6월의 날짜가 하루씩 어긋났던 것이다. 엔닌은 중국을 여행하는 기간 중에 신라인 통역의 도움을 받거나 중국에 체재하는 신라인들과 자주 접촉하였으므로, 신라의 역일에도 접할 기회가 있었을 것으로 짐작된다. 더구나 며칠 후인 6월 7일에는 장보고(張保皐)가 세운 적산법화원(赤山法華院)에 들어가 신라인들의 생활공간에서 한동안 머물게 되었다. 같은 해 8월 15일의 일기에는 "절(법화원)에서 수제비와 떡을 장만하고, 8월 보름 명절을 지냈다. 다른 나라에는 이 명절이 없지만, 유독 신라에는 이 명절이 있다"고 신라인의 추석 풍습을 기록했다.[122] 신라인들이 당력(唐曆)으로 8월 15일에 추석 명절을 지냈다면, 이것은 적어도 신라 역일(曆日)의 8월 15일과 당나라 역일의 8월 15일이 같았다는 것을 의미한다. 이러한 정황으로 볼 때, 엔닌은 신라의 역일에 대해 기록하지 않았지만 당시 당과 신라의 역일이 동일했던 것은 거의 틀림없을 것 같다.

한국의 고대 왕조에서는 어떤 역서를 사용하고 있었을까. 현재까지 한국에서 고려 이전에 만들어진 역서가 보고된 것은 없다. 1580년에 반포된 조선시대의 역서가 현재까지 한국에서 보고된 가장 오래된 역서이다.[123] 때문에 고대의 한국 역서는 같은 시기 중국과 일본에서 사용된 역서를 통해서 그 구조와 수록 정보를 추정할 수밖에 없다. 전통시대의 역서는 역일과 역주로 구성되어 있다고 할 수 있다. 역일은 천체의 운동을 기준으로 천문학적인 계산을 수행하여 정한 연(年)·월(月)·일(日)·시(時)라는 시간주기를 일컫는다. 역주는 자연의 시공간이 지닌 술수학적 성격과 그로부터 파생되는 인간 생활의 길흉의기(吉凶宜忌)를 역서에 기입한 것을 일컫는다. 역주는 연·월·일·시라는 시간주기와 그 시간주기가 놓이는 공간에서 이루어지는 인간의 행위에 뒤따르게 될 길흉의기를 판단할 수 있는 술수학적 원리와 지표들로 구성되어 있다. 이것을 흔히 용사길흉(用事吉凶)이라고 하는데, 이런 역주들은 일찍이 진한(秦漢)시대의 출토문헌에서부터 다수 확인된다. 중국에서 당대(唐代) 이후의 역서는 거의 모두 역일과 역주가 결합된 구주력(具注曆)의 형식을 띠고 있다. 구주력은 당대 이후 동아시아 역서의 기본 형식이 되었으며, 이후 이러한 역서의 형식은 전통적 역서가 현대적인 캘린더로 대체되기까지 거의 변함없이 유지되었다.

〈그림 2〉 돈황(燉煌) 출토 당(唐) 대중(大中) 12년(858) 구주력(具注曆)
(출처: 任繼愈 主編, 『中國科學技術典籍通彙: 天文卷一』, 河南敎育出版社, 1993, 331쪽)

중국에서 사용된 역서의 실물 중에서 한국의 삼국과 통일신라시대에 해당하는 것들로 주목되는 것은 북위(北魏) 태평진군(太平眞君)11년(450)과 태평진군12년(451)의 것이 있으며, 투르판(吐魯番)에서 출토된 당 현경(顯慶)3년(658), 의봉(儀鳳)4년(679)의 역서, 다시 돈황에서 출토된 당 원화(元和)3년(808), 4년(809), 14년(819)의 역서를 비롯하여 9세기~10세기 초까지의 역서 약 40종이 있다. 일본에서는 2003년에 보고된 지통천황(持統天皇)3년(689)의 구주력(具注曆)과 나라(奈良)의 쇼소인(正倉院)에 소장된 천평(天平)18년(746), 천평21년(749), 천평승보(天平勝寶)8년(756)의 구주력이 있다. 중국과 일본에서는 이들 역서가 역일에 역주(曆注)를 갖추고 있다고 하여 구주력이라고 부른다.[124] 중국과 일본에서 현존하는 구주력의 형식과 수록된 정보들을 보면 한국의 고대 역서도 이와 크게 다르지 않았을 것이라는 추정이 가능하다.

다행히도 엔닌의 『입당구법순례행기』에는 신라의 역서에 기입된 정보를 재구성할 수 있는 자료가 극히 일부나마 기록되어 있다. 엔닌은 840년(당 개성5년, 신라 문성왕2년) 정월 15일에 이해의 역서의 초본(抄本)을 얻고, 이를 그날의 일기에 기록하였다.[125] 엔닌이 역서를 입수한 곳은 분명치 않으나 당시 그가 적산법화원에 있었기 때문에 당연히 그곳에서 입수하였을 것이다. 또한 당시 엔닌은 당나라 사람들과 접촉하는 것이 엄격하게 제한되어 있었기에 그는 신라인들로부터 역서를 얻었을 가능성이 크다. 이 역서가 당나라의 역서인지 신라의 역서인지 불분명하지만 어쨌든 앞서 보았듯이 신라와 당 사이에 역일의 차이가 없었다는 정황을 고려하면, 엔닌이 적은 840년 역서 초본의 정보가 신라 역서의 그것과도 별 차이가 없었다는 추정은 가능하다. 엔닌이 초록한 역서의 정보를 재구성해보면 다음 〈표 1〉과 같다.[126]

앞서 추론한 바와 같이, 7세기 후반 이후 당나라와 신라는 같은 역법을 사용하고 있었고, 역일에서도 차이가 없었다고 짐작된다. 또한 위와 같은 역서의 초본과 같은 시기 돈황에서 출토한 당나라 역서 및 일본 역서를 비교해볼 때, 신라의 역서도 기본적으로 역일과 역주를 갖춘 구주력이었다는 것을 짐작할 수 있다. 엔닌의 역서 초본에는 우선 역일에 관한 정보가 잘 드러나 있다. 이해의 전체 일수(日數)가 355일이며, 각 월의 대소와 절기일이 분명하게 표시되었다. 이 초본은 역주 정보도 포함하고 있다. 한 해 전체를 관장하는 길흉신인 연신(年神)은 태세(太歲), 대장군(大將軍), 태음(太陰), 세덕(歲德), 세형(歲刑), 세파(歲破), 세살(歲煞), 황번(黃幡), 표미(豹尾), 잠궁(蠶宮) 등 10개가 표시되어 있다. 또한 날짜에 배당된 납음오행(納音五行)과 십이직(十二直)을 볼 수 있다. 절기(節氣), 득평(得平), 사(社,) 초복(初伏), 제복(除伏, 末伏과 같은 뜻), 납향(臘亨), 천사(天赦) 등 날짜에 붙이는 역주도 보인다. 이들 역주는 어떤 연월일시에 수행할 용사(用事)의 길흉의기(吉凶宜忌)를 판단하는 선택(選擇)에 필수적인 정보였다. 정보를 발췌한 것이기 때문에 각 월별, 일별 역일과 역주의 정보를 볼 수 없는 것이 아쉽기는 하지만, 이 초본을 통해서도 9세기 중반 신라의 역서가 역일과 역주가 갖춰진 당나라의 구주력(具注曆)과 비슷한 구조와 내용을 지니고 있었으리라는 추정은 가능하다.

十二月大	十一月大	十月大	九月小	八月大	七月小	六月大	五月小	四月小	三月大	二月小	正月大	開成五年曆日 同干同支納音本	
一日癸卯金平 三日小寒 十八日大寒 廿六日臘亨	一日癸酉金水 三日大雪 二十日冬至	一日癸卯金執 二日立冬 十八日小雪 廿日天赦	一日甲戌火除 二日寒露 十七日霜降	一日甲辰火成白露 五日天赦 十五日社 十六日秋分	一日乙亥土平 二日陰伏 十五日處暑	一日乙巳火開 十一日初伏 十五日大暑 卅日立秋	一日丙子水破 十四日夏至 十九日天赦	一日丁未水平 十三日小滿 廿八日亡種	一日丁丑水閉 十二日天赦 十二日穀雨 廿八日立夏	一日戊申土破 十一日社 春分 廿六日清明	一日戊寅土建 四日得平 十二日雨水 廿六日驚蟄	太歲申大將軍在午 大陰在午 歲德在甲 申歲刑在寅 寅歲破在未 歲煞在辰 黃幡在戌 豹尾在巽	凡三百五十五日合在乙巳上取土修造

〈표 1〉 엔닌(圓仁)이 기록한 당(唐) 개성(開成)5년(840) 역서 초본(抄本)

4절

고대의 천문의기(天文儀器)

1. 천문학과 시간

전통시대 천문학에서는 천문관측과 천문학적 원리의 시연을 목표로 한 천문기구를 의상(儀象)으로, 해시계와 물시계를 포함하여 시간을 측정하고 이를 알려주는 측시와 보시의 기구를 구루(晷漏)로 구분할 수 있다. 중국의 경우, 일찍부터 해그림자의 길이와 방향을 관측하여 태양의 운동을 이해하는 규표(圭表)가 사용되었다는 것은 잘 알려진 사실이다. 또한 천체의 위치를 직접 관측할 수 있는 기구도 고안되었는데, 가장 대표적인 관측 기구는 후한 때에 만들어진 장형(張衡, 78~139)의 혼천의(渾天儀)이다. 중국 고대의 성표인 『석씨성경(石氏星經)』의 기록에서 확인되듯이, 중국에서는 고대부터 항성의 정밀한 위치를 각도로 표시하였는데, 이것을 통해 혼천의가 제작된 한대 이전부터 황도를 따라서나 혹은 황극을 기점으로 각거리를 잴 수 있는 천문기구가 사용되었던 것은 확실하다.[127] 또한 중국에서는 구루, 즉 측시(測時)와 보시(報時)기구도 일찍부터 사용되었다. 한대(漢代)

의 해시계가 유물로 확인되고 있으며, 물시계 또한『주례(周禮)』와 같은 경전의 기록으로부터도 확인된다.

한국 고대에 사용된 천문관측과 시연을 위한 의상 관련 기록은 연대기 사료에서 전혀 확인되지 않기 때문에 이를 구명하는 것은 매우 제한적이다. 중국 천문학사의 경우에서 착안하여, 한국 고대에도 규표나 혼천의가 사용되었으리라고 추측되어왔다. 7세기의 첨성대가 해그림자 측정용 도구였던 규표의 역할을 대신하는 것이었다는 추측이나, 첨성대 꼭대기의 사각 공간에서 혼천의 같은 관측기구를 이용한 관측이 이루어졌을 것이라는 추측은 이런 이유에서 나왔다. 하지만 이런 생각들은 추측에 그칠 뿐 사료적 근거를 확보하지 못하고 있다.

천문기구에 관한 직접 기록은 없지만, 한국 고대에도 기구를 사용하여 천체를 관측했을 개연성을 보여주는 언급을『삼국사기』의 천변(天變) 기록에서 찾을 수 있다. 중국에서는 고대부터 "7촌(寸) 이내에서 두 별빛이 서로 미치는 것을 범(犯)"이라고 정의하였는데,[128] 이 범에 관한 기사가 그것이다. 예를 들어『삼국사기』신라본기 일성이사금(逸聖尼師今)10년 6월 을축(乙丑)에 "형혹(熒惑)이 진성(鎭星)을 범했다"는 기록이 있는데,[129] 범(犯)의 정의로 볼 때 이 기사는 관측자가 두 개의 별이 서로 7촌 이내에 있다고 판단함으로써 만들어질 수 있었던 것이다.『삼국사기』에는 범(犯)에 관한 기록이 약 20여 차례 나오는데, 범이 되는가 안 되는가를 판단하기 위해서는 천체 사이의 거리를 판단할 수 있는 관측법이 있었다고 봐야 한다. 손가락을 각거리를 재는 지표로 사용했건 다른 기구를 사용했건 천체 사이의 거리를 측정하는 관측이 행해진 것은 분명하다.

기계시계가 발명되어 사용되기 전에는 천체운동의 규칙성에 기초를 두고 시간을 분할하거나 시각을 측정하고 이를 공동체가 공유하도록 알려주는 기능적 기구는 천문학을 실행하는 곳이면 세계 어디에나 있었다. 시간을 측정하는 장치를 측시(測時)기구, 그리고 측정된 시간을 공동체가 공유할 수 있도록 알려주는 장치를 보시(報時)기구라고 할 수 있다. 시간의 분할과 측정은 '1년', '1개월'처럼 장기간으로 분할하는 것도 필요하지만, 일상생활에 가장 긴요한 것은 하루를 그보다 작은 시간 단위로 분할하는 것이다. 하루는 말할 것도 없이 지구의 자전운동으로 인해 생겨나는 시간 단위인데, 일상생활을 위해서는 이 시간 단위를 좀 더 세분해서 측정하고 나타낼 수 있는 장치가 필요하다. 가장 쉽게 고안할 수 있는 측시기구는 태양 운동의 규칙성을 이용하는 것인데, 태양이 만드는 그림자의 위치 변화를 시각의 변화로 측정할 수 있는 해시계가 대표적이다. 하지만 태양을 도는 지구의 궤도는 타원이며, 또 태양이 시운동을 보이는 황도는 지구의 자전면(적도)에 대해 기울어져 있으므로 해그림자가 나타내는 시간은 날마다 일정하지 않은데, 이것은 진태양시와 평균태양시의 차이로 나타난다. 동아시아에서는 고대부터 자연의 변화를 보다 기계적인 방식으로 측정하는 시계장치를 고안하였다. 그 가운데 대표적인 것이 물이 흐른 양으로 시각을 분할하고 측정하는 물시계이다.[130]

2. 해시계

세계 어느 문화권에서나 자연의 시간을 측정하는 도구로서 시계의 원형은 태양의 위치를 기준으로 시각을 측정하고 나타내주는 해시계이다. 태양이 있는 낮에 곧은 막대(gnomon)를 땅에 세워 막대의 그림자 방향으로 시각을 측정하는 해시계는 세계 어느 문화권에나 존재하는 보편적이고도 원초적인 도구이다. 자연의 질서를 파악하는 과학지식이 성숙하게 되면,

태양으로부터 보다 정확한 시각을 측정하기 위해 재료를 다듬고 눈금선을 그려 넣은 발전된 형태의 해시계가 만들어지는 것은 당연하다. 중국에서는 방형의 석판 중앙에 영침(影針)을 세우고 영침을 중심으로 하여 방사형으로 눈금을 그려 넣은 정교한 해시계가 낙양(洛陽)과 내몽고(內蒙古) 지역에서 거의 완전한 형태로 각각 발굴, 보고되었다.[131] 이것은 전한대(前漢代)의 것으로 짐작되고 있다.

한국에서는 1930년에 경주의 성벽에서 출토된 석재 파편이 해시계로 비정되어 알려져왔다. 전상운은 이 해시계의 연대를 2세기에서 첨성대가 건립되는 7세기 사이로 보았다.[132] 반경이 33.4cm인 맷돌 모양의 원형 석재에서 많은 부분이 떨어져 나가고 현재는 약 4분의 1 정도만 남아 있다. 표면은 원을 3층으로 구획하여, 가장 안쪽에는 원의 중심에서 뻗어 나온 24개의 방사형 선을 두고, 두 번째 층에는 이 24선(線) 각각에 천간과 지지를 배당했을 것으로 생각되지만, 현재 남아 있는 것은 시계 방향으로 자(子), 계(癸), 축(丑), 무(戊), 인(寅), 갑(甲)으로 보인다.

24개의 선은 24방향을 나타내는 것으로 생각되는데, 이 방향에 표기된 글씨가 무엇인지에 대해서는 의견 차이가 크다. 전상운은 이것이 자(子), 계(癸), 축(丑), 간(艮), 인(寅), 갑(甲), 묘(卯), 을(乙), 진(辰), 손(巽), 사(巳), 병(丙), 오(午), 정(丁), 미(未), 곤(坤), 신(申), 경(庚), 유(酉), 신(辛), 술(戌), 건(乾), 해(亥), 임(壬)이었을 것으로 보고 있다.[133] 전상운의 추론을 따르면, 현재 남아 있는 부분은 자(子), 계(癸), 축(丑), 간(艮), 인(寅), 갑(甲)이 된다. 그런데 일본의 나카무라(中村春壽)는 전상운과 달리 남아 있는 6개의 글자를 자(子), 계(癸), 축(丑), 무(戊), 인(寅), 신(申)으로 보았다.[134] 이런 의견의 차이보다 큰 문제는, 두 사람의 의견을 따라 천간(天干), 지지(地支), 괘(卦) 등을 동서남북 네 방향에 배치하게 되면, 전체적으로 규칙성이 없다는 점이다.

필자는 이 유물의 24방향 표시에 대해, 낙랑계 무덤인 평양 석암리 205

호묘에서 출토된 식점반(式占盤)의 천반에 있는 24방향 표시에 착안할 필요가 있다고 본다. 여기에는 정북(正北)에서 시계 방향으로 자(子), 계(癸), 축(丑), 무(戊), 인(寅), 갑(甲)/ 묘(卯), 을(乙), 진(辰), 기(己), 사(巳), 병(丙)/ 오(午), 정(丁), 미(未), 무(戊), 신(申), 경(庚)/ 유(酉), 신(辛), 술(戌), 기(己), 해(亥), 임(壬)로 간지가 배치되어 있다. 무(戊)와 기(己)가 동서남북의 중간 방향에 두 번씩 쓰이긴 했지만, 동서남북 각각에 6개의 표지가 쓰여서 배치에는 규칙성이 있다. 따라서 필자는, 전상운이나 나카무라의 추정과는 달리, 경주의 해시계 유물에 남아 있는 방향 표시 글씨는 자(子), 계(癸), 축(丑), 무(戊), 인(寅), 갑(甲)이라고 본다.

다음으로, 이 해시계 유물의 맨 바깥쪽 층에는 『주역(周易)』의 괘(卦)가 그려져 있는데 현재 확인되는 것은 손(巽)괘이다. 전상운은 24방향을 표시하는 선이 하루 12시를 분할한 시반(時盤)으로 사용되었고, 8괘는 8방위를 나타낸다고 보았다. 또 원주를 등분하여 해시계의 시반으로 쓰기 위해

〈그림 3〉 신라의 해시계 추정 유물 (출처: 전상운, 『한국과학사』, 사이언스북스, 2000, 97쪽)

서는 해시계의 면을 수평으로 둔 것이 아니라 적도와 평행하게 두고, 영침(影針)은 북극을 향하게 하여 석판의 중심에 세웠을 것이라고 보았다.[135] 이와 같은 추론에 따라 1960년대부터 이 석재 유물은 신라의 해시계로, 나아가 한국에서는 가장 오래된 해시계로 인식되어왔다. 그리고 이러한 인식은 최근까지도 변함없이 유지되고 있다.[136]

하지만 이 석재 유물을 해시계로 인정하는 데에는 몇 가지 문제점이 있다. 첫째, 형태상으로 볼 때 동아시아 고대 해시계의 예가 될 수 있는 중국 전한(前漢) 시대의 것으로 추정되는 석판 평면 해시계와 비교해서 상당히 다르다. 둘째, 전상운이 경주의 해시계를 가리켜 "일구(日晷)에서는 불필요한 밤의 부분까지 새겨져 있다"고 한 것처럼,[137] 여기에는 원을 24등분한 방사형의 선들이 그려져 있는데 이것을 해시계의 시각선으로 보기에는 무리가 있다. 해시계에서 시각선은 그림자가 내려지는 부분에만 그리는 것이 일반적이다. 전한대의 해시계에서도 그림자가 지지 않는 부분에는 시각선을 그리지 않았다.[138] 셋째, 시반의 지표가 일반적으로 시각을 표시할 때 쓰이는 12지지(地支)에 한정되지 않고, 천간(天干), 지지(地支), 팔괘(八卦)가 함께 있다. 24방위에 표시된 12지지를 12시진(時辰)과 일치시켜 이들이 시각을 나타내는 지표였다고 볼 수도 있지만, 12시진의 사이에 있는 천간이 시각의 지표로 쓰였다는 것은 쉽게 받아들이기 어렵다. 넷째, 팔괘가 해시계에 그려져 있는 것도 쉽게 수긍하기 어렵다. 8괘가 8방위를 나타낸다고 보는 의견이 있지만, 이것은 해시계를 평면으로 두지 않고 적도면에 평행하게 기울였을 때는 의미가 없어진다.

일본의 나카무라는 이 유물이 해시계가 아니라 식점반(式占盤, 式盤盤, 式盤)의 일종이 아닐까 하는 의견을 제출한 적이 있다.[139] 식점반은 식점(式占), 즉 태일(太一), 기문둔갑(奇門遁甲), 육임(六壬) 등의 점술에 쓰이는 도구인데, 보통 위에 오는 원형의 천반과 그 아래에 놓이는 방형의 지반으로 구성된다. 현재까지 보고된 식점반의 유물들마다 조금씩 형태가 다르지만, 대체적으로 천반인 원반 위에 북두칠성을 그리고, 그 둘레에 십이월신(十二月神), 십간, 십이지 등을, 방형인 지반에는 8괘, 10간, 12지, 28수 등을 배치한다.[140] 점을 칠 때는, 천반을 돌려 점을 치는 초기 상황에 맞춘 다음, 천반을 돌려가면서 천반과 지반의 각 지표들의 상호관계를 읽어내는 방식으로 진행된다.[141] 나카무라는 신라 해시계가 식점반의 천반에 해당된다고 보는데, 그 근거 가운데 하나는 이 석재가 단독품이 아니라 아래쪽에 다른 석물을 두고 그 위에 겹쳐서 돌린 것으로 생각되기 때문이다.[142] 그가 제시한 실측도에 따르면, 이 석재는 아랫면이 돌출하여 있는데, 돌출부가 마멸되어 있는 것은 이것을 지반에 해당하는 다른 돌 위에 놓고 회전시킨 흔적이라는 것이다.

그러나 신라의 석재 해시계는 식점반의 일반적인 형식과는 다르기 때문에 이를 식점반이라고 단정하기에는 아직 이르다. 우선 크기가 일반적인 식점반에 비해 크고 재료가 석재라는 점도 다른 식점반들과 구별된다. 보통의 식점반은 목재 칠기로 만들어진 것이 많으며, 크기도 지반의 한 변이 20cm 이하로 소형이다. 앞서 언급했듯이, 신라의 이 유물은 반지름이 30cm가 넘으며, 휴대하기가 어려울 정도로 무거운 석재로 되어 있다. 또한 일반적인 식점반의 천반에 들어 있는 12월신(月神)이나 28수도 보이지 않는다. 중앙에 북두칠성이 없는 것은 물론이다.

이 유물이 현재까지 보고된 식점반의 일반적인 형식과는 거리가 있기는 하지만, 그럼에도 불구하고 십간, 십이지, 팔괘 등이 배치되어 있고 24방향이 나타나 있는 것을 볼 때, 필자는 이것이 점술과 관계된 유물일 가능성은 여전히 크다고 생각한다. 백제에서는 음양오행(陰陽五行)을 이해하였고, 점치는 술법[卜筮占相之術]을 알았다는『주서(周書)』의 기록으로 볼 때,[143] 통일 이전부터 중국에서 행해지던 점법이 삼국에서도 시행되고 있었다는 것을 알 수 있다. 더욱이 『삼국사기』 열전의 김유신전(金庾信傳)에 나오는 김암(金巖)을 소개하는 기사는 식점(式占)이 신라에서 행해지고 있었다는 사실을 전해준다. 김암은 "당나라에 숙위(宿衛)로 가서 음양가(陰陽家)의 법(法)을 배웠는데, 하나를 들으면 셋을 이해하였으며,[144] 스스로 기문둔갑의 점법을 저술하여 스승에게 바쳤다. 스승이 놀라서 말하기를 그대의 재주가 여기까지 훤히 알게 될 것을 생각지 못했다고 하고, 이후로는 감히 그를 제자로 여기지 못했다."[145] 김암은 나중에 신라로 돌아와서 사천대박사(司天大博士)가 되었다고 한다. 기문둔갑은 특히 군사적인 용도에 많이 행해지던 점법이다. 김암의 예에서 보듯이, 신라에서는 7세기 중반에 당에서 행해지던 식점이 수입되어 시행되고 있었다는 것이 확인된다. 그렇다면 식점과 함께 식점에 사용되던 식점반이 신라에서 제작되고 사용될 수 있는 환경이 있었다고 볼 수 있다.

신라의 이 유물에서 24방향으로 뻗어나가는 선은 태을식반(太乙式盤)과 관계가 있을 가능성도 있다. 중국에서 출토된 태을구궁점반(太乙九宮占盤)의 천반에는 원의 중심을 통과하는 네 개의 선이 여덟 방향으로 뻗어나가고 있어[146] 형태적으로 이 유물과 상당히 유사하다. 중국의 옌둔지에(嚴敦傑)는 이것이 초기의 태을식반일 가능성이 있다고 보았는데, 그렇다면 신라의 이 유물 또한 식점에서 파생되었거나 아직 확인되지 않은 점법에서 사용된 점술 도구였을 가능성도 있다.

3. 물시계와 누각(漏刻)제도

니덤(Joseph Needham, 1900~1995)은 『시경(詩經)』에 대한 공영달(孔穎達, 574~648)의 소(疏)를 인용하면서 적어도 기원전 7세기에 중국에서 초보적인 물시계가 있었을 것이라고 보았다.[147] 중국 고대의 물시계에 대한 가장 유명한 기록은 『주례』의 설호씨(挈壺氏)에 대한 것이다.[148] "설호씨는 호(壺)를 매달아 군대의 우물이 있는 곳을 표시하고, 말고삐를 매달아 휴식처를 표시하고, 삼태기를 매달아 양식이 있는 곳을 표시하는 일을 관장한다"고 하였다.

이처럼 군사적인 목적에서 많이 사용되던 물시계와 담당 관원이 천문관서의 제도 안으로 들어가게 된 것은 한대(漢代)부터라고 추정되고 있다.[149] 물시계나 물시계를 담당하는 관서를 누각(漏刻)이라고 불렀는데, 누각의 제도에 대해서는 한대부터 명확한 기록이 나온다. 한대에는 하루를 등분하여 100각(刻)으로 하고, 낮 시간과 밤 시간을 구별하였다. 『수서(隋書)』 천문지(天文志)에서는 전한(前漢) 무제(武帝) 때 동지와 하지에 주야의 차이는 20각을 두는 제도를 사용하였다고 한다.[150] 이에 따르면, 약 9일에 주야의 시각을 1각 증손(增損)하게 된다. 이 제도는 다시 후한 광무제(光武帝) 시대에는 동지 때의 낮은 45각, 하지는 65각으로 삼는 것으로 바뀌었다. 동지에서 출발하여 9일에 1각의 비율로 낮 시간을 증가시키면 180일을 지나 하지 때의 낮의 길이를 얻게 된다. 후한 때에는 수학적 고안이 발달하면서 후한 화제(和帝) 때(102)부터는 태양의 적위가 2.4도 변할 때마다 1각을 증감하는 방식으로 바꾸었다고 한다.[151]

누각에서 시간의 길이는 바로 물의 양에 대응하는데, 이 물의 양을 재는 방법은 자에 눈금을 새겨 측정하는 것이다. 자로 물의 양을 재서 시각을 읽는 방식은 동아시아의 물시계에서 가장 기본적인 방식이다. 『후한서』

율력지(律曆志)에서는 1년간 총 48개의 대나무 막대[箭]를 사용했다고 한다. 24절기 각각에 2개의 측정자를 배당한 것이다. 물시계에 절기별로 눈금이 다른 자를 사용하는 것은 계절에 따라서 밤과 낮의 시간을 다르게 분절하는 부정시법(不定時法)과 밀접한 관련이 있다. 이미 한대에 밤 시간을 5개의 시간으로 나누는 오야법(五夜法) 혹은 오경법(五更法)이 시행되었다.[152]

천문관측과 계산의 기술이 발전하면서 후대로 갈수록 절기별로 밤과 낮 시간의 구분이 정밀해졌다. 남북조 시기를 거쳐 태양과 천체의 운동에 관한 천문학적 창안들을 바탕으로 수당(隋唐)시대에 정밀하고 체계적인 역법들이 시행되었고 여기에 반영된 시각법(時刻法) 또한 매우 정밀해졌다.[153] 『수서』 율력지에 따르면, 하루는 12시진 100각으로 균등 분할하였다. 그러므로 1시진은 8각 3분(分)의 1이며, 1각은 60분으로 나타내었다. 『수서』 율력지에 기록되어 있는 물시계의 야반루(夜半漏, 야간의 절반) 시각은 동지가 27각 43분(전체 55각 26분), 하지가 17각 57분(전체 35각 54분)이다.[154] 그러므로 동하지의 차이는 19각 32분이다. 20각의 차이를 가지고 9일에 1각씩 증감하던 한대의 방식과 비교할 때 보다 정밀해진 것을 알 수 있다. 『구당서(舊唐書)』 역지에 따르면, 당대(唐代)의 야반루 시각은 동지 27각 10분(전체 54각 20분)이고 하지가 17각 14분(전체 34각 28분)으로 동하지의 차이는 19각 52분이다. 당대(唐代)에는 수대(隋代)와 마찬가지로 하루 12시진 100각법을 사용한 것으로 알려져 있다.[155] 중국의 경우에서 보듯이, 물시계의 제도는 역법의 사용과 밀접하게 연관되어 있다. 시간의 분할과 시각의 규정이 역법의 원리와 규정에 바탕을 두기 때문이다.

일치된 시간을 약속하기 위하여 동일한 형식의 초보적인 물시계를 쓰는 방식은 중국의 고대부터 군사적 용도로 많이 이용되었다. 그러므로 흘러나온 물의 양을 재는 정도의 초보적인 물시계는 한국에서도 고대부터 사용되었다고 볼 수 있다. 그러나 제도적 형식을 갖춘 관서를 두고서 물시계를 운용한 것은 역법에 관한 이해가 깊어지기까지 기다려야 했을 것이다. 일본에서 660년(齊明천황 6년)에 처음으로 물시계가 제작된 기록이 있고, 신라에서 이보다 60여 년이나 뒤인 718년(성덕왕17)에 설치된 누각전(漏刻典)이 설치된 기록이 처음으로 나타나는 것을 보면, 신라의 기록은 너무 늦다는 생각이 든다. 일본의 천문학이 백제의 그것에서 영향을 크게 받았다는 사실을 생각해보면, 한반도에서 물시계 관련 관서가 제도적으로 정착한 것은 일본보다 훨씬 앞섰을 것이다. 어쨌거나 현존하는 기록에 의거해서 볼 때, 8세기 초반 신라에서 누각전의 설립은 당시의 역법에 대한 이해가 기초가 되었을 것이며, 이에 따라 정밀하고 체계적인 시각제도를 운영하고 있었다는 것을 짐작할 수 있다.

『삼국사기』에는 718년(성덕왕17)에 "처음으로 물시계를 제작하였다"고 하였다.[156] 그리고 신라의 관직을 서술하는 곳에서는 이해에 "처음으로 누각전(漏刻典)을 설치했는데, 누각박사(漏刻博士)가 6명이고 누각사(漏刻史)가 1명"이라고 되어 있다.[157] 그러므로 718년(성덕왕17)에 설치된 누각전은 같은 해에 처음으로 제작된 누각, 즉 물시계의 운용을 담당하는 관청이었다고 유추할 수 있다. 또 747년(경덕왕6) "정월에 국학(國學)에 여러 술업의 박사(諸業博士)와 조교(助敎)를 두었다"는 기사가 있고,[158] 749년(경덕왕8) "3월에 천문박사(天文博士) 1명과 누각박사 6명을 두었다"는 기사가 있다.[159] 경덕왕대의 기사에 나온 누각박사가 국학에서 기술관을 가르치는 사람이었는지, 누각전에 소속된 관원이었는지, 혹은 양자를 겸하고 있었는지는 불분명하다. 이들을 누각전에 소속된 관원으로 본다면, 누각박사 6명은 718년(성덕왕17)부터 749년(경덕왕8)까지 같은 인원을 유지하고 있었던 것으로 볼 수 있다.

원래 신라의 국학은 682년(신문왕2)에 설치되었고, 여기에 박사와 조교를 두어 학생들을 가르쳤다.[160] 또한 의학(醫學)이 692년(효소왕1)에 처음으로 설치되어 박사 2명이 학생들을 가르쳤다고 하므로,[161] 대체로 삼국통일 이후에 관서가 정비되는 과정에서 의학, 천문, 산학(算學) 등 제업(諸業)을 담당하는 관청이나 전문가인 박사의 제도가 완비된 것이 아닌가 생각된다. 산학의 경우에는 국학에 설치되었다는 것만 기록에 나올 뿐, 설치의 계기나 제도의 변화에 대해서는 기록이 없다.[162] 어쨌거나 사료에만 의거하여볼 때, 천문학과 관련된 누각박사가 6명이고 천문박사가 1명 있었던 데에 비해, 의학박사는 2명, 산학박사는 1명(혹은 조교 1명)이었으므로, 천문학 쪽의 전문가가 다른 술업에 비해 상당히 많았다는 것을 알 수 있다.

738년(당 현종 開元26)에 완성된 『당육전(唐六典)』에 따르면, 당에서는 비서성(秘書省) 아래에 태사국(太史局)을 두었는데, 이 태사국에 누각을 관장하는 설호정(挈壺正, 從八品下) 2인과 역시 누각과 관련된 일을 담당하는 사진(司辰, 從九品下) 19인, 물시계의 시각을 살피는 누각전사(漏刻典事) 16인, 누각생을 가르치는 일을 맡은 누각박사 9인, 물시계의 일을 배우고 시각을 알리는 누각생(漏刻生) 360인, 시각 종을 치는 일을 맡은 전종(典鐘) 280인, 시각 북을 치는 일을 맡은 전고(典鼓) 160인을 두었다.[163] 당의 제도를 고려해볼 때, 신라의 누각박사도 미래에 누각에서 일하게 될 누각생을 가르치는 임무를 맡았다고 짐작할 수 있다. 한편 당의 제도에서 누각과 관련된 일에 종사하는 상위 관원의 수가 46명 정도인데, 신라의 경우 기록상으로 7명(누각박사 6명, 누각사 1명)이다. 이 비율을 누각에 종사하는 전체 관원으로 확대해보면, 8세기 초반의 신라에서는 적어도 100명 이상의 인원이 누각전을 중심으로 활동했다고 생각할 수 있다.

『당육전』에는 물시계의 제도도 기록하였는데, 이에 따르면, 물시계의 측정자인 전(箭)은 48개를 사용하였고, 하루는 100각으로 하였다. 물시계의 시각 기준은 혼명(昏明) 때의 남중성[昏曉中星]을 기준으로 하였다. 동지 때의 낮 시각을 40각, 밤 시각을 60각으로, 하지 때는 이와 반대로 하였다. 또 밤 시간을 다섯 구간으로 나누는 오경(五更) 제도를 시행하였으며, 경을 다시 오점(五點)으로 나누었다. 경이 바뀔 때는 북을 치고 점이 바뀔 때는 종을 쳤다.[164]

일본의 경우에는 『일본서기(日本書紀)』 제명(齊明)천황6년(660) 5월조에 "또 황태자가 처음으로 누각(漏刻, 물시계)을 만들었다"고 하였고,[165] 이어 천지(天智)천황10년(671) 4월조에 "물시계를 새로운 대(臺) 위에 올려놓았다. 처음으로 계절과 시각을 두드렸는데, 종과 북[鐘鼓]을 움직였고, 처음으로 누각을 사용하였다. 이 누각은 천황이 황태자로 있을 때, 처음으로 친히 만든 것이다"라고 하였다.[166] 『일본서기』의 기사에는 누각의 규모나 담당인원에 대한 기록이 없으나, 다행히 701년(大宝元年)에 성립한 『대보령(大宝令)』과 이를 이어받아 757년(天平宝字元年)에 시행된 기본 법령인 『양노령(養老令)』을 주해한 『영의해(令義解)』(833)에서 8세기 초반 일본의 누각제도를 볼 수 있다. 이에 따르면, 일본에서는 8세기 초에 누각박사 2인(從七位下), 수진정(守辰丁) 20인, 사부(史部) 20인, 직정(直丁) 2인을 둔 것으로 되어 있다.[167] 일본의 경우와 비교하면, 신라에서 누각전의 담당 관원으로 누각박사 6인과 누각사 1인만을 기록한 것은 관서의 전체 규모를 드러내주는 기록은 아니라고 볼 수 있다.

국가별 구분	누각의 전체 인원(기록)	누각박사 인원
당(『唐六典』)	挈壺正 2인 司辰 19인 漏刻典事 16인 漏刻博士 9인 漏刻生 360인 典鐘 280인 典鼓 160인	漏刻博士 9인

국가별 구분	누각의 전체 인원(기록)	누각박사 인원
신라(『三國史記』)	漏刻博士 6인 漏刻史 1인	漏刻博士 6인
일본(『令義解』)	漏刻博士 2인 守辰丁 20인 史部 20인 直丁 2인	漏刻博士 2인

〈표 2〉 8세기 초반 당, 신라, 일본의 누각 담당 관원 비교

물시계의 형태는 수압과 물의 흐름을 일정하게 하여 시각 측정을 정확하게 하려는 방향으로 발전하여왔다. 청동으로 만든 중국 한대의 누호(漏壺)는 물시계의 초기 형태로 알려져 있는데, 이것은 물을 담을 수 있는 하나의 그릇에 물이 나오는 구멍을 장치한 정도로 단순한 것이다.[168] 물시계는 물을 모아서 시간을 재는 수수호(受水壺)에 물을 흘려주는 파수호(播水壺)의 수를 늘려, 물의 압력과 흐름을 일정하게 해주는 방식으로 발전하였다. 중국 남북조 시기에 수수호의 수를 2개 혹은 3개로 만든 2급보상식이나 3급보상식의 물시계가 사용된 것으로 생각된다.[169] 당초(唐初)에는 여재

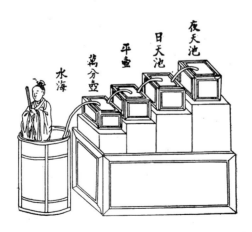

〈그림 4〉 여재(呂才)의 물시계 모형 (출처: 華同旭, 『中國漏刻』, 安徽科學技術出版社, 1991, 64쪽).

(呂才)가 4급보상식 물시계를 제작하였는데, 이것은 부가적인 기계장치를 부착하지 않은 순수한 물시계로서는 가장 진보된 형태를 보여준다. 여재의 물시계에는 물을 담는 그릇이 4개 있는데, 첫째는 야천지(夜天池), 둘째는 일천지(日天池), 셋째는 평호(平壺), 넷째는 만분호(萬分壺)라고 하였다. 그리고 최종적으로 물을 모아서 시각을 재는 그릇은 수해(水海)라고 하였다.

한국의 연구자들이 『삼국사기』의 누각전 기록에 착안하여 신라에서 사용되었을 물시계의 형식을 추정한 적이 있다. 이들은 당대(唐代)의 시각제도와 물시계 형식이 신라의 누각제도에 수입되고 활용되었을 것이라고 보고, 신라의 누각전에서 여재의 누각이 설치되었으며 1일 100각법이 시행되었으리라 추정하였다.[170]

당과 일본의 누각에 대한 기록에서 주목되는 것은 공통적으로 시각을 알리는 경우에 종고(鐘鼓)가 사용되었다는 점이다. 당연히 신라에서도 종이나 북을 쳐서 물시계로 측정한 시각을 널리 알렸을 것이라고 생각되지만, 이를 지지해줄 직접적인 기록은 없는 형편이다. 그런데 이미 20세기 초반에 장지연(張志淵, 1864~1921)이 신라에서도 종과 북을 사용하여 시각을 알렸을 것이라는 의견을 제시한 적이 있다. 장지연은 『만국사물기원역사(萬國事物紀原歷史)』에서 신라 혜공왕 때에 구리 12만 근을 들여 만든 대종을 우리나라 역사에서 사용된 신혼대종(晨昏大鐘)의 첫 번째 예로 소개하였는데, 이는 그가 고려와 조선시대와 마찬가지로 신라에서도 종을 쳐서 새벽과 저녁의 시간을 알렸으리라고 보았기 때문이다.[171] 여기서 혜공왕 때의 대종이란 봉덕사종(鳳德寺鐘, 혹은 聖德大王神鐘), 즉 흔히 에밀레종이라고 부르는 종이다. 성덕왕(聖德王)의 명복을 빌기 위해서 만들어진 것으로 771년(혜공왕7)에 완성되었다.[172] 경덕왕 때의 황룡사(皇龍寺) 대종을 주조한 것과[173] 봉덕사종을 주조하려다 이루지 못한 것이 같은 왕대에 누각박사 6인을 두었다는 기록과 결코 무관해보이지 않는 것은, 신라에서 국가의 주도로 만들어진 종들이 종교적 기능 외에도 백성들에게 시간을 알리는 기능을 수행하였으리라 생각되기 때문이다.

4. 고대의 천문도(天文圖)

한국 천문학사에서 천문도에 관한 최초의 기록은 『삼국사기』에 보인다. 신라 효소왕(孝昭王)1년(692)에 "도증(道證)이 당에서 돌아와서 천문도(天文圖)를 바쳤다"는 기사가 그것이다.[174] 이 간단한 기록만으로는 어떤 형태의 천문도였는지 전혀 짐작할 수 없지만, 『동국문헌비고』 상위고를 편찬한 서호수(徐浩修)는 당나라 역법사의 진행 과정에 의거하여 도증이 바친 천문도가 "이순풍(李淳風)의 개천설(蓋天說)의 방법(에 따라 그려진 것)일 것"이라고 하였다.[175] 서호수는, 이순풍의 개천설이 일행(一行)에 의해 '고정개천설'(考正蓋天說)로 바뀌었는데 도증이 당에 갔던 시기에는 아직 일행의 대연력(大衍曆)이 시행되기 전이었기 때문에, 도증이 바친 천문도를 이순풍의 개천설의 방법에 따라 그려진 것으로 보았다.

원래 서호수는 『신당서』 천문지를 인용하여, 자신의 가설에 대한 근거로 제시하였다. 일행의 대연력에서 제시한 천체운동의 계산 이론 가운데 달의 행도에 관한 구도론(九道論)이 있는데, 일행의 개천도(蓋天圖)는 이순풍이 만든 천문도에 달의 행도 이론을 반영하여 몇 가지 수정을 한 것으로 생각된다. 일행의 월행구도론(月行九道論)은 황도와 백도가 6도 정도 경사져 있기 때문에, 이 둘의 환산 관계를 논한 것이다. 황백 교점이 2지2분(二至二分)과 4립(四立, 입춘, 입하, 입추, 입동)에 있을 때에 대해 8개의 백도를 설정하고 황도를 더하여 9개의 길[道]이라고 하였다.[176] 『신당서』 천문지에서는 "달이 황도를 드나드는 것을 고찰하여 36개(36개의 원?)를 그리고, 구도(九道)의 증손(增損)을 고찰하여 개천의 모습을 드러냈다"고 하였다.[177] 이순풍의 개천도에서 달라진 것이 무엇인지 분명하게 이해되지는 않지만, 어쨌든 이순풍과 일행의 천문도는 중앙의 북극에서 바깥쪽으로 147도(즉 남위 45도 근처)까지를 덮는 원형(이 원을 外規라 함)의 천문도로 그려졌다고 볼 수 있다. 또한 중심에서 91도(度) 소반(少半)에 적도원(즉 中規)을 두었으며, 중심에서 36도까지가 주극원(週極圓) 즉 내규(內規)에 해당한다. 그러므로 이 천문도는 위도 36도의 위치(당의 수도였던 장안 근처)에서 보는 하늘을 그린 것이라고 할 수 있다. 서호수는 도증이 바친 천문도가 조선초기의 천상열차분야지도와 비슷한 형태로, 북반구의 위도 36도 지점에서 바라본 하늘의 모습을 그린 원형천문도였을 것이라고 추정했다. 서호수의 추정으로부터 신라시대의 천문도가 천상열차분야지도와 같은 원형 성도일 가능성이 제기된 셈이다.

先準中書省剳子奉

聖旨二十四氣氣應時令印造具單狀於歷日前連粘

頒賜施行令據換授保章正充同知算造譚玉等依

會天歷推算到丙辰歲氣節加時辰刻頒賜具如後

夏至　五月二十日庚戌　寅正一刻　　小暑　六月六日乙丑　戌正二刻　　大暑　六月二十一日辛巳　午初三刻

立夏　四月三日甲子　　小滿　寅正三刻　　芒種　五月五日乙未　巳正初刻

春分　二月十七日己卯　辰正三刻　　清明　三月三日甲午　未初初刻　　穀雨　三月十八日己酉　丙正一刻

立春　正月一日癸巳　申正初刻　　雨水　正月十六日戊申　亥初一刻　　驚蟄　二月二日甲子　丑正二刻

立秋　七月七日丙申　辰初初刻　　處暑　七月二十二日辛亥　午正一刻　　白露　八月八日丙寅　酉初二刻

秋分　八月二十三日辛巳　亥正三刻　　寒露　九月十日丁酉　寅初四刻　　霜降　九月二十五日壬子　巳初初刻

立冬　十月十日丁卯　未正一刻　　小雪　十月二十五日壬午　戌初二刻　　大雪　十一月十日戊戌　子正四刻

冬至　十一月二十六日癸丑　卯正初刻　　小寒　十二月十一日戊辰　午初一刻　　大寒　十二月二十六日癸未　申正二刻

寶祐三年十月

石謹具

主

主

日曆堂郎判太史局提點歷書　鄧宗文

正月大

黑赤白
紫黃白月建庚寅
綠碧白

一日癸巳水　柳　坎六四　立春正月節　東風解凍　侯小過外

二日甲午金　星

三日乙未金　執　張

四日丙申火　破　翼　大夫莢

五日丁酉火　危　軫

六日戊戌木　成　角　螯蟲始振

七日己亥木　收　亢

八日庚子土　開　房

제3장

고려시대의 천문학

1절

고려시대의 역법

조선 영조(재위 1724~1776) 때에 편찬된 『동국문헌비고』 상위고는 최초의 '한국 천문학사'라 부를 만한 책이다. 이 책에서는 삼국시대부터 조선후기까지 우리나라 천문학의 역사를 가능한 한 폭넓게 정리하고 있다. 하지만 유감스럽게도 고려의 역법(曆法)과 역서(曆書)의 운용에 대한 서술은 다음과 같이 대단히 소략하다.

> 고려 태조(太祖) 때에 당(唐)의 선명력(宣明曆)을 이어서 썼으며, 충선왕(忠宣王) 때에 원(元)의 수시력(授時曆)으로 바꾸어 썼다.[1]

이에 따르면, 고려에서 사용된 역법은 선명력과 수시력 두 가지 뿐인 셈이다. 편자인 서호수(徐浩修)는 이 서술에 이어 몇 가지 사실을 보충하고 있지만,[2] 그것은 조선 초에 편찬된 『고려사(高麗史)』 역지(曆志)의 서문을 답습한 것이다.[3] 『동국문헌비고』 상위고가 편찬되던 18세기 말은 물론이고, 『고려사』가 편찬되던 조선 초기에도 고려의 역법과 역서의 운용 상황에 대한 정보는 거의 없었기 때문이다.

『고려사』역지를 편찬할 때에, 고려에서 사용한 핵심 역법으로 알려진 선명력조차 누락부분이 많아서 수록 방향이 논란이 되었던 일은 유명하다. 논자에 따라서는 『당서(唐書)』역지에 실린 선명력을 가져와 대신 싣자는 의견도 있었고, 다른 역법들을 참고해서 누락되고 잘못된 곳을 수정하여 싣자는 의견도 있었다.[4] 고려 왕조 내내 사용되었다고 알려진 선명력조차 이미 조선 초기에 완본이 아니었을 정도로, 고려의 역법과 역서 운용 상황에 대한 정보가 부족했다. 『고려사』역지 서문에서는 선명력과 관련하여 다음과 같이 말하고 있다.

> 지금 전해진 책은 왕왕 탈오(脫誤)와 부회(附會)가 있어서, 거의 (선명력을) 처음 시행하던 당시의 진본(眞本)이 아니다. 하지만 당시 사용하던 (역법서가) 아니므로 반드시 (자구를) 따라 교정을 할 필요가 없으며, 또 선명력의 전서(全書, 완본)는 볼 수가 없으므로, 우선 이 편(篇)에 싣고, 수시력을 그 뒤에 붙여 역지를 만든다.[5]

인용문에서 보는 것처럼, 『고려사』역지의 편찬자들은 자신들이 수록하고자 하는 선명력이 고려의 천문관서에서 매년 역서 제작에 사용된 진본(眞本)의 역법서가 아니라고 생각했다. 하지만 고려시대에 선명력이 사용되었다는 생각으로, 하는 수 없이 진본도 아니고 누락 부분도 많았던 선명력을 『고려사』역지에 수록하게 되었다.

사실, 『고려사』역지에는 일반적인 중국 정사(正史)의 역지에 수록되는 '역법의 변천과 그 운용의 역사'에 대해 아무런 기록이나 정보가 없고, 다만 내력도 알 수 없고 내용도 불완전한 선명력과 14세기 이후 고려가 채용한 수시력만 수록되어 있을 뿐이다. 이는 『고려사』의 편찬자들이 고려의 역법 운용 상황에 대해 정보가 거의 없었다는 것을 잘 드러내준다.

1. 정삭(正朔)과 조공책봉(朝貢冊封)

조선후기의 조정에서는 해마다 두 종류의 역서를 확보하고 있었는데, 하나는 청(淸)에서 조선에 내려준 역서이고, 다른 하나는 조선에서 직접 제작한 역서였다.[6] 이와 마찬가지로 고려에서도 대부분의 시기에 두 종류의 역서가 동시에 존재했다. 하나는 고려의 천문관원(天文官員)[7]들이 자국에서 채용한 역법을 적용하여 제작한 고려의 역서이고, 다른 하나는 중국 대륙의 국가로부터 받아온 역서였다. 두 종류의 역서는 『고려사』의 기록으로 쉽게 확인할 수 있다. 태조(太祖)16년(933)에 후당(後唐)에서 역서를 받은 기록이 있다.[8] 또 문종(文宗)35년(1081) 12월에 납일(臘日, 臘祭를 지내는 날)을 정하는 문제로 고려가 자체적으로 제작한 역서와 송(宋)나라의 역서를 비교했다는 기록에서는 송의 역서와 고려의 역서가 고려에 모두 있었음을 확인할 수 있다.[9] 고려는 현종(顯宗)21년(1030)에 여진족의 일파인 철리국(鐵利國)에 자국의 역서를 보내준 일도 있다.[10]

고려에 자국에서 제작한 고려 역서 이외에도 중국 대륙의 국가에서 받은 역서가 있었던 이유는 고려가 중국 대륙의 국가와 맺었던 외교관계 때문이었다. 고려가 대륙의 국가와 맺은 외교관계를 흔히 조공책봉(朝貢冊封) 관계라고 부르는데, 이는 동아시아의 전통시대에 "중국 왕조를 중심으로 하는 국제적 질서이면서, 국제 정국을 움직이는 형식"이었다.[11] 이 관계 아래서 피책봉국은 필수적으로 책봉국의 시간규범인 정삭(正朔)을 채용한다. 시간규범의 준수는 '조공과 책봉'이라는 관계 형식을 확인하는 가장 상징적인 실천이다. 나아가 책봉국의 시간규범은 연월일을 규정한 역서(曆書)와 연호(年號)로 현실화되는데, 이 때문에서 피책봉국은 필수적으로 책봉국의 역서를 수령하고 연호를 채용하는 것이다.[12]

고려는 매우 다양한 대륙 왕조의 정삭을 채용하였다. 태조 때의 후당(後唐)과 후진(後晉), 정종(定宗) 때의 후한(後漢), 광종(光宗) 때의 후주(後周)와 송(宋), 성종(成宗) 때의 거란(契丹, 혹은 遼[13]), 인종(仁宗) 때의 금(金), 원종(元宗) 때의 원(元), 공민왕(恭愍王) 때의 명(明), 우왕(禑王)3년의 북원(北元) 등 다양한 국가의 연호를 채용하였다.[14] 고려는 후당에서 역서를 받았다는 기록이 있는데,[15] 책봉에 역서의 수여(受與)가 중요한 의례였다는 사실을 감안하면, 후진, 후한의 역서도 고려에 전해졌을 가능성이 높다. 고려 성종13년(994)에 고려가 요(遼)에 사신을 보내 고려군 포로를 송환해줄 것을 요청하면서, 고려가 거란의 정삭을 채용하고 있다는 사실을 분명히 밝혔다.[16] 당시 고려는 거란의 시간규범을 따르는 피책봉국이었던 것이다. 고려 예종5년(1110)에 송나라 황제에 올리는 표문에서 "책봉(冊封)한다는 명(命)과 정삭(正朔)을 반포(頒布)한 것은 이미 요(遼)에서 받았으므로, 별도로 송(宋)에 대하여 이를 행하고 싶지는 않다"고 했다.[17] 고려는 이 시기에 이미 요의 정삭을 채용하고 있었으므로, 송과 이런 관계를 다시 맺고 싶지 않다는 의미이다. 고려는 일부 기간을 제외하면, 거의 존속하는 내내 대륙의 국가와 조공책봉 관계를 맺었다. 따라서 고려의 역법과 역서 운용의 양상을 이해하기 위해서는 고려의 대외관계 및 이 관계 아래서 고려가 채용한 정삭의 변화를 깊이 고려해야 한다. 나아가 책봉국과의 외교적인 통로는 고려가 대륙 왕조에서 사용하는 역법지식을 습득할 수 있는 통로가 되며, 책봉국으로부터 고려에 반사되는 역서는 고려의 역서 운용에 영향을 미친다.

동아시아 전통시대에 외교관계의 형식에 따라 양국 사이에서 역서 수수

(授受)의 여부가 어떻게 달라지는가는 송(宋)과 주변국과의 경우를 통해 보다 깊이 이해할 수 있다.[18] 먼저 조공책봉 관계에서 역서의 수수는 송과 서하(西夏)의 관계에서 잘 드러난다. 1006년(宋 景德3) 송과 서하가 맹약을 맺어 서하는 송의 속국(屬國)이 되었는데, 이듬해에 서하는 자국에 송의 역서를 반사해줄 것을 청했다.[19] 당시 서하는 스스로 역서를 만들 수 있음에도,[20] 송에 반력(頒曆)을 청했다는 사실이 중요하다.[21] 서하는 송의 역서를 받음으로써 복속을 표현해야 했기 때문이다. 서하는 1038년(서하 天授禮法延祚1, 송 景佑5)에 스스로 황제국을 칭하고, 송의 정삭을 거절하였다. 하지만 뒤이어 양국 간 전쟁이 일어나, 1044년(서하 天授禮法延祚7, 송 慶歷4)에 서하는 다시 송의 신하국이 되었고, 송은 이듬해(1045)부터 다시 서하에 반력하였다.[22] 송은 1132년(서하 正德6, 송 紹興2)부터는 더 이상 서하에 역서를 내리지 않았는데, 이것은 송과 서하가 더 이상 군신관계가 아니라는 것을 의미했다.[23] 조공책봉 관계에서 양국 간에 매년 역서가 수수되고, 이 관계가 깨지면 역서가 전해지지 않는 상황을 잘 볼 수 있다.

조공책봉 관계에 있지 않은 경우, 정삭을 두고 양국 간에 분쟁이 발생하기도 하였는데 1077년(송 熙寧10, 요 太康3) 송과 요의 경우가 대표적이다.[24] 북송시대에 수력(水力)으로 움직이는 천문시계를 제작하고 이 기구의 구조를 정리한 『신의상법요(新儀象法要)』를 지은 사람으로 잘 알려진 소송(蘇頌, 1020~1101)은 1077년, 요에 사신으로 갔다. 그런데 당시 송의 동지일(冬至日)이 요의 그것보다 하루 빨랐다. 소송은 각자의 역일(曆日)대로 동지 축하의 례를 하자고 주장하여, 이것이 요에 수용되었다. 당시에는 송과 요는 조공책봉 관계에 있지 않았기 때문에 서로 상대의 정삭을 인정한 것이다.[25]

송과 서하, 송과 요의 사례를 통해서, 상호 대등한 경우에는 상호 간에 자국의 역서를 기준으로 주장하는 반면, 조공책봉 관계 아래서는 책봉국이 피책봉국에 자국의 시간규범(역서)을 강요한다는 사실을 알 수 있다. 그러나 조공책봉 관계에서 역서는 관계의 형식을 드러내는 상징물로서 수수되기는 하지만, 이는 대단히 형식적이다. 서하의 경우에서 보듯이, 자국에서 역서를 제작할 능력이 있음에도 외교적인 의례 때문에 책봉국의 역서를 수령한다. 하지만 조공책봉 관계는 상황에 따라 쉽게 단절되기도 하므로 피책봉국은 언제나 자국에서 역서를 제작할 능력을 갖추고 있어야 한다. 고려가 책봉국의 역서를 받으면서도 자국에서 역서 제작 능력을 갖추고 매년 역서를 반포했던 이유가 이것이다. 피책봉국은 형식적으로 책봉국의 정삭을 채용하지만, 그럼에도 불구하고 자국의 시간규범, 즉 자국의 역서를 자국의 백성에게 반포하는 것이다. 역서의 반포는 위정자가 하늘을 관측하여 백성에게 시간을 내려주는 관상수시(觀象授時)의 이념을 실천하는 가장 중요한 정치행위이기 때문이다.

2. 고려의 대외관계와 역법

고려전기 정삭을 매개로 한 요와의 외교관계는 서긍(徐兢, 1091~1153)의 『고려도경(高麗圖經)』과 『고려사』 연표(年表)를 중심으로 재구성해볼 수 있다. 『고려사』 연표에서는 성종13년(994, 요 統和12) 2월부터 요의 정삭을 채용하였다고 하였는데, 이후 통화(統和) 연간(983~1011)의 마지막(1011, 요 統和29, 고려 顯宗2)까지 요의 정삭을 사용했던 것 같다.[26] 그런데 『고려도경』에 따르면, 고려는 현종2년(1011, 요 統和29)에 요에 굴복하면서 억지로 요의 연호를 사용하기 시작했다고 하였는데,[27] 이것은 고려가 요의 정삭을 채용하는 과정에서 논란이 있었던 것을 보여준다. 현종원년(1010) 11월에 요의 공격을 받은 고려는 다음 해에 개경이 불타고 왕이 몽진(蒙塵)을 가면서, 요의 연호를 폐지하고 간지(干支)만을 사용했다고 한다.[28] 현종7년(1016, 송 大中祥符9)부터 송의 연호를 채용하였다가 현종13년(1022, 요 太平2)에 다시 요의 연호를 채용하였다. 고려는 현종7년(1016, 송 大中祥符9)부터 현종9년(1021, 송 天禧5)까지 6년간 일시적으로 송의 연호를 사용하였다.[29] 『고려사』 연표에 1116년(예종11, 요 天慶6) 4월 "요나라가 금나라의 침략을 당하고 있기 때문에 국교를 유지하지 못하여 모든 문건에 천경(天慶)이라는 연호를 없애고 간지만을 사용하기로 하였다"고 하였으니, 요의 정삭을 채용한 것은 1116년 4월까지였다고 할 수 있다.[30] 그러므로 고려는 994년부터 약 100여 년간, 송의 정삭을 채용한 6년(1016~1021)을 제외하면, 비록 단절은 있었지만 계속해서 요의 정삭을 채용했던 셈이다. 그러므로 고려가 요와 조공책봉 관계를 맺고 있었던 11세기 100여 년 동안은 고려와 요 양국의 역법과 역서가 서로 연관되어 있었을 가능성이 크다고 할 수 있다.

하지만 고려전기에 거란과 조공책봉 관계가 계속되기는 했으나 불안정하고 단속적이었다는 것이 일반적인 평가이다.[31] 특히 "고려의 북방민족과의 관계는 고려의 북진정책에 대한 거란의 출현으로 항상 대립·항쟁의 계속"이었던 상황을 감안하면,[32] 고려가 요의 정삭을 채용했다고 하더라도 고려의 역법과 역서가 요의 그것들과 밀접하게 연관되었을 가능성은 상당히 낮다. 실제로 고려, 요, 송의 역일을 비교한 결과(뒤의 비교표 참조)에서는, 고려의 역일은 요보다는 송에 친화성을 보이고 있다. 결국 요와 고려가 조공책봉 관계에 있으면서도 상시적인 긴장 관계에 있었다는 것이 역일의 차이를 통해서도 확인되는 셈이다.

다음으로, 송과의 외교관계를 고려에서의 역법과 역서의 운용에 연결하여 생각해보자. 『고려사』 연표에 따르면, 고려와 송의 조공책봉 관계는 광종14년(963, 송 乾德1)에 시작되었다고 되어 있으나, 고려는 송 태조(재위 960~975)가 즉위한 960년(광종11, 송 建隆1)부터 건륭(建隆)의 피휘(避

諱) 연호인 준풍(峻豐)을 사용하였으므로,[33] 고려가 송의 정삭을 채용한 것은 960년부터라고 할 수 있다. 이후 고려는 건덕(乾德, 963~967), 개보(開寶, 968~975), 태평흥국(太平興國, 976~983), 옹희(雍熙, 984~987), 단공(端拱, 988~989), 순화(淳化, 990~994) 등 송의 연호를 채용했으리라 생각된다.[34] 앞서 보았듯이 고려는 성종13년(994, 요 統和12) 2월부터 송의 연호 대신에 요의 통화(統和) 연호(983~1011)를 쓰기 시작했으므로, 고려가 송의 정삭을 채용한 기간은 1차로 960년(광종11)부터 993년(성종12)까지 약 34년간이었다고 할 수 있다.

994년(성종13, 요 統和12) 이후 고려는 약 120년간 요의 정삭을 채용하였는데, 특히 이 기간 중 현종7년(1016, 송 大中祥符9)부터 현종12년(1021, 송 天禧5)까지 송의 정삭을 다시 채용한 것을 주목할 필요가 있다.[35] 고려는 요의 정삭을 채용하고 있던 시기에도 지속적으로 송과 연결되기를 원했으며, 끝내는 일시적이지만 송의 정삭을 다시 채용하는 결과로 나타났던 것이다. 고려가 요와 조공책봉 관계를 맺은 994년 이후에도, 고려와 송은 "통상적인 조공관계에서 많이 벗어난" 상태에서 명종3년(1174, 송 淳熙1)까지 친선관계를 유지하였다.[36] 특히 문종12년(1058, 송 嘉祐3)에 송에 사신을 파견하여 통교하고자 하였으나 거란을 자극할 우려가 있다고 하여 그만둔 일이 있을 정도로 송과의 통교를 바라고 있었다.[37] 문종25년(1071, 송 熙寧4)에 고려에서 사신을 파견하여 송과의 관계가 다시 열리게 된 것은 이런 소망의 결실이었다. 또 문종32년(1078)에는 송나라 사신이 고려에 왔기 때문에 전국이 기뻐할 정도였다.[38] 문종 이후에도 양국의 우호관계는 지속되었던 것으로 보이는데, 예종(睿宗, 재위 1106~1122) 때에는 송이 고려 사신을 요의 사신과 마찬가지로 예우를 하였다고 한다.[39]

고려가 송과 전형적인 조공책봉 관계를 맺지는 않았지만, 송과의 우호관계 속에서 선진문물을 수용하려 했다는 것은 잘 알려진 사실이다. 고려는 송에 유학생을 파견하였으며, 고려의 유학생이 송의 빈공과(賓貢科)에 합격하여 관직을 제수받기도 하였다.[40] 또한 송나라의 귀화인들이 고려에서 선진문물을 전수해주기도 했는데,[41] 특히 천문학 및 역법과 관련하여 문종11년(1057)에 송에서 고려로 귀화한 장완(張琬)이 주목된다. 문종은 장완이 공부한 둔갑삼기법(遁甲三奇法)과 육임점(六壬占)을 시험하고 태사감후(太史監候) 벼슬을 내렸다.[42] 점법의 운용은 천문관서의 주요한 업무였으므로, 장완이 고려의 태사감후에 임명된 것과 그가 기문둔갑(奇門遁甲)과 육임(六壬)의 점법에 능했다는 것은 중요한 의미가 있다. 그를 통해 송이 보유했던 천문학과 역법지식이 고려에 전수되었을 가능성을 엿볼 수 있기 때문이다.[43]

현종13년(1022, 송 建興1)에 송나라에서 역서 혹은 역법서(曆法書)가 고려에 전해진 일은 고려의 역법과 역서의 운용에 미친 송의 영향을 짐작케 한다. 현종13년(1022)에 송나라에서 고려에 건흥력(乾興曆)을 보내왔다는 기록이 있다.[44] 이때는 송이 의천력(儀天曆, 사용기간: 1001~1023)을 사용하던 시기인데, 송 인종(仁宗, 재위 1022~1063)이 건흥(乾興)이라 개원(改元)했기 때문에 의천력을 건흥력이라고 부른 것 같다. 이것이 그해의 역서인지 역서를 만들기 위한 역법서인지는 불확실지만,[45] 송으로부터 문물 전반의 수용과 함께 송이 보유한 역법지식이 고려에 전해졌을 가능성을 보여주는 기록이다.

한편, 고려에는 송대 이전의 역법지식도 많이 알려져 있었던 것으로 보이는데, 당대(唐代)에 사용된 대연력(大衍曆)이 있었다는 기록이 주목된다. 고려 선종(宣宗, 재위 1084~1094) 8년(1091)에, 송은 고려에서 소장한 도서들의 부본(副本)을 만들어서 보내줄 것을 요청하였다. 이 가운데 당(唐)의 일행(一行)이 편찬한 『대연력』이 들어 있었다.[46] 또 신빙성이 약간 떨어지기는 하지만, 장세남(張世南)의 『유환기문(遊宦紀聞)』에는 고려에 인도계 역법인

구집력(九執曆)이 있었다는 기록도 있다.[47]

12세기 초, 요가 쇠퇴하고 금(金)이 성장하면서 고려가 정삭을 채용한 나라는 요에서 금으로 바뀌었다. 『고려사』 연표에 따르면, 1126년(고려 인종4, 금 天會4) 4월에 고려가 금나라에 사신을 보내 신하국이 되기를 청하였다.[48] 이후 금의 공식적인 책봉을 받기까지 양국 사이에 상당 기간 긴장 상태가 지속되었으나,[49] 1142년(고려 인종20, 금 皇統2) 5월에는 금에서 고려에 사신을 보내 공식적인 책봉이 이루어졌다.[50] 『고려사』 연표에 따르면, 1224년(고려 고종11, 금 正大1)부터 금나라의 연호를 쓰지 않았다고 하므로, 고려는 1142년부터 1224년까지 약 80여 년간 금나라와 조공책봉 관계를 유지하였다고 볼 수 있다. 고려와 금 사이에서 금의 역서가 고려에 반사된 기록은 한 차례 뿐인데, 1136년(고려 인종14, 금 天會14) 1월에 금을 방문한 고려의 사신에게 역서를 하사한 『금사(金史)』의 기록이 그것이다.[51]

고려는 1142년(인종20)부터 1223년(고종10) 무렵까지 약 80여 년간 지속적으로 금의 책봉을 받고 금의 정삭을 채용하였다. 이 기간에 고려의 역법과 역서의 운용이 금의 그것들과 연관되어 있을 가능성을 생각해볼 수 있지만, 1136년의 역서 반사 기록 외에는 이를 뒷받침해주는 사료는 거의 없다. 다만 금의 사천감(司天監) 조지미(趙知微)가 양급(楊級)의 대명력(大明曆)을 개선하여 1171년(금 大定11, 고려 명종1)에 만든 중수대명력(重修大明曆)이 조선시대의 역법과 깊은 관련이 있다는 점은 기억할 필요가 있다. 이 역법은 조선 세종 때 『칠정산내편(七政算內篇)』의 편찬 과정에서 검토되어 교정본이 출간되었으며,[52] 또한 조선시대 내내 일월식 계산에서 주요 역법의 비교 역법으로 사용되었다.

금의 수도인 중도(中都, 북경)가 몽골에 의해 함락된 것은 1211년(금 大安3, 몽골 太祖6, 고려 熙宗7)인데, 이후 금은 수도를 변경(汴京, 개봉)으로 옮겨 1234년(몽골 太宗6, 고려 高宗21)까지 명맥을 유지했다. 이 시기 고려와 몽골

사이에서도 긴장이 계속되었는데, 1218년(몽골 太祖13, 고려 고종5)에 몽골 군이 고려를 침범하여 1219년(몽골 太祖14, 고려 고종6)에 양국은 형제 관계를 맺었다. 고려는 1231년 몽골의 제1차 침입으로부터 약 30년간 몽골에 항쟁하다가, 1260년(몽골 中統1, 고려 원종1)부터 몽골의 정삭을 채용하였다. 원종은 1260년 4월(음력)에 등극하고, 쿠빌라이(Khubilai khan, 1215~1294)에게 정식으로 신속(臣屬)을 표하였다.[53] 고려는 몽골의 속국이 되었지만, 소위 육사(六事)의 이행을 전제로 국가적인 독자성을 인정받고 고려 자체의 문화적 정체성을 보존할 수 있었다.[54] 또 1271년 11월 원종의 세자가 쿠빌라이의 딸과 결혼함으로써 고려는 몽골의 속국임과 동시에 부마국(駙馬國)이 되었다.[55] 특히 1281년 3월(음력), 충렬왕은 부마고려국왕(駙馬高麗國王)으로 책봉되었는데, 이로써 고려의 국왕은 독자성을 지닌 몽골 제국의 속국 군주이자 황실의 일원인 황제의 부마라는 지위를 동시에 지니게 되었다.[56]

공식적으로 고려가 몽골의 피책봉국이 된 것은 1260년부터라고 할 수 있지만, 고려가 몽골의 역서를 받은 기록은 원종3년(1262)부터 나온다.[57] 이후 『원사(元史)』에서는 1262년(中統3) 역서부터 1280년(至元17) 역서까지 매년(1270, 1274~76의 4회 누락) 고려에 역서를 반사한 기록이 있다.[58] 원은 건국 초기부터 1280년까지는 금나라에서 쓰던 중수대명력을 사용하여 역서를 만들었으므로, 이때까지 고려가 원에서 받은 역서는 중수대명력으로 만든 역서였다고 볼 수 있다. 원은 1276년부터 5년여에 걸쳐 왕순(王恂, 1235~1281), 곽수경(郭守敬, 1231~1316) 등을 중심으로 개력 사업을 벌여 중국의 전통역법 가운데 가장 우수하다고 알려진 수시력을 완성하고, 이를 1281년 역서에서부터 적용하였다.[59] 충렬왕(忠烈王)22년(1296)에 원에서 역서를 받은 기록이 있는데,[60] 이때의 역서는 수시력으로 만든 역서였을 것이다. 고려는 1284년(충렬왕10)과 1296년(충렬왕22)에도 원에서 역서를 받은 것이 확인된다.[61] 또 이색(李穡, 1328~1396)이 지은 아버지 이곡(李

穀, 1298~1351)의 묘지명에, "1336년(至正丙戌, 충목왕2)에 선군(先君) 가정공 (稼亭公)이 책력(冊曆)을 받아 가지고 동방에 돌아올 적에……"[62]라고 한 기록을 보아도, 원의 수시력 반포 이후에도 고려는 원으로부터 지속적으로 역서를 받았다는 것을 알 수 있다.

고려가 원(몽골)에서 1262년부터는 중수대명력으로 만든 역서를, 1281년부터는 수시력으로 만든 역서를 받던 시기에 이들 역법에 관한 지식이 고려에 전해졌을 가능성을 생각해볼 수 있다. 그러나 앞서 언급하였듯이, 중수대명력과 관련된 지식이 고려에 전해졌다는 것을 알려주는 직접적인 기록은 없다. 반면 수시력의 경우, 충선왕 때에 최성지(崔誠之, 1265~1330)에게 수시력을 배우도록 하여 고려에서 이를 시행하였다는 기록을 통해 고려가 원에서 수시력을 수용한 것은 확인된다.[63] 수시력의 도입은 고려가 책봉국의 역법을 직접 수입하여 자국의 역서 제작에 적용한 사실을 확인할 수 있는 사례이기 때문에 상당히 주목된다. 물론 고려가 이전에 송이나 금의 역법을 수입하여 자국의 역서 제작에 적용했을 가능성도 있지만, 이것을 사료로 확인하기는 어렵다.

고려는 공민왕19년(1370, 명 洪武3)에 명의 홍무제(洪武帝)로부터 책봉을 받고 이해 7월부터 홍무(洪武) 연호(1368~1398)를 사용하였다. 당시 명은 대통력(大統曆)을 적용하여 만든 대통력서(大統曆書) 한 부를 고려에 반사하였다.[64] 고려는 1377년(우왕3, 북원 先光9)에 일시적으로 북원(北元)의 선광(先光) 연호(1369~1377)를 사용하기도 하였으나 이듬해(1378, 우왕4, 명 洪武11)부터 다시 홍무 연호를 사용하였다.[65] 1388년(우왕14, 명 洪武21) 3월에 명의 철령위(鐵嶺衛) 설치 문제로 홍무 연호의 사용을 중지하였다가, 이성계(李成桂, 1335~1408)의 위화도 회군으로 우왕을 폐하고 이해 6월부터 홍무 연호를 다시 사용하였다.

이상에서 살펴본 것처럼, 고려는 거의 500여 년간 대륙의 여러 왕조와 조공책봉 관계를 맺고, 책봉국의 정삭을 채용하였다. 이 과정에서 책봉국의 역서는 여러 차례 고려에 반사되었으며, 또 수시력의 경우처럼 책봉국의 역법지식이 직접 고려에 전해지기도 했다. 고려는 조공책봉 관계 아래서 다양한 책봉국의 다양한 역법지식과 역서를 접할 수 있는 환경에 있었다고 할 수 있다.

3. 고려와 주변국의 역일 비교

조공책봉 관계 아래서 고려가 책봉국의 정삭을 채용했다고 해서 고려가 책봉국과 동일한 역서를 사용했다고 보아서는 안 된다.[66] 책봉국의 정삭이 매년 고려에 반사되었다고 하더라도 고려에서 이것을 그대로 사용하는 일은 있을 수 없다. 고려는 형식적으로는 책봉국의 연호를 사용하고 책봉국으로부터 역서를 수령했음에도 불구하고, 매년 자국의 역서를 제작하여 반포했다. 고려가 책봉국에서 반사된 역서를 그대로 사용하는 것은 중국 한대(漢代) 이후 확립된 관상수시(觀象授時)라는 정치이념에 전혀 부합하지 않는다. 동아시아의 왕조국가에서 위정자는 하늘을 관찰하여 백성에게 시간(역서)을 내려주어야만 합당한 위정자임을 증명할 수 있다. 앞서 송과 서하, 그리고 송과 요의 관계에서 보았듯이, 동아시아 전통시대에 자국에서 제작한 역서를 자국의 백성에게 매년 반포하지 않으면 국가의 정체성을 유지할 수 없다.

나아가 고려가 책봉국에서 반사한 역서를 국내에서 그대로 사용하는 것은 현실적으로 가능하지도 않다. 책봉국이 반사한 역서를 국내에서 그대로 사용하려면 매년 안정적으로 역서가 전달되어야 한다. 하지만 조공책봉 관계는 외교적 상황에 따라 불시에 단절되기도 한다. 또한 안정된 관계를 유지한다고 하더라도, 역서를 전달하는 사신의 왕래나 국내에서 사용하기 위해 다량을 복제하는 데에 걸리는 시간을 고려하면, 복제 역서는 새해가 된 다음에야 반포할 수 있게 된다. 그러면 역서의 쓸모가 반감되어 버리고, 역서에 투영된 관상수시라는 정치적 이념과 의미마저도 완전히 상실해버린다. 조공책봉 관계 아래서도 피책봉국은 언제나 자력으로 역서를 제작 반포할 수 있는 능력을 갖추고 있어야 하는 것이다.

고려가 자력으로 역법을 적용하여 역서를 제작 반포할 수 있었다는 것은 『고려사』의 일식기사를 통해서 분명히 확인할 수 있다. 『고려사』 천문지에는 총 137회의 일식기사가 있다.[67] 이들 기록은 (1)계산한 것을 실제로 관측한 기록과 (2)일식이 있을 것으로 계산되었지만 일식이 일어나지 않았거나 실제로 관측되지 않는 일식의 경우로 대별된다. 그런데 후자의 경우는 "구름 때문에 보이지 않았다[密雲不見; 陰雲不見; 天陰不見; 隱不見; 雨不見]", 혹은 "당연히 일식이 되어야 하는데 식이 되지 않았다[日當食不食]"는 식으로 기록하였다.[68] 이것은 고려의 천문관원들이 역법을 적용하여 일식을 예측하고 있었다는 분명한 증거이다. 일식의 예측에는 역서를 작성하는 것보다 훨씬 어려운 역법 계산이 요구된다는 점을 생각해보면, 고려는 역법에 따른 계산을 수행하여 자국의 역서를 만들었고 또 일식을 예측할 수 있었음을 알 수 있다.

그렇다면 고려에서 역일을 계산하고 일식을 예측하는 데에 사용한 역법은 어떤 것이었을까. 고려에서 사용한 역법에 대한 직접적인 기록이 거의 없으므로, 역법을 적용한 계산의 결과로 얻어진 고려의 역일을 가지고 역법의 특성을 추론하는 간접적인 방법을 취할 수밖에 없다. 고려의 역일 가운데서도 삭일(朔日)의 간지(干支)와 윤월(閏月)의 위치를 주변국의 그것과 대조해보는 방법을 사용해볼 수 있다. 하지만 이런 접근법에는 애초부터 근본적인 한계가 있다는 점을 감안해야 한다. 역일의 비교를 통해서는 양국 역법에 나타나는 친연성의 여부를 판별할 수 있을 뿐, 역일 계산에 사용된 상수들이 무엇인지, 나아가 사용된 계산법은 어떤 것인지, 즉 역일 계산에 사용한 역법이 무엇인지는 확정할 수가 없다.[69] 진삭법(進朔法)의 사용 여부나 진삭한(進朔限)에 따라 삭일의 간지가 서로 달라지기도 하며, 국내의 정치적인 필요에 따라 삭일을 임의로 특정한 간지일로 변경하거나 윤월의 위치를 옮기는 경우도 있다.[70] 일본에서는 헤이안(平安) 시기에 동지일(冬至日)이 11월 삭일(朔日)에 일치하는 것을 경사스러운 일로 여겼는데, 이런 상황을 만들기 위해 윤달의 위치를 임의로 변경하는 일도 몇 차례 있었다.[71] 따라서 기본 상수가 알려진 역법이라 하더라도 이것으로 추산한 역일(삭일, 절기일, 윤달의 위치 등)이 실제의 역사기록 속 역일과 차이가 나는 것은 피할 수가 없다.[72] 때문에 한두 개의 삭일간지나 윤월의 위치가 다르다고 하여 양쪽이 다른 역법을 썼다고 단정할 수가 없으며, 반대로 특정 날짜가 동일한 경우에도 양쪽이 같은 역법을 적용했다고 단정할 수도 없다.[73] 특히 두 나라가 조공책봉 관계를 맺고 있는 경우에는 더욱 문제가 복잡해진다. 피책봉국이 자국의 위치를 기준으로 계산하여 얻은 역일을 책봉국의 역일에 맞추어 변경하는 경우도 있기 때문이다. 특히 양국 간 윤월의 위치가 다른 경우 외교적인 문제로 비화할 수 있으므로, 피책봉국은 자국의 윤월을 책봉국의 그것에 맞추어 변경할 수밖에 없다. 또한 조선시대와 같이 경도차(經度差)를 계산에 반영하는 역법을 사용할 경우에는 삭일과 절기일의 위치에 따라 윤월의 위치도 달라진다.[74]

이러한 한계를 인식하면서, 시험적으로 윤월의 비교를 통해 고려에서 사용한 역법의 특성과 비교 역법과의 친소 관계를 점검해보자. 다음 〈표 3〉은 『고려사』의 세가(世家), 천문지(天文志), 오행지(五行志) 등에 수록된 역일 정보와 학계에 보고된 고려시대의 금석문 자료에서 추출된 역일 정보

年次	고려	중원	북방	일본	年次	고려	중원	북방	일본
985(成宗4)張	⑨	宋⑨	遼⑧	⑧	1159(의종13)谷·張	⑥	⑥	⑥	⑤
991(성종10)谷	②	②	②	②	1162(의종15)谷	②	②	②	③ ②有
993(성종12)谷	⑩	⑩	⑩	⑩	1164(의종18)谷·張	⑪	⑪	⑪	⑩←⑪
999(穆宗2)張	③	③	④	③	1170(의종24)谷·張	⑤	⑤	⑤	④
1001(목종4)張	⑫	⑫	⑪	⑫	1172(명종2)谷·張				⑫
1010(현종1)谷	②	②	②	②	1173(명종3)谷·張	①	①	①	
1012(현종3)谷	⑩	⑩	⑩	⑩	1175(명종5)谷	⑨	⑨	⑨	⑨
1015(현종6)谷·張	⑥	⑥	⑦	⑥	1178(명종8)谷	⑥	⑥	⑥	⑥
1018(현종9)谷	④	④	④	④	1181(명종11)谷·張	③	③	③	②
1020(현종11)谷	⑫	⑫	⑫	⑫	1183(명종13)谷·張	⑪	⑪	⑪	⑩←⑪
1023(현종14)谷	⑨	⑨	⑨	⑨	1186(명종16)谷	⑦	⑦	⑦	⑦
1026(현종17)谷	⑤			⑤	1189(명종19)谷·張	⑤	⑤	⑤	④
1028(현종19)谷·張	⑥	誤記?			1191(명종21)張				⑫
1029(현종20)谷·張	②	②	③	②	1192(명종22)張	②	②	②	
1031(현종22)谷	⑩	⑩	⑩	⑩	1194(명종24)谷·張	⑩	⑩	⑩	⑧
1037(정종3)谷	④	④	④	④	1197(명종27)谷	⑥	⑥	⑥	⑥
1039(정종5)谷	⑫	⑫	⑫	⑫	1202(신종5)谷·張	⑫	⑫	⑫	⑩←⑪
1045(정종11)谷	⑤	⑤	⑤	⑤	1205(희종1)張	⑧	⑧	⑧	⑦
1048(문종2)谷	①	①	①	①	1208(희종4)谷	④	④	④	④
1050(문종4)	⑪	⑪	⑪	⑩←⑪	1211(희종7)谷·張	②	②	②	①
1053(문종7)谷	⑦	⑦	⑦	⑦	1213(강종2)谷	⑨	⑨	⑨	⑨
1056(문종10)谷	③	③	③	③	1216(高宗3)谷·張	⑦	⑦	⑦	⑥
1058(문종12)谷	⑫	⑫	⑫	⑫	1219(고종6)谷·張	③	③	③	②
1061(문종15)谷	⑧	⑧	⑧	⑧	1221(고종8)谷·張	⑫	⑫	⑫	⑩←⑪
1064(문종18)谷·張	⑤	⑤	⑥	⑤	1224(고종11)谷·張	⑧	⑧	⑧	⑧←⑦
1067(문종21)谷·張	①	③	③	①	1227(고종14)谷·張	⑤	⑤	⑤	③
1069(문종23)谷·張	⑪	⑪	⑪	⑩←⑪	1230(고종17)谷·張	②	②	②	①
1072(문종26)谷	⑦	⑦	⑦	⑦	1235(고종22)谷·張	⑦	⑦		⑥
1075(문종29)谷	④	④	④	④	1238(고종25)谷·張	④	④		②
1077(문종31)張			⑫	⑫	1240(고종27)張	⑫	⑫		⑩
1078(문종32)張	①	①		日 初 異	1243(고종30)谷·張	⑧	⑧		⑦

年次	고려	중원	북방	일본	年次	고려	중원	북방	일본
1080(문종34)谷·張	⑨	⑨	⑧	⑧	1246(고종33)谷	④	④		④
1088(선종5)張	⑫	⑫	⑫	⑫	1248(고종35)谷·張				⑫
1091(선종8)谷·張	⑧	⑧	⑧	⑦	1249(고종36)谷·張	②	②		
1094(선종11)谷·張	④	④	④	③	1251(고종38)谷·張	⑩	⑩		⑨
1097(숙종2)谷·張	②	②	②	①	1254(고종41)谷·張	⑥	⑥		⑤
1099(숙종4)谷	⑨	⑨	⑨	⑨	1257(고종44)谷·張	④	④		③
1102(숙종7)谷·張	⑥	⑥	⑥	⑤	1259(고종46)谷·張	⑪	⑪		⑩←⑪
1105(숙종10)谷·張	②	②	③	②	1262(元宗3)谷·張	⑨	⑨	蒙⑨	⑦
1110(예종5)谷·張	⑧	⑧	⑦	⑦	1265(원종6)谷·張	⑤	⑤	⑤	④
1113(예종8)谷·張	④	④	④	③	1268(원종9)谷	①	①	①	①
1116(예종11)谷	①	①	①	①	1270(원종11)谷·張	⑪	⑩	⑪	⑨
1118(예종13)谷	⑨	⑨	⑨	⑨	1273(원종14)谷·張	⑥	⑥	⑥	⑤
1121(예종16)谷	⑤	⑤	⑤	⑤	1278(忠烈4)谷·張	⑪	⑪	⑪	⑩←⑪
1124(인종2)谷·張	③	③	③	②	1281(충렬7)谷·張	⑧		⑧	⑧←⑦
1126(인종4)谷·張	⑪	⑪	金⑪	⑩	1284(충렬10)谷·張	⑤		⑤	④
1129(인종7)谷·張	⑧	⑧	⑧	⑧←⑦	1286(충렬12)谷·張				⑫
1132(인종10)谷	④	④	④	④	1287(충렬13)谷·張	②		②	
1134(인종12)谷·張				⑫	1292(충렬18)谷	⑥		⑥	⑥
1135(인종13)谷·張	②	②	②		1295(충렬21)谷·張	④		④	②
1137(인종15)谷·張	⑩	⑩	⑩	⑨	1297(충렬23)谷·張	⑫		⑫	⑩←⑪
1140(인종18)谷·張	⑥	⑥	⑥	⑤	1300(충렬26)谷·張	⑧		⑧	⑦
1143(인종21)谷·張	④	④	④	②	1303(충렬29)谷	⑤		⑤	④
1145(인종23)谷·張	⑪	⑪	⑪	⑩	1305(충렬31)谷				⑫
1148(의종2)谷·張	⑧	⑧	⑧	⑥	1306(충렬32)谷	①		①	
1156(의종10)谷·張	⑩	⑩	⑩	⑨	1308(충렬34)谷	⑪		⑪	⑧

〈표 3〉 고려와 주변국의 윤월대조표

* 원 안의 숫자는 윤달을 의미한다.
* "⑩←⑪"과 "⑧←⑦"은 계산상으로는 뒤 숫자의 윤월인 것을 앞 숫자의 윤월로 변경한 것을 나타낸다.
* "日初異"는 이때에 고려와 일본의 윤달이 다른 경우가 처음으로 나타남을 뜻한다.
* "②有"는 2월로 기록된 자료도 있음을 뜻한다.
* 주변국과 윤월이 다른 경우는 회색으로 칸을 채웠다.
* 1308년 이후는 고려에서 원의 수시력(授時曆)을 채용하였다고 보고 비교하지 않았다.

〈표 3〉에서 보듯이 고려전기의 윤월은 고려가 원(元)과 조공책봉 관계를 맺은 1260년까지 단 1회(1067년 고려 윤1월/중원 윤3월)를[76] 제외하고 모두 송의 윤월과 일치한다. 이어서 1260년 이후에는 원의 윤월과 완전히 일치한다. 12세기 초반까지의 고려전기에서 특기할 것은 고려가 요와 조공책봉 관계에 있었을 때에도 고려의 윤월은 요의 그것보다 송의 그것에 훨씬 가깝다는 점이다. 앞서 언급하였듯이, 1142년(고려 인종20, 금 皇統2)부터 고려와 금 사이에 조공책봉 관계가 성립하였는데, 이때부터 조공의 대상이 몽골로 바뀌는 1260년까지 고려의 윤월은 금의 그것과 일치하며, 또한 금의 윤월은 송의 그것과 일치한다. 1142년부터 1260년까지 고려의 윤월은 송 및 금의 그것과 일치하는 것이다. 반면, 일본의 경우는 이 기간 내내 선명력(宣明曆)을 사용하고 있었는데, 1077~78년 이후부터 윤월의 위치는 고려의 그것과 대단히 많은 차이가 있다. 이는 고려의 윤월이 일본의 윤월과 불일치가 나타나기 시작하는 1077~78년 이후에 고려에서 역일을 계산할 때 사용한 역법은 선명력이 아니었을 가능성을 높여준다.[77] 그러므로 고려가 수시력 수용 이전까지 오로지 선명력만을 사용했다는 『고려사』 역지 서문의 기술은 사실이 아닐 가능성이 크다.

또한 고려가 요의 정삭을 채용하던 시기(994~1116)에 고려의 역일이 요보다는 송의 그것에 친연성을 보이는 점은 숙고해볼 필요가 있다. 이는 이 기간 동안에 요의 역법보다는 송의 그것에 친연성이 있는 역법을 고려가 채용하고 있었을 가능성을 제기한다. 고려의 역법과 송, 요, 금의 역법 사이의 친연 관계를 좀 더 면밀하게 판단하기 위해 송, 요, 금에서 사용된 역법의 특성에 대해서 알아볼 필요가 있다. 먼저 송에서는 참신한 천문학적 개변(改變)이 없는 가운데서도 역법이 대단히 자주 바뀌어서 전체 18회나 된다.[78]

시행 연도	역법 이름	찬자	비고
960~963(北宋)	欽天曆	後周 王朴	後周 역법 사용
964~981	應天曆	宋 王處訥	
982~1001	乾元曆	吳昭素	
1002~1023	儀天曆	史序	
1024~1064	崇天曆	楚衍·宋行古	
1065~1067	明天曆	周琮	
1068~1074	崇天曆(復行)	楚衍·宋行古	
1075~1093	奉元曆	衛朴	
1094~1102	觀天曆	皇居卿	
1103~1106	占天曆	姚舜輔	
1107~1127	紀元曆	姚舜輔	북송멸망
1128~1132			불확실
1133~1135(南宋)	紀元曆	姚舜輔	
1136~1167	統元曆	陳得一	
1168~1176	乾道曆	劉孝榮	
1177~1190	淳熙曆	劉孝榮	
1191~1198	會元曆	劉孝榮	
1199~1207	統天曆	楊忠輔	
1208~1251	開禧曆	鮑澣之	
1252	淳祐曆	李德卿	
1253~1270	會天曆	譚玉	
1271~1276	成天曆	陳鼎	
1277~1297	本天曆	鄧光薦	

〈표 4〉 송대(宋代)의 역법과 시행기간

〈표 4〉에서 보듯이,[79] 송의 초기는 오대(五代) 주(周)에서 채용한 흠천력(欽天曆)을 사용하다가, 건덕(乾德)2년(964)부터는 응천력(應天曆)을, 태평흥국(太平興國)7년((982)부터는 건원력(乾元曆)을 채용하였다. 함평(咸平)4년(1001)부터 의천력(儀天曆)을, 천성(天聖)2년(1024)부터 숭천력(崇天曆)을 시행하였다. 치평(治平)2년(1065)부터 약 3년간 주종(周琮)의 명천력(明天曆)을

사용했으나, 희녕(熙寧)1년(1068)에 다시 숭천력(崇天曆)으로 돌아갔다. 희녕 8년(1075)부터는 위박(衛朴)의 봉원력(奉元曆)을, 소성(紹聖)원년(1094)부터는 관천력(觀天曆)을, 숭녕(崇寧)2년(1103)에는 요순보(姚舜輔)의 점천력(占天曆)을 시행하였다. 요순보는 또 기원력(紀元曆)을 만들어 숭녕6년(1107)부터 시행하였는데, 기원력은 송대의 역법 중에서 가장 좋은 역법으로 평가된다.[80] 기원력은 금(金)에서 시행된 역법과 밀접한 관련이 있는데, 금나라 초기에 시행된 양급(楊級)의 대명력(大明曆)이 이것을 기초로 만들어졌기 때문이다. 휘종(徽宗, 재위 1101~1125) 말년에 금에 의해 송의 수도가 함락, 수년간(1128~1132) 공식 역법의 시행이 불분명하나, 남송(南宋) 소흥(紹興)3년(1133)부터 다시 기원력을 시행하였다. 소흥6년(1136)부터 통원력(統元曆)을 시행, 이후 통천력(統天曆), 건도력(乾道曆), 순희력(淳熙曆), 회원력(會元曆), 통천력(統天曆), 개희력(開禧曆), 순우력(淳祐曆), 회천력(會天曆), 성천력(成天曆), 본천력(本天曆) 등으로 바뀌었으나, 각 역법에 독자적인 특징이나 발전은 거의 없었다. 이처럼 여러 차례의 개력이 이루어지는 과정에서도 기원력은 계속해서 역법 추산에 쓰였던 것으로 생각되고 있다.[81] 남송의 역법 가운데에서 특기할 만한 역법은 없지만, 통천력에서 역원을 가까운 과거에 두는 절산법(截算法)을 채용하고, 회귀년의 길이 변화를 반영하는 세실소장법(歲實消長法)을 쓴 것이 이후 원의 수시력에 이어졌기 때문에 의미 있는 개선으로 평가된다. 전반적으로 송대의 역법은 요순보의 기원력이 중심이었다고 볼 수 있다.

한편 요와 금의 역법은 잘 알려져 있지 않은데, 요의 경우가 특히 그렇다.[82] 요에서는 947년(大同1) 후진(後晉)의 수도 변경(汴京, 개봉)을 함락하고, 관리, 기술자, 천문의기 등을 얻은 후에 처음으로 역서를 만들 수 있게 되었다.[83] 그러나 요의 초기 역법에 대한 정보는 거의 없고, 후량(後梁)과 후당(後唐)에서 사용된 변강(邊岡)의 숭현력(崇玄曆)과 후진(後晉)에서 사용된 마중적(馬重績)의 조원력(調元曆) 같은 오대(五代)의 역법을 이어 쓴 것으로 추정할 뿐이다.[84] 요가 고려를 책봉한 994년(요 聖宗 統和12)에는 가준(賈俊)이 신력(新曆)을 올렸는데, 이것이 대명력(大明曆)이다. 『요사(遼史)』 역상지(曆象志)에는, "고려에서 쓴 『대요고금록(大遼古今錄)』에는 통화(統和)12년(994)에 처음으로 정삭을 반포하고 개력하였다고 했으니, 맞다"고 하였다.[85] 이 기록을 보면, 고려는 요가 994년(요 統和12, 고려 成宗13)부터 가준의 대명력을 사용하여 역서를 반포한 것을 알고 있었던 셈이다. 또한 이는 가준의 대명력에 관한 정보가 고려에 전해졌을 가능성을 제기하는 기록이다. 『요사』 역상지에서는 요가 "역서를 내리고 정삭을 반포한 지 2백여 년"이라고 하였는데,[86] 요의 경우 전체적으로 가준의 대명력이 중심이었다고 볼 수 있다.

금은 1115년(송 政和5, 고려 예종10)에 아골타(阿骨打)가 요의 천조제(天祚帝, 재위 1101~1125)를 격파하고, 즉위하면서 국호를 대금(大金)이라 칭했다. 1126년(금 天會4, 송 靖康1, 고려 인종4) 11월에 송의 수도(汴京, 開封)를 함락하고, 거기에 있던 각종의 천문기구와 서적들을 접수, 천문학 발전의 기초로 삼았다. 『금사(金史)』 역지(曆志)에 따르면, 1127년(금 天會 5, 고려 인종5)에 양급이 대명력을 만들고, 10년 후인 1137년(금 天會15, 고려 인종15)에 공식적으로 시행되었다. 양급의 대명력은 송에서 사용되던 기원력(紀元曆)을 기초로 한 것으로 알려져 있다. 전체적으로 금의 역법은 송의 역법, 특히 기원력에 친화성이 있다고 볼 수 있다. 『금사』에는 1136년(금 天會14, 고려 인종14) 1월에 고려의 사신에게 역서를 반사하였다고 하였는데,[87] 이때의 역서가 양급의 대명력을 적용한 것인지는 확실치 않다. 이후 이 역법은 일월식 예보에 몇 차례 실패하자, 1171년(大定11) 조지미(趙知微)는 대명력을 중수한 중수대명력을 완성하였다.[88] 조지미의 중수대명력은 몇 차례의 검증을 거쳐 1182년 역서에서부터 적용되었다.[89] 이어 중수대명력은 금나라의 멸망까지, 그리고 원나라가 수시력으로 개력하는 1280년까지 금과 원에서 연이어 사용되었다.

4. 고려 역일의 특징

이제 〈표 3〉으로 돌아가서 윤월의 위치를 중심으로 고려의 역일과 대륙 국가의 역일 사이의 친연성을 재검토해보자. 고려가 금과 조공책봉 관계에 있을 때에는 금의 윤월과 차이나는 경우가 한 번도 없는데, 송과 금의 윤월 또한 완전히 일치하므로 고려의 역일은 여전히 송의 역일과 친연성이 있다고 볼 수 있다. 앞서 언급하였듯이, 금나라 초기 역법인 양급의 대명력이 송에서 사용되던 기원력의 계통을 이은 것이고 이후 조지미의 중수대명력도 이와 연관된 것이므로, 송과 금의 역일 사이에 친연성이 있는 것은 이런 사정을 통해 이해할 만하다. 반면 요의 역법은 만당(晚唐)의 숭현력(崇玄曆)과 후진(後晉)의 조원력(調元曆)의 계통을 이은 것이므로, 고려의 역법이 이 계열과는 조금 달랐으리라는 추측도 가능하다.

한편, 윤월의 비교에서 드러나는 고려와 송 사이의 역일의 친연성은 고려가 의도적으로 송의 역일에 고려의 그것을 일치시키려고 노력했던 데에 원인이 있었다. 고려는 송의 역법을 강하게 의식하고 있었으며 송의 역일과 차이가 나지 않도록 자국의 역법을 수정하거나 변형하였다고 생각된다. 이는 문종 때의 기록으로도 확인되는데, 1030년(현종21)에 고려와 송의 역일이 차이가 있으므로 천문관원을 조사하라는 다음과 같은 현종의 명이 있었다.

지난해 12월은 송의 역서에서는 큰달[大盡]인데, 우리나라 태사(太史)가 올린 역서는 작은달[小盡]이다. 또 올해 정월 15일에 태사는 월식이 있겠다고 아뢰었으나 끝내 식이 일어나지 않았다. 이것은 반드시 술가(術家)가 정밀하지 못한 것이니, 어사대(御史臺)는 추국(推鞫)하여 아뢰라.[90]

인용문을 통해, 고려가 송의 역서를 비교 대상으로 삼아 자국의 역일 계산을 검토하고 있는 것을 볼 수 있다. 이 사례만으로 현종 연간(1010~1031)에 고려와 송이 동일한 역법을 사용하고 있었다고 단정할 수는 없지만, 고려가 역일의 계산에서 송의 그것을 강하게 의식하고 있었다는 것만은 분명하다.[91] 또 1081년(문종35)에 납일(臘日)을 새로 정하는 문제를 언급한 기사에 "오로지 납일은 기미년(己未年=1079. 1019년일 가능성도 있다) 이래로 송나라의 역법에 의거하여 술일(戌日)을 썼다"는 표현이 있다.[92] 고려가 자국의 역일 계산에 송나라 역법의 납일 원칙을 적용하고 있었음을 알 수 있다.

고려의 일관(日官) 최사겸(崔士謙)의 일화는 특히 문종 연간(1017~1082)에 고려와 송이 친연성이 강한 역법을 사용하고 있었을 가능성을 한층 높여준다. 역 계산을 담당한 최사겸은 문종32년(1078) 6월의 월식을 예보하지 못했다. 그런데 송나라에서 고려를 방문한 사신들은 이를 예측하고 구식례(救食禮)를 행하였다. 이때 최사겸을 처벌해야 한다는 주장이 있었다.[93] 그런데 여기서는 최사겸의 예보 실패만 지적될 뿐, 고려와 송이 사용하는 역법이 서로 달라서 식의 예보가 다르다는 변명은 전혀 감지되지 않는다. 최사겸을 벌주자는 주장은 송에서 예보를 했다면 고려도 예보를 할 수 있었어야 한다는 점을 전제하고 있는데, 이것은 고려와 송이 서로 비슷한 역법을 사용하고 있는 상황에 기초하고 있다고 생각된다. 특히 최사겸은 후에 선종(宣宗, 재위 1084~1094) 때에 지태사국사(知太史局事)에까지 오른 천문학과 역법의 전문가였는데, 그가 송나라에 가서 수륙제(水陸祭)에 관련된 지식을 배워 왔다는 기록이 있다.[94] 최사겸과 같은 천문역법의 전문가가 송에서 공부하였다면, 그 기회에 송나라의 역법지식도 입수했을 가능성이 크다. 송과 고려의 문화 교류에 수반하여 고려가 송의 역법지식을 입수하였고, 고려의 역일을 송의 그것에 일치시키려 노력하는 과정에서 고려의 역법은 송의 그것과 친연성이 강화되었던 것으로 생각할 수 있다.

최사겸이 6월의 월식 예보에 실패한 "1078년(문종32)의 고려의 삭일이 송에서 사용한 봉원력(奉元曆)과 부합한다"는 『속자치통감장편(續資治通鑑長編)』의 기록에서 고려의 역법과 역일이 송나라의 그것들과 친연성이 깊었다는 것이 또다시 확인된다.

> 12월 신유삭(辛酉朔)에 사천감(司天監)의 제거(提擧)에게 명하여, 역관(曆官)들을 모아 요·고려·일본국과 본조[宋] 봉원력(奉元曆) 사이의 이동(異同)을 살피고 계산하여 아뢰게 하였다. 그 후에 역관(曆官) 조연경(趙延慶) 등이 말하기를, "요는 기미년(己未年, 1079)의 절기와 삭일은 선명력(宣明曆)과 부합하고, 일본은 무오년(戊午年, 1078)의 절기와 삭이 요의 역일과 가깝고, 고려는 무오년(戊午年, 1078)의 삭일이 봉원력(奉元曆)과 부합하고, 24절기 가운데 7개의 절기시각과 축월태양과궁일수시각(逐月太陽過宮日數時刻, 매월 태양이 궁을 옮겨가는 데에 걸리는 날짜와 시간, 즉 월별 태양의 운동속도)이 같지 않습니다"라고 하였다.[95]

원래 송에서 4개국의 역서를 비교하게 된 것은, 앞서 언급하였듯이, 1077년(熙寧10) 송의 소송(蘇頌)이 요에 사신으로 갔을 때 송나라와 요나라의 역일이 달라 외교적인 마찰이 발생한 것이 계기였다. 인용문의 내용으로 볼 때, 고려의 역일이 송나라의 역일과 친연성을 가지며, 특히 "1078년의 고려의 삭일이 봉원력과 부합한다"는 기술은 당시 고려가 봉원력과 매우 유사한 역법을 사용하고 있었을 가능성을 시사한다.[96] 다만 고려의 "절기시각과 축월태양과궁일수시각"이 봉원력과 다르다고 하였으므로, 고려가 사용한 역법이 송의 봉원력과 완전히 동일하지는 않았음을 알 수 있다.

특히 위 인용문에서 "요의 절기와 삭일이 선명력과 부합한다"고 한 것은 당시(1078~79년 무렵) 고려의 역법이 적어도 선명력은 아니었다는 사실을 명확히 드러내준다. 당시는 일본이 선명력을 사용하고 있었고, 요는 확실하지는 않지만 994년(요 統和12, 고려 성종13)부터 채용한 가준의 대명력을 사용하고 있었다고 볼 수 있다. 그런데 요의 역일이 선명력을 사용하는 일본의 역일과 친연성이 있었다. 그렇다면 당시에 고려가 요의 역법과 친연성을 지닌 선명력을 채용하고 있었다고 볼 수는 없는 것이다. 설사 고려가 건국 초기에 선명력을 채용하였다고 하더라도, 어떤 식으로든지 변형이 가해져서 1078~79년 무렵에는 송의 봉원력에 가까운 역법으로 바뀌었을 가능성이 크다. 『고려사』의 기록에서는 1078년(문종32)의 윤월을 확인할 수 없지만, 봉원력이 1075년부터 1093년까지 송에서 사용하던 역법이라는 점을 생각해보면, 이해의 윤달 또한 송의 그것과 같았으리라 추정할 수 있다. 그리고 실제로 이런 추론을 통해 『요사휘편(遼史彙編)』에서는 1078년(고려 문종32) 고려 역서의 윤달은 송과 동일한 윤정월(閏正月)이라고 보았다.[97] 나아가 1078~79년(문종32~33) 무렵의 고려와 송 사이의 역일의 친연성을 생각해보면, 〈표 3〉에서 송과 고려 사이에 윤달이 달랐던 "1067년 고려 윤1월/송 윤3월"의 경우, 고려 측의 오기(誤記)일 가능성도 생각해볼 수 있다.[98]

다음으로, 1142년(고려 인종20, 금 皇統2)부터 1224년(고려 고종11, 금 正大1)까지 고려는 금과 조공책봉 관계에 있었으므로, 이 기간 동안 양국 역일의 친연성을 검토해볼 필요가 있다. 〈표 3〉에서 보는 바와 같이, 윤월의 배치는 양국이 완전히 일치한다. 송과 금의 역법에 친연성이 있었다는 것을 감안하면, 이들이 고려의 역법과 친연성이 있을 수 있다는 점도 이해할 만하다. 그러나 이 기간 동안 금과 고려에서 각각 사용된 역법을 특정하는 것은 불가능하다. 다만, 전체적으로 고려의 역일은 원(몽골)의 영향을 받기 전에는 송과 금의 역일과 친연성이 강하며, 원의 영향이 강해진 후에는 원의 그것과 친연성이 강하다고 말할 수 있을 뿐이다.

고려가 원에 복속한 1260년 이후에는 양국 역일에서 윤달의 위치는 완전히 일치하므로, 고려의 역일이 원의 그것과 친연성이 강하다는 것을 쉽게 확인할 수 있다. 물론 고려가 1276년(충렬왕2) 2월 병신삭(丙申朔)일 때 원은 정유삭(丁酉朔)인 경우처럼 삭일의 간지가 다른 경우도 많이 있으므로,[99] 양국이 동일한 역법을 사용했다고 단정할 수는 없다. 예를 들어 원이 수시력으로 개력하기 전인 1276년의 경우, 이때 원은 중수대명력을 사용하고 있었으나 고려의 역법은 알 수가 없다. 다만, 당시 고려가 중수대명력과 다른 역법을 사용하여 원의 그것과 다른 윤월을 얻었다고 하더라도 조공책봉 관계 아래서 고려는 자국의 윤월을 원의 그것에 일치시키는 방향으로 변경했을 가능성이 크다. 또 하나의 예로 1270년(원종11)에도 고려와 원의 윤월은 일치하고 있는데, 이것은 송의 윤월과는 다르다. 앞서 살펴본 11세기 중반 무렵의 고려와 송 사이에서 나타난 역일과 역법의 친연성, 그리고 〈표 3〉에서 보는 것처럼 1278년까지 계속되는 양국의 윤월의 일치를 생각해보면, 고려는 1270년(원종11)의 윤월을 원의 그것에 일치하도록 변경했을 가능성이 있다. 특히 앞서 언급하였듯이 1262년부터 매년 원에서 고려에 역서가 반사되고 있었기 때문에, 고려로서는 원의 역일을 의식하고 이에 동조하는 방향으로 역일 계산 결과를 변경할 수 있는 환경에 있었다고 볼 수 있다.

한편, 1280년(원 至元17, 충렬왕6) 원의 수시력 반포(1281년의 역서에서부터 적용)는 고려의 역법과 역서 운용에 큰 영향을 미쳤던 것으로 보인다. 특히 1280년(충렬왕6) 11월에 고려가 더 이상 자국의 역서를 반포하지 않으려 했던 일은 주목된다. 충렬왕은 "지금(1280년 11월)부터는 동지원정력(冬至元正曆)을 바치지 말라"는 명을 내렸다.[100] 이날은 11월 동지일로 고려의 천문 관원들이 제작한 다음 해(1281년)의 역서를 바치는 날이었다. 이 명령은 고려 국왕이 자국의 역서를 더 이상 쓰지 않겠다고 선언한 셈인데, 충렬왕은 왜 자국의 역서를 포기하려고 했던 것일까. 한 가지 원인은 이때를 전후하여 형성된 고려와 원의 관계 형식의 변화와 관련지어 생각해볼 수 있다. 앞서 언급한 것처럼, 충렬왕은 1281년(충렬왕7) 3월(음력), 부마고려국왕(駙馬高麗國王)으로 책봉되었는데, 이는 대원제국의 속국으로서 고려의 국체를 유지하면서도 몽골 황제의 부마가 된 것을 의미한다.[101] 원나라는 이보다 앞서 1280년 8월에 고려를 관리할 정동행성(征東行省)을 개경에 설치하였고, 약간의 단속은 있었지만 이 정동행성은 고려 말까지 유지되었다.[102] 고려 왕을 부마왕으로 책봉하고 개경에 정동행성을 설치한 것은 고려와 원이 전통적인 조공책봉 관계에서 벗어나 고려가 원나라의 직접 지배의 영역으로 편입되는 것으로 해석할 수 있다. 이 경우 원나라가 고려에 반포하는 역서는 피책봉국에 내리는 의례적인 정삭이 아닌, 원나라 황제의 직접적 지배영역에 속하는 백성들에게 반포하는 역서라는 의미가 된다. 충렬왕은 자신이 명실상부하게 원 황실의 일원이며 고려는 원나라의 일부라는 생각을 했고, 이 때문에 고려에서는 더 이상 역서를 제작하고 반포할 필요가 없다는 생각을 했을 가능성이 있다.

당시 고려와 원의 관계 변화는 역서 제작과 관련된 원나라의 움직임에서도 나타나는데, 원나라는 1281년(충렬왕7) 1월 1일자(음력)로, 고려에 수시력 반포조서와 함께 수시력법으로 제작한 역서를 내렸다.[103] 이 조서와 역서를 고려에 가지고 온 사람이 왕통(王通)이다. 나아가 왕통 일행은 개경의 도일사(道日寺)에 숙소를 마련해놓고 낮에는 해그림자를 측정하고, 밤에는 천문을 관찰하며, 고려의 지도를 구해 보기도 했다.[104] 원 황제의 지배 영역 안에 있는 각지의 북극고도(위도)를 측정하여 이것을 원나라의 역서에 반영하려는 것이었다.[105]

그러나 충렬왕이 고려의 역서 반포를 포기하려고 했던 것은 현실화되지는 않았던 것 같다. 최성지(崔誠之)가 원에서 수시력법을 배우려고 한 일로부터, 원의 수시력 반포 이후에도 여전히 고려에서는 역서를 제작하여 반포하고 있었음을 확인할 수 있다. 『고려사』 열전(列傳)에는, "충선왕이 원나라에 있을 때, (그곳) 태사원(太史院)이 역수(曆數)에 밝은 것을 보고, 최성지에게 내탕금을 백근을 주어 스승을 찾아 배우게 했다. 수시력의 방법을 다 배우고 우리나라로 돌아와서 그 학술을 전했는데, 지금 이것을 사용하고 있다"고 하였다.[106] 충선왕이 1298년 1차 즉위 후 쫓겨나 원나라에 간 것이 1298년 말이고, 이어서 최성지의 보좌를 받으며 원나라 무종(武宗, 재위 1307~1310)을 제위에 등극시킨 때가 1305년(충렬왕31)이다. 또한 그 공로로 충선왕이 심양왕(瀋陽王)에 봉해지고 다시 고려에 복위한 것이 1308년이므로, 최성지가 수시력을 배운 시기는 1298년~1308년 사이, 즉 수시력이 반포된 지 30년 이내이다. 이때에 충선왕이 최성지에게 수시력을 배우게 했다는 것은 고려가 계속해서 수시력이 아닌 다른 역법을 사용하여 자국의 역서를 제작하고 있었다는 사실을 알려준다.

그렇다면 1308년 고려가 수시력을 채용하기 이전에 자국의 역서 제작에 사용한 역법은 어떤 것이었을까. 앞서 살펴보았듯이, 이미 11세기 중반에 고려는 선명력에서 다른 역법으로 이행한 것으로 생각된다. 또한 12~13세기에 줄곧 고려의 윤월과 송·금의 윤월이 일치하고, 선명력을 사용하던 일본의 윤월이 자주 일치하지 않는 것으로부터, 14세기 초까지의 고려의 역법은 선명력이 아니었을 가능성이 크다. 하지만 아쉽게도 고려시대의 기록에서는 고려가 자체의 역서 제작에 사용한 역법의 이름과 특징을 추론할 기록은 거의 없다. 다만 11세기 중반부터 수시력을 채용하는 14세기 초반까지, 고려가 대륙의 국가에서 채용한 다양한 역법들을 조합해서 자체적으로 계산법을 조직하여 역서를 만들었을 가능성을 추론하게 하는 기록들은 존재한다.

이런 추론에 보다 힘을 실어주는 것은, 매우 낮은 수준이기는 하지만 고려에서 신력(新曆), 즉 독자적인 역법을 만든 일도 있었다는 사실이다. 일찍이 최충헌(崔忠獻)의 낭장(郎將)에서 지태사국사(知太史局事)에까지 승진한 김덕명(金德明)에 관한 일화가 있다.

> (고종 5년, 1218) 정월(正月)에 지태사국사 김덕명이 신력(新曆)을 바쳤다. 덕명은 일찍이 승려가 되어 망령되게도 음양설(陰陽說)로 최충헌에게 아첨하여 관직을 얻었다. (그가) 올린 신력은 전부 마음대로 고법(古法)을 변경한 것이다. 일관(日官)과 대관(臺官)들은 마음으로는 그것이 잘못되었다는 것을 알았지만, 모두 최충헌을 무서워하여 말하는 자가 없었다.[107]

여기서 "신력(新曆)"이라고 한 것이 한 해의 역서인지, 역서를 제작하기 위한 역법인지는 분명치 않다.[108] 신력을 새로운 역법이라고 보면, 비록 임의로 고법(古法)을 변경한 것이라 창의성이 부족하나마 새로운 역법을 조직한 것이 된다. 또 한 해의 역서라고 하더라도, 그것을 만들기 위해 "전부 마음대로 구법을 변경"하였으므로, 이 역서를 제작하기 위해 어떤 식으로든 고법, 즉 기존에 사용하던 역법을 변형해야 했을 것이다. 결국 13세기 초반의 고려의 천문관원은 새로운 역법을 조직할 능력을 지니고 있었던 것은 확실하다. 또한 여기서는 고법(『고려사』 열전에는 구법(舊法)으로 되어 있음)이라고 했을 뿐, 선명력이나 중국에서 채용된 다른 역법의 이름을 특정하고 있지 않다. 그렇다면 당시 고려의 역법이 중국에서 전래된 역법지식을 종합하여 고려가 독자적으로 조직한 역법이었을 수도 있다.

한편, 고려가 원에 굴복한 후부터 원의 수시력을 배워서 사용하기 전까지 고려에서 역일 계산에 사용한 역법의 특성을 짐작케 하는 기록이 있다. 충렬왕1년(1275)에 점성술에 조예가 깊었던 일관(日官) 오윤부(伍允孚)가 봄과 가을의 사일(社日)에 대해, "우리나라에서는 일찍이 춘추중월(春秋仲月)의 원술일(遠戌日)을 사일(社日)로 써왔는데, 송나라의 구력(舊曆)과 원나라의 금력(今曆)은 모두 근술일(近戌日)을 사일로 씁니다. 지금부터는 청컨대 근술일을 쓰자고 하여, 이에 따랐다"고 하였다.[109] 1275년 무렵은 송이 성천력(成天曆)을 사용하고, 원이 금에서 쓰던 중수대명력을 이어서 사용하고 있던 시기이다. 이 기록에서 "송나라의 구력"이란 성천력 이전에 사용하던 어떤 역법을 가리킬 것이므로, 이때 고려는 성천력 이전의 송의 역법과 원에서 사용하던 중수대명력에 대한 지식도 있었음을 알 수 있다. 오윤부는 여기서 송나라의 구력과 원나라의 중수대명력을 모두 검토하고, 고려의 사일을 옮기자고 하였다. 그렇다면 이 당시에 고려에서 역서 제작에 사용하던 역법은 송나라의 구력과 원나라의 중수대명력과 다른 제3의 역법, 즉 고려의 독자적인 역법이었을 가능성이 있다.

5. 고려의 수시력 채용

고려의 역법 운용은 14세기 초 수시력의 수입과 채용을 계기로 일대 변화가 일어난 것으로 보인다. 즉 고려는 역서의 작성을 위해 지금까지 사용해왔던 체계 대신에 원의 수시력을 사용하게 된 것이다. 고려의 수시력 채용은 다음과 같은 『고려사』 역지의 기록에 의거, 대체로 1308년(충선왕1, 至大2)으로(1309년 역서부터 적용) 국내외에 알려져 있다.[110]

> 고려는 여전히 선명력을 이어서 썼다. 충선왕에 이르러 원나라의 수시력으로 바꾸어 썼으나, 개방지술(開方之術)이 전해지지 않았다. 때문에 교식일절(交食一節)은 여전히 선명력의 옛 방법에 따르는데, 휴식가시(虧食加時)가 하늘과 맞지 않아서, 천문관은 뜻대로 앞으로 당겼다 뒤로 미뤘다 하여 억지로 맞추었으나, 더욱 효과가 없었다. 고려가 다하도록 고칠 수가 없었다.[111]

그러나 『수시력첩법입성(授時曆捷法立成)』의 기록을 근거로 하여, 고려의 수시력 적용을 강보(姜保)의 발탁(1335년) 이후로 보는 견해도 있다.[112] 1346년(원 至正6, 고려 충목왕2) 11월(음력)에 당시 서운관승(書雲觀丞)으로 있던 손광사(孫光嗣)가 『수시력첩법입성』에 쓴 서문에 따르면,[113] 1303~1304년 사이에 북경에 머물던 충선왕은 원나라의 천문관원들이 수시력에 정통하다는 것을 알고 최성지에게 명하여 스승을 찾아 배우도록 했다. 그리하여 고려에 귀국한 다음 그 기술을 전하고자 한 지 오래되었으나 전수할 마땅한 사람이 없었다. 백방으로 찾아 현재(1346년)의 서운관정(書雲觀正) 강보를 얻게 되었는데, 그는 한번 배우자 그 방법을 모두 이해했고, 순식간에 거기에 정통해버렸다. 소문이 사람들 사이에 퍼졌고, 충숙왕(忠肅王)은 1335년(충숙왕 復位4)에 강보를 서운관 사력(司曆)으로 발탁하였고, 이어서 강보는 여러 번 승진하여 서운관정이 되었다. 강보가 서운관정이 된 후 수시력의 추보법을 널리 알리고자 하여 진사(進士) 이인실(李仁實)에게 원래의 책을 필사하도록 한 것이 현재의 『수시력첩법입성』이다. 1335

년(충숙왕 복위4)에 강보를 서운관 사력으로 발탁하였으므로, 강보가 수시력법을 적용하여 고려의 역서를 만든 것은 빨라도 1336년 역서부터였다고 볼 수 있다.

그런데 『칠정산내편』 서문이나 『동국문헌비고』 상위고 등 다른 기록들도 고려의 수시력 수용 과정을 서로 약간씩 다르게 기술하고 있어서 세심한 검토가 필요하다. 먼저 『칠정산내편』의 서문에는 다음과 같이 기술되어 있다.

> 고려의 최성지가 충선왕을 시종하여 원나라에 있을 때 수시력법을 얻어서 돌아와서, 우리나라는 처음으로 이 (수시력법)을 준용하였다. 그러나 술자(術者)들은 겨우 수시력법으로 역서를 만드는 방법만을 터득하였을 뿐, 일월(日月)의 교식(交食)과 오성(五星)의 분도(分度, 위치)를 계산하는 것은 아직 알지 못했다.[114]

최성지가 충선왕을 시종하여 원에서 수시력을 배워서 돌아온 것은 1308년(충렬왕34) 5월이었던 것으로 생각된다. 이때 충선왕이 고려로 돌아왔기 때문이다. 이어 충선왕이 즉위한 (1308년) 8월의 즉위식에 최성지가 함께 있었다.[115] 한편 최성지는 충선왕과 함께 귀국한 직후 원에서 얻은 수시력에 관한 지식을 기초로 고려의 서운관을 통솔했던 것으로 생각된다. 1308년(충렬왕34) 9월에 서운관 제점(提點) 최성지에게 은 한 근을 하사한 기록으로부터[116] 최성지가 당시 서운관을 통솔하는 제점의 자리에 있었다는 것이 확인된다. 이보다 직전에 충선왕은 서운관의 관제를 개혁하였는데, 태복감(太卜監)과 태사국(太史局)을 통합하여 서운관으로 만들고, 정삼품의 제점직을 신설한 것으로 확인된다.[117] 이 신설된 제점에 최성지가 임명되었던 것이므로, 충선왕 때에 최성지는 고려에서의 수시력법 정착에 핵심적인 역할을 했음을 알 수 있다.

또한 1444년(세종26)에 만들어진 『사여전도통궤(四餘纏度通軌)』의 발문에 따르면, 충선왕 때에 수시력법에 관한 지식을 담은 『수시력경(授時曆經)』을 등사(謄寫)하여 얻어 왔으나, 이것은 "겨우 역일을 계산하여 정하는 법[曆日推定之法]을 얻었을 뿐 나머지는 알지 못하였다. 그리하여 조선 초에는 선명력을 순용(循用)했는데, 그 차이가 더욱 심했다. 일관이 임의로 각수(刻數)를 가감(加減)하여 억지로 하늘의 운행에 맞추었으나 더욱 근거가 없는 것이었다"고 하였다.[118] 이것은 충선왕 때부터 수시력을 사용하여 역서를 만들었다는 사실을 분명히 알려주고 있다. 다만 교식 계산에는 선명력을 적용할 수밖에 없었는데, 이유는 이미 잘 알려진 대로 개방지술(開方之術)이 전해지지 않았기 때문이었다.[119] 그런데 『사여전도통궤』의 발문에서는 교식에만 수시력법을 적용하지 못한 것처럼 기술하고 있지만, 『칠정산내편』의 서문을 따르면, 교식과 함께 오성의 위치 계산도 수시력법을 적용할 수 없었다.

역법의 운용을 (1)역일 계산에 의한 역서의 작성과 (2)역서에 포함되지 않는 교식과 오성행도의 계산으로 나누어 생각해보면, 고려에서는 1308년(충렬왕34)부터 수시력을 적용하여 역일을 계산하고 다음 해의 역서(1309년 역서)를 만들었으며, 다만 교식과 오성 위치를 계산하는 데에는 수시력을 적용하지 못하고 조선으로 넘어가게 되었다고 결론지을 수 있다. 수시력을 적용한 역서의 실물이나 역서 발행의 기록이 없는 마당에 수시력을 적용하여 만든 역서를 1309년 역서라고 확정하기는 어렵지만, 최성지가 1308년 귀국하자마자 관상감을 통솔하였다면 1309년 역서부터 수시력을 적용했다고 보는 것이 합리적이다. 나아가 역일을 계산하고 역서를 만드는 과정에는 개방지술 같은 고도의 계산이 필요치 않으므로, 수시력은 고려의 역일 계산에 쉽게 적용할 수가 있었을 것이다. 고려의 수시력 채용 이후

책봉국의 역법을 배워 와서 자국의 역서 제작에 적용하는 일은 이후 조선에서도 하나의 전통으로 자리 잡았다. 조선 초기에는 명나라의 대통력을, 그리고 조선후기에는 청나라의 시헌력을 배워서 자국의 역서를 제작하는 데에 적용하였는데, 이는 사실상 고려 말 원으로부터 수시력을 배워 고려의 역서를 제작하는 데에 적용한 것에 기원을 두고 있는 셈이다.

고려시대 역서의 발행과 유통

1. 고려시대의 역서

고려시대의 역서는 현재까지 사찰에서 만든 농력(農曆) 한 건이 보고되었을 뿐 국가에서 발행한 공식 역서는 현존하지 않으므로,[120] 중국의 동시대 역서로부터 그 형식과 내용을 추론할 수밖에 없다. 중국 한대(漢代)의 역서로는 B.C. 134년(전한 元光元年)부터 A.D. 205(후한 建安10)까지의 역서가 잔편(殘片)으로 10여 건 보고되어 있다. 이후 5세기 중반 북위(北魏) 시대의 역서 2건이 돈황(敦煌)에서 출토되었으나 시대가 연속되지는 않으며, 9세기부터의 당대(唐代)의 역서가 돈황에서 다수 출토되었다.[121] 송원(宋元)시대의 역서도 실물이 매우 적은데, 송대의 회천력(會天曆) 사본이 몇 종 있으며, 원대의 역서도 몇 개의 잔편만 보고되었을 뿐이다. 명대(明代)와 청대(淸代)의 역서는 국가에서 발행한 공식 역서의 실물이 거의 전 기간에 걸쳐서 남아 있다. 따라서 역서의 형식과 내용을 포괄적으로 파악할 수 있는 역서는 9세기 당대(唐代)의 역서부터라고 할 수 있다.

중국의 당대 이후의 역서는 한국, 일본, 유구(琉球) 등 중국 문화의 영향권에 있던 나라의 역서에 큰 영향을 주었는데, 이 때문에 중국의 주변국에서 사용하던 역서의 형식과 내용이 중국의 그것과 거의 비슷하게 나타난다.[122] 중국의 당대(唐代)에 형식과 내용이 정착된 것으로 생각되는 역서를 흔히 구주력(具注曆)이라고 부른다. 역법으로 계산한 시간주기인 역일(曆日)에 용사(用事)의 길흉의기(吉凶宜忌)[123]를 표시한 역주(曆注)가 갖추어진 역서라는 의미이다. 사실 중국 고대의 역서에서부터 역일과 함께 여러 주기(注記) 사항이 나타난다. 예를 들어 B.C. 134년(元光元年)의 역서는 매월의 날짜(간지)에 절기, 반지(反支), 초복(初伏) 등을 주기하였다. 하지만 이 경우는 용사의 길흉의기에 관한 언급이 없다는 점에서 후대 역서 속의 역주와는 구별된다.[124] 역일과 역주를 갖춘 전형적인 구주력의 형식은 대체로 당대에 정착된 것으로 생각되는데, 돈황에서 출토된 808년(唐 元和3)의 역서에서 이를 처음으로 확인할 수 있다.[125] 돈황 역서 가운데에는 당대의 역서 외에도 오대(五代)인 후량(後梁), 후당(後唐), 후진(後晉), 후주(後周)의 역서와 북송대의 역서 사본도 잔편으로 일부 남아 있다.

송대 구주력의 실물은 많지 않은데, 가정십일년구주력(嘉定十一年具注曆)(1218)이 일본에 잔본으로 남아 있으며,[126] 보다 완전한 형태의 송대 구주력으로는 청대에 초록되어 주이존(朱彝尊, 1629~1709)이 발문을 붙인 청초본(淸鈔本) 보우사년회천만년구주력(寶祐四年會天萬年具注曆)(1256)이 있다.[127] 송대 구주력은 동시대 고려 역서의 형식과 내용을 짐작할 수 있게 해준다는 점에서 의미가 있다. 이 역서는 맨 첫 장에 연신(年神)의 소재(所在)와[128] 각 월의 대소(大小)를 기입하고, 이후 각 월의 절기일과 절기시각을 수록하였는데, 이것은 명·청대 역서의 서두에 나오는 단력(單曆)에 해당한다. 이어서 월력(月曆)에서는 월구성도(月九星圖)와 월건(月建)을 주고, 각 날짜마다 간지, 납음오행(納音五行), 십이직(十二直), 이십팔수(二十八宿) 및 용사(用事)

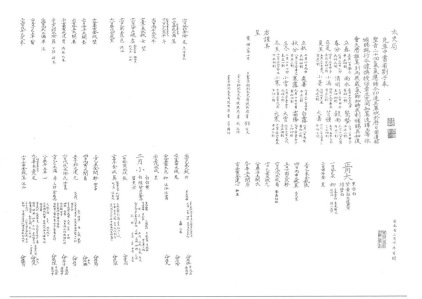

〈그림 5〉 송(宋) 보우(寶祐) 4년(1256) 구주력

(출처: 任繼愈 主編, 『中國科學技術典籍通彙: 天文卷一』, 河南敎育出版社, 1993, 692–93쪽)

의 길흉의기(吉凶宜忌)를 기입하였다. 그리고 역서의 마지막에는 작력(作曆)에 참여한 사람들의 이름을 밝혔다.[129]

원대(元代)에도 당송시대와 마찬가지로 전형적인 구주력이 제작되고 사용되었을 것으로 생각되지만, 아쉽게도 원대의 역서 실물 가운데 완본은 없다. 앞서 언급하였듯이, 원초(元初)에는 금에서 쓰던 중수대명력을 사용하여 역서를 만들었는데, 이 역법을 적용하여 만든 역서의 실물은 아직 없다.[130] 수시력 개력 이후에 제작된 수시력서의 완본도 거의 없는데, 내몽고와 돈황에서 출토한 역서의 잔편이 몇 건 있을 뿐이다.[131] 이들 역서 잔편은 대체로 14세기 중반의 원나라 말기 역서로 추정되는데, 기본 형식은 명·청대의 역서에 가깝다고 한다.[132]

역서의 유통 상황을 알려주는 자료는 중국에서는 당대(唐代) 이후에야 몇 가지 자료들이 존재한다. 이에 따르면, 당대부터 역서의 발행량은 대단

히 많아졌는데, 이것은 이때부터 목판본 역서가 제작되고 유행한 것과 관련이 있다.[133] 나아가 당대에는 민간에서 판매용으로 제작된 사인역서(私印曆書)도 많았다고 한다. 역서의 발행량이 증가하고 판매까지 이루어지자, 역서는 선물의 형태로 지식인들 사이에서 많이 유통되었다.[134] 북송(北宋)에서는 사인역서를 금지하고 역서의 발행과 유통을 정부가 통제하는 역서 전매제도를 시행하였다. 북송 초기에는 사천감(司天監)에서 역서 인쇄와 판매의 권리를 상인에게 부여하기도 하였으나, 1071년(熙寧4)에 역서 전매제도를 실시하고 사인역서를 엄격히 금지했다.[135] 송대의 역서 전매는 국가의 재정 확충을 위한 방편이기도 했다.

원대(元代)에도 역서 전매제도를 시행하고 역서의 사조(私造)를 금했다.[136] 수시력의 경우 태사원(太史院)에서 역서 발행 업무를 담당하였는데, 각 지역에서 판매용으로 역서를 구입해가는 비용은 국가 수입이 되었다.[137] 원대에 시장에서 역서가 판매되는 상황은 고려 말 문신인 이곡(李穀)의 '동지(冬至)'라는 시에, "길거리에서 들리나니 신력(新曆)을 파는 소리/만년 천자께서는 또 봄을 선포하셨네"라고 묘사되어 있다.[138] 원대의 수시력서는 책으로 된 대력(大曆)과 낱장으로 된 소력(小曆)의 두 종류가 있었던 것 같다. 대력은 역일과 역주를 갖춘 구주력으로 추정되며, 소력은 각 월의 대소 및 삭일간지, 절기 등 중요 사항만 적은 한 장짜리 역서였을 것으로 추정된다.[139] 『원사(元史)』 식화지(食貨志)에 1328년(원 天曆1, 고려 충숙왕15)의 역서 발행부수가 기록되어 있는데, 역서의 총 발행부수는 3백만 부 이상(3,123,185부)이며, 그 가운데 대력은 약 2백2십만 부(2,202,203부), 소력은 91만 부(915,725부) 정도였다.[140] 이 발행부수에 기초하여 14세기 초 원에서는 평균 4가구당 1부 정도로 역서가 널리 유통되었으리라 추정되고 있다.[141]

2. 고려시대 역서의 유통

고려에서 사용한 역서의 형식과 발행 및 유통 상황을 알려주는 직접적인 사료는 거의 없으므로, 제한된 기록을 중국의 상황에 관련지어 추론해볼 수밖에 없다. 먼저 고려 역서의 명칭에 대해서 생각해보자. 앞서 언급한 송대 이후의 역서 실물에서 확인되는 바와 같이, 송대의 개희력(開禧曆)과 회천력(會天曆), 원대의 수시력(授時曆), 명대의 대통력(大統曆), 청대의 시헌력(時憲曆) 등 중국에서는 역서를 만드는 데에 적용된 역법의 명칭을 역서명(曆書名)으로 썼다. 그런데 고려의 경우 실존하는 역서 자료가 한 건도 없을뿐더러, 사서에서도 특정한 역서명을 기록한 예가 없다. 또 조선시대의 경우 조공책봉 관계 아래서 피책봉국의 역서는 책봉국의 역서명을 따르는 것이 상례이나, 고려의 경우 자국의 역서에 책봉국의 역서명을 사용한 예도 없다. 다만 문종35년(1081)의 기록에 "지태사국사(知太史局事) 양관공(梁冠公)이 상주하기를, 선칙(宣勅)을 받들어 다음 해 임오년(壬戌年) 역일(曆日)을 교감하여 바칩니다……"라고 한 것을 보면, 고려에서 자국의 역서 표제에 '세차○○년역일(歲次干支年曆日)'이라고 적었을 가능성이 있지만 확인할 만한 증거는 아직 없다.

다만 고려에서 자국의 역서를 부르는 일반적인 명칭은 있었는데, 가장 먼저 눈에 띄는 것이 동지력(冬至曆) 혹은 동지원정력(冬至元正曆)이라는 명칭이다. 앞서 언급하였듯이, 1280년(충렬왕6) 11월 동지일에 "지금부터는 동지원정력을 바치지 말라"는 명이 있었다.[142] 또 이규보(李奎報, 1168~1241)는 '동지력을 보며'라는 제목의 시에서 "바야흐로 금년 동짓날 아침/ 차례로 늘어선 내년 날짜를 보았네/ 세월을 미리 알아 무슨 소용 있는가/ 이 몸이 죽을 때도 모르는 것을/"이라고 하였다.[143] 또 그는 지우(知友)인 이백전(李白全)이 보낸 시에 차운하면서, "나이를 세세히 따지지 마오/ 공과 나는 한 살 차이뿐이라오/ 앉아서 동지가 바뀌기를 몇 번이었던가/"라고 하고, 여기에 "앉아서 동지가 바뀐다"는 말은 "동지력이라서 그렇게 말한다[冬至曆, 故云]"라고 설명을 덧붙였다.[144] 이것을 보면, 고려에서 역서를 부르는 일반적인 명칭이 동지력, 혹은 동지원정력이었음을 알 수 있다.[145] 고려의 역서가 동지일에 반포되었기 때문일 것이다. 한편, 고려 말 이곡의 시 가운데 고려의 역서를 '황력(黃曆)'이라고 불렀고,[146] 그의 아들인 이색(李穡) 또한 시에서 "황력이 일용에 요긴하다[黃曆資日用]"고 하였다.[147] 이첨(李詹, 1345~1405)의 시에서도 "귀한 역서를 황지에 베꼈다[寶曆謄黃紙]"고 한 것을 보면,[148] 고려시대 전체는 어떨지 모르지만 고려 말의 역서는 확실히 황색을 띠고 있었다고 생각된다.

고려의 역서가 송원대 중국의 역서와 마찬가지로 역일에 용사의 길흉의 기를 기입한 구주력이었음은 쉽게 확인할 수 있다. 우선 고려의 역서에 영향을 주었을 대륙의 책봉국에서 고려에 반사된 역서는 확실히 구주력이었다. 『동문선(東文選)』에는, "성상(聖上, 송의 황제)께서 신에게 천희(天喜)4년(1020) 건원구주력(乾元具註曆) 한 권을 하사하셨다"는 기록이 있다.[149] 천희사년건원구주력(天禧四年乾元具註曆)이라는 명칭으로부터, 송에서 이 역서 제작에 적용한 역법은 건원력(乾元曆)이었으며, 역서는 역일과 역주를 갖춘 구주력이었음을 알 수 있다. 또 충렬왕 때의 문신인 김구(金坵, 1211~1278)의 『지포집(止浦集)』의 기록에는 원에서 반사한 역서를 '구주대명력(具註大明曆)'이라고 하였으니,[150] 송과 원에서 고려에 반사된 역서가 역일과 역주를 갖춘 구주력이었다는 것을 확인할 수 있다. 나아가 고려의 역서가 구주력이었다는 것은 "아홉 폭 종이에 쓴 것이 더할 수 없이 자세하네[紙翻九幅一何明]"라고 한 이규보의 언급으로 확인된다.[151] 고려의 역서는 "아홉 폭 종이"에 역주가 "더할 수 없이 자세"한 대력(大曆)이었던 셈이다.

한편 1219년(고종6)에 영주 부석사에서 판각한 농력에는 각종 작물의 파종에 알맞은 길일(吉日)을 표시하였는데, 이것도 고려시대의 역서가 구주력이었을 가능성을 한층 높여준다. 이 농력은 『삼력(三曆)』, 『회동력(會同曆)』 같은 역주서(曆注書)로 보이는 책으로부터 발췌한 작물 파종의 길흉일(吉凶日)을 수록하고 있는데,[152] 이를 통해 고려에서 발행한 역서에 날짜의 간지(干支)에 따라 각종 용사(用事)의 길흉의기를 나타내는 역주가 기입되었다고 짐작하는 것은 어렵지 않다.

고려시대의 역서는 지식인들 사이에서 선물로 많이 유통되었다고 생각된다. 이에 관한 비교적 이른 시기의 기록은 이규보(李奎報, 1168~1241)의 『동국이상국집(東國李相國集)』에서 많이 볼 수 있다. 이규보는 지인들에게 역서를 보내며 역서 뒷면에 시를 적었고, 이를 받은 사람이 다시 화답하는 시를 보냈으며, 이규보는 거기에 다시 차운하여 쓴 시를 여러 편 남기고 있다.[153] 그 가운데에는 '동지력을 하낭중(河郎中)에게 보내며[冬至曆寄河郎中]', '동지력 몇 부를 박(朴)·정(丁) 두 학사에게 보내며, 역서 뒤에 한 절씩 적어 두 공에게 간략히 겸한다[冬至曆若干, 各寄朴丁兩學士, 書後書一絶, 兼簡兩公]', '정 학사가 역서와 시를 보낸 것을 화답한 시에 다시 차운하다[復次韻丁學士見和寄曆詩]', '역서와 시를 보낸 것을 박 학사가 화답해서 스스로 가져다준 시에 차운하다[次韻朴學士見和寄曆詩親訪贈之]'와 같은 제목이 있다. 이규보보다 약간 뒤에 활동한 이곡의 시 가운데에도 '친구에게 황력(黃曆)을 보내며[寄贈黃曆友人]'라는 시가 있어, 역서는 14세기에도 지식인들 사이의 선물로 애용되었다는 것을 확인할 수 있다.[154] 이색과 비슷한 시기에 치악산 근처의 산림에 있던 원천석(元天錫, 1330~?)의 경우도, 어떤 경로를 통해 입수한 것인지는 불분명하지만 산림에서도 역서를 보고 생활에 활용하고 있었다는 보고가 있다.[155] 고려시대 관리의 휴가는 모두 역일에 맞춰 규정된 데에서 알 수 있는 것처럼[156] 역서는 모든 고려시대 사람들의 생활에 요긴하였지만, 특히 관리나 지식인의 생활에서는 필수품이었다. 때문에 고려의 관료사회에서 역서는 더할 수 없이 의미 있는 선물이었을 것이다.

생활필수품인 역서가 기능을 다하기 위해서는 개인들이 입수할 수 있어야 할 것인데, 우선 고려시대에는 중앙과 지방의 관서, 현직의 상급 관리에게 역서가 배포되었으리라 추정된다. 조선 초의 『경국대전(經國大典)』(1485)에서는 "관상감에서는 4천 부를 인쇄하여 여러 관서, 읍, 문무당상관 이상의 관원에게 배포하고……"라고 하였다.[157] 그런데 고려에서는 상급 관직에서 물러난 사람도 역서를 받았다. 『동국이상국집』에서 이규보는 "나처럼 벼슬에서 물러나야 비로소 역서를 얻을 수 있다[解位如吾方得曆]"고 하였다.[158] 이규보는 또 뜻풀이에 "오로지 재상이나 벼슬에서 물러난 사람만 역서를 얻을 수 있기에, 이렇게 말한다[唯宰相致仕得曆, 故云]"고 적었다.

나아가 여러 정황으로 추측컨대 송이나 원에서처럼 고려에서도 역서가 판매되었던 것 같다. 우선 이색의 시 가운데 '종이 13폭을 사천대에 보내 역서를 베꼈다[以紙十三幅, 送司天長房, 抄曆日]'라는 제목으로부터 고려후기에 사천대에서 역서를 베껴 가는 일은 가능했음을 알 수 있다.[159] 또 『요사(遼史)』의 역상지(曆象志)에 고려의 역일에 대한 기록이 보이고, 송에서도 고려의 역일을 송, 요, 일본 등의 그것과 비교했던 일이 있는 만큼 당시 대륙의 나라들에서도 고려의 역서를 입수할 수 있었다고 생각된다. 고려가 조공책봉 관계를 맺고 있는 대륙의 국가에 자국의 역서를 바치는 일은 상상할 수 없으므로, 대륙의 각국에서 입수한 고려의 역서는 고려를 방문한 상인이나 사신이 구입했을 가능성이 크다. 『경국대전』에서는 "나머지로는 종이를 사서 내년에 쓸 것에 대비하며" 교서관에서도 1천 부를 인쇄하여 "여러 가지 책들을 인쇄할 밑천을 마련"했다고 하였다.[160] 이것은 조선 초에 관상감이 역서를 판매하여 다른 용도의 비용을 마련한 것을 말해주는데, 역서의 판매는 고려시대부터 이어져온 제도였을 가능성이 크다.

고려의 역서 발행부수는 근거할 사료가 거의 없어서 조선 초기의 발행부수로부터 추정해볼 수밖에 없다.[161] 『경국대전』에 따르면, 조선 초기에는 관상감이 인쇄한 4천 부와 교서관이 인쇄한 1천 부를 합해 약 5천 부가 인쇄되었다. 5천 부는 당시 인구에 비해 너무 적은 양이라 조선 초기 역서의 발행 총부수를 5천 부라고 믿기는 어렵지만, 우선은 이 기록을 받아들여 고려시대 역서의 발행량을 추정해보자. 14세기 고려의 인구를 최소한 300만 정도로 잡고[162] 『경국대전』의 기록대로 약 5천 부의 역서가 인쇄되었다고 가정하면, 인구 600명당 역서 1부가 발행된 셈이다. 조선후기 정조(正祖) 대에 1년에 약 30만 부의 역서가 인쇄되었으니,[163] 이때의 인구를 6백만 정도로 잡아도 인구 20명당 1부의 역서가 배당된다. 또 이 발행량은 앞서 원에서 14세기 초에 4가구(가구당 6인, 총 24명)당 1부의 역서가 발행된 것과 비슷하다. 이와 견주어보면, 14세기 고려에서 인구 600명당 역서 1부가 발행되었다면 이는 너무 적은 것 같다. 조선후기와 원에서의 인구 대비 발행 비율과 같이 인구 약 20명당 역서 1부의 비율을 맞추려면, 고려시대의 역서 발행량은 연간 15만 부는 되어야 한다. 고려시대의 인구 대비 역서 발행량을 조선후기의 5분의 1(100명당 1부)로 잡아도, 연간 3만 부의 역서가 발행되어야 한다. 이 때문에 대력(大曆)이 5천 부 정도였다면 이와 함께 낱장으로 된 소력(小曆)이 2만 부 이상 발행되었을 것으로 상상해볼 수 있지만, 고려의 역서 발행 상황을 알려주는 직접적인 사료가 없으므로 추정에 그치고자 한다.

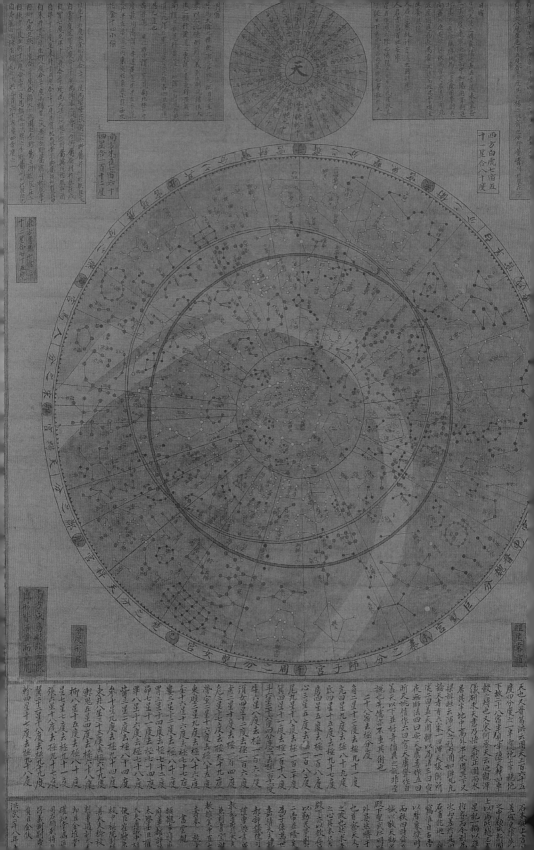

제4장

조선전기의
천문학

조선전기의 역산(曆算) 연구

태종1년(1401) 6월에 명은 조선의 국호(國號)를 승인하고 조선국왕(朝鮮國
王)을 새긴 인신(印信)을 조선왕에게 수여하였다. 이로써 명과 조선 사이
의 조공책봉 관계는 확고하게 성립하였다.[1] 명은 책봉국이 되고 조선은 명
에 조공하는 번속국이 된 것이다. 조선시대는 중국의 왕조와 '가장 정형
화된 조공책봉 관계'를 지속한 시기로 평가된다.[2] 『태종실록』의 기록에는
명확히 나오지 않지만, 명과 조공책봉 관계를 맺은 이상 조선이 명의 정삭
(正朔) 즉 명의 시간규범을 채용하는 것은 당연한 의무가 되었다고 할 수
있다.

　조공책봉 관계는 조선의 천문학 연구와 실행에서 근본적인 제약으로 작
용하였다. 우선 동아시아의 전통시대에 천문학은 관상수시(觀象授時)의 학
문이며 하늘의 명을 받은 천자(天子)의 독점적인 학술이므로 조공국인 조
선이 독자적으로 천문학을 실행하는 것은 천문학에 부여된 동아시아의
정치사상적 이념에 위배된다. 그럼에도 불구하고 조선왕조가 자국의 백성
들에게 문화생활을 보장하고 공동체의 문화적 독자성을 유지하기 위해서

는 자국의 시간규범을 독자적으로 수립하지 않을 수 없고 나아가 이것을 자국 내에서 실용할 수밖에 없었다. 이 때문에 조선왕조는 조공책봉 관계의 제약 속에서도 자국의 시간규범을 수립하고 실용하는 역사를 가지게 되었는데, 이 사정은 '가장 정형화된 조공책봉 관계' 아래서 진행된 조선시대의 역법사를 통해 잘 드러난다.

중국과 맺은 조공책봉 관계 때문에 조선은 명나라의 정삭(正朔) 즉 세수(歲首)와 삭일(朔日)이 명나라와 일치하는 역일(曆日)을 수립하고 이를 사용할 수밖에 없었다. 조선은 중국의 역법을 적용하여 독자적인 시간규범을 수립할 능력이 있었지만, 중국의 정삭을 따라야 하므로, 중국과 다른 세수와 역일을 사용할 수가 없었다. 조선이 중국과 다른 독자적인 역법을 개발하지 않았으며, 중국의 역법을 사용하여 조선을 기준지로 삼아 계산한 역일이 중국의 그것과 차이가 나는 경우에도 이것을 중국의 역일에 일치하도록 변경한 이유가 여기에 있다. 조공책봉 관계로 인해 조선은 중국과 다른 독자적인 역법을 개발하거나 채용할 수가 없었으며, 조선에서 계산한 역일을 수록한 조선의 역서에 독자적인 이름을 붙이는 일이 애초부터 불가능했다.

그러나 전통시대의 연월일시(年月日時)라는 시간규범 가운데 일(日) 이하의 시각(時刻)은 언제나 기준지의 지방시일 수밖에 없으므로,[3] 조선의 시각은 중국과 다른 기준지에서의 계산과 측정 결과를 가질 수밖에 없다. 그리고 연월일시라는 시간규범 가운데에서 시각은 정삭에 포함되지 않으므로 시각에서는 조선의 독자성과 지역성을 드러낼 수가 있다. 결국 조선의 시간규범을 수립하고 실용하기 위한 역산(曆算) 활동은 중국의 역법을 적용하여 중국과 일치하는 역일(연·월·일)을 수립하면서도 일 이하의 시각은 서울을 기준지로 삼아 계산, 측정, 보시(報時)하는 방식으로 이루지게 되었다. 조공책봉 관계 아래서 중국의 정삭, 즉 역일을 따르면서도 일 이하의 시각에 한국의 지방시가 반영되는 역법사가 고대부터 중국 왕조와 조 공책봉 관계를 지속해온 한국의 역법사, 나아가 한국적인 역법사가 되었 다. 현존하는 사료의 한계 때문에 고려시대까지는 이러한 역법사의 구체적 인 모습을 추적하기가 어렵지만, 조선시대에는 현존하는 사료를 통해 조 공책봉 관계 아래서 진행된 가장 전형적인 한국의 천문학사를 이해할 수 있다.

조선시대에서 이루어진 천문학적 활동은 대체로 중국에서 개발된 이론 적 지식을 수입하고 학습하여 이것을 조선의 실정에 맞게 응용하는 방식 으로 이루어졌다. 이론적 차원이 아닌 실행적 차원의 지식과 활동을 중심 으로 조선의 천문학사를 살펴야 하는 이유도 여기에 있다. 그럼에도 불구 하고 지금까지 조선전기 천문학사의 가장 큰 성취는 1444년(세종26)에 간 행된 『칠정산내편(七政算內篇)』으로 알려져 있다. 하지만 조선전기의 천문학 사를 『칠정산내편』이라는 역산서에 담긴 이론적 성취를 중심으로 살피게 되면 당시에 이루어진 천문학적 활동의 의미를 제대로 이해할 수 없다. 조 선시대 천문학의 전형성은 『칠정산내편』이라는 책이 성립하는 과정 속에 서 드러난다.

1. 『칠정산내편(七政算內篇)』의 성립 과정

지금까지 조선전기 역산 연구의 역사는 세종26년(1444)에 편찬된 『칠정산 내편(七政算內篇)』이 성립하기까지의 과정으로 이해되어왔다.[4] 이 과정은 대 체로 ①세종의 즉위 직후 시작된 수시력 중심의 역산법 연구, ②10여 년의 연구를 거쳐서 수시력 중심의 역산법에 대한 이해와 역산법의 적용, ③각종 천문의기의 제작과 활용, ④기타 역산법에 관한 연구와 이 성과를『칠정산내편』과 각종 역산서로 편찬 등으로 정리할 수 있다.[5] 각종 사료를 통해 재구성할 수 있는 이와 같은 세종시대 역법사의 진행 과정에 대해서는 현재까지 큰 이견은 없는 것으로 보인다.

그런데 조선전기의 역산 연구의 과정을 앞서 언급한 시간규범의 수립과 실용의 과정을 중심으로 재검토해보면, 통상적인 이해와는 다른 모습으로 드러난다. 먼저 세종26년(1444)에 편찬된『사여전도통궤(四餘纏度通軌)』의 기술을 따라서 세종시대의 역산 연구의 과정을 살펴보자.

① 하늘의 움직임은 일정치 않으니, 오래되면 반드시 차이가 난다. 선명력은 당(唐) 장경(長慶) 임인년(壬寅年, 822)에 만들어진 것인데, 그 후 무려 25회나 개력하였으니, 차이가 난 지는 이미 오래되었다. 하지만 고려는 여전히 이 선명력을 좇아서 사용하였다.[6]

② 충선왕(忠宣王)이 원(元)에 시위(侍衛)로 들어가게 되어 처음으로『수시력경(授時曆經)』을 보고, 이에 등사(謄寫)하여 전해줄 수 있게 되었다. 그 책은 보존하였으나 겨우 역일(曆日)을 추정하는 방법만 이해하고, 그 나머지는 알지 못했다. 국초에는 선명력을 좇아서 썼는데, 그 오차는 더욱 심했다. 일관(천문관원)이 멋대로 수치[刻數]를 더하거나 빼서 천상(天象)에 억지로 맞추려고 하다가 더욱 근거가 없게 되었다.[7]

③ 우리 태종께서『원사(元史)』역지(曆志)에 실려 있는『수시본경(授時本經)』(수시력경)을 내려주었으나 역시 사용하지는 못했다.[8]

④ 전하(세종)가 즉위한 지 2년째인[9](1419, 세종1년) 기해년(己亥年)에 서운
  관영사 유정현(柳廷顯, 1355~1426)이 "유신(儒臣)들에게 역법을 고치
  고 바로잡도록[釐正] 명하십시오."하고 품의(稟議)를 올렸다. 전하는
  그 말을 받아들여 제왕(帝王)의 정치에서 이보다 더 중요한 것이 없
  다고 여기시고, 특별히 하늘 같은 마음을 두시어 예문관직제학 정흠
  지(鄭欽之, 1378~1439) 등에게 수시력을 조사하고 그 계산법을 알아보
  라고 명하였다.[10]

⑤ 다시 예문관대제학 정초(鄭招, ?~1434) 등에게, 그 (수시력의) 계산법을
  한층 더 강구(講究)하고, 또 의상(儀象, 천문기구)과 구루(晷漏, 해시계와
  물시계)를 만들어 쓰면서 (계산과 관측을) 서로 참고하여, 수시력을 계
  산하고 관측으로 확인하는 방법[推驗之法]을 더욱 잘 갖추라고 명하
  였다.[11]

⑥ 또 근년(近年)에 얻은 통궤의 법[『大統曆法通軌』][12]은 수시력에 기본을
  두고 있으나 간혹 증손(增損)한 차이가 있으며, 서역(西域)의 회회력
  (回回曆)은 또 다른 한 가지 역산법이지만 절목(節目, 요령 있게 적용하
  는 절차)이 아직 갖춰지지 않은 상태였다.[13]

⑦ 임술년(세종24년, 1442)에 다시 봉상시윤 이순지(李純之, 1406~1465)와
  봉상주부 김담(金淡, 1416~1464)에게 명하여, 수시력과 통궤의 법[授
  時通軌之法]에 의거하여 서로의 차이를 구별해내고, 정밀한 쪽을 따
  르고 취하며, 사이사이에 몇 가지 조목을 첨가하여 하나의 책을 만
  들게 하고, 책 이름을 『칠정산내편(七政算內篇)』이라고 붙였다. 또 『회
  회력경(回回曆經)』, 『통경(通徑)』 그리고 『가령(假令)』이라는 책에 대해

그 산법을 따지고 살피며 약간 더하거나 빼고, 그 빠진 부분이나 축약된 부분을 보충하여, 마침내 완전한 책을 만들게 하시어 이름을 『칠정산외편(七政算外篇)』이라고 붙였다.[14]

⑧ 다만 수시력, 통궤, 회회력의 일출입시각(日出入時刻)과 주야각(晝夜刻)은 각기 해당 기준지에 의거해 계산하여 정한 것이므로, 우리나라와는 다르다. 이제 새로 본국 한양의 매일 일출입시각과 주야각을 『칠정산내편』과 『칠정산외편』에 수록하여 영구히 정식(定式)으로 삼았다.[15]

⑨ 그 『수시력경(授時曆經)』, 『역일통궤(曆日通軌)』, 『태양통궤(太陽通軌)』, 『태음통궤(太陰通軌)』, 『교식통궤(交食通軌)』, 『오성통궤(五星通軌)』, 『사여전도통궤(四餘纏度通軌)』[16] 및 『회회력경(回回曆經)』, 『서역역서(西域曆書)』, 『일월식가령(日月食假令)』,[17] 『월오성능범(月五星凌犯)』,[18] 『태양통경(太陽通徑)』[19]은, 『중수대명력(重修大明曆)』, 『경오원력(庚午元曆)』, 『수시력의(授時曆議)』[20] 등의 책과 함께 자세히 교정을 더하였다.[21]

⑩ 또 역대의 천문(天文), 역법(曆法), 의상(儀象), 구루(晷漏)에 관한 책에 실려 있는 여러 내용을 뽑아서 모아 (위에서 언급한 책들과) 함께 주자소(鑄字所)에서 인쇄하도록 하여, 그 내용을 널리 알게 했다.[22]

⑪ 다만 『대통력법통궤』에 있는 '보중성(步中星, 중성 계산)' 1편은 원래의 내용에서 전혀 증손한 것이 없으므로, 그래서 인쇄한 책으로 열거하지 않는다. 1444년(세종26) 7월에 발문을 쓴다.[23]

위의 인용문에는 고려 말부터 『칠정산내편』의 인쇄까지 이르는 역산 연구의 과정이 일목요연하게 정리되어 있다.[24] 우선 ①고려에서 사용하던 당의 선명력을 고치지 않을 수 없는 상황에서 ②충선왕 때에 수시력을 수입하여 이것으로 역일 계산을 하였지만, 일월식 계산과 오성 운동 계산은 계속 선명력을 사용했다. 조선 초에는 선명력의 수치를 임의로 변경하여 일월식 계산과 오성 운동 계산을 하면서 역산법의 근거가 무너져버렸다. ③조선 태종 때에 수시력의 역산법을 수록한 『수시력경』을 얻었으나 여전히 일월식과 오성 운동 계산에 이를 사용하지는 못했다.[25] ④세종1년(1419) 유정현의 건의가 받아들여져 정흠지(鄭欽之, 1378~1439)를 중심으로 수시력에 관한 역산 연구가 시작되었다. 역산 연구가 어느 정도 진행된 시점에 ⑤다시 정초 등에게 수시력의 산법을 더 연구하고, 의상과 구루를 만들어서 계산 결과를 관측으로 확인하게 했다. ⑥『대통력법통궤』와 『회회력』에 관한 책이 불완전하여 ⑦세종24년(1442) 이순지와 김담에게 『수시력경』과 『대통력법통궤』를 서로 비교하면서 나은 쪽을 채택하고, 몇 가지 조목을 첨가하여 『칠정산내편』을 편찬하게 했다. 또 회회력과 관련된 연구 성과는 『칠정산외편』으로 만들었다. ⑧『칠정산내편』과 『칠정산외편』에는 한양의 일출입시각(해가 뜨고 지는 시각)과 주야각(밤낮의 길이)을 수록했다. ⑨『수시력경』, 『대통력법통궤』를 비롯하여 경오원력, 중수대명력 등 중국에서 사용된 역대 역법에 관한 책들도 교정했다. ⑩천문, 역법, 의상, 구루에 관련되는 다양한 책에 실린 내용을 모아서 편집하여 앞서 연구한 책들과 함께 주자소에서 인쇄했다. ⑪『대통력법통궤』에 있는 중성(中星)의 항목만 교정한 곳이 없으므로 새로 인쇄하지 않았다.

고려에서 선명력을 오래도록 쓰면서 오차가 누적되었지만, 개선을 하지 못하는 가운데 충선왕 때에 원에서 수시력을 도입했다.[26] 동아시아의 전통 역법 가운데 가장 정확하고 우수하다고 알려진 수시력은 1276년부터 5년여에 걸쳐 왕순(王恂, 1235~1281), 곽수경(郭守敬, 1231~1316) 등이 주도하여 새로 개발한 역법으로서, 원에서 1281년(至元辛巳)부터 사용되었다.[27] 고려에서 수시력을 도입하는 데 가장 크게 기여한 사람은 최성지(崔誠之)였다. "충선왕은 원나라에 있을 때, (그곳) 태사원(太史院)이 역수(曆數)에 밝은 것을 보고, 최성지에게 내탕금(内帑金) 백근(百斤)을 주어 스승을 찾아 배우게 했다."[28] 충선왕이 1308년(충렬왕 34) 심양왕(瀋陽王)에 책봉되고, 겸하여 고려왕에 등극하자, 최성지는 그해 8월부터 서운관의 최고 책임자인 제점(提點)이 되어 고려에서 수시력 적용 사업을 통솔했다.[29] 그러나 이때의 수시력 채용은 상당히 불완전한 것이었다. 『칠정산내편』의 서문에는 다음과 같이 기술되어 있다.

> 고려의 최성지가 충선왕을 시종하여 원나라에 있을 때 수시력법을 얻어서 돌아와서, 우리나라는 처음으로 이를 준용(遵用)하였다. 그러나 천문관원[術者]들은 겨우 수시력법으로 역서(曆書)를 만드는 방법만을 터득하였을 뿐, 일월의 교식과 오성의 위치[分度]를 계산하는 것은 아직 알지 못했다.[30]

이 인용문은 앞서 『사여전도통궤』 발문 ②의 기술과 일치한다. 그런데 고려에서 조선 초기까지 교식과 오성행도 계산에 수시력을 적용하지 못한 것은 개방지술(開方之術)이 전해지지 않았기 때문이었다.[31]

한편, 고려 말에 대통력(大統曆)에 관한 지식이 들어왔다고 생각되기도 하지만,[32] 이는 사실과 거리가 멀다. 공민왕19년(1370) 5월 공민왕을 고려국왕으로 책봉하면서 대통력서 한 부를 하사하였고,[33] 이때 고려에서 명에 사신으로 파견된 성준득(成准得)이 그해(洪武3, 1370)의 대통력서를 받아 온 것이[34] 역법을 수입한 것으로 오해된 것이다. 이때의 대통력은 1년치의 역서일 뿐, 대통력의 역산법을 담은 역법서가 아니었다. 따라서 대통력은 고려의 역법 운용에 그다지 영향을 주지 못했다고 할 수 있다.[35] 조선 초에도 몇 차례 명나라에서 대통력을 적용하여 만든 대통력서를 입수하였으나,[36] 역법지식을 배우지는 못한 것으로 생각된다.

『조선왕조실록』에는 조선의 건국부터 세종 즉위년까지의 기간 동안 역산 연구에 관한 기록이 전혀 없다. 그러므로 『사여전도통궤』 발문 ④의 언급처럼, 조선에서의 실질적인 역산 연구는 세종1년(1419) 관상감 영사 유정현의 건의에서 시작된 것으로 볼 수 있다.[37] 가장 먼저 역산 연구에 종사한 인물은 정흠지였다. 세종4년(1422) 정흠지를 서운관 제거(提擧)로 삼아 서운관에서 추보(推步)에 종사하던 사람들에게 산법을 교육하게 했다는 기록으로부터 그의 역산 방면의 전문성을 가늠해볼 수 있다.[38] 세종시대 초기의 역산 연구는 산법교정소(算法校正所)를 중심으로 이루어진 것으로 짐작된다.[39] 산법교정소의 설치 시기는 분명치 않지만, 역산 연구가 개시된 직후인 세종2년(1420)으로 짐작하는 견해가 있다.[40] 또한 『사여전도통궤』 발문에서 ⑨번 이후의 작업에 해당되는 세종 후기의 역법서 교정 작업은 세종19년(1437)에 설치된 역산소(曆算所)를 중심으로 이루어진 것으로 보인다.[41]

『사여전도통궤』의 발문 ④에 나타나 있듯, 역산 연구의 출발은 수시력에 관한 연구였다. 그러나 앞서 언급하였듯, 고려 말부터 조선 초까지 역일의 계산에는 수시력을 사용하고, 일월식과 오성 행도의 계산에는 선명력을 사용해왔으므로, 역산의 연구는 수시력 뿐만 아니라 선명력에 관해서도 이루어졌을 가능성이 크다. 실제로 세종은 1423년(세종5)에 선명력과 수시력 양쪽의 역법서를 교정하여 관상감에 보관하도록 명했다.[42] 이때 검토 대상이 된 책은 수시력 방면에서는 『수시력보교회(授時曆步交會)』, 『수시력보중성(授時曆步中星)』, 『수시력요(授時曆要)』였다. 이때의 연구 성과는 세종10년(1428) 3월 30일의 기사에서 확인된다.[43] 다음 날인 4월 초하루에 있을 일식에 관해 수시력과 선명력의 양쪽 역법을 각각 적용하여 모두 인시(寅時)와 묘시(卯時) 사이에 있을 것으로 예측되었다. 이것은 해가 뜨기 전 지평선 부근에서 일어나는 대식(帶食)이었다. 때문에 삼각산 꼭대기에 올라가서 관측을 하게 했다. 이전부터 선명력은 교식 계산에 사용해왔으므로 선명력을 적용한 교식의 예측은 당연하다고 할 수 있지만, 이 기사에서 보다 주목되는 것은 세종10년(1428)에 이미 수시력으로 일식을 예측할 수 있었다는 점이다.

한편, 세종은 재위 12년(1430) 8월, 정초(鄭招, ?~1434)가 수시력의 방법을 연구한 후 수시력을 적용하여 교식을 계산할 수 있게 되었다고 말한 적이 있다. 그는,

> 전에는 다만 선명력의 방법만을 썼기 때문에 차오(差誤)가 꽤 많았다. 정초가 수시력의 방법을 연구하여 밝혀낸 후로는 역을 만드는 것이 좀 바로잡혔다. 그러나 이번 일식의 휴복시각(虧復時刻, 시작과 끝 시각)이 모두 차이가 있었으니 이는 정밀하게 살피지 못했기 때문이다. ……이제 부터는 일월식의 시각과 식의 깊이[分數]가 추보한 숫자와 맞지 않더라도 서운관으로 하여금 모두 기록하여 바치게 하여, 뒷날의 고찰에 대비하도록 하라.[44]

라고 했다. 이 기사에서 세종은 예측 오차의 원인이 "자세히 살피지 못한 [不精察]", 즉 계산을 제대로 적용하지 못한 것으로 말하고 있지만, 사실 수시력을 제대로 적용한다 해도 근일점을 동지에 고정시킨 것과 같은 수시력 자체의 결함 때문에 일식의 시각과 깊이까지 일치하는 예측은 쉽지 않았으리라는 것이 현대 연구자들의 판단이다.[45] 어쨌거나 세종은 계산의 결

과가 실제의 관측과 차이가 있더라도 정확히 기록하여 "뒷날의 고찰"에 대비하라고 명령했다. 세종10년과 12년에 나온 위의 두 기록을 종합해보면, 수시력 방식으로 교식을 계산하는 능력은 대체로 세종10년(1428)년 무렵부터 갖추어져가고 있었음을 알 수 있다. 또한 세종14년(1432) 1월 1일에는 예보된 일식이 일어나지 않았으나, 예측 계산의 결과는 명나라와 같았다는 기록으로부터[46] 교식 계산에 관한 한 조선의 능력이 명나라의 수준에 이르렀음을 짐작할 수 있다.

세종12년(1430) 3월에는 서운관 관원의 취재에 사용할 역산서를 확정하였는데, 여기에 선명력과 수시력 양쪽 방식의 교식 계산법이 모두 들어 있다.[47] 이때 확정된 관상감 천문학 부문의 취재 과목에는 선명력을 적용하는 『선명보기삭(宣明步氣朔)』, 『선명보교회(宣明步交會)』가 있었고, 수시력을 적용하는 『수시보기삭(授時步氣朔)』, 『수시보교회(授時步交會)』, 『수시태양태음금성목성수성화성토성사암성(授時太陽太陰金星木星水星火星土星四暗星)』[48], 『수시보중성(授時步中星)』 등이 들어 있었다. 선명력 분야에 『선명보기삭』과 『선명보교회』가 있는 것으로 보아 선명력 방식의 날짜 계산법[步氣朔]과 교식 계산법[步交會]이 이때까지도 여전히 중시되고 있었음을 알 수 있다. 또한 과목들 가운데 수시력 방식의 계산법이 이미 역법의 전 분야를 모두 포괄하고 있다는 점도 주목된다. 『수시보기삭』은 날짜 계산, 『수시보교회』는 교식의 계산, 그리고 『태양태음금성목성수성화성토성사암성』은 글자 그대로 수시력 방식으로 일월오성과 사여(四餘: 계도, 라후, 자기, 월패)의 위치를 계산하는 방법을 의미한다. 마지막으로 『수시보중성』은 수시력 방식으로 절기별로 새벽과 저녁에 남중하는 별의 위치를 계산하는 방법을 담고 있었을 것이다. 보중성(步中星)은 『칠정산내편』에도 하나의 장으로 다뤄지고 있다.

세종14년(1432) 10월에 있었던 세종의 말을 들어보면, 수시력에 대한 이

해는 이보다 조금 전부터 거의 완전해져 있었다는 것을 알 수 있다. 세종은,

> 역산(曆算)하는 법은 자고로 모든 제왕이 중시하였다. 이전에 우리나라는 추보하는 방법이 정밀하지 못했다. 역법을 교정하는 사업을 한 이후로 일월식(을 계산하고) 절기를 정한 것이 중국에서 반포한 역서와 비교하여 털끝만큼도 차이가 없으니, 나는 이를 매우 기뻐한다. 이제 만일 교정하는 일을 그만두면 20년 동안 강구한 공적이 절반만 하다 버려지게 된다. 그러므로 한층 정력을 더하여 책으로 만들어서, 조선에 전에 없었던 일이 오늘 이루어졌다는 것을 후세가 알게 하라.[49]

고 했다. 세종14년(1432) 무렵에는 수시력을 완전히 이해했고, 역서 제작, 일월식 계산 등도 중국의 결과와 완전하게 일치시킬 수 있었다는 것을 확인할 수 있다. 세종은 이어 "한층 정력을 더하여 책으로 만들라"고 지시를 했는데, 이것이 바로 세종26년(1444)에 편찬된『칠정산내편』등 각종의 역산서들로 결실을 맺는다.[50]

2. 의기의 제작과 역산서의 정리

그리하여『사여전도통궤』발문의 ⑤번에 해당하는 작업들이 세종14년(1432)부터 이루어졌다. 각종 천문기구와 시계가 세종14년 이후에 만들어지고 관측과 계시에 사용된 것이다. 이순지는『제가역상집(諸家曆象集)』의 발문에서 이 무렵의 역산 관련 활동을 좀 더 자세히 알려주고 있다.[51]

제왕의 정사 가운데 역상수시(曆象授時)보다 큰 것은 없다. 그러나 우리 동국(東國)의 일관(日官)이 그 기술에 서툰 지 오래되었다. 선덕계축(宣德 癸丑, 세종15년/1433)년 가을에, 우리 전하께서 하늘같이 정성스런 마음을 내시어, 무릇 여러 의상과 구루의 기구와 천문과 역법의 책들을 연구하지 않은 것이 없었으니, 모두가 면밀하고 자세하였다.

① 의상에 있어서는 이른바 대간의(大簡儀), 소간의(小簡儀), 일성정시의(日星定時儀), 혼의(渾儀), 혼상(渾象)이다.

② 구루에 있어서는 이른바 천평일구(天平日晷), 현주일구(懸珠日晷), 정남일구(定南日晷), 앙부일구(仰釜日晷), 대규표(大圭表), 소규표(小圭表), 그리고 흠경각루(欽敬閣漏), 보루각루(報漏閣漏), 행루(行漏)이다.

③ 천문은 칠정(七政), 이십팔수와 그 밖의 별자리[列舍中外官]에 대해 입수도(入宿度)와 거극도(去極度)를 모두 관측했다.[52] 또 장차 고금(古今)의 천문도(天文圖)에 대해 측정값과의 동이(同異)를 참별(參別)하여 올바른 것을 취하고, 이십팔수의 각도 폭과 십이차의 이십팔수상의 위치[其二十八宿度分及十二次宿度]는 하나같이 수시력에 의거하여 고치고 바꾸어서, 그것으로 (천문도의) 석본(石本)을 새겼다.

④ 역법은 『대명력』, 『수시력』, 『회회력』, 『통궤』, 『통경』 등 여러 책에 대해 모두 대조하고 교정을 더했으며, 또한 『칠정산내편』, 『칠정산외편』을 편찬했다.

한양의 북극출지도(위도)가 『원사(元史)』에 있는 삼십팔도소(三十八度小)와 일치한다는 것을 확인하고,[53] 이 위도에 맞추어 세종14년(1432) 7월 목간의(木簡儀)를 제작한 뒤,[54] 이를 기초로 그해 10월 완전한 간의(簡儀)를 제작했다.[55] 또 간의를 간소화한 소간의는 세종16년(1434) 무렵에,[56] 해그림자 측정 기구인 규표(圭表)는 세종17년(1435)에 완성된 것으로 보인다.[57] 세종 16년(1434) 6월 자격루가 완성되었으며,[58] 같은 해 10월에는 해그림자의 위치로 시각과 절기를 알 수 있는 해시계 앙부일구를 혜정교(惠政橋)와 종묘(宗廟)에 설치했다.[59] 또 낮에는 태양을 관측하고 밤에는 별을 관측하여 시간을 측정할 수 있는 일성정시의가 세종19년(1437) 4월 완성되었다. 세종 20년(1438) 1월 흠경각루, 일명 옥루(玉漏)가 완성되어 경복궁 안 흠경각에 설치되었다.[60] 이렇게 만들어진 천문의기는 대간의, 소간의, 혼의, 혼상, 앙부구, 일성정시의, 규표, 금루(禁漏, 자격루) 등이었다.[61]

일성정시의는 총 4개가 만들어져 1개는 궁궐 내에, 1개는 서운관에 설치하고, 나머지 2개는 함길도와 평안도의 절제사 영에 주어 군사용으로 사용하게 했다.[62] 세종19년(1437) 6월 북방의 여러 군영에 일성정시의, 현주일구, 이동형 물시계인 행루(行漏), 물시계의 시각 표준을 규정한 책인『누주통의(漏籌通義)』등을 보냈고, 더불어 서운관의 관원을 보내 기구를 사용하여 시각을 측정하는 방법을 교육했다.[63] 다음 해인 세종20년(1438) 2월에도 소규모 이동형 물시계인 소행루와 물시계의 시각 표준을 규정한 책인『누주통의』, 그리고 소형 해시계(현주일구일 것으로 추정)인 소일영(小日影)을 의주에 보내주었다.[64]

위와 같은 각종의 천문기구와 시계가 제작되는 과정에서 주목할 점이 몇 가지 있다. 첫째, 이들이 모두 수시력의 역산법에 대한 이해가 완전해진 세종14년(1432) 7월 이후에 제작되었다는 점이다. 이 사실은 조선전기에 이루어진 역산 연구의 방향과 성격을 이해하는 데 매우 중요하다. 천문기구들이 역산의 이해가 완전해진 다음에 만들어졌다는 것은 그것을 사용한 관측이 역법 수립을 위한 목적으로 이루어진 것이 아니라는 사실을 알려준다. 조선에서의 천문기구 제작과 이를 이용한 관측은 이미 사용하고 있는 역산법을 정당화해주고 합리화해주는 절차로서 의미가 있었다. 그리하여 조선시대의 천문관측은 역법 이론의 개발을 위한 관측이 아니라 이미 사용 중인 역법이 옳다는 것을 재차 확인하는 확인관측이었다.

둘째, 세종16년(1434) 7월 1일부터 자격루를 표준 시계로 삼아[65] 자격루가 표시하는 시각에 맞추어 밤과 새벽을 알리는 종을 쳤다는 사실이다.[66] 이것은 자격루가 한양 기준의 일출입시각과 주야각에 따라 밤 시간을 측정하였으며 나아가 자격루가 알려주는 시각을 전국의 표준으로 삼았다는 의미이다.[67] 자격루의 설치와 실용은 조선전기 역산 연구의 완성을 의미하는 것이다. 역산 연구의 최종 목적은 연월일시라는 시간규범을 수립하고 이것을 사용하는 데 있기 때문이다.

조선전기 역산 연구의 완성은 『칠정산내편』의 편찬이 아닌 자격루의 설치와 실용으로 봐야 한다. 앞서 언급하였듯이, 태종1년(1401) 6월부터 조선은 명의 피책봉국이자 조공국이 되었다. 이러한 조공책봉 관계 아래서 조선은 명의 정삭(正朔), 즉 연호를 채용하고 명의 역서에 표시되는 역일(曆日), 즉 연·월·일(年月日)을 사용해야 한다. 조선에서 한양을 기준지로 한 독립적인 역일을 얻었다고 하더라도 조선이 번속국인 이상 그것을 사용할 수 없고 명의 그것에 일치시켜야 한다. 하지만 일(日) 이하의 시간주기, 즉 하루 안에서의 시간, 특히 일출입시각과 주야각은 한양 기준의 수치를 사용해야 명실상부한 조선의 시간규범이 된다. 그리고 그것은 한양을 기준으로 한 일출입시각과 주야각을 채용한 물시계의 사용으로 구현된다.

나아가 세종16년(1434) 이후 『칠정산내편』을 비롯한 각종 역산서들이 출간되는 세종26년(1444)까지, 역산 연구와 관련된 기록은 세종19년 4월의 일성정시의 완성 기사와 함께 나오는 각종 천문의기들에 관한 기록을 제외하면 거의 없다는 사실도 주목된다. 역산 연구에 관한 기록이 세종16년 이후에 거의 없는 이유는 역산에 관한 한 이론적 차원의 연구와 활동은 세종16년 무렵까지 완결되었고, 이후에는 시간규범을 수립하고 사용하는 실행적 차원의 활동이 주로 이루어졌기 때문이다. 세종16년 이후로는 역법의 실행, 즉 연월일시의 시간규범인 역서를 만들고 이것을 백성들에게 반포하는 일, 그리고 날마다 시간을 측정하여 보시하는 일이 변함없이 지속되고 있었던 것이다.[68]

『사여전도통궤』 발문의 ⑥번 이하에서 기술된 내용이 바로 세종16년 (1434) 이후 세종26년(1444)까지 이루어진 일들이다.『수시력』과 『대통력통궤』를 비교하여 정밀한 쪽을 택하고 여기에 한양의 일출입시각과 주야각을 덧붙여『칠정산내편』을, 그리고 명에서 들여온『회회력(回回曆)』을 교정하여『칠정산외편』을 편찬하고,『경오원력』과『중수대명력』등 역대 중국의 역산서들을 교정하여 간행하고, 다양한 책에서 천문, 역법, 의상, 구루에 관련된 내용을 뽑아『제가역상집』을 편찬하고 간행했다. 그렇다면 이시기에 이루어진 작업의 의미는 무엇일까. 이것은 이미 확립한 한양 기준 시간규범의 실행을 안정화, 효율화하기 위한 기반을 마련하는 일로 의미를 부여할 수 있다. 바꾸어 말하면, 이론적 차원의 지식과 활동을 실행적 차원의 지식과 활동으로 전환하고 그 실행을 안정화하는 장치를 마련하는 것이다. 이 시기에 천문학 이론서, 역산서, 역주서(曆注書), 교식 계산서 등의 각종 이론 서적과 역산 매뉴얼의 편찬이 주로 이루어지는 것도 이런 이유 때문이다.

각종 역법서의 검토와 교정의 대상은『중수대명력』,『경오원력』,『수시력』,『대통력법통궤』,『회회력』등 역대의 역법 이론서들이었다.[69] 그 가운데서도 이순지의『사여전도통궤』발문에 나와 있는 것처럼,『칠정산내편』의 체재와 내용의 범위에 가장 큰 영향을 미친 책은 널리 알려져 있듯이 『수시력경(授時曆經)』과『대통력통궤(大統曆通軌)』였다.[70]『칠정산내편』에 설정된 항목은 역일(曆日), 태양(太陽), 태음(太陰), 중성(中星), 교식(交食), 오성(五星), 사여성(四餘星) 등 일곱 개인데, 이들은『대통력법통궤』에서 설정한 항목과 잘 대응한다. 물론 『칠정산내편』의 계산법들은 『원사』에 수록된 『수시력경』과 『대통력법통궤』 양쪽 모두에 관계가 있지만, 교식의 예측과 관련된 산법은 "철저히 통궤를 반영"한 것이 『칠정산내편』이라고 평가된다.[71] 실제로 『칠정산내편』이 『수시력』과 『대통력법통궤』라는 두 책과 달라진 것은, 『사여전도통궤』의 발문에서 밝히고 있는 것처럼, 한양 기준의 매일 일출입시각과 주야각을 기록해준 것뿐이다.[72] 그리고 『칠정산내편』의 내용 가운데 중국에서 성립한 역산서와 다른 것이 거의 없다는 점은 『칠정산내편』의 가치와 의의를 평가할 때 반드시 고려해야 할 사실이다.

3. 조선전기 역산 연구의 특징

그렇다면 『칠정산내편』의 가치와 의미는 어떻게 봐야 할까. 필자는 한양 기준의 시간규범의 수립과 실행이라는 관점에서, 세종시대 역산 연구의 완성을 세종16년(1434) 7월 1일의 자격루 사용으로 본다. 그리고 그 이후에 이루어진 역산 연구들은 한양을 기준지로 한 조선의 시간규범 실행을 안정화하고 효율화하기 위한 기반을 마련하는 작업이라고 생각한다. 이런 평가가 가능하기 위해서는 지금까지 『칠정산내편』을 "본국력의 완성"에 일치시키려는 관점, 즉 한국의 천문학사를 이론적 차원을 중심으로 보는 관점을 실행적 차원을 중심으로 보는 관점으로 전환해야 한다. 실행적 차원을 중심으로 『칠정산내편』을 보게 되면, 이 책은 지금까지 연구자들의 기대와 의미 부여와는 전혀 어울리지 않는다는 사실이 드러나게 된다.

지금까지 한국 천문학사의 연구자들 사이에서는 중국 천문학사를 보는 주요한 관점인 이론적 차원의 진보와 성취를 중심으로 천문학사를 연구하려는 태도가 광범위하게 공유되어왔다. 이 때문에 조선전기에 『칠정산내편』이 성립한 것을 조선이 독자적인 역법을 수립한 것으로 의미를 부여하였는데, 이 과정에서 역사적 실상과는 다른 오해가 만들어졌다. 오해는 크게 두 가지인데, 하나는 『칠정산내편』을 자주적이고 독자적인 역법으로 보는 것이고, 다른 하나는 세종시대에 이루어진 관측을 역법 개발과 개선에 필수적이었다고 보는 것이다.

먼저, 자주적 역법을 국가의 자주성과 연결시켜 『칠정산내·외편』의 편찬 사업을 "자주적 역법의 확립을 위한 노력의 발현"이라고 보는 시각은[73] 현재 학계에 널리 퍼져 있다. 세종시대의 천문학 연구는 "중국과 다른 자주적인 역법을 얻기 위한 것도 아니었다"는 반대 의견도 소수로 존재하지만,[74] 『칠정산내편』은 "자주적 천문역법(=七政算)"이며,[75] 『칠정산내편』의 완성은 "본국력(本國曆) 제정"의 지표라는 것이[76] 현재 학계의 대체적인 의견이다. 나아가 자주적 역법의 완성에 세종시대에 제작된 천문의기들이 중요한 역할을 한 것으로 보는 시각도 학계에서 공유되고 있다. 정교한 역법의 제정을 위한 기본 조건으로 ①정확한 천체관측기술 확보와 이를 사용할 천문의기 제작, ②관측의 연속성 보장, ③관측 자료를 처리할 수 있는 계산법, 즉 수학적 발전 등이 거론된다.[77] 이런 시각에서 "조선 학자들이 칠정산을 편찬하는 과정에서 혼천의와 간의와 정밀한 천문관측기구들을 직접 제작하였으며, 이를 가지고 한양의 경위도와 동·하지점의 위치를 정확히 측정하여",[78] "우리나라의 실정에 맞게 천문상수를 새롭게 정하였다"거나[79] "간의대 의기는 본국력을 향한 유일한 통로인 측험과 보완을 위해 기획되었다"고 주장된다.[80]

위와 같은 시각들은 『칠정산내편』의 과학적 성격과 가치를 이해하고, 나아가 역법의 수립에 필요한 관측의 중요성을 환기시킨다는 점에서는 충분히 고려할 가치가 있다. 하지만 『칠정산내편』을 자주적 역법이라거나

『칠정산내편』의 성립에 관측기구와 이것을 이용하여 수행한 관측 결과가 중요한 역할을 했다는 주장은 역사적 실상과 맞지 않다. 앞서 언급하였듯이, 동아시아에서 역법은 하늘의 명을 받은 위정자만이 수립할 수 있다. 조선이 중국의 천자에게 조공을 바치고 책봉을 받는 관계를 맺은 이상, 조선에서 중국과 다른 독자적이고 자주적인 역법을 수립하고 사용한다는 것은 동아시아 전 역사에 공유되어온 천문학에 부여된 정치사상과 조선이 중국왕조와 맺은 조공책봉 관계의 근본적 제약으로 인해 불가능한 일이다.

앞서 언급했듯이, 조선은 태종1년(1401) 6월에 명으로부터 국호(國號)를 승인받고 조선국왕(朝鮮國王)을 새긴 국새(國璽)를 받으면서 명의 조공국임을 정식으로 확인받았다. 하늘의 명(命)을 받으면 제도를 바꾼다는 수명개제(受命改制)에서 가장 중요한 것 가운데 하나가 정삭(正朔)을 바꾸는 것이다. 그리고 정삭은 역법과 연호 양쪽을 지칭하는 개념이다.[81] 이 가운데 역법을 바꾼다는 의미는 현대과학적인 견지에서는 천문상수와 역산법을 바꾸는 것으로 이해할 수 있지만, 이는 동아시아의 정치사상적 견지에서는 의미가 크지 않다. 중국에서는 경초력(景初曆)의 경우처럼, 역법의 내용은 완전히 동일한데도 나라가 바뀌자 이름만 바꾸어 개력하고 다시 사용한 경우도 있다.[82] 동아시아에서 역법이 지니는 정치사상적 의미를 감안하면, 개력에서 천문상수와 역산법보다는 역법의 이름이 중요하다. 즉 개력으로써 수명개제를 달성하려면 무엇보다도 역법의 이름이 바뀌어야 한다. 또한 독립성과 자주성을 주장하려면 독립된 연호를 사용해야 하는데, 조선에서는 이것을 사용한 예가 전혀 없다. 왜냐하면 조선은 명과 맺은 확고한 조공책봉 관계 아래에 명의 정삭을 채용해야 하기 때문이다.

한편, 이론적 차원을 중심으로 조선전기 천문학을 보면 『칠정산내편』은 평가할 만한 것이 거의 없는 모순적인 상황에 직면하게 된다. 『칠정산내편』이 중국의 역법서와 달라진 것은 한양 기준의 일출입시각과 주야각을 준 것뿐, 다른 모든 내용은 참고서적(『수시력』과 『대통력법통궤』)에 있는 그 대로이다. 어떤 연구에서는 "『칠정산내편』이 세종24년(1442, 임술)에 이르러 이전의 역법 교정을 위한 노력과는 아무런 상관이 없다는 듯이 중국력만을 바탕으로 편찬되기 시작"했다고 말한다.[83] 이 사실은 『칠정산내편』을 조선의 자주적인 역법이나 역법 연구의 최고 수준으로 의미를 부여하려는 시각에 심각한 모순을 제기한다. 어떤 연구에서는 이 상황을 "『수시력』의 전제를 빠짐없이 실현하려는 듯이 의표(儀表)를 구비하고 측험하며 역법의 완전한 교정을 위해 기울인 노력을 고려한다면, (『칠정산내편』에서: 인용자) 중국력을 그대로 따르기로 한 것은 예상 밖의 전환이 아닐 수 없다"고 실망하였다.[84]

『칠정산내편』의 의의와 가치를 모순 없이 이해하기 위해서는, 조공책봉 체제 아래서 번속국의 천문학 연구와 실행에 부가된 근본적 제약을 인식하고, 나아가 조선에서 이루어진 천문학 연구의 특성, 좁게는 조선에서 이루어진 실행적 차원에서의 역산 연구와 역산 활동의 특성이 고려되어야 한다. 세종시대에는 중국과 다른 조선만의 독자적인 역법을 수립하고자 하지 않았다. 명나라와 맺은 조공책봉 관계로 인해 그런 목표를 가질 수도 없었고 가져서도 안 되었다. 『칠정산내편』은 이미 확립한 조선의 시간규범의 실행을 안정화하고 효율화하기 위한 지적 기반, 즉 역산지식을 정식화하고 규범화한 것으로 의미와 가치를 부여할 수 있다.[85]

조선전기 천문학사의 쟁점

1. 세종대 이후의 역산 활동

지금까지 한국 과학사학계에는 세종시대가 조선의 과학 발전에서 하나의 정점이며 이후에는 이것과 비슷한 정도의 발전은 거의 없었다는 인식이 널리 퍼져 있다. 한국 과학사의 선구자인 홍이섭을 비롯하여, 전상운, 박성래 등이 대체로 세종시대의 과학에 대한 연구를 토대로 이와 같은 주장을 내놓았다. 대표적으로 전상운은 "세종 때에 전개된 과학과 기술은 오랜 역사와 전통 속에서 집적된 한국 과학을 결산하는 것"이었으며, 이와 같은 유형의 발전은 다른 어느 지역에서도 찾아볼 수 없는 것이라고 했다.[86] 다른 연구자들의 평가도 대체로 이와 비슷하다고 할 수 있는데, 다만 연구자들은 세종대의 과학이 유래 없이 발달할 수 있었던 이유와 그 이후의 쇠퇴의 원인이 무엇인지에 대해서는 의견이 갈리고 있다.[87]

홍이섭은 사회경제사적인 시각에서 농업경제의 시대인 조선시대에는 임금이 어떤 정도로 백성을 위한 정책을 쓰느냐에 따라 생산수단으로서 과학기술은 발전할 수도 쇠퇴할 수도 있다고 보았다. 조선전기에는 민본 정책 때문에 과학기술이 발달했지만, 그 후에는 그 발달한 부분마저 계승될 사회적 장치가 없었기 때문에 후세로 계승되지 못했다고 평가했다. 전상운은 세종대의 발달한 과학과 기술이 임진왜란과 병자호란 등의 전란으로 안정적으로 계승되지 못했고, 더욱이 주자학의 발달은 이후 조선 과학의 자주적이고도 계통적인 발전을 저해했다고 보았다. 박성래는 세종 때의 과학 발전은 지금과 다른 실용적인 면에서 과학이 발전할 수 있는 환경에 있었다고 보았다. 세종 때는 신왕조의 개창 이후 안정된 왕권에 기초하여 왕조를 사상적으로 기반 위에 올려놓을 수 있는 실천적 행위를 보여주고자 했는데, 그것이 관상수시(觀象授時)라는 유교적 덕목의 실천이었다는 것이다. 그러나 이후 왕조가 반석 위에 오른 상태에서는 세종 때와 같은 노력을 할 필요가 없었다는 것이 세종 이후 과학이 쇠퇴한 이유라고 보았다. 덧붙여 그는 주자학의 융성과 과학기술을 담당한 중인 계층에 대한 천시 풍조도 또 다른 원인이었다고 주장했다.

　문중양은 조선시대 과학사를 "세종대 과학의 융성과 이후의 쇠퇴"로 보는 단순한 구도를 지양할 것을 제안했다. 그는 우선 이와 같은 평가가 천문학만을 중심으로 해서 조선 과학사를 보기 때문에 생겨나는 것이라 지적하고, 과학사상, 의학, 지리학 등의 분야로 확대해서 보면 이후에도 계속해서 계승 발전하는 모습을 볼 수 있다고 주장했다. 또한 "세종대의 융성과 이후의 쇠퇴"로 보는 관점은 세종대 과학에 대해서는 긍정적이지만 이후의 우리나라 과학사를 부정과 실패의 역사로 인식되게 한다는 점에서 패배적인 역사관을 형성시킨다는 점이 큰 문제라고 보았다.

　이처럼 다양한 의견에도 불구하고 연구자들은 공통적으로 세종시대에 천문학이 발달했고 그것이 이후의 시대에 제대로 계승되지 못했다는 평가에는 완전히 합의하는 것 같다. 하지만 이러한 평가는 과연 진실일까. 결론부터 말하자면, 세종대 이후의 천문학은 쇠퇴가 아니라 계승이며, 그것이 쇠퇴로 보이는 것은 세종대에 이루어진 천문학 지식의 규범화와 정식화 때문이라는 것이 필자의 생각이다.

앞서 제안하였듯이, 필자는 천문학에 관련된 지식과 활동을 이론적 차원과 실행적 차원으로 분리하여 살피면, 세종시대와 그 이후의 역산학(曆算學)의 의미와 가치를 더 쉽게 볼 수 있다고 생각한다. 국가에 의해 운용되는 학문이라는 의미에서 전통시대의 천문학은 국가천문학(state astronomy)이며, 그 일부인 역법은 기본적으로 천체가 운행하는 방식을 이해하고 기술하며, 이것을 연월일시라는 시간규범으로 만들어 역서와 보시체계를 통해 백성에게 알려주는 것을 목표로 한다. 그런데 역법과 관련된 지식과 활동 가운데 천체 운행에 대한 원리적 이해와 이런 이해를 얻기 위한 연구 활동은 이론적 차원에 해당되고, 이론적 차원에서 확보한 지식을 기초로 시간규범을 수립하고 반포하는 데에 필요한 지식과 활동은 실행적 차원에 해당된다.

문제는 현대의 우리가 한 시대 천문학의 발전이나 쇠퇴를 따질 때, 주로 이론적 차원의 지식과 활동만을 대상으로 한다는 점이다. 반면 실행적 차원의 지식과 활동은 무시할 뿐만 아니라, 이 차원에서는 여전히 전(前)시대의 성취가 계승·유지되고 있음에도 불구하고 이를 천문학의 쇠퇴로 평가한다. 한국의 천문학사 좁게는 조선전기의 역법사에서 이론적 차원의 지식과 활동은 세종시대의 그것처럼 일시에 돌출하기 때문에 쉽게 주목된다. 하지만 실행적 차원의 지식과 활동은 일상적이고 지속적이기 때문에 눈에 잘 띄지 않는다. 세종시대에는 수시력 체계를 중심으로 역산의 이론적 지식과 이것을 이해하고 적용하기 위한 활동이 이루어졌다. 앞서 보았듯이 이런 이론적 차원의 지식과 활동은 일단 세종16년까지 거의 정점에 도달했다. 이후에는 이론적 차원에서 얻어진 성과를 실행적 차원으로 이

전할 필요가 있었는데, 이것을 가능하게 해준 장치가 여러 역산서의 교정과 출판이었다. 이론적 차원의 지식과 활동의 결과가 실행적 차원으로 전환되어야 하는 이유는 원래부터 천문학, 좁게는 역법에 실용이라는 목표가 전제되어 있기 때문이다. 동아시아 전통시대에 천문학은 국가의 운영과 백성의 생활에 실용되었을 때에 그 존재 목적을 달성할 수 있다. 하늘을 관측하고, 천체현상을 예측하며, 시간규범을 수립하고 반포하는 것이 천문학의 목표이다. 특히 역법은 천문학자의 지적 탐구를 위한 지식이 아니라 시간규범의 반포와 천체현상의 예보라는 실행을 목표로 한 것이다.

『칠정산내·외편』을 비롯한 각종 『교식가령(交食假令)』, 그리고 세조4년(1458)에 편찬된 『교식추보법(交食推步法)』 같은 책은 이미 세종시대에 이론적 차원의 성과를 실행적 차원의 지식과 활동으로 전환하는 장치이다. 이들 책에서 다루는 내용은 처음부터 이론적 지식의 교육을 목표로 한 것이 아니라 역산의 실행을 목표로 편집된 것이다. 달리 말하면 조선전기의 역산서들은 천문학 이론에 대한 교과서가 아니라, 시간규범을 수립하고 교식을 예보하는 데 필요한 계산을 수행하는 방법을 공구서(工具書, manual)처럼 정리해놓은 책이다. 이들 책에는 분명히 조선전기에 도달했던 역산학의 수준이 반영되어 있지만, 이들이 의미 있는 것은 이론적 차원에서 도달한 역산지식의 수준 때문이 아니라 실행적 차원의 지식과 활동에 기여하는 실용성 때문이다. 『칠정산내·외편』이나 각종 『교식가령』의 내용을 살펴보면 이 점을 확인할 수 있는데, 그것은 대개 "A라는 값을 구하려면 B라는 수치와 C라는 수치를 곱하여 D로 나눈 다음 E를 더해 F값과 비교하여 서로의 차이 값을 따진다"는 식의 서술이다. 바로 이들 책은 역서를 만들고, 시각을 측정하고 알리며, 교식을 예측하고자 하는 사람을 위해 계산의 방법과 순서를 알려주는 교본 같은 것이다. 앞서 언급했듯이, 세종16년 이후의 역산서들은 이미 확립된 이론적 차원의 역산학을 실행하기 위한 정식화이자 규범화인 것이다.

이후 이와 같은 효과적인 교본들을 갖게 되자, 세종대 이후의 역산학은 거의 모두 실행적 차원에서만 이루어지게 되었다. 조선 천문관원들의 모든 활동은 확립된 교본을 통해 역서를 제작하고 시각을 측정하고 알리며 교식을 예측하는, 이른바 지식의 적용과 실천에만 집중되었다. 그리고 이것이 세종대 이후의 역산학을 '쇠퇴'와 '퇴보'로 보이게 만들었다. 그러나 실제로 그것은 퇴보나 쇠퇴가 아니었다. 조선의 천문관원들은 세종대에 달성한 이론적 차원의 역산학이 한계를 드러내는 17세기 초까지 동일한 수준의 실행적 차원의 활동을 지속하였다. 이들은 수시력, 대통력, 회회력, 경오원력, 중수대명력 등의 연구를 통해 얻은 지식을 실행의 목적에 적용할 수 있는 훌륭한 교본들을 세종대 이후부터 확보하고 있었고, 이것을 이용하여 역서를 제작하고 시각을 측정하고 알리며 교식을 예보하는 일, 즉 조선이라는 국가가 천문학과 천문학자에게 기대하는 요구를 잘 충족시켰다.

필자는, 천문학에서 이론적 진보를 의미 있게 평가하는 것도 현대과학적 관점을 역사적·문화적 맥락이 다른 우리의 전통시대에 투영하려 하면서 생겨난 선입견이라고 생각한다. 역법사 전체를 놓고 볼 때, 고대로부터 현재까지 이론적 진보가 있었던 것은 사실이지만, 지속적인 진보의 경로를 밟은 것은 아니었다. 수명개제의 이념에 따라 역법의 개정이 요구되었던 시기에 이론적 층위의 지식은 집중적으로 연구되고 이론적 층위의 활동이 활발하게 이루어지만, 일단 역산학이 실행적 차원으로 진입하고 나면 실행적 차원의 일상적 활동만 장기간 지속되는 것이 일반적이다. 조선전기의 역산학도 마찬가지의 경로를 밟았다. 다양한 요인들이 작용하여 세종시대에는 역산학에서 이론적 차원과 실행적 차원의 지식과 활동이 동시에 필요했다.[88] 세종시대에 두 차원 모두에서 필요한 수준 이상의 성취가 있었지만, 세종16년 이후 조선의 역산학은 실행적 차원에만 집중하

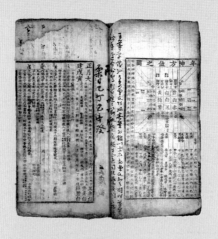

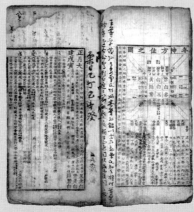

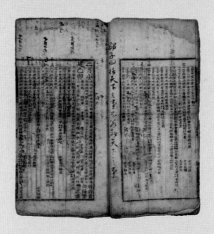

〈그림 6〉 조선에서 발행한 경진년(庚辰年, 1580) 역서 (출처: 국립민속박물관).

게 되면서 거의 아무런 성취가 없는 역사로 보이게 되었다. 현재 우리의 눈에는 세종시대 이후 조선의 천문관원들이 거의 아무런 과학적 진보도 없이 매일 반복적인 천변관측과 측시·보시 활동, 매년 반복적인 역서의 제작과 반포만 계속했던 것으로 보인다. 그러나 이는 세종시대 이후 천문학의 쇠퇴를 보여주는 증거가 아니다. 오히려 이러한 단절 없고 지속적인 실행적 차원의 지식과 활동은 한국의 천문학사를 한국적인 것으로 만들어준다.

박성래는 일본에서 1684년부터 사용되기 시작한 시부카와 하루미(澁川春海, 1639~1715)의 정향력(貞享曆)이 조선 유학자 박안기(朴安期, 1608~?)의 영향으로 만들어졌다는 사실을 밝혔다.[89] 박안기는 1643년(인조21) 통신사의 일행으로 일본을 방문하여 오카노이 겐테이(岡野井玄貞)에게 수시력을 전수해주었고, 시부카와(澁川春海)가 다시 오카노이(岡野井玄井)에게서 배워 정향력을 만들 수 있었다. 필자는 이 사례가 세종대 도달했던 역산학의 이론적 차원의 지식조차도 퇴보하거나 쇠퇴하지 않고 계속해서 유지되고 있었다는 증거라고 생각한다. 이미 『칠정산내편』과 『칠정산외편』에 의해 수립되는 시간규범과 교식 계산이 오차를 드러내는 인조(仁祖) 때에도 조선 유학자가 일본인에게 수시력 지식을 전해줄 수 있는 수준에 있었다는 것은 세종대 확보된 역산학 지식이 17세기 초까지도 여전히 유지되고 있었다는 것을 말해준다.

2. 천상열차분야지도(天象列次分野之圖)의 고찰

원래 조선 태조 때에 만들어진 석각천문도의 원본에 대해 권근(權近)의 천문도지(天文圖誌)와 이와 동일한 내용을 담고 있는 천상열차분야지도의 발문(跋文)에는 "옛날에 평양성에 있었는데, 병란으로 인해 강에 가라앉아 잃어버렸다"는 기술만 있었다.[90] 석각천문도의 원본이 고구려 때의 것으로 알려지게 된 것은, 18세기 초에 각종의 야사(野史)들을 편집하여 만들어진 『대동야승(大東野乘)』에 들어 있는 권별(權鼈)의 『해동잡록(海東雜錄)』의 다음과 같은 기사 때문이다.

> 천문도 석본(石本)이 옛날 평양성에 있었는데, 여(麗)의 끝 무렵[季] 병란 때에 강에 빠뜨려 잃어버렸다. 국초(國初)에 한 본[一本]을 바친 사람이 있었다. 그러나 세월이 오래되어 별의 도수가 이미 차이가 났다. 다시 계산하여 오늘날의 4개의 혼효중성을 정하고, 새 그림을 새겨 만들었다. 또 신수중성기(新修中星記) 1편을 바쳤다.[91]

여기서 "여의 끝 무렵[麗季]"의 여를 고구려라고 단정한 것은 루퍼스(Carl Rufus)였다. 루퍼스는 "『양촌도설(陽村圖說)』을 인용한 『대동야승』에는 고구려가 망하던 672년의 전쟁 때에 모본(母本)이 강에 빠져 없어졌다"고 하였다.[92] 원래 천상열차분야지도의 모본은 고구려 석각천문도를 탁본한 것인데, 이 고구려의 석본(石本)이 신라의 통일전쟁 와중(672)에 사라졌다는 것이다. 이 의견은 확실한 사료에 의거하지 않은 것으로 이미 한국 천문학사의 개척자 가운데 한 사람인 유경로에 의해 강하게 비판되었다.[93] 하지만 석각본이 유실된 것이 고구려가 멸망하던 시기라는 루퍼스의 주장은 한국 과학사 연구자들에게 대체로 수용되었고, 최근의 연구에까지도 이어지고 있다.[94]

그런데 『경성부사(京城府史)』에서는 천상열차분야지도의 발문(跋文)에 근거하면서도, 이 석각본의 모본이 "고려시대에 평양(平壤)에 있던 구(舊)

석각본의 탁본에 의거하여 석각(石刻)한 것이다"라고 한 기사는 주목을 끈다. 전문을 인용해보면,

> 1. 석각천문열상도. 창경원(昌慶苑) 명정전(明政殿)의 배후(背後)에 석각 천문열상도(石刻天文列象圖)가 지금 진열(陳列)하여 있다. 이것은 태조(太祖)4년 전조(前朝) 고려시대에 평양(平壤)에 있던 구(舊) 석각(石刻)의 탁본(拓本)에 의거하여, 석각(石刻)한 것이다. 그럼에도 해당 탁본(拓本)은 이미 세월이 흘러 석본(石本)은 별자리(?)에 차이(差異)가 많았으므로, 서운관(書雲觀)에 명(命)하여 정정(訂正)하게 하여 석각(石刻)한 것이다. 천문열상도(天文列象圖)의 기(記).[95]

여기서 근거한 문헌은 "천문열상도(天文列象圖)의 기(記)"라고 했으므로, 즉 천상열차분야지도의 발문에 의한 것이다. 그럼에도 불구하고 모본(母本)은 고구려가 아닌 고려시대의 것이라는 주장이다.

한편, 1998년에 제출된 안상현의 연구에서는 천상열차분야지도가 고려시대의 성도의 전통을 잇고 있다고 하여, 필자의 생각과 결론을 같이하고 있다.[96] 그가 제시한 주요한 근거는 28수 가운데 두수(斗宿)에 속하는 별자리인 건성(建星) 혹은 입성(立星)이라는 별자리명이다. 안상현은 28수의 두수에 속하는 별자리로 6개의 별로 이루어진 입(立) 혹은 건(建) 별자리의 명칭에 조선시대 각종 천문도의 별자리 표시에서 피휘(避諱) 여부를 검토하였다. 특히 태조본 천상열차분야지도에는 이 별자리가 입(立)으로 표시되어 있는데, 이것은 고려 태조 왕건(王建)의 이름자인 건(建)를 피휘한 때문이라고 보았다. 그러나 이 주장을 수용하기는 어렵다. 우선 건이라는 별자리는 『고려사』 천문지의 성변(星變) 기사에 총11회나 등장하므로, 고려에서 이 별자리의 이름을 피휘했다는 기본 주장 자체가 성립하기 어렵다. 또

한 애초부터 건과 입은 글자 자체로 의미가 서로 통하며, 중국 역대의 기록에서도 양쪽이 다 쓰여왔다. 세종 때 편찬된 『천문유초(天文類抄)』에서도 두수에 속하는 별자리의 표제에는 입(立)으로 표시하고 있으나, 이 별자리를 설명하는 내용에는 건(建)으로 적혀 있다.

『해동잡록』의 기사로 되돌아가서 검토해보면, 기사의 몇 가지 부분에서 의미가 분명하지 않은 것을 알 수 있다. 우선 "국초에 한 본[一本]을 바친 사람이 있었다"고 하여, 조선 초에 바친 것이 인본(印本)인지 석본(石本)인지도 애매하게 되었는데, 이것은 권근의 기록이나 석본 천상열차분야지도의 발문에서 확인되는 바와 같이 인본, 즉 탁본이었던 것은 분명하다. 나아가 『해동잡록』의 기사는 "여계(麗季)"라는 말을 첨가하여 구본 석각천문도가 사라진 병란이 "여의 끝 무렵"이라고 단정하였다. 이와는 달리 "여"를 고려라고 볼 여지도 있는데, 앞서 인용한 『경성부사』에서는 바로 여계(麗季)는 고려 말이라고 보았다.

야사(野史)에서 임의로 추가된 "여계(麗季)"라는 말에서 여의 의미에 대한 다양한 해석 가능성은 그대로 열어두기로 하자. 다만 필자는 천상열차분야지도의 원본 천문도가 7세기의 고구려시대의 것인지 아니면 고려 말의 것인지를 판단하기 위해서는 중앙 성도의 외곽(外廓)에 표시되어 있는 황도 12궁의 한자명을 검토해보아야 한다고 생각한다. 그리고 결론부터 말한다면 황도 12궁명(宮名)으로 볼 때, 이 천문도의 모본은 고구려시대의 것이 아니라 고려시대의 것일 가능성이 매우 크다.

먼저, 천상열차분야지도와 유사한 형식의 원형 성도로 천상열차분야지도가 영향을 받았으리라 생각되는 중국 송대(宋代)의 소주천문도(蘇州天文圖, 1247)[97]에는 원형 성도의 외곽에 황도 12궁명을 표시하지 않았다는 사실을 지적할 필요가 있다. 즉 원형 성도에 황도 12궁을 표시한 것은 중국에서는 사례가 거의 없다. 또 소주천문도를 명대 홍치(弘治) 연간

(1496~1499)에 복각한 상숙천문도(常熟天文圖)에도 황도 12궁은 표시되어 있지 않다.[98] 그런데 태조본 천상열차분야지도에는 다음 〈표 5〉에서와 같이 황도 12궁이 명확하게 기재되어 있다.

번호	한계(度)	폭(度)	12次	國名	地域	支	방향/동물	황도궁	영어명
1	軫12–氐4	31	壽星	鄭	兗州	辰	東南東/용	天秤宮	Libra
2	氐5–尾9	30	大火	宋	豫州	卯	東/토끼	天蝎宮	Scorpio
3	尾10–斗11	31	析木	燕	幽州	寅	東北東/호랑이	人馬宮	Sagittarius
4	斗12–女7	30¼	星紀	吳越	楊州	丑	北北東/소	磨竭宮	Capricornus
5	女8–危15	30	玄枵	齊	靑州	子	北/쥐	寶缾宮	Aquarius
6	危16–奎4	31	娵訾	衛	幷州	亥	北北西/돼지	雙魚宮	Pisces
7	奎5–胃6	30	降婁	魯	徐州	戌	西北西/개	白羊宮	Aries
8	胃7–畢11	30	大梁	趙	冀州	酉	西/닭	金牛宮	Taurus
9	畢12–井15	31	實沈	晉	益州	申	西南西/원숭이	陰陽宮	Gemini
10	井16–柳8	30	鶉首	秦	雍州	未	南南西/양	巨蟹宮	Cancer
11	柳9–張16	30	鶉火	周	三河	午	南/말	師子宮	Leo
12	張17–軫11	31	鶉尾	楚	荊州	巳	南南東/뱀	雙女宮	Virgo

〈표 5〉 12국 분야와 성수의 분도(十二國分野及星宿分度, 루퍼스에 따름.)

원래 황도 12궁은 기원전 6~7세기의 고대 바빌로니아에서 유래한 것인데, 기원전 2세기에 그리스에서 탄생점성술이 정착되면서 서양점성술에서 위치의 기준으로 사용되는 가장 기본적인 별자리가 되었다. 황도 12궁은 기원전 2세기 이후에 인도로 전래되어 인도 고유의 27수(宿, 혹은 28수)와 결합하여 인도식 점성술의 요소가 되기도 하였다. 인도에서 황도 12궁의 이름은 일부 그리스어 음역과 일부 의역이 함께 있다고 한다.[99] 인도의 천문학과 점성술에 정착한 황도 12궁은 불경(佛經)의 번역과 함께 중국에 전해졌는데, 한문으로 번역되면서 통일되지 않은 명칭이 사용되다가 시대가 흐르면서 점차 명칭이 통일되어갔다.

황도 12궁이 중국에 전래된 것을 보여주는 가장 초기의 문헌은 6세기 후반에 번역된 『대승대방등일장경(大乘大方等日蔵經)』(隋, 那連提耶舎 譯)이다.[100] 황도 12궁은 이후 당대(唐代)에는 『수요경(文殊師利菩薩及諸仙所説吉凶時日善悪宿曜經)(줄여서 宿曜經)』(758, 不空 譯)에 나오고, 『칠요양재결(七曜攘災訣)』(806, 金倶咤 譯)에도 나오며, 그 외 여러 가지 경전에서 확인할 수 있다. 또한 법현(法賢, ?~1001)이 번역한 『난이계습부라천설지륜경(難儞計濕嚩囉天説支輪經)(줄여서 支輪經)』[101]에도 나온다. 하지만 다음 〈표 6〉에서 보듯이 이들 10세기 이전의 불전(佛典)에 등장하는 황도 12궁명은 서로 다르다는 것을 알 수 있다.

〈표 6〉에서 보듯이, 10세기 이전의 황도 12궁명은 문헌마다 상이하여 통일되어 있지 않다. 또한 10세기 이전에는 궁명을 양(羊), 우(牛) 등 한 글자의 한자로 표시한 경우가 많음을 알 수 있다. 그런데 10세기를 넘어가면서 12궁명이 백양(白羊), 금우(金牛) 등 두 글자로 정착하였고, 궁명도 점차 문헌들 사이에서 일치되어가는 것을 볼 수 있다. 또한 천상열차분야지도에 나타난 궁명은 10세기~11세기 중국 문헌에서 정착된 12궁명과 대단히 유사하다는 것을 알 수 있다. 천상열차분야지도에서는 "獅子"가 "師子"로, "寶瓶"이 "寶缾"으로 되어 있어서 두 개의 궁명에서 글씨가 약간 다르게 표기되어 있는 점이 있지만, 다른 10개의 궁은 거의 완전히 10세기 이후에 정착한 궁명과 일치한다.

결론적으로, 〈표 6〉을 통해 확인할 수 있는 사실은 천상열차분야지도에 나타난 황도 12궁명이 7세기의 고구려 성도에서는 나올 수 없는 이름이라는 것이다. 그렇다면 루퍼스로부터 시작된 천상열차분야지도의 모본이 7세기 고구려의 것이라는 주장은 설득력이 크게 떨어질 수밖에 없다. 또한 이 성도에 표시된 황도 12궁명이 10~11세기 이후에 정착된 이름을 보여주고 있다는 사실은 천상열차분야지도가 고려시대 천문도의 전통을 반영한다는 점을 지지해준다. 맨 마지막에 줄에 적은 16세기의 불교 성수(星宿) 탱화인 치성광여래강림도(熾盛光如來降臨圖)에서도 천상열차분야지도의 궁명을 따르고 있는 것을 볼 수 있다. 이상이 황도 12궁명으로 보았을 때 태조본 천상열차분야지도가 고려시대의 천문도를 모본으로 했다는 결정적인 증거이다. 결론적으로 천상열차분야지도에 기재된 황도 12궁명은 루퍼스가 단정한 고구려 말기인 672년에는 결코 나타날 수가 없다.

현대 한국명		양	황소	쌍둥이	게	사자	처녀	천칭	전갈	궁수	염소	물병	물고기
현대 중국명		白羊	金牛	雙子	巨蟹	獅子	室女	天秤	天蝎	人馬	摩羯	寶瓶	雙魚
大方等日藏經	6C	持羊	持牛	雙鳥	蟹	師子	天女	秤量	없음	射	磨竭	水器	天魚
宿曜經 앞	758	羊	牛	媱	蟹	獅子	女	秤	蝎	弓	磨竭	瓶	魚
宿曜經 뒤	758	羊	牛	男女	蟹	獅子	雙女	秤	蝎	弓	摩竭	寶瓶	魚
七曜攘災訣	806	羊	牛	儀	蟹	獅子	雙	秤	蝎	弓	摩羯	寶瓶	魚
玉函經	10c초	白羊	金牛	陰陽	巨蟹	獅子	雙女	天秤	天蝎	人馬	磨竭	寶瓶	雙魚
支輪經	10c말	天羊	金牛	陰陽	巨蟹	獅子	雙女	天秤	天蝎	人馬	摩竭	寶瓶	雙魚
武經總要	1044	白羊	金牛	陰陽	巨蟹	獅子	雙女	天秤	天蝎	人馬	磨竭	寶瓶	雙魚
理氣心印	1064	白羊	金牛	陰陽	巨蟹	獅子	雙女	天秤	天蝎	人馬	磨竭	寶瓶	雙魚
天象列次分野之圖	1395	白羊	金牛	陰陽	巨蟹	師子	雙女	天秤	天蝎	人馬	磨竭	寶缾	雙魚
朴堧渾天圖	1433?	白羊	金牛	陰陽	巨蟹	獅子	雙女	天秤	天蝎	人馬	磨竭	寶瓶	雙魚
熾盛光如來降臨圖	1569	2월 白羊	3월 金牛	4월 陰陽	5월 巨蟹	6월 獅子	7월 雙女	8월 天秤	9월 天蝎	10월 人馬	11월 磨竭	12월 寶瓶	1월 雙魚

〈표 6〉 동아시아에서 황도 12궁명의 변천(앞서 夏鼐의 연구를 참고하고, 필자가 얻은 정보를 덧붙였음)

한편, 『고려사』에는 분명하지는 않지만 고려 말에 천문도가 제작된 기록이 존재하는데, 이것이 조선 초의 천상열차분야지도로 이어졌을 가능성을 생각해볼 수 있다. 고려 공민왕15년(1366)에 "왕이 봉선사(奉先寺)에 가서 성상도(星象圖)를 구경하였다"는 기사가 있다.[102] 봉선사는 우왕 때의 신돈(辛旽)이 이곳의 소나무 언덕을 통해 궁궐을 출입했을 정도로 왕궁에 가까웠던 것 같은데,[103] 공민왕은 이 소나무 언덕에서 격구를 구경하기도 했다.[104] 또한 봉선사는 공민왕 때에 왕이 천변(天變)과 재이(災異)를 물리치는 의식을 위해 소재도량(消災道場)을 열었던 곳이다.[105] 이 성상도가 천상열차분야지도와 닮은 원형 성도였을지, 아니면 일본 교토의 고려미술관에 소장된 치성광여래강림도(熾盛光如來降臨圖)와 같은 밀교계 탱화였을지, 일월성신을 신(神)의 모습으로 형상화한 도교계의 천신도(天神圖) 같은 것이었을지 현재로서는 확정할 수가 없다.

『고려사』 열전(列傳)에, 충렬왕 때의 천문관원으로 원나라 황실에까지 불려가서 점을 봐주었을 정도로 천문역법과 점술에 능했던 오윤부(伍允孚)가 "일찍이 천문도(天文圖)를 그려 바쳤는데, 일자(日者, 천문관원)들이 모두 다 법(法, 모범)으로 취했다"는 기사가 있다.[106] 고려 서운관(書雲觀)의 관원들이 "법(法)으로 취할" 정도의 천문도는 분명히 천문학적으로 의미 있는 천문도였을 가능성이 크다. 특히 오윤부는 충렬왕이 "나의 최호(崔浩, ?~450)[107]"라고 할 만큼 충렬왕에게 신뢰를 받았다. 오윤부와 같은 천문역법의 전문가가 제작한 천문도라면, 조선 초기의 천상열차분야지도(天象列次分野之圖)와의 연관성을 상정해보는 것은 무리가 아니다.

사실, 루퍼스도 황도 12궁명이 천상열차분야지도에 기입되어 있다는 점에 대해 상당한 의문을 품었다. 하지만 그는 이것을 태조 때의 천문학자들이 기입해 넣은 것으로 단정하였다.

> 석각천문도의 가장 바깥 원에 있는 근대적인 12궁명(宮名)은 석각천문도를 개정했던 사람들이 넣은 것임은 의문의 여지가 없다. 이 12궁명은 10세기경의 불교 경전에 포함되어 인도에서 중국으로 소개된 것이다.

하지만 이런 이름들은 흠천감(欽天監)의 천문학자들에 의해 30년 동안 채용되었던 명나라 초기(1368) 이전에는 거의 사용되지 않았다. 석각천문도의 제작 연대는 그 기간에 속하며, 이는 중국 과학과 한국 과학의 밀접한 관련성을 보여준다. 『문헌비고(文獻備考)』를 비롯한 후대의 기록들은 수성(壽星), 대화(大火) 등 옛날 명칭을 사용한다.[108]

인용문에서 보는 바와 같이, 루퍼스는 황도 12궁명이 10세기경에 불교 경전을 통해 인도에서 왔다는 사실을 인정하였다. 그러나 그는 "근대적인 12궁명은 석각천문도를 개정했던 사람들이 넣은 것임은 의문의 여지가 없다"고 단정하면서, 단정의 근거는 이 궁명들이 중국에서는 명초(明初) 이후에야 제대로 표시된다는 것이다. 또한 그는 논문의 후반부에서 천문도에 관한 기록을 연대기로 정리하면서, 신라 효소왕 때에 도증(道證)을 통해 당(唐)에서 천문도를 선물했던 것과 마찬가지로 고구려의 왕에게도 천문도가 전달되었을 것이라고 추정하였다. 그리고 이것이 조선 태조 때 천문도의 모본이 되었을 것이라고 하였다. 그는 다음과 같이 서술하였다.

태양과 달 그리고 하늘에 대한 논의는 6세기 이후의 것은 전혀 없다. 때문에 이 내용들은, 만일 당(唐)이 성립하는 기원후 618년 정도로 늦게 잡는다면, 분실된 7세기의 천문도에서 전재(轉載)하였을 것이다. 당나라 사람들은 승려인 도증(道證)을 통해 신라의 효소왕(孝昭王)에게 천문도를 보냈는데, 때문에 분실된 평양의 천문도는 수도가 평양에 있었을 때의 고구려의 어느 왕에게 보낸 천문도였을 것이다.[109]

이와 같은 루퍼스의 단정과 추정은 상당히 무리하게 보인다. 우선 당나라의 천문도가 고구려에 전해진 기록은 존재하지 않으므로, 루퍼스의 추정은 그다지 근거가 없다. 나아가 루퍼스는 태조 때 천문도를 다시 새길 때 황도 12궁명을 새로 기입해 넣었으리라 단정하였는데, 이것도 전혀 근거할 기록이 없다. 천상열차분야지도에서는 모본(母本) 천문도와 달라진 부분, 즉 개정한 부분에 대해서 언급하고 있는데, 여기에는 다만 계절별 혼효중성(昏曉中星, 저녁과 새벽에 남중하는 별)을 개정하여 그것을 돌에 새겼다는 것만을 확인할 수 있다. 발문에는 "이에 구도(舊圖)에 인(因)하여 중성(中星)을 개정하여 돌에 새겨 일이 막 끝났다"고 하였다.[110] 성도의 내부에 어떤 개정을 했다는 말은 없다. 또한 "서운관에 명하여 돌에 다시 새기도록 했다. 서운관에서 상언하기를 이 그림은 세월이 오래되어 별의 도수가 이미 차이가 있으니, 마땅히 다시 추보하여 오늘날의 사중(四仲, 동·하지와 춘·추분)의 혼효중성(昏曉中星)을 정하여 새로운 그림으로 새겨서 후세에 보여주어야 합니다"라고 했다. 이처럼 현존하는 기록으로 볼 때, 혼효중성 이외의 다른 정보나 성도의 구조, 혹은 형식에서는 모본 천문도와 달라진 것이 전혀 없음을 알 수 있다. 하지만 천상열차분야지도의 모본이 고구려 때의 것이라는 루퍼스의 주장은 이후의 한국 천문학사에서 거의 정설로 굳어버린 선입견이 되었다.

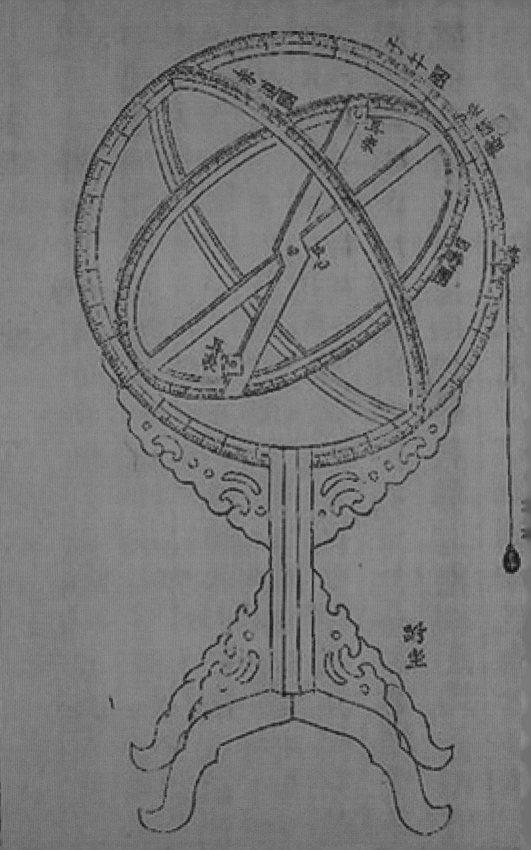

제5장

조선후기의
천문학

시헌력 시행과 서양천문학 도입

1. 책봉국과 정삭의 변화

병자호란(丙子胡亂)의 결과 1637년(인조15) 1월 30일(음력) 조선과 청 사이에 군신(君臣)의 의(義)를 맺는 조약이 체결되었다. 이 조약에서 조선은 명과 국교를 끊고 명의 연호를 버리며 청의 정삭(正朔)을 받아 청의 황제와 황후의 생일, 황자의 생일, 동지, 원단(元旦)과 그 밖의 경조(慶弔)가 있을 때 조공의 예를 표하기 위해 사신을 파견하기로 했다.[1] 청은 이미 1636년 '후금(後金)'이라는 국호를 '대청(大淸)'으로 개칭했으니,[2] 조선은 이 조약으로 청나라의 정삭을 채용하는 청의 번속국이 된 것이다.[3]

당시 발행된 청나라의 역서는 대체적으로 명에서 사용하던 대통력(大統曆) 체재를 따르고 있었지만, 상당히 불완전했던 것으로 보인다.[4] 1639년 4월, 청나라에서 반포한 역서(아마도 1639년 역서)의 역일이 조선의 그것과 차이가 난 것을 논의한 기록이 있다.[5] 관상감은 명에서 발행한 역서의 역일은 조선에서 계산한 역일과 일치했지만, 청의 역일은 월의 대소, 윤월 등이 모두 조선과 다르다는 사실을 지적하고, 이는 청이 명에서 사용하던 계산법을 잘 알지 못하기 때문이라고 분석했다.[6] 조선에서는 부정확한 청의 역일 대신에 명의 예전 역일, 즉 대통력으로 계산한 역일을 계속 따르기로 하였다.[7] 이 기사는 조선이 청과 군신관계를 맺은 직후부터 형식적으로 청의 정삭을 채용했지만, 실제로는 대통력의 체재에 맞추어 조선에서 자체적으로 계산한 역일을 계속 사용했다는 것을 보여준다. 즉 청과 조공책봉 관계를 맺었던 초기에는 청의 정삭을 온전히 채용할 상황이 아니었던 것이다.

1637년 이전까지 조선은 이미 명과 조공책봉 관계에 있었기 때문에 형식적으로 명의 정삭을 채용하며 매년 명의 역서를 수령하였다. 역서를 매개로 한 이런 형식적인 관계는 명이 조선과 조공책봉 관계를 수립한 조선 초기부터[8] 명말의 숭정(崇禎) 연간(1628~1643)까지 계속되어 왔다.[9] 조선은 조공책봉 관계의 표시로 형식적으로는 명에서 매년 역서를 수령하였으나 세종시대 이후 자국 내에서 명나라의 역일과 일치하는 역일을 수록한 역서를 발행하며 서울기준의 시각을 측정하고 보시해온 전통이 있었다.

그러나 조선에서 자체적으로 역서를 만드는 일은, 조공책봉의 관계 형식에서 볼 때, 책봉국인 명이나 청에서 용인할 수 없는 일이었다. 선조 31년(1598)에 명의 사신 정응태(丁應泰)가 서울에 와 있을 때, 조선에서 자체적으로 역서를 제작하고 반포하는 일을 꼬투리 잡을까 논란이 되었던 것도 이 때문이었다.[10] 또 인조 초기 가도(椵島)에 주둔한 모문룡(毛文龍, 1576~1629)이 후금(後金)으로 인해 명으로 통하는 길이 막히자 조선 정부에 새해의 역서를 요청했을 때, 조정에서는 자체적인 역서 사용을 감춘 채 종전부터 명나라의 역서를 모방하여 간략한 소력(小曆)을 만들어 왔다고 둘러대고 소력을 따로 만들어 보내준 일도 책봉·조공 관계의 형식적 측면을 무시할 수 없기 때문이었다.[11] 대체로 명에서는 조선이 자체 역서를 제작한다는 사실을 알고도 묵인했던 것으로 보이지만, 어쨌든 역서를 매개로 한 조공책봉의 형식적 관계는 현실에서 드러내놓고 무시할 수는 없는 것이었다.

조선이 정삭을 매개로 명과 맺은 조공책봉 관계는 청과의 조약이 체결되자 즉각 문제가 되었다. 1637년 1월에 조약을 체결하고 곧바로 5월에 조선의 역서에 '대명숭정대통력(大明崇禎大統曆)'이라는 연호를 쓴 것이 논란이 되었다. 조선에서는 임진왜란 때 명에 원병을 요청하고 명군이 조선에 들어오면서 명의 연호를 겉장에 쓴 역서를 찍을 수밖에 없었는데,[12] 이후 이런 형식이 인조대 초기까지 때까지 계속되어왔다. 그러나 이미 청에게 항복하고 군신관계를 맺기로 한 이상 역서에 명의 연호를 쓴다는 것은 외교적으로 큰 문제였다.

조정에서는 간지(干支)만 쓰는 옛 형식을 취할 것인지 아니면 청의 연호인 숭덕(崇德)을 쓸 것인지 논의하였다. 원래 조선에서는 세종대 이후 임진왜란(1592) 이전까지 역서에 명의 연호를 쓰지 않고 '모년역서(某年曆書)'라는 형식으로 써왔던 전례가 있었기 때문에 연호만 쓰는 옛 형식이 다시 논의된 것이다. 논의 결과 조정에서 쓰는 것과 양계(兩界)와 황해도에 반포할 것은 청의 연호를 쓰고, 하사도(下四道: 경상·전라·충청·강원)와 왜관(倭館)에 보내는 것은 간지만 쓰기로 했다. 어쨌든 국내에서는 칠정산법을 적용하여 만든 역서를 계속 사용하고, 대외적으로는 청의 불완전한 역서를 받아 오는 형식은 이후 수년간 지속되었을 것으로 보인다.

청은 1645년(順治2)부터 새로운 역법인 시헌력(時憲曆)을 적용하여 역서를 제작하고 반포하였다.[13] 이제 조선이 따라야 할 청의 정삭이 바뀐 것이다. 사실 시헌력은 명조에서 진행된 역법 개정의 성과를 그대로 이어받은 것이었고, 1645년 순치제(順治帝)에게 진헌된 『서양신법역서(西洋新法曆書)』[14] 또한 명말에 정리된 『숭정역서(崇禎曆書)』를 거의 그대로 싣고 이름만 바꾼 것이었다. 이미 명에서는 1629년(숭정2)에 역법 개정을 위한 역국(曆局)을 개설하고 대통력의 개력에 착수하여 『숭정역서』(숭정7, 1634)를 완성했다.[15] 이때 예수회 선교사 탕약망(湯若望, J. Adam Schall von Bell, 1591~1666)은 서광계(徐光啓, 1562~1633)와 함께 서양 천문역산학 지식을 번역하고 수입하는 일을 주도했다. 그러나 정치적 혼란과 개력 반대론의 와중에서 시행이 미뤄지는 사이 청조(淸朝)는 1644년 5월에 북경을 점령했다. 탕약망은 명조에서 오랜 준비 끝에 개정하였으나 사용하지 못하게 된 새 역법을 청조에서 이어서 사용하기를 원했다. 그는 청조를 설득하여 1644년 8월 1일에 예보된 일식을 관측하고, 예보가 정확했다는 사실을 가지고 서양 천문학에 기초한 새로운 역법이 정확하다는 것을 청조에 확인시켰다. 이에 청조는 새 역법을 적용하여 1644년 10월에 이듬해인 1645년의 역일(연·월·일)을 수록한 역서를 반포하였다.[16] 이후 청조에서 시헌력으로 계산된 역일은 조선이 1896년 태양력으로 개력하기까지 따라야 했던 책봉국의 정삭이 되었다.

2. 시헌력의 도입과 시행

청의 개력은 조선의 개력 논의를 촉발했다. 병자호란 이후 청에 볼모로 간 소현세자(昭顯世子)는 1644년 9월에 청군을 따라 심양에서 북경으로 옮긴 후, 그해 11월까지 약 70여 일을 탕약망과 교유하는 과정에서 개력하려는 뜻을 피력한 적이 있다. 이때 소현세자는 "그것은 결함투성이이며 수세기 동안 하늘의 운행과 상반되는 것들이었습니다"라고 하여[17] 조선에서 쓰는 대통력의 문제를 언급했다.[18] 그는 고국에 돌아가 서양 과학 관련 책을 출판하여 널리 알리겠다는 의지도 보였다.[19] 소현세자는 1645년(인조23) 1월에 귀국하면서 조선에서의 시헌력 채용을 의도했을 것이지만 같은 해 3월에 유명을 달리하여 뜻을 이루지 못했다.

소현세자뿐 아니라 청에 체류하였던 일행들도 귀국하자마자 조정에 시헌력 채용을 주문했다. 봉림대군(鳳林大君)을 수행했던 한흥일(韓興一, 1587~1651)은 1645년 6월에 귀국하여 국내에서는 공식적으로 맨 처음 시헌력 채용을 주장했다.

> 달력을 반포하여 백성들에게 농사철을 알려주는 일은 제왕으로서 가장 먼저 해야 할 일입니다. 원나라의 곽수경(郭守敬)이 역서를 고쳐 만든 것이 거의 4백 년이나 되었으니, 지금은 의당 바로잡아야 할 것이고, 또 탕약망이 만든 역서를 본 결과 더욱 고쳐 바로잡아야 하겠기에, 감히 『개계도(改界圖)』와 『칠정력비례(七政曆比例)』 각 1권씩을 바치니 해당 관원으로 하여금 자세히 살펴서 헤아려 결정하여 역법을 밝히도록 하십시오.[20]

이미 수시력과 대통력을 기본으로 하여 세종대에 성립한 칠정산 체계는 천상(天象)과 차이가 나며, 더욱이 당시 청조에서 새로 반포한 탕약망의 시헌력에 비교해볼 때 더욱더 역법 개혁의 필요성이 있다는 요지였다. 인조는 이 건의를 받아들여 관상감에서 검토할 것을 지시했다. 그리고 같은 해 12월 검토 결과를 보고하는 자리에서 관상감 제조였던 김육(金堉, 1580~1658)은 또다시 시헌력의 필요성을 진언했다.

> 천체의 운행의 도수가 이미 다 찼으므로 당연히 책력을 고쳐야 하는데, 서양의 책력이 마침 이러한 시기에 나왔으니 이는 참으로 책력을 고칠

기회입니다. ……새 책력 속에 만약 잘 맞아떨어지는 곳이 있다면 당연히 옛것을 버리고 새것을 만들어야 합니다.[21]

이어 김육은, 한흥일이 가져온 책만으로는 시헌력의 원리를 아직 알 수가 없어 역법의 우열을 논할 수 없으므로, 사신이 연행(燕行)할 때 관상감 관원을 함께 파견하여 흠천감(欽天監)에 탐문하여보자는 건의를 덧붙였다.

시헌력 채용 논의가 제기된 직후, 조선에서는 시헌력과 관련 지식을 습득하려는 움직임이 시작되었다. 김육의 건의가 있던 날 관상감에서 올린 글에서는 시헌력의 1일 96각법(刻法)은 대통력의 1일 100각법과 차이가 있다는 것, 대통력의 절기 간격은 15일로 일정한 데 비해 시헌력의 절기 간격은 14일~16일로 일정치 않다는 것, 그리고 시헌력에서는 한 달에 절기가 세 번(절기 2회와 중기 1회, 혹은 중기 2회와 절기 1회) 드는 경우가 생긴다는 것 등이 지적되었다.[22] 기존의 역법과 다른 점이 많은 시헌력이기 때문에 산술에 능한 사람을 북경에 보내 자세한 원리를 알아 와야 한다는 건의가 덧붙여졌다.[23] 건의 직후 1646년(인조24) 초 북경에 파견되는 사은사(謝恩使)에게는 시헌력에 대해 조사하는 가외의 임무가 맡겨졌다. 하지만 이들은 시헌력의 전문가라고 할 수 있는 예수회사 탕약망을 만나지 못한 채 돌아와야 했다. 대신에 이들은 포로가 되어 북경에 끌려와 살고 있던 이기영(李奇英)이라는 사람에게 시헌력법을 익혀두게 하였다. 그는 조선의 천문관원 이응림(李應林)의 아들이었는데, 훗날 그의 아버지를 보내 배운 것을 전해 받기로 하였다.[24] 시헌력 시행에 이르기까지 이기영에 대한 기록이 없는 것으로 보아 아쉽게도 1646년의 북경 파견에서 시헌력을 배우고자 했던 시도는 성과가 거의 없었던 것 같다.

시헌력의 습득을 위한 움직임이 이루어지는 사이 조선에서 제작한 역서의 역일은 청에서 제작한 시헌력서(時憲曆書)의 그것과 해마다 차이를 드러 냈다. 양국의 1648년 역서는 절기 날짜와 윤달의 위치가 서로 달랐다. 조 선은 윤3월인 반면 청은 윤4월이었다.[25] 이에 조선에서는 시헌력을 습득하 려는 노력에 더욱 힘썼다. 1648년 9월에 천문관원 송인룡(宋仁龍)을 청나 라에 보내 시헌력 계산법을 배워 오게 하자는 논의가 있었다. 이윽고 송인 룡은 1648년 11월에 사신들을 따라 북경에 갔을 것으로 생각된다.[26] 그는 탕약망을 만나서 역법지식을 배우고자 했지만, 청에서는 조선인이 예수회 사에게 역법지식을 배우는 것을 엄하게 금지했다. 그는 탕약망에게서 산 법서[籌子草冊] 15권과 성도(星圖) 10장[27]을 얻어 돌아왔다.[28] 그러나 시헌력 은 송인룡 개인이 몇 달 만에 독학하여 익힐 수 있는 것이 아니었다. 북경 에서 시헌력 계산법에 관한 책을 구해 온 지 1년 지나도록 그가 독학으로 습득한 것은 일전(日躔, 태양의 행도)을 계산하는 방법에 대한 약간의 지식 뿐이었다.[29]

송인룡이 시헌력을 독학하고 있던 사이에도 청과 조선의 역일은 계속해 서 차이가 났다. 1649년 11월에 청나라에서 발행한 다음 해(1650)의 시헌 력서가 조선에 전해졌다. 그런데 청의 역서에는 윤달이 없는데 조선의 역 서에는 윤11월이 있었다. 절기 날짜 또한 두 역서에서 차이가 났다.[30] 조선 의 역서에는 윤달이 있고 청의 역서에는 윤달이 없다면, 이것은 조공책봉 의 조건이었던 정삭의 채용을 위반하는 일이다. 아무리 형식적이라고 하 더라도 조선은 청의 정삭을 채용해야 하는 청의 피책봉국이었기에 이는 대단히 심각한 문제였다.

김육은 이때에도 시헌력에 적용된 서양 천문학이 우수하다며 시헌력으 로 바꾸어야 한다고 주장했다. 하지만 아직도 시헌력의 우수성을 확신하 지 못했던 효종은 시헌력의 장단점을 한 번 더 검토할 것을 명했다.[31] 효종 즉위(1649) 때까지, 시헌력의 절기 배치법이 대통력과 다르다는 사실 정도는 비교적 잘 알려져 있었을 것이다. 하지만 시헌력의 구체적인 원리나 이에 적용된 서양 천문학 지식을 조선이 습득하기란 쉽지 않았다. 조선이 역법지식을 배우는 것을 청이 금지한 것, 1년에 한 차례의 연행 때에야 겨우 북경에서 전문가를 접촉할 수 있었을 정도로 학습 기회가 부족했던 것, 독학을 위해서라도 필요한 전문 서적이 부족했던 것, 그리고 이전에 접해보지 못한 서양 천문학 지식의 생소함 등이 그 원인이었을 것이다.

1645년부터 1650년까지 6년간 계속해서 청과 조선의 역일이 차이가 나자, 시헌력 채용은 더 이상 미룰 수 없는 중요한 과제가 되어가고 있었다. 1650년 7월 관상감에서는 시헌력 채용에 앞서 새로운 역법에 대한 지식을 본격적으로 쌓을 것을 주장했다.

> 최상의 방책은 일관(日官) 중에서 총명한 자를 가려 신력(新曆)의 법을 만들게 하되 날마다 과제를 더하여 독촉해 가르쳐서 그 이치를 깨닫게 한 다음 노자를 주어 북경으로 보내 의심나는 곳을 질문하여 바르게 하는 것인데, 그렇게 하면 온당하게 될 듯도 합니다.[32]

그리고 이러한 관상감의 간언을 효종이 따르면서 조선에서의 시헌력 채용 사업은 본격적으로 시작되었다. 1651년에 관상감원 김상범(金尚範)이 북경에 들어가 시헌력을 성공적으로 배워 왔다. 그리고 이 성과를 바탕으로 관상감은 1652년 3월에 김상범에게 시헌력에 따라 역서를 만들게 하고, 관원들을 뽑아 그에게 배우게 했다. 하지만 김상범이 만든 역서가 옳은지를 검토해야 했기에 이듬해인 1653년의 역일은 그대로 대통력에 따라 계산하였다. 아울러 시헌력으로도 1653년의 역일을 계산하여 청에서 받아 오는 역서의 그것과 대조해보기로 했다. 일출입시각(日出入時刻)이나 중성(中星)의 출몰을 관측하여 조선에서 만든 시헌력의 정확성을 검증하는 절차도

뒤따랐던 것 같다.[33]

　시헌력 채용 논의가 시작되면서부터 김상범의 성공에 이르기까지 조선의 천문관원들은 시헌력 지식을 익히기 위해 부단히 노력했다. 하지만 시헌력으로 조선의 역서를 만들 수 있게 되기까지 천문관원들이 습득한 지식은 시헌력 체계 전체의 극히 일부에 불과했다. 그들의 지식은 시헌력의 기본 수치를 적용하여 역일(曆日)을 계산해내는, 즉 월의 대소를 정하고, 절기를 정하며, 윤달을 배치하는 기술에 한정되어 있었던 것으로 보인다. 천문관원들의 논의에서는 서양 천문학과 함께 전래된 우주의 구조, 천체 운동의 원리, 구면삼각법 이론, 관측기구 등에 대한 논의는 거의 등장하지 않는다. 그들은 천체의 운행주기 같은 여러 가지 기본 수치를 이용하여 역서를 작성하는 데 필요한 계산을 할 수 있는 능력을 기르는 데에 집중했던 것이다. 1652년 9월 관상감은 효종에게 다음과 같이 진언했다.

　　일곱 천체의 위치를 계산하는 방법을 미처 전수해 배우지 못하였으므로 일과력은 신법(新法)을 쓰고 천체의 위치 계산은 예전대로 하면 상충되는 일이 있을 것입니다. 또 월식을 측후할 때에 수성, 목성을 아울러 측후하였더니 구법(舊法)에는 어그러지고 신법에는 맞았으니, 이미 그 그른 것을 알고서 그대로 쓸 수는 없습니다. 동지사가 갈 때에 또 일관(日官)을 보내어 전수해 배워 오게 하여 한꺼번에 고치십시오.[34]

그들은 태양, 달, 오행성 같은 천체들의 실제 위치를 계산하는 방법조차 아직 익히지도 못하고 있었던 것이다.

　1652년의 동지사는 10월 18일에 출발하였고[35] 국내에서 시헌력으로 새 역서를 만들어 청의 역서와 일치 여부를 확인하고 1654년 역서부터 시헌력으로 반포하기로 한 것이 1653년 1월이었다.[36] 그러므로 김상범이 1652

년 10월의 동지사행에 따라가 북경에서 칠정의 위치 계산법까지 모두 배워 왔을 가능성은 거의 없다. 1653년 1월에 다음 해인 1654년(효종5)부터 시헌력을 반포하기로 결정했을 때, 조선에서 만들 수 있는 시헌력서는 역일과 절기시각, 대소월의 구분 등에 한정된 역서일 수밖에 없었다. 관상감에서는 이렇게 말했다.

> 시헌력이 나온 뒤에 우리나라의 새로 만든 역법으로 고준(考準)하여 보니, 북경의 절기와 시각이 시헌력서의 단력(單曆)[37]과 일일이 서로 합치되었고, 우리나라 단력은 (중국의) 시헌력에 각 성마다 적어놓은 조선의 절기시각과 또한 합치되었습니다.[38]

1654년(효종5) 조선에서 시헌력의 시행은 매년 사용하는 일반 역서, 즉 일과력(日課曆)을 제작하는 수준에서 시작되었던 것이다. 그리하여 조선은 1654년의 역서를 시헌력 방식으로 제작하여 반포하게 되었는데, 이것이 조선 최초의 시헌력서이다.[39]

3. 시헌력 지식과 역산학의 확대

효종 때부터 발행하기 시작한 시헌력서는 기본적으로 『서양신법역서(西洋新法曆書)』에 포함된 지식을 기초로 제작되었을 것이다.[40] 하지만 이때에 조선의 천문관원들이 교식과 오행성의 위치 계산법까지 시헌력의 그것을 습득한 것은 아니었다. 조선에서 시헌력 지식의 습득이 늦어진 이유는, 앞서 언급하였듯이, 청나라의 금지, 학습 기회의 부족, 전문 서적의 부족, 지식의 생소함 등을 들 수 있을 것이다. 그중에서도 외래 지식의 습득이라는 측면에서 볼 때, 시헌력 지식이 전통적인 역법지식과는 크게 다른 천문학적 개념과 수학적 기법들에 기초하고 있었다는 점에 주의할 필요가 있다.

역일을 배치하고 역주를 기입한 역서의 형식과 내용에서 시헌력서와 대통력서는 거의 차이가 없었다. 하지만 역일을 계산하기 위해 사용한 역법은 크게 다른데, 시헌력은 전통적인 역법과는 공통점이 거의 없는 서양 천문학 이론으로 구성되어 있었다. 시헌력은 기본적으로 지구설에 기초한 우주론, 티코 브라헤(Tycho Brahe, 1546~1601)의 행성운동 이론, 구면삼각법을 비롯한 기하학, 그리고 사분의, 육분의, 망원경 등을 비롯한 서양의 관측기구와 관측기법들을 적용하여 성립한 계산체계였다.[41] 시헌력을 이루는 지식은 전통적인 역산법을 익힌 전문가라고 하더라도 단시간에 습득하기 어려울 정도로 방대하고 체계적이면서도 이질적인 체계였다.

조선에서는 시헌력 채용 초기부터 시헌력에 대한 신뢰가 깊어지거나 시헌력과 관련된 지식을 습득하고자 하는 열의도 그다지 증가하지 않았다. 현종대(1659~1674)에는 시헌력 계산과 역일 계산을 담당했던 관상감의 관원들이나 김석주(金錫胄, 1634~1684), 김만중(金萬重, 1637~1692) 같은 일부 관료들은 시헌력을 강하게 신뢰했다.[42] 하지만 시헌력 채용 후에도 대통력서는 계속해서 제작되고 있었고,[43] 특히 국가의 중요 의례에 날짜를 잡는 택일(擇日)에는 시헌력의 역일보다는 오히려 대통력의 역일이 적용되었다.[44] 시헌력이 국가의 공식적인 역법으로 채용되어 있었음에도 불구하고, 대통력과 그것을 통해 만들어진 대통력서는 여전히 중요한 의미를 지닌 채 사용되고 있었던 셈이다.

시헌력을 불신하고 대통력을 여전히 중시하는 태도가 조선의 조정에 널리 퍼져 있는 상태에서 강희제(康熙帝) 초기에 청나라에 강희역옥(康熙曆獄, 1664~1665)[45]이 일어나면서 시헌력에 대한 신뢰는 깊어지기가 어려웠다.

청에서는 시헌력 반대론자였던 양광선(楊光先, 1597~1669)이 탕약망을 탄핵하여 시헌력 운용을 담당하던 여러 천문관원들이 투옥되고 처형되었다. 그 결과 1667년부터 1669년까지 3년간 시헌력을 폐지하고 대통력을 다시 시행하였다.[46] 이 사태는 조선의 시헌력 시행에도 영향을 미쳤다. 중국에서 진행된 강희역옥의 결과 1667년부터 시헌력이 대통력으로 교체되자, 조선에서는 시헌력과 대통력 중 어느 역법을 써야 할지 혼란스러운 상황에 놓이게 되었다. 조선은 이미 1667년 역서를 시헌력을 적용하여 제작하고 인쇄해놓은 상태에서 청의 조치를 따라서 갑작스럽게 대통력으로 돌아가지 않을 수 없었다.[47] 또한 청은 3년 후에 양광선을 실각시키고 남회인(南懷仁, Ferdinad Verbiest, 1623~1688)을 등용하며 1670년 역서부터 시헌력으로 다시 회귀하였는데, 조선 또한 이 조치를 따라 대통력을 폐지하고 시헌력을 시행할 수밖에 없었다.[48] 정삭의 채용을 매개로 한 조공책봉 관계가 조선의 역산 활동을 어떻게 제약하는지 이 사례를 통해 잘 볼 수 있다.

시헌력에 대한 불신감은 효종대의 시헌력 채용 건의와 논란의 와중에도 이미 표출된 적이 있었지만,[49] 현종대에는 이미 사용하고 있는 시헌력을 폐지하자는 주장까지 제기되었다. 송형구(宋亨久, 1598~?)가 세 차례에 걸쳐 제출한 시헌력 폐지론은[50] 김석주와 송이영 등 시헌력 지지자들에 의해 논박되어 시헌력의 폐지를 이끌어내지는 못했다. 하지만 국왕에게 올리는 상소를 통해 폐지론이 표출되었다는 것은 시헌력에 대한 당시의 불신감이 상당했음을 보여준다. 또한 명을 존숭하는 존주론적(尊周論的) 가치를 역법에 투영하여 명의 역법인 대통력만이 『춘추(春秋)』의 '대일통(大一統)' 이념을 구현하고 있다고 믿었던 노론계 일부 지식인들 사이에서는 17세기는 물론 19세기까지도 숭정(崇禎) 연호를 고집하고 대통력을 따르고자 했다. 이런 상황들은 숙종대(1674~1720) 초반까지 시헌력에 대한 불신감이 상당했다는 것을 보여준다.[51]

시헌력에 대한 근본적인 불신감 이외에도 대통력에 대한 익숙함이 시헌력에 대한 관심이 커지지 못하게 했다. 조선은 오랫동안 수시력과 대통력에 기반을 둔『칠정산내편』을 역산에 사용하여온 전통이 있었다. 또한『경오원력』,『중수대명력』,『칠정산외편』등도 보조적인 역산법으로 운용하여 왔다.[52] 앞서 소현세자의 언급에서 보이듯이 조선후기에 역법의 정확성에 대한 의문이 제기되기는 했지만,『칠정산내편』을 중심으로 한 조선의 역산 체제는 숙종대 초반까지도 큰 문제 없이 작동하고 있었다고 할 수 있다.

이처럼 시헌력에 대한 신뢰와 학습 열기가 높아지지 않은 상황에서 당연히 시헌력에 대한 깊이 있는 탐구는 거의 이루어지지 못했다. 1654년에 1년치의 역서를 제작하고 반포할 수 있는 수준으로 출발했던 시헌력 운용 능력은 현종대는 물론 숙종대 중반인 1700년경까지도 눈에 띄게 높아지지 못했다. 이 점은 효종대에 불가능했던 칠정의 행도 계산법을 이때까지도 여전히 갖추지 못하고 있었던 것으로부터 유추해볼 수 있다. 허원(許遠)은『현상신법세초류휘(玄象新法細草類彙)』(1711)의 서문에서, 김상범이 중국에 역법을 배우러 재차 파견되었지만(1655), 칠정의 행도와 일월식을 계산하는 방법에 대해서는 배우지 못한 채 도중에서 사망한 이후부터 그 자신이 두 번의 북경 방문을 통해 태양과 달 운동에 대한 완전한 지식을 습득하고 교식과 오성의 행도 계산법을 습득하기까지 계속해서 불완전한 역산법을 사용하고 있었다고 증언했다.[53] 1673년(현종14)에 조선의 역서는 특히 칠정 행도의 계산에서 청나라의 역서와 커다란 차이를 보였는데, 이 때문에 점술가들이 청나라의 역서를 구해 쓰고 있다는 지적에서도 이 점을 확인할 수 있다.[54] 칠정의 행도 계산에서 양쪽이 차이가 난 이유는 조선에서는 칠정의 행도 계산에 시헌력을 적용할 수가 없어서 대통력을 적용했기 때문이었다. 숙종대 최고의 천문지식을 습득한 고위관료로 인정되는 최석정(崔錫鼎, 1646~1715)도 1684년(숙종10)에 "칠정력은 하나같이 대통력의 체

계를 사용할 뿐 시헌력법을 사용하지 않는다"고 한탄했다.[55]

칠정 행도 계산법에 대한 관심과 함께 『서양신법역서』 전체에 대한 본격적인 관심이 시작된 것은 1700년대 초반부터였다. 1701년(숙종27) 관상감에서는 동지사가 북경에 갈 때 천문관원을 파견하여 칠정을 추보하는 방법을 배우고 관련 서적을 구해 올 수 있게 해달라고 건의하여 이를 시행한 것이 그 출발점이었다.[56] 그리고 칠정의 행도 계산에 대한 관심과 함께 좀 더 깊은 시헌력 지식에 대한 요구가 극적으로 표출된 계기는 1705년 양국의 역서에서 11월·12월의 대소가 서로 달랐던 사건이었다.[57]

관상감에서는 예전에 중국에서 구해 온 『일전표(日躔表)』와 『월리표(月離表)』를 다시 정리하고 인쇄하여 사용하고 있었는데, 조선에서 인쇄된 이들 책자에 적힌 연근(年根) 수치에 따라 계산한 결과 11월·12월의 대소가 청의 그것과 차이가 났다.[58] 원래 청에서 『일전표』와 『월리표』를 구해 오면서 그 책의 위쪽 여백에 "각 해의 연근 수치는 전년의 수치에 4궁 9도를 더하면 된다"고 매년의 연근 수치를 구하는 방법을 적어두었다. 조선에서는 이 책들을 다시 편집·인쇄하면서 매년의 연근을 미리 각각 적어놓았는데, 1705년(乙酉年)의 연근이 2궁 10도가 되어야 할 것이 잘못하여 2궁 14도로 인쇄되었다. 이 4도 차이로 인해 역 계산에서 날짜를 끊는 위치가 달라지고 달의 대소도 청의 그것과 달라졌던 것이다.[59] 그리하여 조선 조정에서는 이미 어람용(御覽用)으로 진상한 역서를 돌려받아 다시 인쇄하고, 대소월을 청에서 정한 것을 따라 시행한다는 명을 전국에 내려 보내는 등 자못 혼란스런 상황이 전개되었다. 조정에서는 이를 계기로 『일전표』와 『월리표』의 진본을 중국에서 다시 구하기로 하고 연행사가 갈 때 천문관원을 함께 파견하기로 했다.

이미 임금에게 올린 역서를 다시 인쇄하고 팔도에 반포된 역서를 다시 고쳐야 했던 중대 사건은 관상감원들에 대한 처벌과 함께[60] 허원이 중국에 파견되어 흠천감(欽天監)의 관원 하군석(何君錫)[61]으로부터 본격적인 역법지식을 습득해 오는 계기가 되었다.[62] 하지만 첫 번째 파견에서는 금령이 심하여 금성과 수성의 연근에 관한 것과 태양의 원지점·근지점의 이동과 교식을 계산하는 법에 대해서는 배우지 못한 채, 허원은 돌아올 수밖에 없었다.[63] 허원은 이후에도 계속해서 정보를 습득하기 위해 노력했는데, 하군석과 편지를 교환하며 1705년부터 1713년까지의 연근을 얻었다.[64] 그 결과 1706년(숙종32)에는 다음 해인 1707년 역서를 제작하는 과정에서 『서양신법역서』에 기초한 칠정의 행도 계산이 가능해졌고, 이 계산법은 1708년부터 본격적으로 조선에서도 적용할 수 있게 되었다.

> 대통력을 시헌력으로 바꾼 뒤에 사용하는 역서는 갑자년(甲子年, 1654) 무렵에 북경에서 그 법을 취하여 왔으나, 칠정력은 오랫동안 그 법을 전하지 않아서 본감(本監)의 역법은 혹 대통력을 따르기도 하고 시헌력을 따르기도 하고 있으므로, 아는 사람들이 속으로 한탄한 지 오래되었습니다. 그런데 시헌력의 칠정법(七政法)을 이제 다행히 배워 와서 낱낱이 풀어내어 이미 모두 추산하였으나 미처 인출(印出)하지 못하였으므로, 장차 사본(寫本)을 먼저 진상하고 내년(1708)부터 인출하여 반포할 것인데, 대통력의 칠정법은 사본만을 진상하는 것이 마땅할 듯합니다.[65]

인용문에서 알 수 있는 것처럼 조선에서 시헌칠정법, 즉 시헌력 방식으로 칠정의 행도를 계산하는 일은 1708년의 역서(칠정력서)에서야 본격적으로 시행되기 시작했다.[66]

그러나 1708년부터 칠정 행도 계산이 가능해졌다고는 하지만, 이는 하군석으로부터 받은 1713년까지의 몇 년간의 연근 수치를 기초로 한 것이었지 근본적인 역산(曆算)의 원리를 모두 터득하여 이루어진 것은 아니었다. 1713년 이후에는 문제가 다시 발생할 수 있으므로 하군석에게서 보다 근본적인 역법지식을 배우기로 하였다.[67] 허원은 1708년 겨울 다시 북경에 파견되어 지식을 배워 옴으로써 "개력이 있고 난 후 60여 년을 끌어온 막중한 일이 이제야 다행히 완료되었다."[68] 역서 제작에 필요한 역일 계산에 대해서는 물론, 교식과 오행성의 운행에 대해서도 시헌력 지식을 완전히 적용할 수 있게 되었던 것이다. 1711년(숙종37) 허원은 중국에서 배워 온 지식을 『현상신법세초류휘』로 편찬하면서 "앞으로 200년 사이에 다시는 역일과 교식에 착오가 없을 것이며, 하늘의 운행과 조금도 차이가 없을 것"이라고 자부했다.[69]

1708년(숙종34)부터 조선에서 본격적으로 시헌력의 적용이 가능해졌다고는 하지만 『서양신법역서』에 포함된 서양 천문학과 역산학의 내용 전체를 습득하고 이해한 것은 아니었다. 조선의 천문관원들은 처음에 『서양신법역서』에 포함된 우주론, 천체운동론, 천문의기, 기하학 등의 지식에는 거의 관심을 두지 않았으며, 순전히 역서 제작에 필요한 기술적이고 기능적인 지식을 배우고 적용하는 데 힘썼다. 이 점은 허원이 남긴 『현상신법세초류휘』의 서술방식에서 잘 드러난다. 허원은 우주와 천체들에 대한 이론적인 논의는 전혀 하지 않고, 책의 첫머리에서부터 일식과 월식을 계산하는 과정('일식세초(日食細草)', '월식세초(月食細草)')을 서술한 다음, 실제로 특정한 일월식의 예를 들어 계산의 예('일식가령(日食假令)', '월식가령(月食假令)')를 제시하고 있다. 또한 '일전세초(日躔細草)', '월리세초(月離細草)', '토목성세초(土木星細草)', '금성세초(金星細草)', '수성세초(水星細草)', '화성세초(火星細草)', '추절기(推節氣)', '추측시각(推測時刻)' 등의 항목을 통해 각 천체의 운행과 역서 제작에 필요한 수치들을 계산해내는 과정을 서술하고 있다. 예를 들어 '일전세초'의 경우 다음과 같이 서술하고 있다.[70]

(1)연근(年根) 구하기: 1권의 이백항년표(二百恒年表)에서 특정 해의 분초(分秒)를 찾아 적는다. (2)일수(日數) 구하기: 1권의 주세평행표(周歲平行表)에서 특정 날까지의 일수를 찾아 적는다. (3)평행(平行, 평균행도) 구하기: 연근에 일수를 더하여 얻는다. 30도에 1궁씩 진행한다. (4)고충(高衝, 원지점) 구하기: 1권의 표에서 특정 해의 고충도분초(高衝度分秒)를 얻고 일수에 해당하는 초(秒)를 더하여 얻는다. (5)인수(引數) 구하기: 평행에서 구한 궁도분초(宮度分秒)에서 고충(高衝)을 빼서 얻는다. (6)균수(均輪) 구하기: 인수의 궁도분(宮度分)을 가지고 2권의 가감차표(加減差表)를 찾아간다. 0궁에서 5궁까지는 표의 상층에 있는 도분(度分)을 찾고, 6궁에서 11궁까지는 표의 하층에 있는 도분을 찾는다. (7)세행(細行, 실질행도) 구하기: 평행에서 균수를 더하거나 빼서 얻는다. (8)수도(宿度, 별자리 상의 위치) 구하기: 세행에서 매년 51초를 빼간다.

각 계산 단계에서 『서양신법역서』의 이백항년표, 주세평행표, 가감차표 등에서 수치를 찾는 방법과 필요한 수치를 환산해내는 서술에 주안점을 두고 있다.[71] 『현상신법세초류휘』는 『칠정산내편』이나 『교식가령』같이 조선 천문관원들이 익숙하게 써왔던 책들과 서술방식이 매우 유사하기 때문에 천문관원들은 역서를 제작하는 과정에서 매우 손쉽고 유용하게 활용할 수 있었을 것이다.[72] 허원은 천문관원들이 "책을 열면 손바닥 보듯이 환할 것"이라고 단언했다.[73] 조선전기 세종 때와 마찬가지로, 조선에의 역산 연구 과정에서는 중국의 역법지식을 습득한 다음 이 지식을 역산에 적용할 수 있게 해주는 공구서를 만드는, 즉 역산지식의 매뉴얼화가 진행되었던 것을 『현상신법세초류휘』을 통해서 확인할 수 있다.

한편, 『현상신법세초류휘』가 원래 허원이 하군석과 문답한 기록을 토대로 편집된 것이라는 점을[74] 감안하면, 허원은 애초부터 우주론이나 천체운동론 등 역서 제작과 관련성이 많지 않은 천문학 지식에 대해서는 관심을 두지 않았다는 것을 알 수 있다. 전통적으로 우주론과 천체운동론 같은 천문학적 문제를 논하는 것은 유가 지식인의 일이었지 전문적인 역산을 담당하던 천문관원이 하던 일은 아니었다.[75] 그러므로 허원이 이러한 내용들에 관심을 두지 않았던 것은 어쩌면 당연했을 것이다. 또한 그의 관심이 역서 작성을 위한 기술적인 지식에 치우쳤던 것은 관상감원으로 활동하며 역서의 제작을 담당하던 직무와 무관하지 않을 것이다. 어쨌거나 조선후기의 관상감원들은 역서 제작에 필요한 기능적 지식 이외에 우주구조론, 행성운동 이론, 구면삼각법 등 이론적인 지식에 대한 관심이 적었던 것은 사실로 보이는데, 이 때문에 유가 지식인들로부터 근본 원리를 모르는 사람들로 종종 지탄을 받기도 했다.[76]

『현상신법세초류휘』의 성립으로 시헌력 운용 기반이 어느 정도 갖춰지자, 조선에서는 보다 폭넓게 시헌력과 관련 지식을 습득하려는 움직임이 시작되었다. 1713년(숙종39) 청나라 흠천감의 오관사력(五官司曆) 하국주(河國柱)가 조선에 파견되어 한양의 위도를 측정한 일도 하나의 계기가 되었다. 이때 허원은 서울에서 하국주와 접촉한 것은 물론이고, 귀환하는 그를 의주까지 동행하면서 천문의기에 대한 지식과 계산법을 배웠다.[77] 허원은 지방시(地方時)의 확정에 필요한 중성(中星)을 관측하는 법과 관측에 사용되는 천문기구에 대해 배웠고, 삼각법 이론을 담은 『삼각형거요(三角形擧要)』를[78] 베껴 왔다. 조정에서는 『영대의상지(靈臺儀象志)』와 『황적정구(黃赤正球)』를[79] 비롯한 관측기구와 적용 이론을 담은 서적들을 인쇄하고 의기도 제작하려는 움직임을 보였다. 이 시기 허원의 활동과 조정의 조치들로 볼 때, 시헌력과 관련 지식에 대한 이해가 깊어지고 천문관원들의 관심도 관측과 시각법의 운용에까지 확대되고 있었다는 것을 알 수 있다.

1674년 청조에서 편찬된 『영대의상지』는 남회인이 제작한 황도경위의

(黃道經緯儀), 적도경위의(赤道經緯儀), 지평경위의(地平經緯儀), 상한의(象限儀), 기한의(紀限儀), 천체의(天體儀) 등 6가지 관측기구의 제작법, 안치법, 운용법을 수록하고, 1672~1673년에 새롭게 관측한 항성의 위치표를 수록하고 있었다.[80] 이런 지식이 조선에서 탐구되고 책으로 인쇄까지 되었다는 것은 당시 조선에서도 시헌력 관련 지식이 여러 분야로 확대되어가고 있었다는 것을 보여준다. 또한 조선에서는 허원이 습득한 중성 관측법을 이용하여 시헌력 방식으로 시각을 측정할 수 있게 되었고, 이에 따라 물시계의 시각까지 시헌력 방식으로 고치는 작업에 착수했다.[81] 아울러 허원은 1714년에 다시 동지사를 따라 연경에 들어가 하국주로부터 『일식보유(日食補遺)』, 『교식증보(交食證補)』, 『역초변지(曆草駢枝)』[82] 등 역법 이론서와 관측기구 6종,[83] 자명종 등을 얻어 왔다.[84] 역서의 제작에 사용되는 수학 이론을 습득하고 시각법을 시헌력의 방식으로 바꾸기 위해 중성 관측법을 익혔으며, 중성의 관측을 위해 관측기구의 원리와 제작법을 익히는 일련의 과정이 진행되고 있었던 것이다.

1718년(숙종44)부터 중성의(中星儀)와 간평의(簡平儀)가 제작되고,[85] 중성 관측이 조선에서도 가능해진 것은 중요한 변화였다. 중성 관측은 지방시의 확정에 중요한 것은 물론, 역법지식의 이해도와 적용의 정밀도를 가늠하는 중요한 지표이다. 일월식을 시헌력 방식으로 예보할 수 있더라도 사용하는 시각이 대통력의 기준을 따른다면 예측과 실제는 불일치가 발생할 수밖에 없다. 낮 시간은 태양을 관측하면 되고, 또 이미 태양운동을 계산하는 방법을 습득하고 있었기 때문에 문제가 없었을 것이다. 하지만 밤에 월식 시간을 측정한다고 하면 대통력과 시헌력에서 기준으로 하는 중성의 남중시각이 서로 차이가 나므로, 정확한 시간을 규정하기가 어려워 "자시(子時)가 해시(亥時)가 되거나 해시가 자시가 되는 일"이 생기게 된다.[86] 허원으로부터 중성 관측법을 익힌 관상감 관원들이 다시 시각을 측정하여 알리는 주시관(奏時官)들을 교육시켜 1718년(숙종44)부터는 밤 시간에 시헌력 방식의 시각법을 적용할 수 있게 되었다.[87] 이것은 조선이 명실상부하게 시헌력을 적용하여 자국의 시간규범을 수립하고 실행할 수 있게 된 것이 숙종대 말기인 1718년(숙종44) 무렵부터라는 것을 알려준다.[88] 1654년 시헌력을 적용한 첫 역서를 제작한 것으로부터 시헌력 방식의 시각법의 적용과 실행까지 약 60여 년이 걸린 셈이다.

4. 『역상고성』 체제로의 전환과 혼란

숙종대(1674~1720) 말까지 허원과 관상감원들의 노력으로 『서양신법역서』에 담긴 지식을 적용하여 역서를 만들고 시각법의 운영이 가능해진 후, 조선에서 시헌력의 운용은 상당히 안정되었다. 그러나 청조가 1726년 역서에서부터 지금까지 써왔던 『서양신법역서』를 개정하여 『역상고성(曆象考成)』 체제로 바꾸자,[89] 조선에서는 또다시 개정된 지식을 습득하는 노력을 기울이지 않을 수 없었다.

청조는 개정된 역서를 반사하면서 조선에 별다른 통보를 하지 않았기 때문에 1726년 역서는 즉각적인 문제가 드러나지 않았던 것 같다.[90] 하지만 1727년(영조3)과 1728년(영조4)에 청과 조선의 역일이 차이가 나자, 이를 계기로 달라진 역산법을 새로 배워 와야 한다는 논의가 제기되었다. 1727년(영조3) 9월 관상감에서는 관상감원 안중태(安重泰)를 청에 파견하여 개정된 계산법을 배워 오고 관련 서적들을 입수하는 데 필요한 자금을 요청하여 영조의 허락을 받았다.[91] 그러나 이때 안중태의 연경 파견은 그리 큰 성과를 얻지 못했다. 칠요(七曜)의 운행을 계산하는 법이 적힌 몇 권의 책을 입수해 오기는 했지만, 개정된 역법의 본령이라 할 거질의『역상고성』이나 자세한 계산법이 적힌 책들을 입수하지 못했던 것이다.[92]

그러는 사이 조선과 청의 역서는 서로 여러 가지 차이를 드러내고 있었다.[93] 조선에서는『역상고성』과 관련 서적의 입수에 더욱 노력을 기울였고, 1728년(영조4) 동지사행에서 처음으로『역상고성』을 입수할 수 있었다.[94] 그러나 여기에는 몇몇 수표들이 빠져 있었고, 더구나『수리정온(數理精蘊)』에 포함된 삼각함수표인『팔선표(八線表)』는 구면삼각법을 적용하는 각종 계산에 쓰이므로 역서 제작에는 필수적인 것인데도 얻지 못했다.[95] 그리하여『역상고성』에 수록된 계산법을 합삭과 절기시각에만 적용할 수 있었을 뿐, 행성운동은 이것을 적용하여 계산할 수가 없었다.[96] 조정에서는 다시 1729년(영조5)에 천문관원을 파견하여『역상고성』을 재구입하는 시도를 하게 되었는데, 이번에는 상당한 성과가 있었다.『팔선표』,『일월식누자(日月蝕漏子)』,『칠정누자(七政漏子)』(누자는 아마도 누자(縷子)의 오식인 듯. 계산에 사용되는 수표와 계산 과정을 담은 책으로 추정됨)와 다음 해(1730, 영조6)에 일어날 일월식의 계산 과정과 결과를 담은『일식초고(日食草稿)』,『월식초고(月食草稿)』,『어정삼원갑자만년력(御定三元甲子萬年曆)』(황제(黃帝) 갑자년부터 옹정 100년 임오년(1822)까지 매년 역일과 절기를 계산한 결과),『신법칠정사여만년력(新法七政四餘萬年曆)』 등을 구입해 오는 수확을 얻었다.[97]

그러나『역상고성』과 관련 서적들을 구입하여 진행한 조선 내에서의 학습은 한계가 있었다. 1730년에도 여전히 조선의 역서와 청나라의 역서 사이에 차이가 나타난 것이 이를 보여준다. 1730년(영조6)에 파견된 사행단의 부사였던 윤유(尹游)는 "『역상고성』을 모방하여 썼더니 점점 착오가 생겨 매년 6~7곳의 틀린 곳이 꼭 있었습니다. 관상감관 한 사람을 데리고 가서 역법을 알아 오게 해달라"고 건의했다.[98]『역상고성』 체계를 제대로 습득하지 못했던 조선의 천문관원들은 1730년(영조6)은 물론 1732년(영조8)까지

도 절기와 합삭현망(合朔弦望)에서 조선과 청의 역서가 서로 차이나는 것을 감수할 수밖에 없었다.[99]

천문관원 안중태는 이 당시 조선에서는 가장 앞서 『역상고성』의 계산법을 익히고 있었던 사람으로 생각된다. 그는 이미 1727년(영조3)에 청에 다녀왔고, 1732년(영조8)에도 파견되었으며, 이때의 연경 파견에서는 상당한 성과를 거두어 가자(加資)되기도 했다. 그러나 안중태가 청나라에 들어가 흠천감원 하국훈(何國勳)으로부터 『역상고성』의 계산법을 습득하고 돌아왔다고 전해지지만, 사 온 책들을 보면 아직도 『역상고성』의 본격적인 이해와는 거리가 먼 것을 알 수 있다. 안중태가 사 온 책들은 『칠정사여만년력』 3책, 『시헌신법오경중성기(時憲新法五更中星紀)』 1책, 『이십사기혼효중성기(二十四氣昏曉中星紀)』 1책, 『일월교식고본(日月交食稿本)』 1책 등이 있었다.[100] 중성과 교식에 관한 서적을 이때에야 구입해 온 것으로 볼 때, 『역상고성』의 계산법을 적용한 중성과 교식에 대한 지식은 아직 부족했던 것을 알 수 있다. 그렇다면 1732년(영조8) 이전에 조선에서 습득한 『역상고성』의 계산법은 역일과 절기, 합삭현망 등 태양과 달의 운동에 국한된 지식이었을 뿐만 아니라, 그 이해 수준도 불완전했다고 볼 수 있다.

한편, 조선에서는 『역상고성』의 지식을 계속 습득해가고 있었으므로 시간이 갈수록 청과 조선의 역서에서 서로 차이가 줄어들어야 할 것인데, 이상하게도 1734년(영조10)부터는 차이가 더욱 커졌다. 1734년(영조10) 2월 사헌부에서 올린 계사(啓辭)에는 "금년의 입춘 일시는 중국의 시헌력보다 혹은 앞서기도 하고 혹은 뒤지기도 하는가 하면, 기타 절후의 진퇴와 월의 대소도 또한 어긋나는 것이 많습니다"고 하면서 관상감원을 잡아들여 치죄할 것을 건의하는 내용이 있다.[101] 더욱이 이때의 문제는 관상감원의 치죄로 끝날 성질의 것이 아니었다. 1734년의 역일 차이는 다음 해인 1735년의 역일 차이로 이어져서 청과 조선의 역일은 더욱 심각한 차이를 만들어냈다. 문제는 크게 두 가지로, 1735년(영조11)의 윤달을 3월과 4월의 어느 쪽에 두느냐와 7·8월의 어느 쪽이 큰달인가 하는 것이었다. 올해의 차이가 다음 해로 이어져 다음 해에는 윤월의 위치와 월의 대소마저 서로 달라지는 비상한 상황을 야기하게 된 것이다.

『역상고성』의 지식을 수년에 걸쳐 계속 습득해가는 과정에서 이런 일이 벌어진 것은, 1734년(옹정12, 영조10)부터 청이 태양과 달의 운동 계산에 사용되는 역원(曆元)을 개정하였기 때문이다. 청의 개정 사실을 알 수 없었던 조선은 1734년과 1735년의 양국 간 역일 차이의 원인을 이해할 수 없었다. 청에서는 이미 1730년(옹정8, 영조6)부터 『역상고성』의 계산법에 문제가 있음을 인식했다. 1730년 8월 1일의 일식에서 대진현(戴進賢, Ignatius Kogler, 1680~1746)과 서무덕(徐懋德, Andreas Pereira, 1690~1743)이 『역상고성』에 따라 계산한 수치가 실제와 차이가 난다는 점을 지적하였다. 대진현과 서무덕은 『역상고성』의 교정에 착수하였고, 1732년(옹정10, 영조8)에 역원을 변경한 새로운 『일전표』와 『월리표』가 완성되었다.[102] 『역상고성』은 강희갑자년(1684)을 역원으로 삼았으나, 이때에 옹정계묘년(1723)으로 변경하였다.[103]

조선에서는 뒤늦게 이러한 사정을 알게 되어 안중태를 다시 북경에 보내서 달라진 점을 문의하고 새롭게 교정된 『일전표』, 『월리표』, 『칠정력법(七曜曆法)』 등의 서적을 구입해 왔다. 조선에서는 그로부터 3년이 지난 1736년(영조12)에야 겨우 역원이 교정된 『역상고성』의 신법(新法)을 적용하여 역서를 만들 수 있었다.[104] 그러나 그 운용은 아직도 상당히 불완전했던 것으로 보인다. 계속해서 청과 조선의 역서에서 차이가 목격되었고, 1740년(영조16)과 1741년(영조17)에는 일월식의 예측 시각과 절기시각에서 양쪽의 차이가 더욱 벌어졌다.[105] 이 때문에 1741년부터는 해마다 청에서 역법을 배워 올 천문관원을 동지사(冬至使)와 함께 파견하는 것을 정례화

하기로 하는 등 새로운 계산법의 습득을 위해 노력하였다.[106]

5. 『역상고성후편』과 오성 계산법의 습득

조선에서 『역상고성』의 계산법을 습득해가는 가운데, 청나라는 1742년(건륭7, 영조18) 또다시 『역상고성』에 수록한 태양과 달의 운동을 계산하는 방법을 바꾸었다. 이것이 케플러(Johannes Kepler, 1571~1630)의 타원궤도 이론을 적용하고 지반경차(地半徑差)와 청몽기차(淸蒙氣差, 대기굴절시차)의 수치를 수정한 『역상고성후편(曆象考成後編)』이다. 이미 조선은 1726년(영조2)부터 1741년(영조17)까지 『역상고성』의 계산법을 습득하기 위해 노력한 결과, 태양과 달의 운동에 대해서는 이 방법을 적용할 수 있게 되었다. 다만 오성 계산에 대해서는 『역상고성』의 방법을 적용하지 못하고 있었다. 그런데 조선이 겨우 습득한 태양과 달의 운동 계산법을 청에서 다시 바꾸었으니 조선은 아직 배우지 못한 『역상고성』의 오성운행 계산법과 새로운 『역상고성후편』의 일월운행 계산법을 동시에 습득해야 하는 어려움에 처하게 되었다.

『역상고성』의 계산법은 기존의 『서양신법역서』의 그것과 상당한 차이가 있었기 때문에 이를 단시간에 습득하기는 간단치 않았다.[107] 또한 『역상고성』이 성립하고 나서도 청에서 여러 차례 기본 수치를 변경하는 바람에 조선으로서는 이것을 따라잡는 것도 쉬운 일이 아니었다. 앞서 보았듯이 『역상고성』의 일월운동 계산법을 수정한 『일전표』와 『월리표』가 1732년에 만들어졌고 1734년에도 역원을 수정하였기 때문에, 조선에서는 이런 개정 내용을 따라잡느라 상당한 어려움을 겪었다. 이에 더하여 청나라에서는

1742년(건륭7, 영조18)에 다시 태양과 달의 운동에 케플러의 타원궤도 이론을 적용하고,[108] 지반경차와 청몽기차의 수치를 카시니(噶西尼, Giovani Cassini, 1625~1712)와 플람스테드(法蘭德, John Flamsteed, 1644~1719)의 것으로 바꾸었다. 이것이 『역상고성후편』이다. 이러한 일련의 개정은 『역상고성』의 태양과 달의 운행 계산법에 문제가 있음을 인식하고 이것을 수정해가는 과정에서 나온 결과였다.[109] 원래 『역상고성』의 개정 작업은 1738년(건륭3, 영조14) 4월에 『일전표』 9편을 완성한 것으로 중간 성과를 보았다.[110] 이어 1742년(건륭7, 영조18)에는 역원을 1723년으로 개정하여, 일전, 월리, 교식 등에 관한 10권의 책이 만들어졌다.[111] 이 과정에서 지반경차는 3분에서 10초로 바꾸고, 청몽기차는 지평(地平)에서 34분, 고도 45도에서 5초이던 것을 지평에서 32분, 고도 45도에서 59초로 바꾸었다.[112]

서양 천문학사에서 케플러의 타원궤도운동 이론은, 고대의 유산인 지구중심설이나 등속원운동을 버리고 태양중심설과 부등속운동으로 나아간 근대과학의 상징으로 인식되고 있다.[113] 반면, 동아시아에서는 등속원운동에 특별한 의미를 부여하지 않았으므로, 타원궤도운동론을 역법 계산에 도입했다고 하더라도 서양에서와 같이 천문학의 근대적 전환으로 인식되지는 않았다.[114] 더욱이 『역상고성후편』에서 채용한 케플러의 타원궤도운동 이론은 여전히 지구를 우주의 중심에 둔 티코 브라헤의 우주체계를 기초로 한 가운데 태양과 달의 운행궤도만을 타원으로 상정하고 계산하는 것이었다. 우주의 구조는 그대로 둔 채 천체의 운동궤도만 타원으로 바꾼 셈이다. 『서양신법역서』나 『역상고성』에서는 천체의 궤도를 이심원(eccentric circle)과 주전원(epicycle)을 조합한 구조로 보고 계산하였다. 따라서 이때 『역상고성후편』에 도입된 타원궤도운동 이론은 천체의 위치를 더 정확하게 계산하기 위한 새로운 수학적 기법일 뿐, 원리적으로는 이심원과 주전원의 조합 궤도와 별로 다르지 않다는 것이 당시인들의 생각이었다.[115]

당시 청나라와 조선에서『역상고성후편』은『역상고성』의 단순한 보충으로 읽혔으며, 원래『역상고성』에서 이미 밝혀놓은 것들 가운데 일부만 수정하여『역상고성』에 덧붙여진 책으로 인식되었다.[116]

청나라에서『역상고성후편』을 적용하여 역서를 만드는 이상, 조선에서도 이를 습득하여 적용할 수밖에 없었다. 천문관원 안국린(安國麟)은 1741년(영조17) 북경에 가서 흠천감의 대진현과 서무덕에게서 역법지식을 배우는 도중 내년(1742, 영조18)부터 일월의 행도와 교식에서는『역상고성후편』의 계산법이 적용된다는 사실을 알게 되었다.[117] 그리고 그가 일월식을 추보하는 새로운 방법이 담긴 책을 구입해 와서 연구한 끝에, 1743년(영조19)부터는 조선에서도『역상고성후편』의 계산법을 적용할 수 있게 되었다.[118] 뒤이어 북경에 파견된 천문관원들도『역상고성』과『역상고성후편』의 계산법을 함께 익히고, 1745년(영조21)에는『역상고성후편』의 전질을 입수하는 등[119] 새로운 역법지식을 습득하기 위해 노력했다.

하지만 1745년(영조21)에 조선과 청의 역서에서 상이점이 지적되어 관상감원들이 치죄되었다는 사실로부터[120] 이때까지도『역상고성』과『역상고성후편』의 역법지식을 완전히 습득하지 못한 상황에 있었음을 짐작할 수 있다. 또한 1747년(영조23) 천문관원 이덕성(李德星)이 천주당과 흠천감을 왕래하면서 배운 역산지식이 오성 행도 계산법이었다.[121] 이것을 보면, 1747년까지 조선의 천문관원들은『역상고성후편』에 따른 일월의 행도와 교식에 대해서는 어느 정도 익혔지만,『역상고성』의 오성 행도 계산법에 대해서는 아직 터득하지 못했던 것을 알 수 있다.『증보문헌비고』상위고에서도 강조하듯이『역상고성』이『역상고성후편』으로 개정되었지만, 오성의 행도 계산은『역상고성』을 그대로 사용했다.[122] 오성 행도 계산법에 대해서는『역상고성』이 적용된 1726년부터 20여년의 학습기간이 있었지만, 조선의 천문관원들은 아직 이것을 완전히 습득하지 못하고 있었던 것이다.[123]

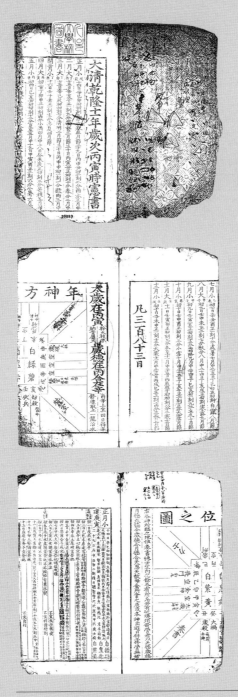

〈그림 7〉 조선에서 발행한 건륭(乾隆) 11년(1746) 시헌서(時憲書)
(출처: 규장각한국학연구원 소장본(규7300)의 복사본).

그로부터 10여 년이 흐른 1758년(영조34)에 영조는 관상감원들에게 칠정을 추보하는 법을 시험하였는데, 이덕성 등이 추보한 것이 모두 맞아서 상을 내렸다.[124] 이를 통해 『역상고성』의 오성 행도 계산이 1750년대 말에야 완전히 적용가능해진 것을 알 수 있다.

한편, 청에서는 1742년(영조18)부터 그동안 시헌력에서 계산하지 않았던 가상천체인 자기(紫氣)를 칠정력(七政曆)에 다시 도입했다.[125] 자기, 라후(羅睺), 계도(計都), 월패(月孛)를 사여(四餘)라고[126] 부른다. 자기는 일찍이 그 천문학적 실체가 불분명해서 탕약망은 『숭정역서』를 편찬할 때 이를 없애버렸다. 자기는 28년을 주기로 천구를 한 바퀴 돌지만 라후(황백도 교점 중 승교점), 계도(황백도 교점 중 강교점), 월패(백도의 원지점) 등과 달리 천문학적인 의미가 명확하지 않은 가상의 천체이다. 명과학(命課學)에서 자기는 오랫동안 사용되어왔기 때문에 이 분야의 관련자들은 탕약망이 자기를 없앤 것에 대한 불만이 많았다.[127] 그러나 강희역옥을 역전시키며 청의 흠천감을 장악한 남회인은 매우 강력한 미신 배척론자로 풍수(風水), 성점(星占), 후기(候氣) 등에 대한 강력한 비판을 펼친 바 있었다.[128] 그가 흠천감을 장악한 시기에는 자기의 위치를 역서에 싣지 않았다. 그런데 중국인 학자들의 손으로 이루어진 『역상고성』의 성립과 함께 역법지식과 관련한 중국적 전통의 부활과 복권에 의미를 두는 경향들이 강화되면서,[129] 드디어 『역상고성후편』의 성립과 함께 자기가 역서에 재도입된 것이다.

이런 복고적인 경향은 이후 1752년(건륭17, 영조28)에 이십팔수 가운데 각수(觜宿)와 삼수(參宿)의 순서를 『서양신법역서』 이전의 상태로 되돌리는 조치로 이어졌다. 원래 전통적으로 써오던 이십팔수 중 서쪽 별자리의 순서는 규·루·위·묘·필·자·삼(奎婁胃昴畢觜參)으로 되어 있었다. 그러나 『서양신법역서』에서 서양식 세차운동을 적용하여 위치를 다시 측정하자, 자(觜)와 삼(參)의 위치가 서로 뒤바뀌게 되었고, 시헌력에서는 규·루·위·

묘·필·삼·자(奎婁胃昴畢参觜)의 순서로 고정되었다. 그런데 1752년『영대의상지(靈臺儀象志)』의 항성 위치표를 개정하는 일에 착수하면서, 장친왕(莊親王) 윤록(允祿) 등은 이십팔수 중에서 삼수와 각수의 순서를 바꾸기를 청하였다. 이어 청나라 조정에서 이를 논의하여 1754년(건륭19)을 시작으로 자수와 삼수의 순서를 원래대로 환원하기로 했다.[130] 이들은 항성의 위치가 실제로 옮겨졌기 때문에 순서를 바꾸고자 했던 것이 아니라, 삼수의 거성(距星)을 전통적으로 써오던 맨 서쪽 별로부터 맨 동쪽 별로 바꾸는 편법을[131] 사용하여 별자리의 순서를 옛날로 되돌리기로 했다. 이 조치가 천문학적 정확성보다는 전통의 부활에 의미를 둔 것이었음을 잘 알 수 있다.

청에서 실시한 이런 조치들은 당연히 조선에도 영향을 미쳤다. 조선에서는 1742년(영조18)부터 자기가 도입되어 성립한 새로운 명과학적 방법들을 청으로부터 수입했다. 다행히 1743년(영조19)의 연행(燕行)에서 이것들을 거의 완전하게 습득하여 왔고, 이를 1745년의 역서에 반영하기로 했다.[132] 하지만 1754년(영조21)부터는 또다시 자수와 삼수의 순서가 원래대로 돌아가면서 조선에서는 이것을 따르는 데에 어려움을 겪었다. 청의 예부는 이 조치를 1753년(건륭18, 영조29) 2월에 조선에 알려왔고, 조선에서는 그해 8월에 이에 따르겠다고 회답했다.[133] 그러나 청에서 자수와 삼수를 포함한 정확한 항성 위치표를 조선에 주지 않았기 때문에, 조선은 이를 역서에 반영할 수가 없었다. 해마다 발행하는 일반 역서[日課曆]의 역주에 표시하는 별자리는 자와 삼의 순서만 바꾸어 표기해주면 되었지만, 오성의 위치가 별자리에서 떨어진 거리를 알려주어야 할 칠정력에서는 자수와 삼수의 정확한 거성 위치가 필요했다. 조선에서는 안국빈(安國賓)에게 기준 별의 위치를 직접 관측하게 하고, 이 관측치에 근거하여 칠정력과 일과력의 자와 삼의 위치를 모두 바꾸는 조치를 취했다.[134] 『항성표(恒星表)』 또한 그해(1753, 영조19)의 동지사 파견 시에 구하기로 하였고,[135] 이듬해인 1754년

(영조20)에도 안국빈 등이 『신법중성기(新法中星紀)』, 『오야배시법(五夜排時法)』 등을 구해 와 조선의 실용 시각에 맞춘 『누주통의(漏籌通義)』를 만들었다.[136] 청나라에서 『영대의상지』를 개정하여 새로 만든 항성목록인 『의상고성(儀象考成)』을 적용하는 일이 약 2년여의 노력으로 완료된 것이다.

『역상고성』의 적용(1726년 역서부터 적용), 역원의 수정(1734년 역서부터 적용), 『역상고성후편』의 적용(1742년 역시부터 적용), 『의상고성』의 편찬(1754년부터 자수와 삼수 자리바꿈) 등으로 이어지는 청조에서의 일련의 개정 작업을 따라 배웠던 조선에서, 청과 비슷한 수준으로 시헌력 중심의 역산 운용이 가능해진 것은 1760년대부터였다. 이 시기의 자신감을 볼 수 있는 가장 대표적인 움직임은 1763년(영조39)에 3년에 한 번씩만 천문관원을 북경에 파견하도록 한 조치였다.[137] 조선에서는 1700년대 초 허원의 파견을 통해 칠정의 행도 계산법을 익혀온 이래, 『역상고성』과 『역상고성후편』의 습득에 힘을 쏟던 1720년대부터 1750년대까지 수시로 천문관원을 청에 파견하였다. 특히 1741년(영조17) 이후로는 천문관원을 매년 파견하는 것이 정례화될 만큼 배워야 할 지식이 많았고, 산법 또한 계속해서 개정되었다. 그러나 『역상고성후편』이 나온 후 청에서도 더 이상 주목할 만한 역산법의 변화는 없었고, 조선의 학습과 이해도 일정 수준에 이르게 되자 3년에 한 번의 파견으로도 문제가 없게 된 것이다.

이 시기에 관상감 천문학 부문의 조직 변화와 확장은 조선에서의 시헌력 운용에 상당한 변화가 있었음을 말해준다. 하나의 예로서 수술관(修述官)제도를 들 수 있다. 시헌력으로 교식을 추보하는 수술관은 『서운관지(書雲觀志)』(1818)에 정원이 6명으로 되어 있다.[138] 그런데 영조 이전에는 수술관이 정식 관직으로 존재하지도 않았으며, 역서 작성을 위한 계산을 담당하는 삼력관(三曆官) 중에서 번갈아 한 명이 담당했을 뿐이었다. 그러던 것이 1741년(영조17)에는 중국본 『교식주(交食籌)』를 통해 전문 지식을 시험하고 우수자를 차출하는 제도가 생기더니, 1770년(영조46)에는 수술관이라는 정식 관직을 창설하기에 이르렀다.[139] 이것은 『역상고성』의 성립 이후 시헌력의 역산법에 대한 이해가 깊어지면서 이의 운용에 전문성을 갖춘 관원들이 대거 필요해졌다는 것을 보여준다. 또한 역서 작성에 필요한 천문학적 계산을 하는 삼력관의 정원이 1741년(영조17) 이전에는 정해지지 않았으나, 이때에 이르러 30명이나 되는 다수로 규정된 것도 이런 변화와 병행하고 있다.[140]

반면, 대통력을 적용한 계산을 담당하던 추보관(推步官)의 경우는 시헌력 중심의 역산이 중시되면서 정원이 줄어들었다. 1791년(정조15) 이전에는 『칠정산내편』의 추보를 맡은 추보관이 10명이나 되었다.[141] 숙종 때까지도 『칠정산내편』을 담당한 추보관들은 시헌력의 추보를 담당했던 삼력관들에 비해 그 중요성이 거의 줄어들지 않았을 것으로 보인다. 효종대의 시헌력 도입에서부터 역산의 중심이 시헌력으로 이동하는 과정에 있었지만, 대통력은 여전히 명과학에 쓰였고, 국가적인 의례의 택일에는 현종 때까지도 대통력을 사용하였다. 또 『칠정산내·외편』은 숙종(재위 1675~1720) 초기는 물론,[142] 그 이후까지도 계속해서 일월식의 계산과 예보에 보조적 역산법으로 사용되었다.[143] 그러나 숙종대 후반으로 갈수록 『칠정산내편』을 담당했던 추보관들의 위치는 점점 낮아졌으며, 급기야 1791년(정조15)에는 추보관의 인원수를 줄이는 것과 아울러 아예 시헌력의 교식을 담당한 수술관이 『칠정산내편』의 계산까지 담당하게 되었다.[144] 그만큼 조선의 역산 활동에서 시헌력 중심의 역산이 지속적으로 중요성을 획득해가는 변화가 영조 말부터 이루어진 것을 짐작할 수 있다.

정조시대 시헌력 운용 체제의 완성

앞서 언급하였듯이 영조대 말인 1760년대 이후부터 조선에서는 시헌력 중심의 역산이 안정적으로 실행되었다. 이러한 안정성을 기반으로 정조시대 (1777~1800)에는 천문학의 실행 과정에서 여러 가지 새로운 움직임들이 나타났다. 역산지식의 심화와 확대는 물론, 국가천문학의 제도 정비, 나아가 천문학의 의미와 역할에 대한 지식인들의 인식 변화도 나타났다. 필자는 정조시대에 이루어진 천문학과 관련된 이러한 변화를 첫째 시헌력 운용 체제의 완성, 둘째 천문학을 향한 지적 패러다임의 변화라는 두 가지로 규정할 수 있다고 본다. 전자는 각종의 역산 매뉴얼을 편찬하여 국가천문학으로서의 시헌력 운용 체제가 완성된 것을 의미하고, 후자는 정조시대 이후 천문학이 국가천문학의 범위를 넘어 유가 지식인의 지적인 탐구 대상으로 확대되는 기반이 마련된 것을 의미한다.

1. 시헌력 중심 국가천문학의 완성

정조시대에는 국가천문학이 거의 완전해졌는데, 이것은 '국정을 위한 시헌력 지식의 완전한 습득과 적용'을 의미한다. 이 관점에서 볼 때, 정조시대의 천문학적 성취 가운데 가장 중요한 것이 『천세력(千歲曆)』과 『칠정보법(七政步法)』, 그리고 『신법중성기(新法中星紀)』와 『신법누주통의(新法漏籌通義)』의 편찬이라고 할 수 있다. 『천세력』과 『칠정보법』이 시헌력 중심의 역산지식의 완전한 습득과 적용을 의미한다면, 『신법중성기』와 『신법누주통의』는 서울 기준의 시각 표준을 정립하고 실용한 것을 의미한다. 이들 책은 정조시대에 조선에서는 연월일시라는 시간규범을 온전히 시헌력의 방식으로 수립하고 실용할 수 있었다는 것을 증명해준다.

정조6년(1782)에 편찬된 『천세력』은 정조1년부터 100년에 이르는 1백 년간의 역산 결과를 수록한 미래역서이다. 『천세력』은 시헌력 중심의 역산이 조선에 완전히 정착한 것을 상징한다. 『천세력』은 정조원년(1777)부터 그 후 1백 년간에 있을 월의 대소와 절기시각을 추산한 장기력(長期曆)이다. 이것을 제작하려는 움직임은 원래 영조 말년에 시작되었는데, 앞서 언급했듯이 이 무렵에 관상감원들의 시헌력 운용 능력이 거의 완전해졌기 때문이었다.[145] 이러한 장기력은 시헌력의 적용 능력에 대한 완전한 신뢰에 기초하지 않고서는 나올 수 없다. 정조의 친찬제문(親撰題文)에서 보는 것처럼, 정조가 시헌력과 그것을 운용하는 천문관원들의 실력을 깊이 신뢰한 결과물이 『천세력』이다.[146]

『칠정보법』은 한양을 기준지로 삼아 필요한 모든 역산을 수행할 수 있게 해주는 역산 매뉴얼이다.[147] 이 책은 조선의 천문관원들이 『역상고성』과 『역상고성후편』에 있는 이론적 지식을 기초로 조선에서 필요한 역산을 완벽하게 수행할 수 있게 되었다는 것을 보여준다. 세종 때의 『칠정산내편』은 내용 전체가 역산의 방법과 과정을 적은 역산 매뉴얼이다. 그런데 『서양신법역서』, 『역상고성』, 『역상고성후편』은 전통적인 역산서와 매우 다른 편제를 하고 있다. 이들 책은 천체운동이 어떤 원리로 이루어지는지를 설명해놓은 역법 이론서에 가까워, 실제로 역산을 수행하기 위해서는 여러 이론으로부터 얻어진 각종의 수표와 계산의 알고리듬을 적용해야 한다. 그런 의미에서 『칠정보법』은 시헌력의 이론서들로부터 얻은 지식을 토대로 실용을 위한 역산법과 역산의 과정만을 서술한 역산 매뉴얼이라고 할 수 있다. 이런 책이 조선에서 편찬되었다는 것은 이론과 실행의 양면에서 시헌력을 중심으로 한 국가천문학의 운영이 완전한 궤도에 도달했음을 의미한다.

나아가 『신법중성기』와 『신법누주통의』의 편찬은 현재·현지(서울) 기준의 시각 표준을 정립하고 그것을 실용의 시간으로 측정하고 보시하는 완전한 체계를 갖추었다는 것을 의미한다. 앞에서 『서양신법역서』를 적용한 시헌력 방식의 시각법은 1718년(숙종44)의 『숙종실록』의 기사에 의거하여 이때부터 밤 시간에 시헌력 방식의 시각법을 적용할 수 있게 되었다고 보았다.[148] 하지만 사료의 부족으로 조선에서 시헌력의 기준 항성에 따라 현지의 표준 시각을 측정하고 보시할 수 있게 된 것이 언제였는지 현재로서는 확정하기가 어렵다.[149] 세종 때에 수시력(授時曆)에서 정한 기준을 사용하기로 한 이후, 시헌력을 채용한 후에도 한동안 이것을 그대로 사용했던 것 같다. 하지만 장기간의 세차(歲差)로 인해 기준 별자리가 움직였기 때문에 이 기준으로 정한 시각이 정확하지 않다는 것은 조선후기에 널리 알려져 있었다. 숙종 때에 기준 항성을 시헌력의 그것으로 변경하고자 하는 노력이 있었으나 성공 여부는 확인하기 어렵다. 영조21년(1745)부터 드디어 시헌력에서 정한 1744년(乾隆甲子)의 항성 위치를 기준으로 삼아 조선의 시각 표준을 규정했다는 것은 확인할 수 있다. 그러나 이때의 시각 표준도 야간 시각을 사용하는 경우에는 완전하게 적용하지 못했던 것으로 생각된다. 그리고 정조22년(1789)에 영조 때부터 적용해온 기준 항성의 위치를 그동안의 세차만큼 보정하여 새로운 시각 표준으로 삼았는데, 『신법중성기』는 바로 이것을 수록하고 있다. 항성을 기준으로 한 시각 표준은 물시계의 측정자로 규정되어 야간 시각을 측정하게 되는데, 물시계의 시각 규정을 담은 책이 『누주통의』이다. 정조22년에 편찬된 『신법누주통의』는 『신법중성기』에서 규정한 시각 표준을 물시계의 시각으로 변환하여 서울 기준의 현지 시각을 측정하고 보시하기 위한 매뉴얼이다.

종합하면, 정조시대는 시헌력을 중심으로 한 국가천문학의 운용이 완전해진 시기이다. 당시 조선의 천문관원들은 필요한 모든 종류의 역산을 시헌력 방식으로 수행할 수 있었다. 해마다 연월일을 수록한 1년분의 역서를 만드는 것은 물론, 미래 100년간의 역서도 작성할 수 있었다. 최신의 항성 위치를 기준으로 현재·현지의 시각 표준을 수립하고, 그것을 물시계의 시간으로 변환하여 조선 팔도에 보시할 수 있었다. 나아가 일월식과 오행성의 위치를 계산할 수 있는 것은 물론이었다. 정조19년(1796), 청에서 수행한 역산의 결과가 오류임을 지적하고 조선에서 수행한 결과를 따르기로 한 것은 정조시대의 시헌력 운용 능력이 최고 수준이었음을 증명해준다.[150]

『국조역상고』에서 자랑으로 거론된 조선팔도 관찰영 소재지의 북극고도(위도)와 동서편도(경도)의 산정, 그리고 이에 기초한 각 지역별 일출입시각(해가 뜨고 지는 시각)과 주야각(밤과 낮 시간의 길이)의 산정 또한 이런 자신감의 표현이다. 사실 조선 팔도의 경위도 산정은 국가천문학의 운용에서 핵심적인 문제는 아니다. 한반도는 지역이 좁아서 지역 간에 시각은 미세한 차이밖에 없고, 이를 역서에 표시해주는 것은 실용에도 큰 도움이 되지 않는다. 또한 조선 팔도의 경위도는 실측으로 얻은 것이 아니라 지도

상의 거리를 기준으로 환산한 것이라서 정밀성이나 정확성의 측면에서 천문학적인 의미도 크지 않다. 그러나 팔도의 경위도와 일출입시각 및 주야각 산정은 조선의 천문관원들이 시헌력의 운용 능력을 완벽하게 갖추었다는 것을 보여주는 증거가 되기에는 모자람이 없다.

정조시대에 제작된 천문의기 또한 당시 천문학의 성취를 보여주는 증거로는 부족하지만, 국가천문학의 높은 운용 수준을 보여주는 증거라고 할 수 있다. 정조13년(1789)에 천체 위치 관측을 위해 적도경위의(赤道經緯儀)가 제작되었으며 해시계인 신법지평일구(新法地平晷)도 제작되었다. 적도경위의는 서양에서 전래한 구조와 원리에 따라 제작되었으며, 신법지평일구도 서양에서 전래한 구면삼각법의 투영이론을 적용한 해시계였다. 이처럼 서양 천문학의 원리를 채용한 천문의기가 제작되고 사용된 것도 정조시대였다.

정조시대에 국가천문학의 완성을 보여주는 또 하나의 변화는 시헌력 체제와 조응하는 선택법의 완성이다. 선택이란 어떤 일을 수행함에 있어서 '길을 꾀하고 흉을 피하는' 시간과 방향을 얻는 것이다.[151] 선택의 핵심 요소인 연월일시라는 시간 단위는 천문학적 계산을 통해 얻기 때문에 전통시대의 천문학적 지식과 활동은 필수적으로 선택에 연결된다. 또한 선택은 그 자체로 독립된 지식과 활동이 아니라, 국가에서 수행하는 모든 종류의 의례에 실용되는 것이기 때문에 국가의 의례에서는 필수불가결하다. 이런 이유로 국가천문학을 전담한 관서인 관상감에 선택을 담당하는 전문부서와 관원을 두었던 것이다.[152]

선택은 전통시대 천문학사의 전개는 물론 국가의례의 실천에서 매우 중요한 의미를 지니고 있음에도 불구하고 지금까지 학계에서는 이에 대해 별다른 관심을 두지 않았다. 정조시대에 선택과 관련한 제도의 개혁, 지식의 정비, 다양한 활동이 광범위하게 이루어졌음에도 불구하고, 이에 대한 연구는 상당히 미진한 상태이다. 더구나 선택은 쉽게 미신으로 치부되어 선택과 관련한 위와 같은 변화들은 천문학의 발전과는 상반된 방향이었다고 평가되기까지 한다.[153] 선택에 관한 무관심과 오해는 과학사 연구의 일반적인 관심이 정통적이고 합리적인 과학 분야에 치중되었기 때문에 생겨난 것이다. 천문은 점성술적 특성 때문에 한동안 비정통적이고 비합리적인 지식으로 평가되어왔으나, 현재에는 전통시대 천문학을 구성하는 필수 요소로 인정되고 있다. 마찬가지로 사주추명(四柱推命), 육임(六壬), 역점(易占) 등 각종의 점술(占術, divination)을 포괄하여 지칭하는 술수(術數)라는 지식 분야도 현대과학적 관점에서는 비정통적이고 비합리적인 지식으로 치부되어 한동안 관심을 받지 못하였다. 그러나 이들 술수 지식은 전통시대 문화 속에서 수행한 역할이 지대하며, 당대인들의 심리와 사고방식을 이해하는 데 필수지식이라는 것이 최근의 국외학계에서는 널리 인정되고 있다. 선택 또한 국가천문학은 물론 국가의례와 떼려야 뗄 수 없을 정도로 밀접하게 연관되어 있는 지식이자 활동이다. 때문에 정조시대를 보다 정확하게 이해하기 위해서는 선택을 중심으로 나타난 당시의 변화가 어떤 것이었는지를 필수적으로 살펴야 한다.

국가의 모든 의례는 선택을 통해서 얻은 길일과 길시에 행해져야 하기 때문에, 역법의 채용과 이 역법에 잘 조응하는 선택법의 채용은 대체로 병행한다. 청조에서 시헌력을 채용한 후 한동안은 명대의 선택서들이 그대로 이용되었을 것으로 추정된다. 강희역옥(康熙曆獄, 1666~1670)을 계기로 청조에서는 시헌력에 조응한 선택법을 새로 수립하려는 움직임이 시작된 것으로 생각된다. 명대의 선택서를 기초로 시헌력에 조응시킨 새로운 선택서가 1683년(강희22)에 편찬된 『선택통서(選擇通書)』이다.[154] 뒤이어 청조에서는 전통적인 선택서에 대한 조사와 교정이 있었는데, 그 첫 번째 결실이 1713년(강희52)에 편찬한 『성력고원(星曆考原)』이다. 그러나 여전히 다양한 선택서 사이에 모순되는 점이 많아서 청조에서는 지속적으로 선택법의 통일과 이론적 체계화를 모색하였다. 그 결과 1741년(건륭6)에 『협기변방서(協紀辨方書)』가 편찬되었는데, 이것은 시헌력에 조응하는 선택 이론의 완성판이었다. 이후 모든 종류의 의례에 사용되는 선택법은 이 책에 수록된 것으로 통일되게 되었다.

시헌력 채용 이후 조선에서도 선택법과 관련하여 청조에서와 비슷한 흐름이 전개되었다. 조선에서는 시헌력 채용 이전부터 대통력에 조응하는 선택서로 『천기대요(天機大要)』가 널리 사용된 것으로 추정된다. 시헌력을 채용한 후 당연히 조선에서도 선택법의 정비가 요구되었는데, 이 때문에 『천기대요』에 약간의 수정을 가한 『증보천기대요』가 영조13년(1737)과 영조39년(1763)에 간행되었다. 『협기변방서』에 이르기까지 청조에서 이루어진 선택법의 통일과 이론적 체계화의 흐름 또한 조선에 영향을 미쳤다. 정조15년(1791)에 명과학의 담당 관원의 수를 늘리고 대우를 파격적으로 개선하는 조치가 시행되었는데, 이는 청에서 성립한 『협기변방서』, 즉 '신법방서(新法方書)'의 교육과 전수를 효율화하기 위한 것이었다.[155] 이어서 정조19년(1795)에 드디어 『협기변방서』를 중심으로 다른 선택서에서 추출한 내용들을 재편집하고, 서울 기준의 시각을 적용하는 선택법을 수록한 『협길통의(協吉通義)』(총 10책 22권)가 편찬되었다. 시헌력에 조응하는 통일되고 체계화된 선택법이 국가의 모든 의례에 적용될 수 있게 된 것이다. 『협길통의』의 서문에 따르면, "향사(享祀), 근하(謹賀), 조회(朝會), 봉책(封冊), 고융(誥戎), 행행(行幸) 등 국가의 대사와 관혼(冠婚), 거사(居徙), 입학(入學), 교우(交友) 등 백성의 대사에 관한 것"을 망라하였다.[156]

『협길통의』로 상징되는 시헌력에 조응하는 선택법의 정립은, 시헌력 채용 이후 조선에서 지속적으로 선택의 수요가 증가하였으며 아울러 국가의 례에서 선택의 역할과 의미가 중요해진 결과로 해석된다. 우선 조선후기에

『천기대요』의 간행을 거듭한 것은 선택의 수요 증가와 관련이 있는 것으로 해석된다. 『천기대요』는 인조14년(1636), 효종4년(1653), 영조13년(1737), 영조39년(1763)에 관상감에서 간행한 기록이 있다.[157] 선택의 수요 증가는 정조시대에도 계속되었던 것으로 보이는데, 이것은 정조15년(1791)에 이루어진 관상감 명과학의 직제 개편과 확대 그리고 『협길통의』의 편찬으로 확인된다. 정조15년에 명과학의 담당 관원의 수를 대폭 늘리고 대우를 파격적으로 개선하는 조치가 시행되었는데, 선택의 전문 인력이 각종 국가의례에서의 수요에 비해 크게 부족하다는 것이 핵심적인 이유였다.[158] 나아가 국가적으로 중요한 의례에 선택을 시행할 경우 서운관의 담당 관원이 아닌 방외지사(方外之士)를 초치하는 규정을 두었는데,[159] 이것은 선택 지식이 이미 민간에서도 널리 이용되고 있었으며, 민간에서도 전문가가 성장하고 있었다는 증거가 된다.[160]

정조13년(1789)에 이루어진 시각 표준의 개정이 사실상 선택에서의 요구로부터 시작되었다는 것도 주목할 필요가 있다. 이해 10월에 사도세자의 묘를 수원으로 이장하는 일이 계획되어 있었다. 이때 하관(下棺) 의례의 길일과 길시가 날짜의 경계인 자정과 멀지 않기 때문에 만일 시각 측정에서 오차가 있다면 길흉이 바뀌어버리는 심각한 문제가 발생할 가능성이 있었다. 이에 현지 시각을 확정하고자 신법지평일구와 적도경위의를 제작하고, 계산과 확인 관측을 통해 『신법중성기』와 『신법누주통의』가 제작되었다.[161] 선택으로부터 얻은 의례의 일시에 천문학적 근거를 마련하려는 요구가 표준 시각의 개정을 이끌었던 것이다.

선택은 이처럼 정조시대 천문학의 성취를 견인할 만큼 중요한 분야였다. 그렇다면 정조 당시에 선택의 수요가 폭증하고 그 역할이 중요했던 이유는 어디에 있을까. 한 가지 주목해야 할 사실은, 선택의 수요와 역할 증대는 국가의례의 정비 및 체계화와 병진한다는 것이다. 정조시대에 의례의 확대 및 체계화, 각종 의례서의 편찬 등이 이루어졌다는 것은 잘 알려진 사실이다.[162] 선택이 의례의 실천에 필수적 전제로 요구되는 것인 한, 정조 당시 의례 부문에서 이루어진 변화는 선택의 변화와 밀접하게 연관된다는 점을 간과할 수 없다. 정조 당시 의례의 정비와 의례서의 편찬이 어떤 정치 이념이나 문화적 배경 아래서 이루어진 것인지에 대한 보다 깊이 있는 연구는 그 분야의 전문가에게 맡기기로 하자. 다만 여기서는 시헌력 중심의 국가천문학 완성으로 상징되는 정조시대 천문학적 성취가 선택이라는 고리를 통해 국가의례의 정치함과 긴밀하게 연결되어 있다는 사실만을 지적하고 싶다.

2. 천문학의 교양지식화

최근까지 조선후기 천문학사 연구는 국가천문학, 즉 정부 주도로 제도권 내에서 이루어진 활동을 중심으로 이루어졌다. 그리하여 정조시대에 제도권 밖 특히 서울 지역의 사대부를 중심으로 이루어진 서양 과학, 특히 천문학과 수학의 광범위한 유통과 확산에 대해서는 그다지 주목하지 않았다. 필자는 정조시대에 서울의 사대부 사회에서 서양 과학이 경학을 위한 교양지식화 되었다고 본다. 이 현상은 당시의 서양 과학의 성격이 전통적인 과학과 달랐으며, 경학을 위한 학문으로서의 가치도 달라졌기 때문에 일어났다. 나아가 이 현상은 19세기까지 지속되어 천문학과 수학을 중심으로 한 유학자들의 정밀한 연구를 견인했다.

천문학은 오래전부터 경학에 도움이 되는 지식으로 인정을 받아왔다. 왕응린(王應麟, 1223~1296)의 『육경천문편(六經天文編)』이 보여주는 바와 같이, 경서의 내용 가운데 몇몇 주제들을 이해하기 위해서는 천문학적 지식이 필요하며, 이런 지식들은 경학자들의 교양지식으로 인정받았다.[163] 그러나 서양 과학이 경학과 결합하기 이전 시대에는 경학에 필요한 천문학 지식은 대체로 수준이 초보적이고 범위 또한 제한적이었다. 천문학적 지식은 경전을 새롭게 이해하도록 하는 중심 지식이 아니라 핵심 구절의 뜻을 해설하는 보조 지식 정도의 의미를 지녔던 것이다.

매문정(梅文鼎, 1633~1721)을 중심으로 한 청대의 경학자들이 서양에서 전래한 천문학과 수학을 "경학적 틀 속에 공존시키는"데에 성공하고 학계의 공인을 얻으면서, 이런 지식은 경학을 위한 필수지식으로 자리 잡았다.[164] 매문정의 천문학과 수학 연구는 그의 손자인 매각성(梅瑴成, 1681~1764)이 중심이 되어 편찬한『역상고성』과『수리정온(數理精蘊)』에 채용되면서 서양 천문학과 수학을 전통과학 및 경학에 융합시킨 새로운 지식의 전범으로 인정되었다. 나아가 서양 과학을 통한 경전의 새로운 이해가 가능해지면서, 특히 건륭(乾隆, 1736~1795)·가경(嘉慶, 1796~1820) 연간에 청대 고증학의 여러 경향 가운데에서도 전문과학적 논의에 기초한 고증학이 전개된 것은 잘 알려져 있다.[165]

강희 연간에 이루어진 지적 패러다임의 전환과 건가(乾嘉) 연간에 이루어진 고증학의 성과는『역상고성』과『수리정온』을 시작으로 매문정의『역산전서(曆算全書)』와 완원(阮元, 1764~1849)의『주인전(疇人傳)』(1799)에 이르는 각종 서적을 통해 지속적으로 조선에 전해졌다. 영조시대에 이루어진 빈번한 연행사행을 통한 서적 수입과[166] 청조 지식인들과의 인적 접촉을 통해 조선의 지식인들은 천문학과 수학이 경학을 위한 필수지식이라는 인식을 청조 지식인들과 공유하게 되었다. 그리고 영조 말부터 서울의 지식인 사회를 중심으로 앞서 언급한 과학서들이 활발하게 유통되고 있었다.[167]『서양신법역서』와『역상고성』에는『칠정산내편』같은 전통적인 역산서에서는 대응 부분을 찾을 수 없는 이론적 논의, 즉 '역리(曆理)'가 서술되어 있다는 점이 지식인들의 관심을 끌었다. 여기에는 동심천구론에 관한 우주론적 논의, 지구설에 관한 논의, 천체운동의 기하학적 원리에 관한 논의, 역원(기산점)에 관한 논의, 황적도와 경위도에 대한 논의, 세차(歲差)의 원리 등에 관한 논의가 포함되어 있으며, 일월의 운동, 교식, 오행성 운동을 다루는 각각의 부분에도 모두 이론적 논의에 해당하는 역리가 있다. 이러한 내용들은 이론적 논의를 좋아하는 동아시아 지식인들의 관심을 이끌어냈고, 이런 지식을 동원하여 새로운 차원의 경학적 논의가 가능해졌다.[168] 그 가운데에서 대표적인 것이 서양 과학이 중국 고대에 이루어진 과학적 성취에 뿌리를 두고 있다고 주장하는 서학중원설(西學中源說)일 것이다.[169]

영조시대 말부터 서울을 중심으로 천문학과 수학을 거의 전문가 수준으로 학습하고 논의하는 지식인들이 다수 목격되는 것은 바로 이런 흐름을 배경으로 한다. 황윤석(黃胤錫, 1729~1791)의 『이재난고(頤齋亂藁)』에 따르면, 대표적으로 서명응(徐命膺, 1716~1787)과 서호수 부자, 이가환(李家煥, 1742~1801), 홍대용(洪大容, 1731~1783), 이벽(李蘗, 1754~1786), 정철조(鄭喆祚, 1730~1781)와 정후조(鄭厚祚) 형제 등이 그들이다.[170] 정조 사후인 1810년(순조10) 무렵 작성된 홍석주(洪奭周, 1774~1842)의 독서록은 천문학과 수학이 정조시대 유가 지식인들의 필수지식이 되어 있었던 사실을 재확인해준다. 홍석주는 자격 있는 유학자가 되기 위해서는 『수리정온』 53권, 『신법산서(新法算書)』 100권[171], 『역상고성』 42권, 『역상고성후편』 10권, 『역산전서』 60권(매문정 작) 등을 읽어야 한다고 강조했다.[172] 이처럼 천문학과 수학은 정조시대 서울 학계에서 유가 지식인에게 경학을 위한 필수지식으로 인식되어 있었다.

3. 미완의 본국력(本國曆)

정조시대에는 시헌력 중심의 국가천문학의 완성에 힘입어 서울 기준의 역산 결과를 역서에 수록하여 사용해야 한다는 이른바 '본국력' 시행을 위한 욕구가 일어나기 시작했다. 이러한 움직임의 단초는 앞서 살펴본 1734년과 1735년의 역서에서 청과 조선의 역산 결과에 차이가 나면서 나타났다. 조선에서 제작한 1734년 역서는 몇몇 절기의 시각이 청의 역서와 달랐다. 이것은 조선 측의 잘못된 추보 때문이 아니라 서울의 경위도를 기준으로 계산한 결과가 북경을 기준으로 계산한 것과 달랐기 때문이었다. 그러나 이해에 양국 역서의 차이는 실제 사용하는 데 문제를 초래할 정도는 아니었기에 크게 부각되지 않았다.

지나칠 수 없는 문제는 1735년 역서에서 나타났다. 앞서 보았듯이 1734년의 차이가 증폭되어 조선에서 제작한 1735년 역서에는 윤달의 위치와 월의 대소까지 청의 그것과 달라질 것이 예상되었다.[173] 조정에서는 하루속히 청나라에서 발행한 1735년 역서를 입수하여 문제점을 해결할 수 있기를 기대했다. 하지만 청의 역서는 10월 1일에야 반사되기 때문에, 연행사가 이를 가지고 돌아와서 비교한 다음 조선의 역서를 수정하여 인쇄하는 것은 시간적으로 무리가 있었다. 때문에 미봉책으로 1735년 역서에서 윤달이 달라질 수 있는 3/4월의 역면은 인쇄하지 않고 있다가 청의 역서에 맞추어 인쇄하기로 했다.

사실, 역산의 문제는 이런 식으로 간단히 해결될 문제가 아니었다. 청나라에서는 『역상고성』의 역원을 개정한 신법에 따라 계산하여, 1735년은 윤4월, 7월 큰달/8월 작은달로 정했다. 그러나 윤3월인지 윤4월인지를 결정하는 경계점이 되는 중기(中氣)인 소만(小滿)의 시각이 4월 29일 자정 근처에 걸려 있었다. 이 경우 북경과 서울의 경도차로 인해 서울 기준으로 계산한 소만의 날짜는 북경 기준의 날짜와 달라져 문제가 복잡해졌다.[174] 북경을 기준으로 새로운 역원을 적용하여 계산하면 소만의 입기시각(入氣時刻)은 4월 29일 자초(子初) 2각(刻)으로 4월 달 내에 있게 되고, 그다음 달이 중기가 없는 달이 되어 5월이 윤4월이 되어야 했다. 반면 서울을 기준으로 새로운 역원을 적용하면, 소만의 입기시각은 4월 29일 자정 1각8분으로 4월 달 바깥에 있게 되고 4월이 중기가 없는 달이 되어 이달이 윤3월이 되어야 했다.[175] 청과 마찬가지로 역원을 교정한 신법을 적용하자니 윤달이 청과 달라지고, 윤4월로 청의 윤달에 맞추려면 개정된 역원이 아닌 이전의 역원을 적용하여 계산을 해야 하는 모순적인 상황이 벌어졌다.

이 문제에 대해 비변사의 관료들이 임금을 알현한 자리에서 여러 가지 의견이 개진되었다.[176] 논의 결과 청의 역서에 따라서 윤4월로 하고, 역원을 교정하지 않은 옛 계산법을 따르기로 했다. 또한 7·8월의 대소도 7월 작은달/8월 큰달로 삼기로 하였다. 그리고 이런 조치에 대해, 서울 기준의 계산 결과와는 달랐지만 1704년(숙종30) 역서에서 11·12월의 대소를 청의 역서에 따랐던 예가 있었다고 합리화하였다. 각고의 노력으로 서울을 기준으로 계산한 역서를 제작할 수 있게 되었지만, 청과의 조공책봉 관계는 조선의 역일을 계산의 결과대로 역서에 기입할 수 없도록 제약했다. 조선에서는 절기 날짜와 월의 대소를 청의 역서에 맞추기 위해, 개정된 역원을 두고 옛날 역원을 적용하는 모순적인 결정을 하고, 또 이것이 전례가 있는 일이라며 합리화할 수밖에 없었다.

북경과 서울의 경도차로 인해 청과 조선의 역일이 달라지는 일은 자주 일어나지는 않는다. 그러나 조선이 자국의 계산 결과를 따를 것인지 청의 그것을 따를 것인지는 이런 일이 있을 때마다 문제가 되었다. 1772년(영조48)에 미리 계산된 1775년 역서에서 한 달에 세 개의 절기가 드는 문제가 발생했다. "정기법(定氣法)에 따라 절기를 배치한다"는 시헌력의 기본 원칙을 따른다면, 이것은 전혀 문제될 것 없이 한 달에 세 개의 절기를 두면 되는 것이었다. 그러나 당시 조선 조정에서는 이에 대해 청나라의 의사를 물어 그것이 문제될 것이 없다는 확인을 받고서야 그대로 시행할 수 있었다.[177] 조선에서는 자체적으로 서울 기준의 역일을 계산할 수 있다고 하더라도, 조선과 청이 맺은 조공책봉 관계는 조선이 독자적인 역일을 표시한 역서, 즉 본국력(本國曆)이 되지 못하게 제약했다. 조선은 청이 내려주는 정삭을 사용해야 하는 조공국이기 때문에 청의 역일과 다른 역일을 사용해서는 안 되었던 것이다.

조선에서 서울 기준의 본국력을 사용하고자 하는 지향은 영조대 후반부터 서서히 나타났다. 이는 기본적으로 시헌력의 운용에 자신감이 생기면서 일어난 변화로 볼 수 있다. 『동국문헌비고』 상위고에서 서호수(徐浩修)는 다음과 같이 쓰고 있다.

신이 삼가 우리나라의 절기·교식을 생각해볼 때 이차(里差)에 시간을 더하는 방법은 이미 시헌력서에 실려 있으므로, 이제 관상감에서는 이 표를 참작하여 추산할 수 있습니다. 삭망시각은 역서에 따로 각 성(省)에서의 가감하는 조목을 설명하지 않았습니다. 그러므로 중국의 역서를 그대로 쓰면서 변통할 줄을 모릅니다. 가령 이제 경인년(1770) 정월에 연경에서 합삭이 묘정(卯正) 3각5분에 있다고 하면, 한양에서의 합삭은 마땅히 2각12분을 더하여 진초(辰初) 2각2분이 되는데, 이는 시각이 차이 나는 것입니다. 2월 연경에서의 합삭이 자초(子初) 2각5분에 있다고 하면 한양에서의 합삭은 마땅히 2각12분을 더하여 다음 날 자정(子正) 1각2분이 되는데, 이는 날짜가 차이가 나는 것입니다. 시간의 차이는 중국의 역서대로 해도 큰 관계가 없지만, 날짜의 차이는 중국의 역서대로 한다면, 앞 달이 응당 커야 할 것이 작아지고, 이번 달이 응당 작아야 할 것이 커져서 간지(干支)가 옮겨지고, 절기 또한 이에 따르게 되므로, 이는 명백하게 따지지 않으면 안 됩니다. 또 중성(中星)은 한양의 자오선을 기준으로 하면, 여러 별자리의 편도(偏度)가 연경과 다르게 됩니다. 해시계와 물시계도 한양의 북극고도(北極高度)를 기준으로 하면 오경율분(五更率分)이 연경에 비하여 빠릅니다. 그러나 지금 관상감의 『중성기』나 『누주통의』는 모두 연경 기준이니, 이는 거의 북평대관(北平臺官)이 남방의 구루(晷漏)를 답습한 것으로서 매문정(梅文鼎)에게 비난받은 것입니다. 그러나 중성과 구루는 의기(儀器)를 가지고 우리나라의 자오선을 실측한 후에야 진정한 시각과 도분을 알 수 있는 것으로, 셈대를 잡고 표를 검사하는 정도로는 다 알 수 있는 것이 아닙니다. 또 이 편에서는 모두 이미 행해지고 있는 법을 적어놓은 것이고, 감히 아직 시험하지 못한 이론까지는 이야기하지 못하였습니다. 그래서 그대로 연경 기준에 의하여 엮었습니다.[178]

인용문에서 보듯이, 1770년(영조46) 무렵까지 조선의 천문관원들은 이차, 즉 경도차에 따라 서울과 북경에서의 시간이 달라진다는 것은 충분히 알고 있었다. 인용문에서 서호수는 조선의 천문관원들이 서울의 경위도를 기준으로 한 역서를 만들 수 있고, 또 청의 역서와 다른 본국의 역서를 만들 필요가 있다고 주장하고 있다. 이것은 조선의 천문관원들이 『역상고성』과 『역상고성후편』의 성립 이후 계속 노력하여 역산에 대한 원리적인 이해가 완전해졌기 때문이었다.

시헌력 운용 능력에 대한 자신감은 영조대(재위 1725~1776) 후반부터 조선 각지의 위도를 산정(算定)하려는 움직임으로 나타났다. 팔도의 위도 산정은, 한편으로 측정치를 지도 제작에 활용함으로써 보다 정확한 지도를 만들려는 지리학적 관심에서 시작되었다.[179] 다른 한편으로는, 청이 13성각지의 주야시각과 절기시각을 역서에 표시하였는데, 조선이 이것을 본받고자 했기 때문이다. 즉 조선의 강토가 비록 좁지만 한반도의 최남단과 최북단은 위도 차이가 있으므로, 청나라의 역서처럼 조선 각지의 시각을 정확히 표시한 역서가 있어야 한다는 생각이다. 이런 생각은 황윤석이 피력한 적이 있고,[180] 서호수도 『동국문헌비고』 상위고에서 다음과 같이 주장했다.

> 한양으로부터 남쪽으로 해남현(海南縣)에 이르기까지 거의 1천 리인데, 직선거리로 측정하면 해남에서의 북극고도는 한양에 비해 마땅히 2~3도는 낮을 것입니다. 그리고 한양으로부터 북쪽으로 삼수부(三水府)에 이르기까지는 거의 2천 리가 되는데, 직선거리로 추산하면 삼수부에서의 북극고도는 한양에 비해 마땅히 4~5도가 높을 것입니다. 그리고 그 밤낮의 길이는 모두 한양을 기준으로 하고, 북극의 고저에 따라 가감해야 합니다.[181]

또 서호수의 아버지인 서명응은 이미 1760년(영조36)에 팔도의 위도 차이를 인식할 필요가 있다고 주장하고,[182] 자신의 저서인 『위사(緯史)』에서 개인적으로 산정한 팔도의 위도를 기록하였다.[183] 서명응의 생각은 황윤석, 신경준(申景濬, 1712~1781) 등도 공유하고 있었다고 하므로,[184] 팔도의 위도를 산정해야 한다는 생각은 영조대 후반 즈음에는 상당히 널리 퍼져 있었던 것 같다.

조선 팔도의 위도 산정 사업은 정조대에 이가환(李家煥, 1742~1801)처럼 천문학에 밝은 관료들도 공감하여 국가적인 사업으로 진행되었다. 이가환은 1789년(정조13)에 정조가 내린 천문책(天文策)에 대한 답에서 조선도 경위도 산정 작업을 해야 한다고 주장했다. 그는 "만약 서울에서 관측한 것만을 쓴다면 하늘을 공경하고 백성에게 시간을 내려주는 뜻에서 이만큼 흠결인 것이 있겠느냐"고 하면서 각지에 천문관원을 파견하여 경위도를 실측할 것을 건의했다.[185] 정조는 1791년(정조15) 관상감의 신하들에게 명하여 비변사에 보관되어 있는 팔도여도(八道輿圖)를 가지고 각도 관찰영(觀察營)의 위도(북극고도) 및 서울을 기준으로 한 동서편도(東西偏度, 서울의 자오선으로부터 동서로 떨어진 정도, 즉 서울과의 경도차)를 산정하게 했다.[186]

> 동서편도는 역법의 강요(綱要)이다. 한양의 입춘이 자초(子初) 3각의 끝에 있으면 동쪽으로 치우쳐 1도를 지난 곳은 하루 뒤질 것이고, 자정(子正) 초각(初刻)의 처음에 있으면 서쪽으로 치우쳐 1도를 지난 곳은 하루 앞설 것이다. 입춘은 두 해가 바뀌는 것에 관계되니 더욱 중하다.[187]

이어 서호수의 주도로 전국 팔도 관찰영의 북극고도(위도)와 동서편도가 산정되었고, 이 수치는 1792년(정조16)부터 역서에 기입하여 팔도에 반포하기로 하였다.[188]

그러나 이 계획은 1792년(정조16) 신하들의 반대로 시행되지 못했다. 표면적인 반대의 이유는 명과학 책인 『협기변방서(協紀辨方書)』의 인쇄가 역서의 인쇄와 겹쳐서 물리적으로 어렵다는 것이었다. 즉 팔도의 주야시각과 절기시각을 얻기 위해서는 많은 계산이 필요하고, 또 이 결과를 역서에 싣는다면 역서의 장수(帳數)가 많아지기 때문에 관상감의 능력으로는 무리라는 것이었다. 그리고 조선 내에서 경위도 차이 때문에 지역별로 달라지는 주야시각은 아주 작기 때문에, 이것을 역서에 표시하자는 것은 뜻은 좋으나 이득이 별로 없다는 이유도 덧붙여졌다.[189]

그런데 이 계획이 좌절된 실제의 이유는 다른 곳에 있었다. 당시 관상감 제조 서용보(徐龍輔, 1757~1824)의 말에서 그것을 볼 수 있다. 그는 "외국(外

國)에서 역서를 만드는 것은 이미 법으로 금하고 있고, 또 각도의 경위도에 맞는 절기시각과 주야시각을 역서에 첨가하는 것은 한갓 일을 확대하는 것 뿐"이라고 했다.[190] 즉 청은 번속국인 조선이 역서를 만드는 것을 금지하고 있으며, 만일 조선이 팔도의 시각이 모두 표시된 역서를 만들었다는 것을 청이 알게 되면 외교적인 문제가 생길 수 있다는 것이다. 팔도 각지의 시각을 표시한 역서를 발행하지 못한 이유가 사실상 청과의 외교적 관계를 고려해야 했던 번속국의 난처함 때문이었던 것이다. 그만큼 조선 현지를 기준으로 계산한 결과를 적은 역서, 즉 명실상부한 본국력(本國曆)을 발행하는 것은 조선과 청이 맺은 조공책봉이라는 관계 아래서는 허용될 수 없는 것이었다.

팔도 각지의 경위도를 기준으로 역산한 결과를 담은 역서를 발행하는 일은 무위에 그쳤지만, 정조대 시헌력 운용에 대한 자신감은 "사민(士民)국가로서의 자존을 보존하고 한당(漢唐)의 천자상(天子像)을 빌어 초월적 군주상을 정립하고자 했던" 정조의 정책적 의도와[191] 맞물려 정조대 후반 몇 차례의 '미완의 본국력' 시행으로 결실을 맺었다.[192] 정조는 1791년(정조15) 팔도의 북극고도 산정작업이 『서경(書經)』의 요전(堯典)의 이념, 즉 관상수시(觀象授時)의 이념을 실천하는 것이라고 주장하였다.[193] 요임금이 희화(羲和)에게 명하여 천상(天象)을 관찰하고 백성들에게 시간을 내려주었듯이, 조선 팔도 각지의 경위도에 맞는 정확한 시간을 백성들에게 내려주는 것이 제왕의 가장 중요한 임무라는 것이다. 또한 정조는 화성(華城)에 황제의 수도로서 권위를 부여하고자 황교(皇橋), 대황교(大皇橋), 만석거(萬石渠), 축만제(祝萬堤), 만년제(萬年堤), 만안제(萬安堤) 등 중국의 천자에게나 어울릴 명칭을 붙였듯이, 청의 황제를 의식하지 않을 정도로 자주적인 태도를 견지했다고 한다.[194] 이것은 바로 정조대에 몇 차례 미완의 본국력 시행이 조선에서의 시헌력 운용 능력에 대한 신뢰와 함께 정조 자신의 성군(聖君) 지향이 결합하면서 가능했음을 보여준다.

　1797년(정조21) 역서에 대한 다음의 서술은 정조대 제한적인 본국력 시행의 상황을 잘 보여준다.

　　겨울 12월에 본감(本監)에서 아뢰기를, "오는 정사년(1797) 12월의 합삭이 청나라에서는 신정(申正) 2각14분인데 우리나라에서는 신정 3각이므로 서로 차이 나는 것이 1분이고, 하지가 청나라에서는 사초(巳初) 초각8분인데 우리나라에서는 사초 초각5분이므로 서로 차이 나는 것이 3분이며, 대설이 청나라에서는 해초(亥初) 2각7분인데 우리나라에서는 해정(亥正) 초각1분이므로 차이 나는 것이 1각9분입니다. 우리나라의 추보는 오로지 입성(立成)에 따르므로 혹 시차(時差)의 가감에 착오가 있을까 염려하여 다시 역관(曆官)을 시켜 한결같이 『역상고성』의 본법에 따라 상세히 추보하여 살펴보게 하였더니, 합삭과 하지가 서로 수분이 차이 나는 것은 다 초(秒)나 미(微)의 나머지 수[領數]를 올리기도 하고 버리기도 하였기 때문이나, 대설이 1각 남짓 차이 나는 것으로 말하면 우리나라 책력(冊曆)의 균수(均數)와 승도(升度)에서 시차(時差)의 가감이 이미 본법과 마디마디 꼭 맞습니다. 연경에서 시각으로 말하더라도 해초(亥初)로 해야 할 것인데, 청나라 역서에 술정(戌正)으로 된 것은 저들이 시차의 가감을 잘 살피지 못하였기 때문인 듯합니다. 소만이 청나라에서는 24일인데 우리나라에서는 25일인 것은, 우리나라의 절기가 연경에 비해 42분 더하므로, 혹 자초(子初)에서 자정(子正)으로 바뀌는 때에 해당하면 응당 하루가 차이 나게 됩니다. 모두 우리나라 역서에 따라 시행하는 것이 어떠하겠습니까?" 하니, 윤허했다.[195]

　이처럼 서울 기준의 역산에 자신감을 지녔던 관상감은 다음 해인 1798

년(정조22)에는 아예 조선의 역서와 차이가 나는 청의 역서를 국왕에게 올리지도 않은 채, 조선에서 계산한 역서를 자신 있게 시행했다.[196]

그러나 이와 같은 본국력 시행은 정조 치세에도 겨우 세 차례에 그쳤다.[197] 그나마 그 몇 차례도 절기시각이나 절기일이 차이가 있는 경우에 본국력을 고집할 수 있었을 뿐, 만일 초하루의 위치나 윤달의 위치가 청의 역서와 달라지는, 즉 청나라와 정삭(正朔)이 달라지는 경우에는 결코 본국력을 시행할 수 없었다. 청과 책봉조공 관계를 맺어 피책봉국이자 조공국이 된 조선이 책봉국인 청의 역일과 다른 독자적인 역일을 사용하는 것은 조약 위반이자 책봉국의 권위에 대한 도전이 되기 때문이다. 따라서 정조시대의 천문관원들이 서울 기준으로 모든 역산을 수행할 수는 있었지만, 만일 조선의 역일이 청의 그것과 달라지면 청의 역일에 일치시키기 위해 조선의 역일을 변경할 수밖에 없었다. 조선의 역서가 언제나 미완의 본국력일 수밖에 없는 이유는 바로 중국과 맺은 조공책봉 관계 때문이다.

조선전기와 조선후기는 조공의 대상국과 그곳에서 채용한 역법이 다르다. 조선전기는 명조(明朝)와 대통력(大統曆)이지만 조선후기는 청조(淸朝)와 시헌력(時憲曆)이다. 그러나 천문학사의 관점에서 볼 때, 조선의 천문학은 조공책봉 관계 아래서 수행된 것이라는 점에서 전후기의 차이가 없다. 조공책봉 관계 아래서 정삭은 중국과 조선의 관계를 표상하는 역할을 했다. 청은 자국에서 수립한 역일을 담은 역서를 책봉의 징표로 종속국인 조선에 내려주었으며, 조선 또한 조공의 징표로 이 역서를 받아들였다. 즉 책봉국의 정삭을 채용한 것이다. 19세기에 조선에서 활동한 프랑스 선교사였던 베르뇌(Siméon-François Berneux, 1814~1866) 주교는 파리외방전교회 신학교장 알브랑(François Antoine Albrand, 1804~1867)에게 보낸 1865년 11월 20일(양력) 서한에서 정삭으로 표상된 조청 간의 조공책봉 관계를 잘 포착하여 기술하고 있다. 그는 "조선이 중국의 소위 우방이고 한 걸음 더 나아가 종속국인 것은 사실입니다. 조선에서는 종속의 표(表)로 해마다 중국에 가서 그 역서를 받아 와야 합니다"라고 기술했다.[198]

하지만 조선은 중국의 정삭을 채용하면서도 독자적으로 자국의 시간규범을 수립하고 이를 사용하였다. 시간규범의 수립과 사용의 관점에서 본다면, 조청 관계는 단순한 조공책봉 관계가 아니었다. 조선 자체의 시간규범의 수립과 반포는 청조의 묵인 아래 이루어졌고, 이것은 조선의 왕이 청 황제의 다른 분봉왕(分封王)들과는 완전히 다른 지위를 지니고 있었음을 말해준다. 청이 조선에 압력을 가해 천주교인에 대한 탄압을 멈추어주기를 원했던 황사영(黃嗣永, 1775~1801)은 1801년에 작성한 백서(帛書)에서 "다만 시헌서(時憲書)를 사사로이 만든 일과 상평통보(常平通寶)를 사사로이 만든 일, 이 두 가지는 곧 중국 조정에서도 전부터 알고 있으면서도 문책하지 아니한 일이므로, 한번 조사하기만 하면 족히 죄를 나무랄 수 있습니다"고 주장했다.[199] 조공책봉 관계 아래서 조선은 독자적인 시간규범을 수립할 수 없는 피책봉국이었기 때문에 황사영은 조선이 자국의 역서를 만든 것을 문제 삼아 조선을 압박할 수 있다고 여겼다. 그러나 청은 이를 문제 삼지 않았는데, 조선이 자국에서 독자적으로 역산을 운용한다는 사실을 알면서도 묵인해왔기 때문이다. 독자적 시간규범의 수립과 사용 여부를 기준으로 보면, 조선은 역일에서는 청의 조공국이었지만 시각에서는 독립국이었던 셈이다.

제6장

19세기 전통천문학의 정점

지금까지 한국사에서는 일반적으로 순조시대(1800~1834) 이후부터는 세도정치의 시기로 정치, 경제, 사회, 문화의 제 부문에서 조선은 쇠퇴의 길로 들어섰고, 19세기 후반부터는 외세의 침탈과 강점이 이어져 근대사회로의 전환에 실패한 것으로 인식되어왔다.[1] 하지만, 19세기 과학사에 대한 연구가 많지 않은 상황에서 속단하기는 이르지만, 적어도 천문학사의 관점에서는 이전 시대의 유산이 19세기 중반까지 이어지며, 나아가 19세기는 전통천문학의 정점(頂點)으로 인정할 만한 역사가 이루어졌다. 특히 정조시대에 이루어진 시헌력 운용 체제의 완성과 천문학에 대한 지적 패러다임의 변화는 19세기로 이어져, 한국의 전통천문학은 그 최고 수준에 이르렀다.

19세기 천문학은 남병철(南秉哲, 1817~1863)과 남병길(南秉吉, 1820~1869) 형제의 천문학으로 대표할 수 있는데, 시헌력을 기반으로 한 국가천문학의 정점은 남병길의 『시헌기요(時憲紀要)』와 『추보첩례(推步捷例)』에서, 유가 지식인이 수행한 전문적 수준의 천문학 연구의 결과는 남병철의 『추보속해(推步續解)』에서 볼 수 있다. 일찍이 한국 천문학사 연구의 개척자 유경로(1917~1997)는 남병철과 남병길 형제의 천문학 연구를 다음과 같이 평가했다.

이 형제는 안동 김씨 세도 시기의 그의 외손으로서 고관을 지내며 관상
감(觀象監)의 제조(提調)를 겸했던 사람들이다. 나라는 날로 쇠하는 판
국에서 그들은 각자의 기호에 따라 천문학과 수학을 공부하고 이조 말
년(李朝末年)을 장식하는 거대한 저술을 남기었다. 그러나 그들의 업적
은 청말(淸末)의 동양적인 학문을 벗어날 수는 없었다. 서양의 신문명이
직수입 또는 일본을 통해서 들어오기 직전이었기 때문이다. 귀족의 고
상한 취미생활적인 학문의 업적이긴 하나 우리는 세종(世宗) 대의 이순
지·김담으로 이룩된 조선 천문학이 남병철·남병길 형제에 의해서 도미
(掉尾)를 장식한 것을 감사하지 않을 수 없다.[2]

유경로의 평가는 이들 형제의 천문학이 세종시대로부터 이어진 전통천
문학 분야에서 마지막을 장식한 화려한 업적이지만, 그것은 근대과학이
아니라 전통적 학문체계 안에 갇혀 있었다는 데 대한 아쉬움을 드러내고
있다. 전통천문학이 근대과학에 이르지 못한 것에 대한 아쉬움을 피력한
근대중심주의적 감회를 제외하면, 이들 형제의 천문학이 전통천문학의 가
장 화려한 모습을 보여준다는 평가는 쉽게 수긍할 수 있는 것이다.

남병철과 남병길 형제는 의령(宜寧) 남씨(南氏) 가문의 24세손으로, 영조
때 대제학(大提學)을 역임한 남유용(南有容, 1698~1773)과 그의 아들 남공철
(南公轍, 1760~1840) 등을 선조(先祖)로 두었다. 어머니는 당시 세도가의 중
심이었던 안동(安東) 김씨(金氏) 김조순(金祖淳, 1765~1832)의 딸이다. 해주목
사(海州牧使)낸 남구순(南久淳, 1794~1853)이 남병철(南秉哲, 1817~1863)과 병
길 형제를 낳았다.[3] 이 형제는 1853년부터 1856년경까지 아버지의 병을 간
호하고 삼년상을 치르던 기간에 천문학과 수학 연구를 심화하였던 것 같
다. 이 분야에 관한 형제의 저술은 거의 대부분이 1853년 이후에 완성된
것들이기 때문이다.

형인 남병철은 천문학 방면에서 19세기 조선에서 가장 수준 높은 지식을 보유한 학자로 평가된다.[4] 자는 자명(子明) 혹은 원명(原明), 호는 규재(圭齋)로 알려져 있다. 21세(1837)에 과거에 합격하고, 헌종(재위 1827~1849)과 철종(재위 1831~1863)대에 걸쳐 주요 관직을 역임했다. 전라도관찰사, 예조참판, 형조참판, 평안도관찰사, 예조·공조·형조·이조판서를 역임하고, 1859년(철종9)에 홍문관대제학과 관상감제조를 겸하였다. 동생인 남병길[5]의 자(字)는 원상(元裳) 혹은 자상(子裳)이며, 호(號)는 혜천(惠泉), 육일재(六一齋), 유재(留齋) 등으로 썼다. 특히 유재라는 호는 남병길의 스승이었던 추사(秋史) 김정희(金正喜, 1786~1856)가 추사체의 현판 글씨를 써서 선물한 것으로도 유명하다.[6] 그는 1848년(헌종14)에 증광시(增廣試)에 급제하여, 황해도관찰사, 승정원도승지, 한성부판윤, 형조판서, 예조판서 등을 역임했다. 남병길은 1861년과 1866년 등 두 차례나 관상감제조를 역임했다.

남병철의 저술은 생전에 출간된 천문학, 수학, 천문기구 방면의 3부작과 사후에 출간된『규재유고(圭齋遺稿)』(1864)가 유명하다. 천문학 저술인『추보속해(推步續解)』(1862), 수학 저술인『해경세초해(海鏡細草解)』(1861), 천문기구에 관한 저술인『의기집설(儀器輯說)』(간년미상)은 그가 이룩한 천문학과 수학 방면의 탁월한 지식의 수준을 보여준다.『추보속해』는 태양과 달의 운동을 케플러의 타원궤도 이론을 적용하여 계산하는 방법과 이에 대한 해설을 다루고 있는데, 구면삼각법을 자유자재로 구사하는 등 남병철이 구사하는 천문학적 지식은 매우 전문적인 수준에 이르러 있다.『해경세초해』는 천원술(天元術, 전통수학의 고차방정식 풀이법)에 관한 논의를 담고 있는 원대 이야(李冶)의『측원해경(測圓海鏡)』의 체제를 따르면서, 서양에서 전해진 고차방정식 풀이법인 차근방(借根方)의 방법도 참고하여 천원술의 원리를 설명한 책이다. 전체적으로 서양의 차근방보다는 전통적인 천원술에 치중하여 저술된 것으로 평가된다.[7]『의기집설』은 천문관측기구에 대한 책으로, 여기에는 10가지의 기구를 다루고 있다. 특히 상하 2권으로 된 이 책에서 상권의 전체를 할애하여 역대의 혼천의 제도를 검토하고 관측에 편리하도록 개량한 혼천의를 제시하고 있다. 이 외에도 서양 점성술에 관한 내용을 담고 있는『성요(星要)』[8]와 이슬람 역법인 회회력(回回曆)에 관한 내용을 담은『회회력법(回回曆法)』이라는 책이 모두 남병철의 저작으로 추정되고 있다.[9]

남병길의 저서는 천문학, 수학, 선택(選擇), 시문(詩文) 등 다방면에 걸쳐 방대하다. 천문학 방면에서는『중성신표(中星新表)』(1853),『항성출중입표(恒星出中入表)』(1854?),『시헌기요(時憲紀要)』(1860),『성경(星鏡)』(1861),『추보첩례(推步捷例)』(1861),『춘추일식고(春秋日食攷)』(1861?),『중수중성표(重修中星表)』(1864),『태양경루표(太陽更漏表)』(1867),『양도의도설(量度儀圖說)』(1855) 등이 있고, 수학 방면에서는『무이해(無異解)』(1855),『구장술해(九章術解)』(1856),[10]『측량도해(測量圖解)』(1858),『산학정의(算學正義)』(1867),『집고연단(緝古演段)』(1869),『유씨구고술요도해(劉氏句股術要圖解)』(미상),『수학절요(數學節要)』(미상),『식별이기주초(識別離記注草)』(미상),『옥감세초상해(玉鑑細草詳解)』(미상) 등이 있으며, 선택 방면에서는『선택기요(選擇紀要)』(1867),『연길귀감(涓吉龜鑑)』(1867) 등이 있다. 그 외 국가 전적으로『육전조례(六典條例)』,『춘관통고(春官通考)』 등의 발간에도 여러 차례 참여하였다. 특히 남병길은 김정희의 제자였기 때문에 추사(秋史) 문단(文壇)의 인물들과는 매우 밀접히 교류하였다.[11] 남병길은 스승인 김정희의 서간(書簡)과 저술을 정리하여『완당척독(阮堂尺牘)』,『담연재시고(覃揅齋詩稿)』,『완당집(阮堂集)』 등을 간행하였다.[12] 또한 수학에 관해서는 당시 중인 수학자로 이름이 높았던 이상혁(李尙爀)과 공동으로 저술하기도 하였다.

남병길과 국가천문학의 정점

1. 시헌력의 역산 매뉴얼 완성

남병길의 『추보첩례(推步捷例)』(1861)는 한마디로 서양 천문학을 도입하여 만든 역법인 시헌력 중심의 역산과 작력(作曆) 매뉴얼(편람)의 완결판이라고 할 수 있다. 몇몇 선행 연구에서 이 책의 전반적인 특징이 언급되었으며, 이 책이 정조(正祖) 때에 편찬된 『칠정보법(七政步法)』과 관련되어 있다는 것이 알려졌다.[13] 『추보첩례』는 매년의 역서를 제작하고 일월식을 예보하는 일을 담당하던 천문관원들이 이용하기에 편리하도록 역 계산에 필요한 계산의 순서와 방법을 서술하고 있다. 『추보첩례』의 편찬 과정과 편찬의 목적, 그리고 다루는 내용의 범위에 대해 편자인 남병길이 서문에서 밝히고 있다. 그는 천체의 운행을 계산하는 방법은 "간단하고 빠르게 구하는 것[簡捷徑求]"을 지향한다고 전제하고, "여러 수표[立成]를 만들고 이를 이용하여 계산을 하는 방법[諸數立成及用表推法]"을 수록하였다.[14] 그가 『추보첩례』를 편집한 목적이 수표(數表)를 이용하여 간단하고 빠르게 계산하는 방법을 수립하여 제시하는 데에 있었음을 알 수 있다. 남병길은 "(『推步捷例』의) 인본(印本)을 본감[觀象監]에 비치하고, 삼서(三書)와 칠정(七政)을 수술(修述)하는 본보기[模楷]로 삼고자" 하였다.[15] 여기서 말하는 "삼서와 칠정을 수술하는" 것은 해마다 발행하는 역서(일과력)와 칠정력서(七政曆書, 날짜별로 칠정의 위치를 수록한 역서)를 편찬하는 것을 의미한다.

또한 이 책은 역서에 시간주기의 길흉(吉凶)을 나타내는 역주(曆注)를 기입하는 방법을 포함하고 있는데, 이 때문에 이 책은 조선시대에 편집된 보통의 역산 매뉴얼과는 조금 다른 특징을 지니고 있다. 『추보첩례』의 수록 항목 가운데 '작력식(作曆式)'이 그것이다. 남병길은 서문에서 다음과 같이 말한다.

> 근래 일식우법(日食又法)과 월식보법(月食步法)에 관한 수십 장의 종이를 보았는데, 누구의 저작인지 알 수 없었다. 비록 이론을 세운 본뜻에는 합치하지 않으나 상세하고 확실하며 중복되지 않아서 겨우 계산할 수 있는 자라도 또한 순서에 따라 그럭저럭 모방할 수 있다. 이에 그 체례(體例)에 의거하여 일식본법(日食本法)과 일월오성의 계산법을 보충하고, 칠요단목(七曜段目)과 작력식(作曆式)을 첨가하여 하나의 책을 만들었으니 이름을 추보첩례라 하였다.[16]

남병길은 여기에서 『추보첩례』의 편집에 이용된 책들이 어떤 것인지를 밝히지 않고 "수십 장의 종이"라거나 작력식 같은 항목명만 언급하였다. 그런데 이 책의 내용과 규장각에 소장된 다른 자료들을 비교해보면, 그가 정조시대에 만들어진 매뉴얼들을 이용했다는 점이 분명해진다. 『추보첩례』는 우선 상편(上篇)의 첫 번째 항목명으로 쓰인 '칠정보법(七政步法)'이라는 이름의 책과 밀접한 관련이 있다. 칠정보법(七政步法)이라는 최초의 항목명을 책 이름으로 잘못 적어서 혼란이 발생하여 『칠정보법』과 『추보첩례』는 종종 같은 책으로 오인되기도 한다.[17] 사실 『칠정보법』(奎12508)은 정조 때 관상감제조였던 서호수(徐浩修)와 관상감의 삼력관(三曆官)으로 있던 김영(金泳, 1749~1817) 등이 주도하여 1798년에 편찬한 책이다. 그리고 『칠정보법』(奎12508)은 전체 내용이 『추보첩례』 상편의 칠정보법(七政步法)과 칠정단목(七政段目)을 합친 부분과 일치한다.

한편 규장각 소장의 『칠정보법』(奎12508)에는 칠정의 위치 계산에 관한 내용만 있을 뿐 『추보첩례』의 서문에서 언급한 "일식우법과 월식보법에 관한" 내용이 없다. 또 『추보첩례』 상편에는 '작력식(作曆式)' 항목 다음에 상편에서는 월식계산법을 두고 하편에서는 일식계산법을 두었다. 그런데 규장각에 소장된 『작력식(作曆式)』(奎12506)이라는 책은 역주(曆注) 기입법에 관한 내용을 서두에 두고 후반부에서는 일식계산법을 두었다. 양쪽의 내용을 비교해보면 『작력식』(奎12506)에 들어 있는 일식과 월식의 계산법에 대한 서술은 『추보첩례』의 그것과 일치한다는 것을 알 수 있다. 여기서 규장각 소장의 『칠정보법』(奎12508)과 『작력식』(奎12506), 그리고 남병길의 『추보첩례』 사이의 관계가 분명해진다. 『추보첩례』는 『칠정보법』과 일치하는 부분이 있고, 『작력식』(奎12506)과 일치하는 부분이 있는데, 이들을 하나로 합치면 전체적으로 『추보첩례』를 구성할 수가 있게 되는 것이다(〈표 7〉 참조).

대상 서적	연관 서적	연관의 정도	비고
『推步捷例』 (古7300-8)	『七政步法』 (奎12508)	일부 내용이 일치. 일식과 월식 계산법 미수록.	『七政步法』(奎12508)과 『作曆式』(奎12506)은 원래 한 권의 책으로 편집되었으나, 어떤 사정으로 인해 서로 다른 이름으로 분책되었을 가능성이 큼.
	『作曆式』 (奎12506)	일식과 월식 계산법 서술이 일치. 〈作曆式〉 항목의 서술도 일치.	

〈표 7〉 『推步捷例』의 연관 서적과 특성

『작력식』은 편찬 시기를 확인할 수 없지만, 정조 때에 편찬된 『칠정보법』에 이미 작력식이 함께 편집되어 있었을 가능성이 있다. 세월이 지나면서 여러 개의 분책으로 흩어져 있던 것을 남병길이 다시 하나로 편집하여 역산법과 역주 기입법을 망라한 한 권의 매뉴얼로 만든 것이 『추보첩례』라고 생각된다. 따라서 『추보첩례』는 정조시대에 완성된 시헌력 중심의 역산 매뉴얼인 『칠정보법』과 역주 작성의 매뉴얼인 작력식(作曆式)을 이어받고 있다고 할 수 있다. 『추보첩례』는 첩례(捷例)라는 말로 알 수 있듯이, 계산의 편의를 위해 각종 수표와 산술식을 적용하여 매 계산 단계별로 원하는 수치를 얻어내는 방법과 역주 작성법까지 수록하고 있기 때문에 역산을 수행하고 역서를 편찬하는 천문관원에게는 매우 편리한 매뉴얼이었다. 정조시대에 확보한 시헌력 중심의 역산과 역서 제작법이 19세기 조선의 관상감 관원들에게 그대로 이전되었으며, 이들은 이전 시대보다 효과적인 매뉴얼을 확보하게 되었다고 볼 수 있다. 그만큼 정조시대에 확립된 시헌력 중심의 국가천문학은 19세기까지도 지속되고 확장되고 있었던 것이다.

하지만 『추보첩례』가 아무리 실용적인 매뉴얼이라고 하더라도 이것을 따라 단순한 연산만을 반복하게 되면, 천문관원들은 수학적·천문학적 원리를 소홀히 하여 이론적인 이해가 퇴보할 수밖에 없다. 남병길은 이 점을 우려하여 서문의 마지막에 다음과 같이 경고하였다. "이(『추보첩례』)는 천문관원이 간편하게 참고할 책일 뿐이다. 실로 오로지 이 책에다만 힘을 쓰고서 할 일을 다 했다고 여긴다면, 얼마 안 되어 회회력(回回曆)을 담당하는 사람들이 토반(土盤)에다 계산하는 것과 비슷해질 것이니, 책을 쓰는 근본(목적)이 아니다."[18] 『추보첩례』처럼 간편한 계산 매뉴얼에만 매달려 근본적인 원리에 대한 이해를 소홀히 하면, 회회력을 담당하는 사람들이 원리는 모른 채 계산만 반복하는 것처럼, 천문관원들의 이해가 퇴보할 것이라는 경고이다. 그가 이 책과 함께 『시헌기요(時憲紀要)』를 저술한 이유도 여기에 있었다.

2. 역산학과 천문학의 결합

1860년(철종11) 남병길이 저술한 『시헌기요』는 한마디로 19세기 중반에 완성된 전통적 역산천문학의 교과서라고 할 수 있다. 남병길 자신이 발문에 적은 것처럼 "시헌기요는 시헌법의 벼리이며, 그 핵심 요체는 익히고 배우는 데에 편하게 하고자" 만든 책이다."[19] 1860년대에 조선에서 편찬된 남병길의 『시헌기요』와 『추보첩례』, 그리고 남병철의 『추보속해(推步續解)』(1862)는 서양 천문학을 채용하여 성립한 시헌력 중심의 역산천문학을 다루고 있다는 점에서 공통적이다. 필자가 이 책들을 검토한 바로는, 이들은 태양과 달의 운동, 그리고 이 두 천체의 운동으로 일어나는 교식에 대해서는 『역상고성후편(曆象考成後編)』(1741)의 지식을, 오성의 운동에 대해서는 『역상고성(曆象考成)』(1723)의 지식을 기반으로 하고 있다.

전상운은 천문학 교과서로서의 성격에 주목하여 남병길의 『시헌기요』를 최초의 근대천문학 교과서인 정영택(鄭永澤, 1874~1948)의 『천문학(天文學)』(1908)과 대비시킨 적이 있다.[20] 그러나 두 책의 교과서로서의 공통적인 성격을 주목하기에 앞서 『시헌기요』가 다루고 있는 내용이 『천문학』과 크게 다르다는 점을 간과해서는 안 된다. 정영택의 『천문학』은 근대천문학의 교과서이지만, 남병길의 『시헌기요』는 전통적 역산천문학의 교과서로 천문학적 탐구의 목표와 방법이 판이하게 다르다. 근대천문학은 천체운동의 역학적 원리와 천체의 물리적 특성을 해명하는 천체역학과 천체물리학을 중심으로 삼고 있지만, 전통적인 역산천문학은 천체의 위치를 관측하고 예측하는 데에 가장 큰 관심을 두는 소위 위치천문학이다. 따라서 『시헌기요』에서 다루고 있는 내용 가운데 천체역학과 천체물리학적인 내용은 거의 없다. 『역상고성후편』에서 케플러(刻白爾), 카시니(噶西尼), 뉴턴(奈端) 같은 근대천문학자를 언급하였지만, 이들이 언급되는 맥락은 오로지 천체의 위치를 정확하게 측정하고 계산하는 데에서 이론적 진보를 이룩한 사람으로 등장할 뿐이다. 마찬가지로 『역상고성후편』을 인용하고 있는 『시헌기요』에서도 이들은 프톨레마이오스(多祿歟)나 티코 브라헤(第谷)와 마찬가지로 천체의 부등속운동을 관측을 통해 알아냈거나 그 부등속운동을 수학적으로 계산하는 방법을 개발한 사람으로 인용될 뿐임을 확인할 수 있다. 『시헌기요』는 근대천문학의 교과서가 아닌 전통적 역산천문학의 교과서라는 사실을 인식하는 것이 중요하다.

『시헌기요』는 역산천문학 교과서로서의 효율성과 함께 1860년대에 조선의 지식인이 도달해 있던 역산천문학의 정점을 보여준다. 『시헌기요』가 지닌 교과서로서의 효율성은 대체로 세 부분에서 간취할 수 있는데, 하나는 천체의 행도 계산법을 설명하기에 앞서 상편(上編)의 '역상연혁(曆象沿革)'부터 '청몽기차(淸蒙氣差)'에 이르는 항목에서 제시한 천문학적 기초 이론에 대한 서술이며(〈표 8〉 참조), 두 번째는 각 천체의 행도 계산법에 대한 설명에 앞서 '항성행도(恒星行度)', '태양행도(太陽行度)', '태음행도(太陰行度)', '오성행도(五星行度)', '교식총론(交食總論)' 등의 항목을 두어 제시한 각 천체들의 운동 특성에 대한 서술, 세 번째는 각 천체의 행도 계산법을 서술하면서 그 계산법을 쉽게 이해할 수 있도록 천구면의 상황을 그림으로 그려서 설명하고 있는 점 등이다.

『시헌기요』는 전체적으로 천문학의 초심자가 역산천문학의 본령을 쉽게 이해할 수 있게 하는 교과서로서의 장점을 두루 갖추고 있다. 서문을 쓴 김병기(金炳冀, 1818~1875)는 이 책의 교과서로서의 효율성을 찬양하며

"이에 아래로는 어려서부터 배워서 성인이 되어 사용하는 데에 잘못됨이 없고, 위로는 과거를 열어 사람을 등용하는 데에 방도가 있게 될 것이니, 지금 이후로 이 책에 실린 방법이 시행되는 것은 이 책의 힘일 것이다"라고 했다.[21] 앞서 언급한『추보첩례』에서 남병길은 역산에만 머물지 말고 천문학적 원리를 탐구하고 이해하는 일을 게을리하지 말아야 한다고 하였는데,[22] 이것은 달리 말해서『시헌기요』와 같은 책이 필요한 이유였다.

편차(編次)	대항목	소항목	내용
時憲紀要序(趙斗淳), 時憲紀要序(金炳冀)			
時憲紀要上編	七政	曆法沿革	역법의 역사
		天象	서양의 천구 이론과 종동천
		地體	지구의 특성
		黃赤道	황도와 적도
		經緯度	경도와 위도
		曆元	역원의 의미와 역할
		歲實	회귀년의 의미와 역할
		地半徑差	지구반경이 만드는 시차
		清蒙氣差	대기굴절이 만드는 시차
		恒星行度	항성의 위치 변화 특성
		恒星算例	항성의 위치 계산례
		太陽行度	태양의 행도 특성
		日躔算例	태양의 행도 계산례
		太陰行度	달의 행도 특성
		月離算例	달의 행도 계산례
		五星行度	오성의 행도 특성
		土星算例	토성산례
		木星算例	목성산례
		火星算例	화성산례
		金星算例	금성산례
		水星算例	수성산례
		五星段目算例	회합주기에 의한 오성산법

편차(編次)	대항목	소항목	내용
時憲紀要下編	交食	交食總論	교식에 대한 이론적 논의
		月食算例	월식산례
		月食帶食算例	지평선 부근 월식산례
		日食算例(本法, 又法)	일식 산례 본법과 우법(간략계산)
		日食帶食算例(本法, 又法)	지평선 부근 일식 산례 본법과 우법(간략계산)
時憲紀要跋(南秉吉)			

〈표 8〉『시헌기요』의 구성과 내용

　　『시헌기요』의 전체적인 구조는 중국에서 편찬된 시헌력의 이론서인『역
상고성(曆象考成)』을 모델로 하고 있다는 점을 기억할 필요가 있다.『역상고
성』자체가『서양신법역서』의 난삽한 서술체계를 개선하여, 천문역산학 전
문서의 전범을 목표로 만들어졌다.[23] 이 책의 서두에 천문학적 기초 지식
을 서술한 것이나 각 천체의 운동 특성을 먼저 서술하고 이어서 이 운동
특성에 따라 위치를 계산하는 과정을 서술하는 구조는『시헌기요』와 매
우 유사하다. 또한 원리를 이해시키기 위해서 여러 가지 보조 그림을 두는
것도 두 책이 공통된다. 더욱이『시헌기요』에서 천문학적 기초 이론으로
제시한 '역법연혁(曆法沿革)', '천상(天象)', '지체(地體)', '황적도(黃赤道)', '경
위도(經緯度)', '역원(曆元)', '세실(歲實)', '지반경차(地半徑差)', '청몽기차(淸蒙
氣差)' 등의 항목 가운데 '역법연혁'을 제외한 모든 항목을『역상고성』의 권
1과 권4에서 추출할 수 있다. 물론『시헌기요』에서는『역상고성』이후에
달라진 이론이나 관측치를 반영하여 남병길 자신이 독자적인 서술을 하
고 있지만, 서술 내용에서도『역상고성』의 영향이 많이 보인다.
　　예를 들어『역상고성』권6의 '교식역리(交食曆理)'의 서술을 보면, 먼저 교
식총론을 두어 일월식이 일어나는 공간구조적인 원리를 서술하고, 이어

서 교식에 필요한 각종의 계산법을 다루면서도 그 계산이 의미하는 천체의 공간좌표상의 위치와 운동을 그림으로 설명하였다. 마찬가지로『시헌기요』에서도 교식에 대해 '교식총론'을 두어 먼저 교식에 대한 공간구조적 이해를 도모하고, 산례(算例)에서는 교식 계산을 실행하는 과정을 서술하면서 천구상의 천체들의 위치와 운동을 보여주는 보조 그림을 활용하여 계산의 원리를 이해시키고 있다. 이처럼 서술의 형식과 구조로 볼 때,『시헌기요』는『역상고성』을 그 모델로 하고 있다는 것을 알 수 있다. 앞서 언급하였듯이『시헌기요』가 태양과 달의 운동(교식 포함)에 대해서는『역상고성후편』의 지식을 채용하고, 오성의 운동에 대해서는『역상고성』의 지식을 채용하고 있었다는 점을 감안하면,『역상고성』은 내용과 형식 모두에서『시헌기요』와 밀접한 관련을 지닌 책이라고 할 수 있다.

남병길의『시헌기요』가 완성되자, 관상감제조이자 판돈녕부사인 김병기가 읽어보고 좋아해서, 마침내 관상감 생도들의 표준 도서로 쓰자고 상주(上奏)하게 되었다는[24] 기록을 보면, 이 책이 원래부터 천문역산학 교과서로서 기획된 것은 아니었던 것 같다. 하지만 책의 완성과 함께 이 책의 교과서로서의 효율성이 확인되자, 김병기는 "다른 부서에서 시행한 전례(前例)를 따라서 인쇄하여 반포하고 예전의 책 대신에 과거시험용 책으로 삼자고 국왕에게 건의했다."[25] 그리고 이 건의는 채택되어 천문관원들의 시험용 책자로 삼게 되었다.[26] 이처럼『시헌기요』는 서양 천문학에 기초한 시헌력 중심의 역산과 그 이론적 근거를 총정리한 책으로 19세기 중반 조선이 도달한 전통적 천문학의 정점을 보여준다.

3. 지식인의 지적 탐구와 천문학

『시헌기요』는 역산천문학 교과서로서의 효율성을 넘어 필자인 남병길이 지니고 있던 천문학 지식의 폭과 깊이, 그리고 천문학 연구의 방향을 감지할 수 있게 해준다는 데에 또 다른 의의가 있다. 특히 남병길에게 천문학은 관상수시(觀象授時)라는 국가천문학으로서의 실용적 의미를 넘어 지식인의 지적 탐구 대상으로 인식되고 있다는 점을 주목해야 한다. 이런 인식은 정조시대를 중심으로 천문학이 유가 지식인이 갖춰야 할 교양지식으로 인식되는 지적인 관점 변화에 뿌리를 두고 있다.

김병기가 시헌기요서(時憲紀要序)에서 남병길의 수학과 천문학 연구를 "실사구시지학(實事求是之學)"으로 규정한 것처럼,[27] 남병길은 천체현상을 물리적 구조와 원리로 설명하려는 태도를 보인다. 이 점은 뒤에서 보게 될 남병철이 『추보속해』에서 천문학적 증거에 입각하여 이론의 가부(可否)를 따지던 태도와 깊은 친연성이 있다.[28] 예를 들어 서양의 구중천(九重天) 이론에서 제시된 종동천(宗動天)에 대하여, 남병길은 종동천이 안쪽의 천구들에 회전력을 줄 수 있는 이유를 천상을 가득 채우고 있는 혼호지기(渾灝之氣)라고 보았다.[29] 종동천 안쪽의 천체들이 회전하려면 종동천이 어떤 물리적 매체를 통해 회전력을 전달해주어야 하는데, 이 힘의 전달 물질이 우주를 꽉 채운 기(氣)라는 것이다. 비록 『역상고성』을 인용하는 데에 머물고 있기는 하지만, 천체운동이 힘의 전달에 의해 이루어지는 것이며, 이 힘을 전달하는 매체가 있어야 한다고 생각하는 태도는 지금까지의 한국의 천문학자나 천문학 책에서는 유래를 찾기 어렵다.

남병길은 황적도(黃赤道) 경사각이 변한다고 보고 이 현상의 물리적 원인을 찾았다. 그가 보기에 황적도 경사각은 수시로 변한다는 사실만 알려졌을 뿐 그 원인을 설명하는 이론이 없었다.[30] 남병길은 이 현상의 원인으로 중국에서 활동한 초기 예수회사들의 번역서에 등장하는 남북세차의 이론[南北歲差之說]을 떠올렸다.[31] 그는 "이것(경사각)은 옛날에는 컸고 지금은 작다는 명백한 증거이다. 남북세차의 이론은 마테오 리치(利瑪竇)가 인용만 해놓고 그 이유를 설명하지 않았는데, 지금 생각해보면 이것을 말한 것일 것이다"[32]라고 추정했다. 관측으로 확인된 현상에 대해 그 현상의 물리적 원인을 찾으려는 남병길의 태도는 당시까지의 전통적 역산천문학에서는 거의 찾아볼 수 없었던 것이다.

남병길은 회귀년(回歸年)의 길이의 변화를 의미하는 세실소장(歲實消長)에 대한 탐구에서 실사구시(實事求是)를 중시하는 엄밀한 고증학자의 모습을 보여준다. 『역상고성후편』에서는 태양궤도의 이심률이 미세하게 달라지는 것이 세실 변화의 원인이라고 보았다. 그러나 남병길이 보기에 이심률 변화는 운동속도가 달라지는 지점의 변화일 뿐 1년을 통틀어 태양의 운동궤도 자체의 크기가 변하는 것이 아니므로 세실 변화의 원인이 될 수 없었다.[33] 남병길은 왕석천(王錫闡, 1628~1682)과 매문정(梅文鼎, 1633~1721) 등 중국인 천문학자들의 의견을 검토하고 관측된 천문학적 현상과 확보된 측정치에 근거하여 이들의 설도 모두 세실 변화의 원인을 설명할 수 없다고 보았다.[34]

그리하여 그는 한역(漢譯) 천문학서에 기술된 동서세차천구(東西歲差天球)를 그 후보로 떠올렸다. 사실 남병길보다 먼저 동서세차천구를 항성이 매년 동쪽으로 이동하는 세차(歲差)라는 현상을 일으키는 원인으로 보았던 사람들이 있었다.[35] 그런데 남병길이 보기에, 1년에 50초 정도나 되는 세차는 이동량이 크고 증거가 뚜렷하기 때문에, "그 움직임이 미미하여 놓아두고 논하지 않는다"고 한 동서세차천구에 대한 기술과 어울리지 않았다. 반면 세실 변화는 100년에 1분 정도로 미세하므로, 이 세실 변화를 서양 천문학서에서 언급한 동서세차천구와 연결시켜야 하지 않을까 하는 것이 남병길의 생각이었다. 물론 이에 대해서도 완전한 설명이나 확증을 제시하지는 못했지만, 어쨌든 하나의 현상에 대해 그 현상의 물리적 원인이나 구조적 원리를 통해 해명하고자 하는 남병길의 태도는, 천체의 위치 계산에만 만족한 채 현상의 원리적인 이해를 도모하지 않았던 전통적 천문학자의 그것과는 상당히 다르다는 것을 알 수 있다.

역원(曆元)에 대한 남병길의 논의에서도 이런 태도를 읽을 수 있다. 김병기는 서문에서 시헌력의 우수성 가운데 하나로 역원을 가능한 한 가까운 과거에 두는 절산법(截算法)을 채용한 점을 들었다.[36] 남병길 또한 역원을 논하면서, 적년법을 과학적 근거가 없는 "허율(虛率)"로 규정하였다. 적년법을 적용한 역대의 여러 역법 가운데 동일한 역원을 채용한 경우가 하나도 없었기 때문이었다.[37] 그리하여 남병길은 『시헌기요』에서 사용할 계산의 기준년을 책을 편찬하던 해인 1860년으로 삼고, 천체운동 계산에 쓰이는 모든 기본상수들을 1860년 직전 동지[天正冬至]로부터 계산하여 적시하였다.[38] 당시와 가장 가까운 과거를 계산의 기준으로 삼은 절산법을 적용하겠다고 선언한 것이다.

일면 근대적인 천문학자의 면모까지 감지되는 남병길의 천문학 연구 방식은, 천문학은 최근으로 올수록 진보한다는 생각과 그러므로 가장 최근에 발전한 시헌력법이 가장 우수하다는 생각에 기초를 두고 있었다.[39] 천문학은 시간이 흐를수록 진보한다는 관념은 『시헌기요』에 서문을 썼던 조두순(趙斗淳), 김병기는 물론이고 그의 형인 남병철도 공유하고 있었던, 당시로서는 천문학적 상식이었다고 할 수 있다. 조두순은 "오늘날의 법이 옛날의 그것보다 정밀한 것은 역법이다. 역법의 정밀함은 뒤에 나온 것이 더 교묘한데, 시헌서(時憲書)가 이것이다"라고 하여 시헌력의 정밀함에 대해 깊은 신뢰를 보냈다.[40] 또한 그는, 뒤에 나온 것이 더 정밀하기 때문에 정밀해진 것은 모아서 책을 만들고 뒤에 더 정밀한 것이 나오기를 기다리고

자 한 것이 『시헌기요』를 만든 의도라고 말했다.[41] 특히 남병길의 발문에는 시헌력에 대한 무한한 신뢰와 본인이 저술한 책에 대한 자부심을 읽을 수 있다.

『시헌기요』는 시헌법의 벼리이며, 그 핵심 요체는 익히고 배우는 데에 편하게 하고자 하는 것이다. 역법을 만드는 요체는 때마다 측험(測驗)하는 데에 있는데, 때문에 역대로 여러 번 개력(改曆)이 있었으나 시헌법에 이르러 중국과 서양의 이론을 합치고 근본원리를 궁구하였으니, 일시적으로 잘 갖춰진 역법이 아니라 천고(千古)에 이해되지 않던 것을 깨우친 것이다. 이제 완성된 두 편은 고시(考試)의 책으로 만들려고 하였다. 배우는 사람들은 실마리를 찾고, 방향을 알 수 있을 것이다. 하지만 가만히 앉아서도 알 수 있는 방법은 오로지 이유(원인)를 찾는 데에 있다. 따라서 세월이 오래될수록 측험은 더 넓어지고 뒤에 나오는 것이 더욱 정교해지는 것은 형세가 그렇게 만든 것이다. 이 법(『역상고성』의 계산법)이 반행되고 나서 140년이 되었다.[42] 때마다 더하거나 줄이고 근본적인 원리를 추구하여 하늘을 따라서 합치시키는 길은 또한 반드시 뒤에 오는 것을 기다려서 이르게 되는 것이다. 식 계산에 사용하는 구면상의 거리[斜距], 겉보기운동[視行], 비례(比例) 등은 원리와 수치가 바르고 정확하니, 비록 후대의 것이 정확하다고 하더라도 쉽게 바뀌지는 않을 것이다.[43]

인용문에서 보는 것처럼, "시헌법에 이르러 중국과 서양의 이론을 합치고 근본원리를 궁구하였으니, 일시적으로 잘 갖춰진 역법이 아니라 천고에 이해되지 않던 것을 깨우친 것이다"라는 언급은 시헌법에 대한 남병길의 무한한 신뢰를 보여준다. 또한 후세에 시헌법보다 더 교묘한 역법이 나오더라도 "사거·시행·비례(斜距視行比例)"같은 수학적 기본 이론들은 바꾸지 않을 것이라는 언급은 남병길이 서양 수학과 천문학 이론에 대해 얼마나 깊이 신뢰하고 있었는가를 잘 보여준다. 나아가 남병길은 시헌법 이후에도 지속적인 관측을 통해 보다 정확한 역법이 계속해서 발전하리라고 생각했다. 19세기 중반 조선의 천문학자들은 시헌력이 가장 정밀하고 정확하다는 사실과 함께 수시측험을 통해 천문학은 계속 진보하리라는 믿음을 공유했던 것이다.

남병철과 학문으로서의 천문학

남병철의 천문학은 정조시대를 중심으로 이루어진 천문학에 대한 유가 지식인들의 인식 변화가 어떠한 천문학적 탐구로 결실을 맺었는지를 잘 보여준다. 남병철이 추구한 천문학 연구의 성격, 동시대 청조(淸朝) 사상계와의 영향 관계, 유학(儒學)의 체계 속에서 남병철이 서양 과학과 자연학에 부여한 의미 등을 살펴보면 이 점은 보다 분명해진다. 남병철이 추구한 천문학은 청조 고증학의 영향 속에서 성립하였고, 정밀성과 체계성 면에서 전근대천문학의 최고 수준을 보여주지만,[44] 그의 천문학은 전통적인 유학에 복무하는 도구적 학술로서 추구된 것이었다. 남병철의 천문학 연구는, 19세기 조선의 일반적인 흐름으로 이해되어온 '국력의 쇠퇴와 근대적 전환의 실패', 나아가 그러한 흐름과 병진하는 '학술적 추구의 정체(停滯)'라는 구도가 재검토되어야 하는 이유를 제공한다.[45] 한마디로 남병철의 천문학은 "19세기 중반 조선의 유학자가 도달한 천문학적 이해의 최고수준"이기 때문이다.[46]

남병철의 『추보속해(推步續解)』(1862)는 기본적으로 『역상고성후편』에서 채용한 케플러의 타원궤도설을 적용하여 태양 운동, 달 운동 그리고 일월식을 계산하는 방법을 해설한 역산서라고 할 수 있다. 남병철은 강영(江永, 1681~1762)을 대단히 존경하여 역법 계산의 원리를 서술한 강영의 『추보법해』를 모델로 하면서, 강영 이후에 달라진 역법지식을 반영한 책을 지어 이를 『추보속해』라고 이름을 붙였다.[47] 그러나 이 책은 일반적인 역산서의 성격을 넘어서 19세기 중반 조선의 유가 지식인이 도달한 천문학의 연구 수준을 대표한다. 역산이라는 실용적 목적을 넘어서 이미 유가 지식인의 교양지식이 된 천문학의 여러 주제들을 이론적 차원에서 논의하고, 나아가 서양 과학과 천문학의 의미를 논하고 있다. 이 책을 통해 전통적 천문학에서 도달한 최고 수준의 천문학 연구와 19세기의 유가 지식인이 바라본 천문학의 의미를 이해할 수 있다.

1. 천문학적 논의와 증거주의

남병철은 역산의 기본은 정확성에 있다고 보고 계산의 기점을 최근에 두는 절산법을 채용하였다. 그는 역원을 함풍(咸豊) 경신(庚申, 1860)년 천정동지(天正冬至)로 삼았으니, 『추보속해』를 출간하기 2년 전을 기산점으로 잡은 셈이다. 그에 따르면, 절산법을 쓰면 천체의 위치를 계산하는 데에 사용되는 기본 상수가 간단하며 누적 오차가 없으므로 천체의 실제 위치를 보다 정확하게 계산할 수 있다. 반면, 아주 먼 과거에 일월오성이 한 점에 모였던 때를 역원으로 삼는 적년법은 역원으로부터 목표년까지 수만 혹은 수백만 년이나 되는 큰 누적시간을 고려해야 하므로 숫자가 크고 부정확하다. 그는 『서양신법역서』(1645년 시행)에서는 1628년을, 『역상고성』(1726년 시행)에서는 1687년을, 『역상고성후편』(1742년 시행)에서는 1723년을 역원으로 삼은 것처럼, 서양 천문학을 채용한 이후의 역법은 모두 절산법을 사용했음을 강조하였다.[48] 반면, 적년법에서 설정한 역원은 천문학적인 근거가 전혀 없다는 것이 남병철의 판단이었다.[49]

남병철은 실제와 부합하는가의 여부를 천문학 이론을 채택하는 데에서 가장 중요한 기준으로 삼았다. 그는 "역을 만드는 사람은 하늘의 운행에 맞추어 부합하는 이론을 구해야지, 이론에 맞추기 위해서 하늘의 운행을 끌어대서는 안 된다"고 말했다.[50] 이런 기준에서 본다면, 적년법은 바로 "이론에 맞추기 위해서 하늘의 운행을 끌어댄" 것이었다. 반면, 절산법은 "하나같이 실측을 근거로 삼으므로 모름지기 하늘의 운행에 맞추어 부합하는 이론을 구하는 방법이며, 역을 만드는 사람이 마땅히 취해야 할 방법"이었다.[51] 천문학적 관점에서 실제적인 근거를 갖지 못하는 이론을 의심하고, 실측에 근거하여 정확성을 확보할 수 있는 이론을 찾으려고 했던 남병철의 태도에서 일면 근대적인 천문학도의 모습을 읽어내는 것도 어렵지 않다.

동아시아의 전통역법에서 세실(歲實)이란 회귀년의 길이를 의미하며, 세실소장(歲實消長)이란 회귀년의 길이가 늘거나 주는 변화를 가리키는 말이다.[52] 세실소장이라는 주제는 매문정이 거론한 후, 청대의 많은 학자들이 의론을 남겼다. 특히 강영은 매문정의 주장을 비판함으로써 동시대 학자들로부터 많은 비판을 받았다.[53] 원래 강영은 수시력에서 세실소장을 도입한 것은 잘못된 것이라는 생각을 가지고 있었다.[54] 세실이 변화한다고 하더라도 100년에 1분의 변화는 너무 급격하다는 것이 강영의 생각이었다. 또한 강영은 수시력에서 세실이 변하는 것으로 생각한 것은 동지점의 이동으로 인한 측정 오차 때문이라고 보았다. 그리하여 정확한 세실을 측정하기 위해서는 동지점이 아닌 춘분점을 측정 기준으로 삼아야 한다고 주

장했다.[55]

남병철은 세실이 변화한다는 사실 자체는 인정하였다. 그는 이의 근거로 중국의 역법사에서 개력이 있을 때마다 관측을 해서 얻은 회귀년의 길이가 매번 줄어들었다는 점을 들었다.[56] 또한 수시력의 회귀년(365.2425일)은 『서양신법역서』와 『역상고성』(회귀년=365.2421875일)에서 줄어들었다. 그런데 『역상고성후편』에서는 뉴턴 등이 측정한 회귀년(365.24233442일)을 채용하여 다시 늘어났다.[57]

남병철은 위와 같은 사실을 통해 회귀년의 길이가 변한다는 것은 사실이라고 인정하고, 변화의 원인을 설명하는 여러 설들을 검토했다.[58] 서양천문학에서는 태양의 궤도가 지구에 점점 가까워지면 양심차(兩心差, 궤도 이심률의 2배)가 달라지고, 이 때문에 균수(均數, 태양의 궤도상의 위치에 따른 운동속도의 변화)가 달라지는 것이 세실 변화의 원인이라고 설명했다. 그러나 남병철은, 균수의 변화는 1회귀년 전체를 놓고 보면 상보적이어서 어느 지점에서 운동속도가 더 빨라졌다면 궤도의 반대쪽에서는 더 느려지게 되므로, 궤도 이심률의 변화는 회귀년 변화의 원인이 될 수 없다고 보았다. 그는 『역상고성후편』에서 채용한 양심차는 16만9천($\varepsilon=0.0169000$)으로 『역상고성』의 값 35만8천4백16($\varepsilon=0.0358416$)보다 작아졌는데도, 『역상고성후편』의 회귀년은 『역상고성』의 그것보다 오히려 더 길다는 것을 증거로 들었다.

남병철은 세실소장에 대한 청대 학자들의 의견도 검토했다. 왕석천(王錫闡)은 황도와 적도의 각거리가 줄어들면 적도를 기준으로 볼 때 황도의 위도가 낮아지고, 이 때문에 회귀년의 길이가 줄어든다고 주장했다.[59] 하지만 『역상고성후편』에서는 『역상고성』에서보다 회귀년은 길어졌지만 황도 경사각은 오히려 줄었다. 그는 매문정의 설도 검토했다.[60] 매문정은 근지점이 동지점에 일치하지 않고 그 전후에 있기 때문에 세실이 소장(消長)한다고 주장했다. 그리고 1680년에 근지점의 위치를 27분 옮기고 회귀년의 길이를 1각(刻)9분(分) 증가시켜 역법을 계산하기로 한 것을 그 증거로 들었다. 그러나 남병철이 보기에 이것도 정론이 될 수 없었다. 왜냐하면 근지점의 이동은 궤도운동속도의 최고점과 최저점의 위치가 변하는 것일 뿐, 회귀년의 길이를 변화시키는 원인이 될 수 없기 때문이다.[61]

이와 같은 검토를 통해, 남병철은 회귀년의 길이 변화에 대한 천문학적 원인을 설명할 수 있는 마땅한 이론이 없다고 판단했다. 그리하여 그는 초기 예수회사들의 한역 천문학서에 등장하는 남북세차와 동서세차의 이론을 검토했다.[62] 남병철은 이미 『의상고성속편』에서 동서세차천구(東西歲差天球)를 항성 세차의 원인으로, 남북세차천구를 황도경사각 변화의 원인으로 연결시킨 것을 알고 있었다.[63] 하지만 그는 동서세차천구를 항성 세차의 원인으로 지목하는 것에도 반대했다. 세차는 항성천에서 일어나는 현상이므로 항성천 위에 있는 동서세차천구가 움직여서 세차를 만든다는 주장은 불합리하다고 본 것이다.

그럼에도 불구하고 남병철은 회귀년의 변화가 동서세차천구나 남북세차천구처럼 어떤 물리적 천구의 운동 때문에 일어나는 것일지도 모른다는 생각을 버리지 않았다. 그에 따르면, 회귀년의 길이가 변화한다는 것은 황도경도(黃道經度, 황도 전체 원주의 크기)가 달라지는 것이라고 할 수 있다. 그런데 그 변화량은 수천 년이 지나야 감지할 정도로 작다. 그렇다면서양 천문학서에서 말한 "움직임이 미미하여 논하지 않는다"고 한 천구가 황도경도의 변화를 일으키는 것은 아닐까 하는 것이 그의 최종 결론이었다.[64]

이상과 같이 남병철은 세실소장을 설명하기 위해 중국 학자들의 이론과 서양의 이론을 모두 검토했지만 성공하지는 못한 채, 어떤 물리적 천구의 미세한 운동이 세실소장을 일으키는 물리적 원인이 아닐까 추측해보는 데 그쳤다. 하지만 그가 자신이 확보하고 있는 최신의 천문학 이론과 관측치를 가지고 선입견을 배제한 채 오로지 증거와 정합성을 기초로 자신의 견해를 세우려고 노력했다는 점은 주목할 만하다. 이 점으로부터 천문학적 근거에 충실하려는 고증학자의 면모를 남병철에게서 읽어내는 것은 어렵지 않다.

항성의 세차(歲差)는 일반적으로 역법서에서 태양의 운동을 다루는 장(보통은 일전(日躔))에서 논하지 않고 항성의 위치를 다루는 장에서 논의된다.[65] 그런데 남병철은 세차에 특별한 의미를 부여했기 때문인지, 태양의 운동을 논하면서 세차율을 52초(연간)로 명시하고 세차에 대한 자신의 이론을 피력하였다. 그는 먼저 세차를 인식하게 된 역사를 나열하고, 중국 천문학에서 세차는 모두 동지점(冬至點)이 서쪽으로 움직인 각도를 나타낸 것이었다는 점을 밝혔다.[66] 남병철이 중국 천문학에서의 세차 개념을 명확히 규정한 것은 그것이 서양 천문학의 세차 개념과 다르다는 점을 부각시키고, 나아가 중국 천문학의 세차 개념이 오류라는 것을 주장하기 위해서였다. 서양 천문학에서는 세차를 항성이 황도와 평행하게 동쪽으로 이동한 각도로 정의하였다.

남병철은 세차에 대해서도 대립하는 두 이론의 가부를 결정하는 근거로 천문학적 근거(증거)를 중시했다.[67] 그에 따르면, 중국의 세차 이론을 따라서 세차 때문에 황도가 서쪽으로 이동하는 것이라고 하면, 황도를 기준으로 한 황도좌표계에서는 항성의 경위도가 매년 달라지고, 적도를 기준으로 한 적도 좌표계에서 항성의 경위도는 변화가 없어야 한다. 하지만 실제 관측을 해보면, 적도좌표계에서 항성의 적도경위도는 매년 달라진다. 또한 황도좌표계에서는 항성의 황도경도는 매년 달라지지만, 황도위도는 변화가 없다. 남병철은 이러한 천문학적 증거를 근거로, 세차는 황도가 서쪽으로 움직이는 것이 아니라 항성이 동쪽으로 움직인다는 서양의 세차 이론이 옳다고 확정했다.[68]

그러나 남병철은 서양의 세차 이론이 옳다는 것을 인정하기는 했지만, 세차율(1년간 항성의 이동 각도)에 대해서는 서양에서 측정한 값을 인정하지 않았다. 세차율은 계속해서 변한다고 생각했기 때문이다.[69] 남병철은 『서양신법역서』의 값(1년에 51초), 『의상고성속편』의 값(1년에 52초) 등을 나열하며 세차율이 변화하고 있다는 사실을 입증하려고 했다.[70] 정밀하고 정확한 관측으로 정평이 난 서양 천문학에서도 관측 때마다 세차율이 다르다면, 그것은 측정의 잘못이기보다 원래 세차율이 변화하는 증거이기 때문이다. 남병철은 세차율은 정률(定率)이 없으며, 수시로 측정하는 것만이 최선의 방법이라고 결론지었다.[71]

이상에서 살펴본 것과 같이 남병철은 몇 가지 경쟁하는 이론에 대해 늘 천문학적 근거를 기초로 옳고 그름을 판단하려고 했다. 그리고 그가 천문학적 근거를 따지게 되면서, 자연스럽게 동아시아의 전통적 이론보다는 서양 천문학의 이론을 채택하는 경향으로 나타났다. 이런 경향은 태양의 근지점 이동[72], 60진법의 각도법[73] 등 몇 가지 다른 이론에 대해서도 동일하게 나타난다.

2. 청조 고증학과의 연관

남병철의 천문학 연구는 청조 고증학과의 밀접한 연관 속에서 성장한 것으로 보인다. 특히 그가 서양 과학을 높이 평가하고 존중하려는 태도는 청대의 대표적 천문역산학자인 강영(江永)으로부터 커다란 영향을 받았다.[74] 강영은 서양과학 중국원류설에 대해 비판적인 태도를 견지했는데, 남병철도 이러한 태도에 깊이 동조하였다. 강영은 안휘성(安徽省) 무원(婺源) 출신으로 평생 벼슬하지 않고 고향에서 학문에 전념한 대표적인 고증학자(考證學者)였다.[75] 강영은 천문역산학 방면의 저술로 매문정(梅文鼎, 1633~1721)의 학설을 부연하며 자신의 설을 제시한 『수학(數學)』(8권)과 남병철의 『추보속해』의 모델이 된 『추보법해(推步法解)』(5권)를 남겼다. 건가(乾嘉) 연간(건륭(乾隆)·가경(嘉慶) 연간, 1736~1820)의 중국학계에서는 매문정이 제시한 천문역산학과 서양 과학에 대한 입장이 정론으로 받아들여지고 있었다.[76] 대체로 서양 천문학과 수학이 정확하고 우수하다는 점을 인정하면서도, 다른 한편으로 이러한 지식이 원래 중국에서 유래한 것이라는 서양과학 중국원류설을 견지하는 입장이었다.[77] 이러한 대세 속에서 강영의 천문역산학에 대한 후대인들의 평가는 좋지 않았는데, 이는 주로 강영이 서양의 이론에 경도되어 있다는 것이 이유였다.[78]

한편, 이 시기의 조선학계에서도 매문정과 그에 동조했던 중국인 학자들의 입장을 정론으로 인정하고 있었다.[79] 특히 조선에서는 명에 대한 존숭의식과 함께 조선만이 중화의 문화를 보존하고 있다고 믿는 조선중화주의 의식이 여전하였기에 강영과 같은 입장이 용인되기는 어려웠다. 이 때문에 남병철이 강영의 입장을 완전히 지지하며, 그를 천문역산학에서 가장 신뢰할 만한 업적을 성취한 사람으로 평가한 것은 대단히 이례적이다. 『추보속해』의 서문을 여는 남병철의 글은 강영에 대한 찬사로 시작된다.

무원(婺源) 강신수(江愼修, 강영) 선생은 중국의 통유(通儒)이다. 역상지학(曆象之學)에서 본원을 꿰뚫고, 서법(西法)을 굳게 지켰으며, 깊고 정미함을 꺼내 밝혔다. 일찍이 『추보법해』를 지었는데, 법(法)으로써 천체운행의 상(象)을 밝히고 수(數)로써 천체운행의 리(理)를 밝혔다. 칠정에 관한 여러 이론, 여러 형태의 삼각함수는 사람에게 말해주는 것 같아 명료하게 알게 하고 마음으로 믿게 한다. 역상(曆象)을 공부하는 사람에게는

길을 나서는 나침반이 된다.[80]

    특히 남병철은 천문학적 방법과 문화적 가치를 명확히 분리한 강영의 태도에[81] 전폭적인 지지를 보냈다. 그는 천문학에서 이론의 진위를 판단하는 가장 중요한 기준은 관측 사실과 합치되는지의 여부이며, 천문학, 수학, 기계기술 같은 과학기술의 문제에 문화적 의미의 중화(中華)나 이적(夷狄)의 개념을 개입시키지 말아야 한다고 역설했다.[82]

    한편, 남병철은 "역산학(曆算學)이 본래 유학자의 실학(實學)"[83]이라는 것을 완원(阮元, 1764~1849)의 『주인전(疇人傳)』을 통해 알게 되었다고 말할 정도로 강영을 포함한 건가(乾嘉) 연간(1736~1820)의 청조 고증학자들에게 영향을 크게 받았다. 강영을 중심으로 한 건가 고증학자들의 학술적 태도는 앞서 살펴보았듯이, 남병철이 천문학적 이론에 대해 자신의 입장을 피력한 역법론에서 '천문학적 증거주의'라는 특징으로 나타난다.

    19세기 조선학계에 미친 건가 고증학의 영향은 우리 학계에서 일반적으로 인정되고 있다.[84] 남병철의 학문 또한 청조 고증학에서 영향을 받았을 가능성을 높여주는 하나의 증거가 그의 동생 남병길과 추사 김정희(金正喜)의 밀접한 관계이다. 남병길은 19세기 조선 고증학의 대표인 김정희의 촉망받는 제자였으며, 남병길의 손으로 출판된 김정희의 저작이 매우 많다.[85] 나아가 남병철이 문학으로 교유했던 인사들 중에는 김정희의 문인들이 다수 포함되어 있어서 이런 가능성을 더욱 높여준다.[86]

    남병철의 학문과 청조 고증학과의 관계를 탐색하고자 할 때, 천문학과 수학 방면에서 이루어진 청조 고증학의 성과가 조선에 전해진 사실을 박규수(朴珪壽, 1807~1877)와 남병철에서 볼 수 있다는 최근의 연구가 주목된다.[87] 사실, 이 연구에서는 박규수의 학문을 중심으로 논의하며 남병철의 학술에 대해서는 간단한 언급에 그치고 있지만, 건가 고증학파의 학술과 조선학계와의 관련성은 박규수보다는 남병철의 천문학과 수학 연구를 통해서 더욱 확실히 드러날 수 있다는 것이 필자의 생각이다.

흔히 건가 연간(1736~1820)의 고증학은 경학과 함께 문자학, 사학, 천문학, 수학, 지리학, 음운학, 율려학, 금석학, 교감학, 목록학 등으로 학술 분야의 폭이 넓어지고 전문화되었다는 점이 그 특징으로 지적된다.[88] 남병철이 집중한 천문학과 수학 방면의 탐구와 관련하여 특히 주목되는 것은 이 시기 중국의 학계에서는 고증학을 위한 수학과 천문학 지식의 중요성이 폭넓게 공유되어 있었다는 점이다.[89] 엘만(Benjamin Elman)의 표현을 빌면, 이 시기 수학과 천문학으로 대표되는 자연학(natural studies)은 학자 관료들이 가져야 할 합당한 관심사로 정당화되었다.[90] 그리하여 왕석천, 매문정, 강영 등이 나왔고, 나아가 대진(戴震, 1723~1777) 이후에는 경학자 가운데 열에 아홉은 천문학과 수학을 연구하게 되었다고 표현될 정도였다.[91]

자연학을 중심으로 하여 남병철이 스스로 정리한 청대 학술사의 흐름도 현대의 연구자가 제시한 이러한 서술과 크게 다르지 않았다. 남병철은 청대 200여 년 동안에 많은 학자가 배출되면서 상수지학(象數之學)을 유가의 마땅한 의무로 삼게 되었다고 하였으며, 그 가운데에서 주목할 만한 학자들로 왕석천, 매문정, 완원을 꼽았다.[92] 지금까지 거론된 인물 가운데 강영과 대진은 혜동(惠棟, 1697~1758)을 중심으로 한 오파(吳派) 고증학 계열에 대비되는 환파(皖派, 안휘파) 고증학 계열에 속하는 인물들이다.[93] 나아가 환파 고증학 계열에는 전대흔(錢大昕, 1728~1804)과 완원이 속하며, 대진 이후를 대표하는 천문학 수학 전문가로는 이예(李銳, 1769~1817), 초순(焦循, 1763~1820), 나사림(羅士琳, 1774~1853) 등이 속한다. 앞서 남병철이 중시하고 있는 청조의 학자들이 이 환파 계열의 고증학자들임을 알 수 있다. 특히 남병철의 학문과 관련하여 환파 고증학자들이 주목되는 것은 이 학파에서 학문을 연구하는 근본 방법이 실사구시(實事求是)와 무징불신(無徵不

信)이었으며 이러한 방법론을 기초로 천문학과 수학, 음운학 등을 중시하고 깊이 연구했기 때문이다.

건가 고증학이 남병철의 학문에 미친 영향은 그의 사후에 주변인들이 밝힌 인물평에서 간접적으로 확인할 수 있다. 윤정현(尹定鉉, 1793~1874)은 남병철을 가리켜 다음과 같이 말했다.

> 공(公)은 여러 경전을 연구할 때 이것(강영이 언급한 삼난(三難)을 가리킴: 인용자)을 모범으로 삼아 제도를 훈고(訓詁)하고, 동이(同異)를 조사하여 변정(辨正)했다. 자질구레한 것을 알려고 하지 않고, 의리에 관련되는 것을 중심으로 삼아 평실(平實)에 돌아가려고 힘쓰고, 성명(性命)에 관한 허황된 이야기를 하지 않았다.[94]

인용문에서 "제도를 훈고(訓詁)하고, 동이(同異)를 조사하여 변정(辨正)하는 것"은 대표적인 고증학적 학술 활동이라고 할 수 있다. 나아가 윤정현의 언급에 강영이 학술 연구에서 원칙으로 삼은 삼난(三難)이 등장하는 것이 주목된다. 이것은 강영의 음운 연구서인 『고음표준(古韻標準)』에 나오는 말로, 저술을 할 때 널리 알기 어렵고, 판단하기 어려우며, 자세하기 어렵다[淹博難, 識斷難, 精審難]는 뜻을 담고 있다.[95] 남병철이 평소부터 강영의 고증학적 태도를 흠모하고 이를 자신의 학문적 실천 방침으로 삼고 있었음을 알 수 있다. 또한 윤정현이 남병철의 학문적 태도를 논하면서 "평실 (平實)"에 관해 언급한 것을 보면, 남병철이 완원이 견지했던 "평실정상(平實精詳)"의 고증학적 태도에서도 큰 영향을 받았음을 짐작할 수 있다. 실사구시와 함께 명변(明辯)과 박학(博學)을 의미하는 "평실정상"은 완원 고증학의 중심적 방법론이었다.[96]

김상현(金尙鉉, 1811~1890)은, 당시의 학술을 시고문지학(詩古文之學), 전주

지학(箋註之學), 경제지학(經濟之學), 성력산수지학(星曆算數之學)의 네 분야
로 나누고, 남병철이 이들 제 분야에 달통했다고 찬사를 아끼지 않았다.
그는 특히 남병철의 성력산수지학에 대해 언급하면서, 천문학과 수학에서
각각 "강영(江永)과 이야(李冶, 1192~1279)가 미비(未備)했던 것을 밝혔다"고
평했을 정도다.[97] 천문학 방면과 수학 방면에서 모두 남병철의 성취가 남
달랐다는 것을 알 수 있는데, 특히 이 두 분야에서 환파 고증학의 성취가
두드러졌던 것은 앞서 언급한 대로이다.

남병철은 자연학적 연구에 힘쓴 환파 고증학자들의 저술을 폭넓게 열람
한 것으로 생각된다. 우선, 남병철은 완원과 나사림이 협력하여 저술한 역
대 수학자와 천문학자 전기인 『주인전(疇人傳)』을 유일하게 소장했었다는
전언이 있다.[98] 실제로 남병철은 완원의 『주인전』을 고증학의 중요한 학술
적 성취로 평가한 적이 있으며,[99] 나아가 완원의 학문에 깊은 감명을 받았
음을 증언하고 있다.[100] 또한 남병철은 경전에 등장하는 천문학적인 내용
에 관해 논의하면서 대진의 『대씨유서(戴氏遺書)』를 인용하기도 하였는데,
이것을 보면 그가 대진의 저술도 숙독하고 있었다는 것을 알 수 있다.[101]
남병철은 수학 방면에서는 매문정의 손자인 매각성(梅瑴成)과 청대 수학
자 이예(李銳)의 저작도 섭렵하였으며, 이예와 교유했던 수학자 장돈인(張敦
仁, 1754~1834)의 저작에도 관심을 보였다. 동생 남병길은 『해경세초해(海鏡
細草解)』의 서문에서, 형 남병철의 수학적 성취가 명대(明代) 고응상(顧應祥,
1483~1565)의 연구는 말할 것도 없고, 매각성이나 이예 같은 청대의 이름
난 수학자들보다도 뛰어나다고 평했다.[102] 친형의 수학적 성취를 강조하려
는 과장된 평가일 수도 있겠지만, 어쨌거나 그의 언급을 통해 남병철이 매
각성과 이예의 저작도 이미 섭렵했다는 것을 알 수 있다.

한편, 박규수는 고증학자 왕헌(王軒, 1823~1887)에게 보낸 편지에서 남병
철이 "경학 서적에 널리 통하고 경세제민(經世濟民)에 뜻을 두고 있으며, 아

울러 주비가(周髀家)의 학설에도 정통"하다고 평한 적이 있다.[103] 박규수가 『규재유고』에 붙인 서문을 따르면, 그는 북경에 갔을 때 왕헌과 교유하면서 왕헌이 수학에 관심이 깊다는 것을 알고 남병철을 소개했던 것 같다. 박규수는 나중에 남병철의 『해경세초해』, 『추보속해』, 『의기집설』이라는 대표적인 세 저술을 왕헌에게 보내려고 할 때, 왕헌이 이것을 보면 그 깊은 조예에 심복할 것이라고 말했다.[104] 실제로 남병철의 저술은 1865년 북경에 체류하던 역관(譯官) 이용숙(李容肅, 1818~?)을 거쳐 북경의 학계에 전해졌고,[105] 왕헌은 남병철에게 시를 써서 보답했다.[106] "19세기 한중 과학교류사에서 주목할 만한 사건의 하나"였던 남병철과 왕헌 사이의 교류를 통해,[107] 남병철의 학문이 당대의 청조 학자들과 그들의 학문에 밀접하게 연결되어 있었다는 것을 알 수 있다.

남병철의 연구는 고증학자 고광기(顧廣圻, 1776~1834)와 장돈인에까지 연결된다. 남병철은 고광기의 『사적재집(思適齋集)』을 구해서 열람했으며,[108] 특히 장돈인의 수학서인 『개방보기(開方補記)』를 구하려고 노력했다고 한다.[109] 남병철이 구하려고 했던 장돈인의 『개방보기』는 완원 일파의 고증학자들, 특히 수학과 천문학에 관심이 깊었던 고광기와 이예의 협력을 통해 완성된 것이다.[110] 장돈인의 『개방보기』는 내용상으로도 남병철의 『해경세초해』와 친연성이 있다. 두 책 모두 원대(元代) 이야(李冶)의 『측원해경(測圓海鏡)』을 출발점으로 삼아 전통적인 방정식 풀이법인 천원술(天元術)의 의미와 원리를 설명한다. 남병철이 『개방보기』를 입수했는지는 단정하기 어렵지만, 그의 수학 연구를 위해서는 당연히 관심을 가질 책이었던 셈이다. 이처럼 남병철은 강영, 완원, 대진, 이예, 고광기, 장돈인에 이르기까지 건가 고증학파, 특히 천문학과 수학에 정통했던 환파 고증학파의 학문을 폭넓게 접하고 있었다는 것을 알 수 있다.

한편, 남병철의 학문 전체에서 차지하는 천문학과 수학의 지위와 역할에서도 건가 고증학의 영향을 볼 수 있다. 남병철은 상수지학(象數之學)을 유가 지식인의 중심 학문인 경학의 목적에 복무하는 학문이자 옳고 그름을 분명히 보여주는 데에 효과적인 지식이라고 보았다.

> 고금의 전주(箋註)는 각자가 옳다고 분분하게 다투었지만, 산수(算數) 역시 경학에 속하는 한 가지 일이다. 요순(堯舜)의 역상(曆象), 춘추(春秋)의 일식(日食)은 미루어 알 수 있으며, 또 지금 관측하여 확인할 수 있다. 칠정(七政)의 행도(行度)는 합치되면 옳고 합치되지 않으면 그른 것이라, 옳고 그름이 확연하게 가려져 틀린 자는 저절로 굴복하게 된다. 이에 (나는) 먼저 여기[星曆算數之學]에 종사한 것이다.[111]

인용문에서 보듯이, 남병철은 산수(算數)를 이용하여 요순의 제도와 춘추의 사실, 경학적 논의의 옳고 그름을 밝힐 수 있다고 생각했다. 때문에 그는 경서의 해설과 전주(箋註)로 가기 위해서 시비(是非)의 판별이 확실한 산수의 연구에 먼저 착수했다. 천문학과 수학을 통해 경전에 대한 정밀한 이해로 나아가는 건가 고증학의 학풍을 조선의 남병철도 공유하고 있었다는 것을 확인할 수 있다.

3. 서양 과학과 천문학의 지위

남병철의 학문 전체에서 서양 과학, 나아가 천문학과 수학을 중심으로 한 자연학은 어떤 의미를 지니는 것이었을까. 선행 연구에서 이와 관련하여 몇 가지 의견들이 제시되었다. 먼저, 남병철의 학문을 "격치(格致)의 실사구시(實事求是)"로 규정하고, "이 단계에서 실사구시는 자연과학적 합리성에 접근하고 있다"고 본 의견이 있다.[112] 남병철이 서양 천문학의 정밀성과 효율성을 인정했다는 점을 들어 그의 자연학 연구를 근현대과학에 접근해가는 발전적 모습으로 해석한 것이다. 한편, 남병철이 서양과학 중국원류설을 비판했다는 점을 근거로 그가 "동도를 바탕으로 서기를 수용하자는 동도서기론(東道西器論)"을 주장했다는 의견도 있다.[113] 남병철이 서양 과학기술의 유용성을 인식하고, 이를 수용하기 위한 논리적 근거를 마련하기 위해 서양과학 중국원류설을 비판했다는 것이다. 반면, 남병철의 서양 과학기술에 대한 태도는 서양인들이 천문·역산 분야에서 거둔 독자적 성과를 인정하자는 정도였고, 이것은 서양의 과학기술에 대한 "동도 중심적 대응론"일 뿐이라는 의견도 있다.[114]

하지만 남병철의 자연학적 추구가 지닌 성격을 제대로 규정하기 위해서는 서양 과학과 자연학이 남병철에게 어떤 가치를 지닌 지식으로 인식되었는지를 남병철 자신의 입장에서 살펴볼 필요가 있다. 남병철은 명말부터 서양 과학이 중국에 전해진 이래 중국인들이 서양의 학술에 대해 보인 반응은 결코 합리적이지 않다고 생각했다. 그에 따르면, 지금까지 중국인들은 서양 과학이 지닌 장점과 가치를 제대로 인정하지 않았기에 두 가지의 잘못된 반응을 보였다. 하나는 "기척(譏斥)" 즉 "원망하여 물리치는 것"이고, 다른 하나는 "교취호탈(巧取豪奪)" 즉 "교묘하게 붙잡아서 억지로 빼앗는 것"이었다. 전자는 청나라 초기부터 강희시대 초기까지 위문괴(魏文魁), 오명훤(吳明烜), 양광선(楊光先) 등 전통역법을 옹호하고자 했던 이들이 보여준 것으로, 서양 천문학에 대한 무조건적인 반대와 거부이다. 후자는 1670년 이후 청조에서 시헌력이 관력(官曆)으로 확고하게 자리를 잡게 되면서 생겨난 반응으로, 서양 과학에서 우수하다고 생각되는 이론들이 모두 중국에서 기원했다는 주장이었다.[115]

중국의 학자들은 서양 과학의 많은 이론들이 중국에서 기원한다고 주장했지만, 남병철이 보기에 그것은 근거가 없는 견강부회(牽強附會)일 뿐이었다.[116] 나아가 서양과학 중국원류설처럼 부실한 근거를 가진 억지 주장이 나온 이유는 서양 과학에 대한 평가에 가치론적인 판단을 혼입했기 때문이라는 것이 남병철의 생각이었다. 그는, 하늘의 천체는 중국과 서양을 따지지 않으므로 오로지 "정밀한 관측과 기교 있는 계산"만이 옳고 합당한 것이라고 주장했다.[117] 그리하여 그는 "천문학을 논할 때에는 하늘의 험부(驗否)만을 논할 뿐 사람의 화이(華夷)를 논하지 말아야 한다"고 말했다.[118] 천문학적 주장과 설명에 문화적인 가치를 혼입하지 말아야 한다는 것이다.

남병철이 보기에 서양 천문학이 지닌 가치는 사실에 관한 정밀함과 정확함에 한정되어 있었다. 정확하고 정밀하면 좋은 천문학이고 그렇지 않으면 좋지 않은 천문학이었다. 그러므로 서양 천문학의 정확성과 정밀성이 중국 천문학의 그것보다 우수하다는 점만을 인정해주면 된다. 하지만 중국의 명망 있는 학자들도 천문학적 가치와 문화적(도덕적) 가치를 혼동하여, 서양 천문학의 장점을 인정하지 않으려 한다는 것이 남병철의 생각이었다. 그리고 그 혼동의 증거는 그들이 주장하는 서양과학 중국원류설이었다.[119]

강영이 예외인 것은 바로 이 점에서였다. 강영은 "서양인에게 빌붙었다"는 비난은 받을 정도로 서양 과학의 우수성을 맹신했다고 당시인들에게는 알려져 있었지만,[120] 남병철이 보기에 강영이 인정한 것은 서양 천문학의 효용일 뿐이었다.[121] 강영은 서양 천문학의 문화적 가치를 인정한 것이 아니었다. 강영과 마찬가지로 천문학적 효용성과 문화적 가치를 분리시켜 보는 남병철의 입장에서는, 서양인들은 성인의 교화를 받지 못한 미개인(未開人)들이었다.[122] 왜냐하면 그들은 주공(周公)과 공자(孔子)의 교화를 받지 못한 사람들이기 때문이다.

> 비유하자면 비바람은 사람이 가늠하기 어려운 것이나 날짐승은 바람을
> 알고 들짐승은 비를 안다. 사람이 날짐승이나 들짐승과 바람과 비가 언
> 제 올지 아는 것을 겨룬다는 이야기는 들어보지 못했다. 중국의 선비는
> 서법(西法)에 대하여 역시 이와 같이 보아야 할 것이다.[123]

이처럼 남병철은 서양의 과학기술과 중화의 문화(교화)를 분리시켜 생각
하는 입장이었다. 때문에 서양의 과학기술은 성인의 도를 이해하게 하는
데 좋은 도구로 사용될 수 있지만, 그것의 가치는 거기에 그친다. 천문학
과 수학으로 대표되는 서양의 과학기술은 정밀하고 정확하여 경전에 나타
난 성인의 본뜻을 찾아내는 데 쓰일 수 있는 좋은 도구이다. 그리고 그런
도구를 발전시킨 서양의 문명이 인류에게 기여한 바는 분명히 있다. 그러
나 그것은 산짐승과 들짐승이 지닌 재능처럼 인간의 시각에서 보면 대단
히 사소하고 지엽적인 재능일 뿐이다. 짐승은 단지 생명을 유지하기 위해
재능을 쓰는 반면 인간은 성인이 되기 위해 학문을 연마한다. 나아가 성인
이 되기 위해 노력하는 것, 혹은 실제로 성인이 되는 것은 중화의 문화 속
에서만 가능하다는 것이 남병철의 생각이었다.

> 나는 동이(東夷)의 사람이다. (군자는) 남보다 먼저 근심하고 남보다 뒤에
> 즐거워한다. 비록 감히 자처할 바는 아니지만 원하는 것은 공자를 배우
> 는 일이요, 바라는 하는 것은 중화에 사는 것이다.[124]

이처럼 남병철은 중화문화의 우월성과 가치를 한 번도 포기한 적이 없
었다. 이 점에서는 그가 존숭했던 강영과 마찬가지였다. 천문학과 수학, 나

아가 서양 과학은 경학에 필요한 좋은 도구가 될 수 있다. 그러나 그것의 가치는 도구적 학문이 가지는 한계 안에 머물러 있다. 정밀함과 정확함은 천문학적 가치는 될 수 있지만, 성인이 되기 위한 학문의 가치는 될 수 없다. 남병철은 철저하게 중화문화의 우월성을 전제로 한 도구적 학문으로서 서양 과학, 그리고 문화적 가치와 철저하게 분리된 정확성과 정밀성을 지닌 자연학을 서양 과학에서 보았던 것이다. 이것이 남병철이 최종적으로 서양 과학과 그것을 포함한 자연학에 부여한 지위였고 가치였다.

그렇다면 남병철 자신의 자연학적 탐구는 '자연과학적 합리성에 접근'하고 있지는 않았다고 할 수 있다. 서양 과학과 천문학에 대한 남병철의 입장은 그 시대의 일반적인 입장에서 이탈한 것은 아니었다. 일식에 대한 그의 견해는 이를 보다 명확하게 보여준다. 태양과 달의 운동에 타원궤도론을 적용한 당시의 천문학 지식으로 보면, 일식은 공간구조와 수리천문학으로 거의 완벽하게 설명할 수 있는 자연현상이었다. 일식은 우주 공간에서 달이 태양을 가려서 일어난다는 사실은 당시로서는 자명한 것이나 다름없었다. 또한 그가 정밀하고도 체계적으로 체득하고 있던 『역상고성후편』의 지식을 구사하면 식의 깊이, 방향, 지속 시간 등을 모두 정확하게 계산할 수 있었다.

그럼에도 불구하고 남병철은 일식을 재이(災異)로 보았다. 그에 따르면, 천문학적 계산과 설명은 술(術)이라는 측면에서 정밀하며, 설(說)이라는 측면에서는 완전하다고 할 수 있다. 그러나 가치를 상실한 채 계산의 정확성만을 따지는 학문은 "천문학자[疇人]의 학문"은 될 수 있지만, "사군자(士君子)의 학문"은 될 수 없다.[125] 그리하여 그는, "군자는 기이한 기술이 있을지라도 성현의 학문과 합치되지 않으면 이를 귀하게 여기지 않는다"고 잘라 말했다.[126] 일식과 같은 천문학적 현상은 구조와 수치를 제시하는 설명으로 그 탐구가 완결된 것이 아니며, 이런 현상의 의미는 언제나 인간의 도덕적 수양, 즉 성인의 학문에 연관되어 있다는 것이다.

남병철의 자연관은 그가 믿고 따르고자 했던 강영의 그것과도 닮아 있다. 강영은 서양 과학에 대해 공평한 태도를 견지했고 서양 과학을 깊이 신뢰했음에도 불구하고, 근대적인 관점에서 보기에는 전근대적인 상관적 사고(correlative thinking)를 통해 자연을 해석하려 했다.[127] 강영은 율려(律呂)의 근거를 하도와 낙서에서 찾는가 하면, 12궁과 24절기 같은 천문학적 개념들도 모두 하도와 낙서에서 기원한다고 주장했다. 나아가 그는, 황제와 신하의 관계는 황종(黃鐘)이 다른 음들을 거느리는 관계와 같고, 태양이 황도를 돌면서 달과 행성들을 거느리는 것과 같다고 주장했다.[128] 남병철이 흠모한 강영에게도, 그리고 청조 고증학자들에게서도 자연은 여전히 인간의 존재와 가치로부터 분리된 세계가 아니었던 것이다.

고도의 정밀성과 체계성을 갖추었으며 일관된 증거주의에 입각한 남병철의 천문학적 탐구는 끝까지 전통 유학의 체계 안에 갇혀 있었다. 남병철의 천문학적 성취는 전통적 천문학이 도달할 수 있는 최고 수준을 보여주지만, 이것은 어디까지나 시대적 한계 안에 있었다. 남병철에게 천문학은 항상 도학(道學)에 복무하는 기능적 지식이었다. 그에게 자연은 인간의 문화와 가치로부터 분리된 세계가 아니었으며, 자연에 대한 탐구는 존재와 가치에 대한 탐구를 지향하는 도학에 기여하는 기능적 지식으로서 의미가 있었다. 그런 점에서 남병철의 천문학은 "청말(淸末)의 동양적인 학문을 벗어날 수는 없었다"는, 서두에서 언급한 유경로의 지적은 여전히 경청할 만한 것이라고 할 수 있다.

제7장

전통천문학의
단절과
근대천문학의
유입

국가천문학으로서의
역산천문학의 단절

1. 역산천문학의 단절

1860년대에 최고의 천문학자들에게 의해 체계화되고 매뉴얼로 성립한 시헌력 체계에 기초한 조선의 역산천문학은 이후 1907년까지 거의 변함없이 정밀한 수준과 체계를 유지하였다. 그러나 일제의 간섭에 의한 대한제국 관상소(觀象所)의 폐지(1907)와 조선총독부 관측소(觀測所)의 성립(1910)으로 전통적 역산천문학은 파탄을 맞았다. 일제의 국권 침탈과 더불어 조선에 부임한 일본인 근대천문학자들의 손으로 한국의 역서가 제작되고, 한국인 역산천문학 전문가들이 배제됨으로써 한국의 전통적 역산천문학은 종언을 고하게 되었다.

19세기 말부터 1907년까지 높은 수준으로 유지되던 조선의 역산천문학이 파탄을 맞는 과정은 이 기간 동안에 국가에서 발행한 두 가지 공식 역서[日課曆과 七政曆]의 형식과 내용을 통해 확인할 수 있다.[1] 앞서 언급하였듯이, 역산천문학의 주요한 목적은 시간규범을 수립하고 실용하는 것이었는데, 시간규범은 국가에 의해 제작되고 반포되는 역서에 수록된 역일과 매일의 시각을 측정하여 알리는 보시(報時)로 현실화된다. 그리하여 역산 천문학의 운용 상황은 매년 국가에서 발행하는 일과력과[2] 일월오성의 위치를 계산한 칠정력을[3] 통해서 확인해볼 수 있다.

먼저 조선의 공식 일과력은 1895년까지 시헌서(時憲書)이라는 이름으로 매년 빠짐없이 발행되었다. 이어서 1895년 11월에 조선은 태양력(太陽曆)을 채용하였지만, 1896년과 1897년에도 역서의 이름만 시헌서에서 시헌력(時憲曆)으로 바뀌었을 뿐, 일과력의 형식과 내용은 전혀 바뀌지 않았다. 태양력 채용 이후에도 여전히 일과력 작성에 필요한 기본 계산들이 모두 시헌력 방식으로 행해졌기 때문이었다. 1896년 시헌력과 1897년 시헌력에서 양력 날짜와 요일은 음력 날짜의 아랫부분에 참고용 정도로 기재되었을 뿐이다. 그런데 태양력을 채용한 후 일과력 발행의 형식에서 이전과 달라진 점이 있었다. 1896년부터 1910년까지 양력 날짜를 위에 표시하고 음력 날짜를 아래에 표시한 "○○年曆"이라는 간지(干支)를 표기한 역서를 국가의 공식적인 일과력과 함께 발행한 것이다.[4] 사실 이것은 양력 위주의 일과력이라고 할 수 있지만, 국가의 공식 역서가 아닌 보조 역서에 불과했다. 국가의 공식 일과력은 여전히 시헌력을 적용한 시헌력이었고, 간지년력(干支年曆)은 양력을 위주로 날짜를 확인하기 위한 보조적인 역서였을 뿐이다.

1897년 8월, 조선은 국호를 대한제국으로 고치고 광무(光武)라는 연호를 사용하여 황제국을 선포하였다. 1898년 역서에는 황제국의 위상에 걸맞게 지금까지 써왔던 중국식 역서명인 '시헌(時憲)'을 버리고 독자적인 역서명인 '명시(明時)'라는 이름을 사용하였다. 명시력(明時曆)은 한국의 역사에서 한국의 왕조가 중국과의 조공책봉 관계를 탈피하여 독자적인 역서명을 붙인 최초의 역서이다. 명시력은 대한제국의 공식적인 일과력으로서

1898년부터 1908년까지 매년 발행되었다. 그러나 역서의 형식과 내용으로 볼 때, 명시력 또한 시헌력 방식의 역산천문학을 적용했다는 점에서 변화는 없었다. 날짜의 표기는 여전히 음력 위주였고, 양력은 앞서 발행된 시헌력에서와 마찬가지로 음력 날짜의 하단에 부가적으로 요일과 함께 표시하였을 뿐이다.[5]

그런데 1909년의 역서와 1910년의 역서에서 형식과 내용 모두에서 급격한 변화가 나타난다. 대한제국이 인정한 국가의 공식 역서는 더 이상 발행되지 못한 채, "大韓隆熙三年曆"(1909)과 "大韓隆熙四年曆"(1910)이라는, 지금까지 보조 역서로 만들어진 간지년력의 간지를 연호와 연도로 바꾸어 적어 공식 일과력을 대신한 것이다. 또한 역서의 날짜가 양력 위주가 되었고, 음력은 양력 날짜의 아래에 표시되었다. 한편, 지금까지 국가의 공식 일과력이었던 시헌력과 명시력에서는 음력 날짜와 함께 역주가 기입된 반면, 보조 역서인 간지년력에서는 역주가 전혀 기입되지 않았었다. 그런데 공식 일과력이 발행되지 못하고 보조 역서가 그 자리를 대신하면서, 이 보조 역서에 역주가 기입되었다. 양력 날짜를 위에 쓰고 아래에 음력 날짜를 기입하며, 음력 날짜 아래에 다시 역주를 부기하였다. 또한 역서의 맨 앞에 기재되던 연신방위지도(年神方位之圖)를 맨 뒤에 배치하고, 이와 함께 각종의 역주들을 수록하였다.

한편, 일과력보다 더욱 광범위하고 체계적인 역산지식과 대규모의 계산 작업이 필요한 칠정력에서도 1907년을 고비로 일과력에서와 같은 변화가 나타난다는 점을 주목할 필요가 있다. 국가에서 발행하는 공식적 칠정력인 『칠정경위수도오성복현목록(七政經緯宿度五星伏見目錄)』(이하 『칠정오성복현목록』으로 씀)이 1908년까지만 발행되고 끊어진 것이다.[6] 그리고 이것은 조선에서 전통적 역산천문학이 1907년을 고비로 단절되었다는 것을 확증해준다. 조선에서 시헌력을 적용하여 칠정력이 발행된 것은 1708년이 처음이다.[7] 그 후에도 매년 칠정력이 발행되었을 것으로 생각되지만, 현재 남아 있는 자료 가운데 시헌력 방식으로 작성된 칠정력은 정조 때(1781) 발행한 『시헌칠정백중력(時憲七政百中曆)』(奎4798)이 있다.[8] 이것은 1772년부터 1781년까지 10년분의 칠정력을 모은 백중력이라서 1781년 이후의 어느 시기에 작성된 것으로 보이지만, 이를 통해 18세기 말에도 시헌력을 적용한 칠정력이 계속 발행되고 있었다는 것을 짐작할 수 있다. 현재 규장각에는 조선에서 발행한 시헌칠정력(時憲七政曆) 가운데 1836년, 1867년, 1888년, 1895년, 1906년, 1907년, 1908년의 각 해에 발행된 것이 남아 있다.[9] 또한 필자가 확인한 바로는, 일본의 국립천문대에 1908년의 칠정오성복현목록이 남아 있다. 이처럼 실물로 확인되는 단권짜리 칠정력을 볼 때, 조선에서는 18세기 말부터 19세기에 걸쳐 지속적으로 칠정력이 발행되고 있었음을 짐작할 수 있다. 그런데 이 전통이 1908년에서 멈추어버렸다. 이것은 1907년의 후반기부터는 칠정력을 작성할 대규모의 계산 작업이 불가능해졌으며, 따라서 국가에서 운용하던 시헌력 기반의 역산천문학이 단절되었음을 짐작하게 한다. 이렇게 된 원인을 어디에서 찾을 수 있을까.

1908년 명시력과 칠정오성복현목록을 마지막으로, 국가의 공식적인 일과력의 형식이 급격히 변화하고 칠정력이 더 이상 발행되지 않게 된 원인은 다양한 측면에서 찾을 수 있을 것이다. 그 가운데 역산천문학의 운용에 집중하여보면, 조선통감부의 관제 개편, 특히 시헌력에 기반을 둔 역산천문학을 운용할 부서를 폐지한 것이 가장 주목할 만한 원인이라는 것을 알 수 있다. 시헌력의 체계에 따라 일과력과 칠정력을 발행하고 천체운동을 계산하는 역산천문학의 운용 부서는 몇 차례의 관제 개편에도 불구하고 대한제국기 내내 지속적으로 유지되었다. 세종 때에 천문학을 담당하던 국가 관서인 서운관이 관상감으로 개칭된 이래, 관상감은 1894년까지 계속해서 역산천문학을 운용하는 중심 기관으로 기능해왔다.[10]

그런데 1894년 갑오개혁의 직제 개편(1894년 7월 11일) 과정에서 관상감은 학부아문(學部衙門) 소속의 관상국(觀象局)이 되었다. 이때 이전의 관상감에 비해서 학부 관상국은 공식적인 직이 6개밖에 없는 상태로 소속 인원이 대폭 감소했다.[11] 매년 발행하는 역서의 말미에 기입한 역서 제작 참여자들의 명단을 보면, 1894년 이전에는 14명이었던 것이 1894~1900년 사이에는 6~8명으로 줄었다. 하지만 일시적으로 축소된 인원은 1901년부터 다시 회복되어 1908년까지 14명을 유지했다.[12] 어쨌든 학부아문 소속의 관상국이 되면서 기구가 축소되고 담당 인원이 일시적으로 감소했지만, 시헌력을 기반으로 한 전통적인 역산천문학의 운용은 변함없이 계속되었다. 관상국은 1895년 3월 25일(칙령 제38호)의 조치로 학부 소속의 관상소(觀象所)로 이름이 바뀌었다. 조선의 관상감, 대한제국 학부 관상국, 학부 관상소로 개편되었음에도 역산천문학을 운용하는 일은 변함없이 유지되었다.

가장 극적인 변화는 1907년 말에 나타났다. 일제의 간섭에 의해 1907년 12월 13일(칙령 제54호) 학부 소속의 관상소가 폐지되고, 역서에 관한 사항만을 학부 편집국이 담당하게 된 것이다.[13] 이때의 개편으로 업무의 축소와 함께 직원의 축소도 있었던 것으로 보이지만, 확인하기는 어렵다. 그러나 이 개편으로 일과력에 기입되는 음력 날짜를 계산하는 일을 넘어서는 광범위한 역산천문학을 운용하는 일은 정지되었던 것이 분명하다. 이것은 앞서 언급한 대로, 대한제국의 공식 일과력인 명시력과 칠정력인 칠정오성복현목록이 1908년까지만 발행된 것으로 확인할 수 있다. 앞서 언급하였듯이, 1909년부터 이전까지 관상소에서 발행하는 국가의 공식 일과력인 명시력이 더 이상 발행되지 않은 채, 보조 역서로만 발행해왔던 양력 위주의 간지년력에 음력 날짜를 부기하여 발행하는 것으로 국가의 공식역서를 대신했던 것이다. 그리고 칠정력은 1908년을 끝으로 더 이상 발행되지 않았다. 1909년과 1910년의 일과력에는 이것이 학부 편집국에서 만들어졌다는 것만 밝혀져 있을 뿐, 지금까지 국가에서 발행한 공식 일과력에서는 빠짐없이 명기해왔던 역서 제작에 참여한 사람들의 명단조차도 기록되지 않았다.

1907년 말 일제가 간섭하여 대한제국 관상소를 폐지시킨 이유는, 메이지유신 이후에 양력을 채용(1873)한 일제가 보기에 음력이 비과학적이라는 과학적인 관점 때문이었다는 견해가 있다.[14] 그러나 일제의 의도와 관련하여 전통시대 역산천문학과 이의 운용이 지닌 정치적 상징성을 고려해볼 필요가 있다. 앞서 언급하였듯이, 동아시아의 전통적 천문학, 특히 역산천문학은 군주국가의 위신을 상징하는 국가천문학이었다. 역서를 발행하고 천체운행을 계산하여 천상의 움직임을 파악하는 일은 제왕이 제왕다움을 보여주는 가장 상징적인 행위였다. 조선시대 내내 그리고 대한제국에서도 국가가 해마다 체계적 지식과 대규모의 계산 작업이 요구되는 일과력과 칠정력을 발행해왔던 이유가 여기에 있었다. 대한제국이 매년 발행한 명시력과 칠정오성복현목록은 대한제국의 존재와 위신을 보여주는 상징물이라고 할 수 있다. 하지만 일제와 통감부의 눈에는 조선이 운용하는 시헌력 기반의 역산천문학은 비과학적인 것이었을 뿐만 아니라, 자신들이 지배하고자 하는 조선이 독립된 군주국이며 문화국이라는 것을 보여주는 불온한 상징이기도 했을 것이다. 일제가 대한제국을 움직여 관상소를 폐지하고 전통적 역산천문학의 결실인 명시력과 칠정오성복현목록의 발행을 멈추게 한 것은 결과적으로 대한제국과 황제의 위신을 박탈하는 효과를 거둔 것이다. 그런 의미에서 한국의 역사에서 역산천문학의 단절은 그것을 운용하는 국가의 단절이기도 했다.

2. 일본인 천문학자의 역할

1907년 말 대한제국 관상소가 폐지된 후 역서 발행 업무는 대한제국 학부 편집국(1908~1909)에서 주관하였고, 학부 편집국은 한일병합 이후 조선총독부 내무부 학무국 편집과(1910)로 축소되었다.[15] 이어서 1911년부터는 조선총독부 내무부 관측소에서 역서 발행을 담당하게 되었는데, 관측소의 직원이 모두 일본인으로 채워지면서 전통적 역산천문학의 전문가들은 일본인으로 대체되었다.[16] 조선인 역산천문학자들은 근대천문학과 근대기상학으로 무장한 총독부 관측소의 일본인 전문가들로 대체되었던 것이다. 1920년 7월 30일자 《동아일보》에 실린 기사는 조선의 마지막 천문학자였던 이돈수(李敦修, 1838~1920)[17]의 죽음을 알리고 있지만, 이것은 이돈수를 마지막으로 한국의 전통적 역산천문학자의 맥이 끊어졌다는 사실을 보여준다.

> 구한국시대에 학부관상소장[舊韓國政府學部 觀象所長]으로 있어 전후 이십유여년 동안 관상소가 생겼던 당시부터 관상소가 없어지는 마지막 날까지 주야와 풍우를 가리지 않고, 전심열의로 관상학연구에 몸을 바치다시피 하였다. 우리의 역사 가운데에 큰 자랑거리가 되는 관상학의 마지막 운명을 가장 완전히 끝내게 한 조선에 오직 한사람의 천문학자 리돈수(李敦修)씨는 불행히 지난 이십일 상오 네시에 경성부 관훈동 자택에서 영영 별세하였다. 본래 씨는 향년이 이미 팔십삼세이것만은 매우 기력이 왕성하여 돌아가는 날까지도 기상학 연구에 착심하였다 하며, 생시에는 매우 부지런하고 우애의 두터움이 한 특성으로, 관상소장 시대에도 어느 때는 밤을 새워가며 뜰에 배회하여 멀리 창공에 반짝이는 별을 바라보며 천문을 연구하기에 골몰하는 때가 많았다 하며, 형제

간에 대한 우애에 이르러서는 거의 파산지경에 가는 네 사람의 동기의 가족을 전부 자기의 박봉으로서 난호와 구제하여 왔으되 한번도 괴로운 빛을 대한 적이 없었다 하며, 일한합병이후에는 즉시 조선총독부 기사(技師)로 임명되어 훈오등종칠위(勳五等從七位)의 우우까지 받았다는데, 아무렇든지 우리의 문명사(文明史) 중에 한 큰 재료가 될 만한 관상학을 평생의 천직으로 삼고 진후 이십여 년 동안을 관상소장의 요직에 있었으며 목숨이 남아있는 순간까지 「관상학」석자를 잊지 않던, 가장 존경할만한 과학자(科學者)를 허무히 잃게 된 것은, 가히 널리 세계에 자랑함직 하며, 족히 자손만대에 한 유산이 될 만한 관상학을 위하여 크게 슬퍼할 바이라 하겠더라.[18]

대한제국의 초대 관상소장이었던 이돈수(李敦修)는 병합 이후 1912년까지 역서 발행의 업무를 보조했던 것으로 생각된다. 하지만 이미 1907년 말 대한제국 관상소가 폐지되면서 전통적 역산천문학과 함께 역산천문학을 담당할 조선인 전문가도 사라질 운명에 처했다. 통감부의 시기에도 또한 병합 이후에도 일제의 지시를 받을 수밖에 없었던 이돈수 같은 전통적 역산천문학 전문가가 할 수 있는 일은 음력 날짜를 시헌력의 방식으로 계산하고 역서에 각종의 역주를 적어 넣는 일이 전부였을 것이다. 이돈수는 병합 이후 2년 만인 1912년에 총독부 관측소에서 면직되어,[19] 더 이상 역산천문학을 수행하지 못했다.

한일병합 이후 조선총독부 관측소에서는 일본인 천문학자들이 역서 편찬을 담당하였다. 이와 함께 역서 편찬에 필요한 계산들이 모두 근대천문학을 적용한 계산으로 바뀌었다. 총독부 관측소에서 근무한 일본인 천문학자들 중 주목되는 사람이 기상학자 와다 유지(和田雄治, 1859~1918)[20]와 천문학자 세키구치 리키치(関口鯉吉, 1886~1951)[21]이다. 와다 유지는 1879년

도쿄제국대학 이학부를 졸업하고 내무성 지리국에서 근무하다 1889년부터 2년간 프랑스에 유학하여 기상학과 물리학을 공부했다. 1904년 인천관측소장에 임명된 와다는 1910년 한일병합 이후 조선총독부 관측소의 초대 소장이 되었고, 이후 퇴임하여 돌아가는 1915년까지 한국에 머물렀다. 세키구치 리키치는 1910년(메이지43) 동경제국대학 이과대학을 졸업하고, 1921년 영국에도 유학하였다. 1941년~1943년까지 동경천문대장을 역임한 일본의 대표적인 천문학자였다.[22] 그는 1911년 12월 촉탁으로 조선총독부 관측소에서 발행하던 『조선민력』을 편집하는 임무를 받아 한국에 왔다.[23] 세키구치가 한국을 떠난 것은 1917년 말이었을 것으로 생각된다.[24]

일제가 발행한 『조선민력』은 1911년부터 조선총독부의 인천기상관측소가 편찬을 담당했고, 조선총독부의 이름으로 1945년까지 발행되었다. 대한제국 학부 편집국에서 발행한 1909년의 대한융희삼년력(大韓隆熙三年曆)은 한일병합 후 1911년에 조선총독부가 발행한 『조선민력(朝鮮民曆)』과 많은 부분에서 흡사하다고 한다. 그리고 이것은 와다 유지와 세키구치 리키치가 조선의 역서 편찬에 개입했기 때문이라는 의견이 있다.[25] 특히 세키구치는 역 계산에 대한제국에서 사용하던 시헌력을 기반으로 한 역산천문학이 아닌 근대천문학적 방법을 적용했으므로,[26] 그의 개입으로 한일병합 후의 조선민력에 일본 역서의 특징이 가미되었던 것으로 생각된다. 총독부에서 발행한 『조선민력』의 특징은 와다 유지와 세키구치 리키치가 일본으로 돌아간 후(각각 1915년, 1917년)에도 거의 변함없이 유지되었다. 그리고 여기에 적용된 천문학은 전통적 역산천문학이 아니라 근대천문학이었다. 전통적 역산천문학은 일제의 국권 침탈과 더불어 단절되었고, 근대천문학으로 무장한 일제의 전문가들이 전통적 역산천문학자의 자리를 대신했던 것이다.

2절

서양 근대천문학의 유입과 정착

1. 근대천문학 관련 서적의 유입

서양의 근대천문학은 탐구의 대상, 방법론, 연구의 주체에서 전통적 역산천문학과는 완전히 다른 학문이었다. 이 천문학은 망원경 관측을 통해 새롭게 발견된 다양한 천체(천왕성, 해왕성, 소행성, 성운, 성단 등)와 천체현상을 뉴턴의 역학을 적용하여 해명하는 근대천문학이었다. 때문에 근대천문학이 한국 사회에 정착해가는 19세기 말부터 한국 사회에는 이 새로운 학문을 논의할 과학적 기초가 전혀 없었다. 근대천문학은 19세기 중반 이후 전문적인 천문학서를 통해서가 아니라, 다양한 한역 서양과학서 속에 단편적인 지식의 형태로 유입될 수밖에 없었던 이유가 여기에 있었다.

서양의 근대천문학은 이미 1860년대 초부터 중국을 거쳐 조선에 유입되었으나 체계적으로 이해되지는 못했다. 최한기(崔漢綺, 1803~1877)의 경우가 대표적인데, 그는 중국에서 1850년대에 한역된 『박물신편(博物新編)』(1855)과 『담천(談天)』(1859)을 통해 근대천문학 지식을 접하였다.[27] 『박물신편』

은 중국에 와 있던 영국의 의사 홉슨(Benjamin Hobbson, 合信, 1816~1873)이 1855년 편찬하였는데, 서양 근대과학의 분야와 과학적 사실을 소개하는 근대과학 소개서였다.[28] 『담천』은 영국의 천문학자 존 허셜(John Herschel, 1792~1871)의 *Outlines of Astronomy* (Fourth Edition, London, 1851)를 영국 출신의 선교사인 알렉산더 와일리(Alexander Wylie, 1815~1887)와 중국인 수학자 이선란(李善蘭, 1811~1882)이 함께 번역한 천문학 전문서였다. 이 책은 원래 대구경망원경을 사용하여 발전한 항성·성운천문학에 뉴턴역학의 체계를 융합하여 설명한 대학생용 교과서로 편찬된 것이다.[29] 그러나 근대천문학의 정수를 담고 있는 이 책은 19세기 조선의 유학자에게는 너무 어렵고 전문적인 책이었다. 최한기는 『담천』이 출간된 후 얼마 안 되어 이 책을 읽은 것으로 생각되지만(1861년경), 이 책에 실린 천문학적 내용을 제대로 이해하지는 못했다. 나아가 그는 『담천』으로부터 얻은 단편적인 사실들을 자신의 독자적인 철학인 기학(氣學)을 정립하는 데 활용하려고 하였을 뿐, 근대천문학을 본격적으로 이해하려고 하지는 않았다.[30] 『담천』은 출간 이래 20세기 초까지 가장 표준적인 근대천문학 교과서였음에도 불구하고 한국 사회에 서양 천문학이 정착되는 과정에서는 그다지 의미 있는 역할을 하지는 못했다.

한국의 전통사회에서 근대천문학 지식에 대한 관심이 일어나고 이것이 사회적으로 확산되기 시작한 것은 1881년 이후였다. 문명개화론이 확산되고 부국강병의 방책으로서 서양 과학에 대한 관심이 일어나면서, 중국을 통해 많은 한역 서양과학서들이 수입되었다. 1881년 영선사(營繕司)의 파견은 중국을 통해 한역 서양과학서를 수입하고 다양한 근대과학 지식을 계몽하는 계기가 되었다. 이어서 《한성순보(漢城旬報)》와 《한성주보(漢城週報)》는 이러한 서적들을 참고하여 서양의 문물과 과학 지식을 전파하기 시작하였는데, 이것은 한국의 전통사회에서 서양의 근대천문학 지식이 전파

되는 출발점이 되었다.[31]

영선사를 인솔했던 김윤식(金允植, 1835~1922)은 청의 기기국(機器局)에서 다량의 서양 과학서들을 입수해 왔는데, 이 가운데 천문학에 관한 전문서이거나 천문학의 내용을 포함한 책이 포함되어 있었다. 약 50여 종이 넘는 다양한 서양 과학 도서 중에서 『격치계몽(格致啓蒙)』(計四本), 『담천(談天)』(計四本) 등이 대표적인 천문학 서적이다.[32] 『격치계몽』은 매 권이 서로 다른 원저자의 책을 모아 미국의 알렌(林樂知, Young John Allen, 1836~1907)과 중국의 정창염(鄭昌棪)이 4권으로 번역 편집한 것으로,[33] 이 책의 제3권에서 근대천문학에 관한 내용을 볼 수 있다.[34] 『담천』은 앞서 언급했듯이 영국의 천문학자 존 허셜이 지은 대학생용 교과서를 번역한 것이다.

김윤식의 서적 도입 이후 조선에 유입된 근대천문학 도서의 양과 유통 상황은 거의 알려져 있지 않다. 다만, 1882년 이후에 작성된 몇 가지 서목(書目) 자료를 검토하여 그 상황을 짐작해볼 수 있다. 먼저 김윤식이 입수해 온 책들은 『규장각서목(奎章閣書目)』(A)(규11670)에 부록으로 딸려 있는 『부신내하서목(附新內下書目)』에 거의 그대로 실려 있다. 규장각의 해제에서는 이 서목이 "내각(內閣)이 1868년(고종5)에 경복궁으로 이전되기 약간 전에 작성된 규장각서목"이라고 보고 있다. 하지만 김윤식이 들여온 서양 과학기술 서적들이 여기에 수록되어 있는 이상, 이 서목 가운데 적어도 부록 부분인 『부신내하서목』만은 1882년 이후에 작성되었다고 볼 수 있다. 또한 이 서목에서 주목되는 천문학 관련 책들로는 『격치계몽』(2건, 각4권), 『담천』(4권), 『중학(重學)』(5권)[35], 『박물신편』(5권)[36], 『격치휘편(格致彙編)』(48권) 등이다. 이 가운데 『격치계몽』과 『담천』은 김윤식의 서목에 나온 것이고, 『박물신편』은 일찍이 최한기가 열람했던 책이다. 여기서 천문학 관련 책으로 새롭게 입수된 『중학』과 『격치휘편』이 주목된다. 『중학』은 현재로서는 어느 판본인지를 확정하기 어렵지만, 중력의 작용을 논의하는 역학(力學)

에 관한 책이라는 점은 확실하다. 이 책은 천문학 전문서는 아니지만, 천체
역학은 기본적으로 천체현상에 역학 이론을 결합한 것이므로 천문학 관
련서로 보아도 무방하다.『격치휘편』은 영국인 프라이어(傳蘭雅, John Fryer,
1839~1928)가 주도하여 상해(上海) 격치서원(格致書院)에서 발행한 서양 과
학 소개 잡지이다. 1876년(광서2) 2월부터 1882년 초까지 정간(停刊)한 기
간을 제외하고, 매년 거의 12회를 발행하였다. 나중에 그간 발행된 잡지
전체가 한데 묶여 유통되었는데, 목록에서 48권이라고 한 것은 48개월분
의 잡지로 볼 수 있다.[37]《한성순보》에 실린 서양 과학 소개 기사 가운데
상당량이 이『격치휘편』에서 채록한 것이다.

1882년 이후 수입된 서양 과학서들은『규장각서목』B(규11676)에도 조직
화되지 못한 형태로 실려 있는데, 해제에서는 이를 "갑오경장 이후 광무연
간에 규장각이 제실도서관으로 준비될 단계에서 규장각도서를 총정리하
여 그 전모를 파악하기 위해 작성한 점검서목(點檢書目)"으로 보았다. 서목
작성 연대를 확정하기는 어렵지만, 어쨌거나 수록된 서양 과학서들을 볼
때 이 서목이 1882년 이후에 작성된 것은 분명하다. 이 서목에서 주목되
는 천문학 관련 서적은『격치계몽』(4권),『담천』(4권),『중학』(5권),『박물신
편』(4권),『박물신편』(5권) 등이다.『규장각서목』B(규11676)에는『규장각서
목』A(규11670)에 있던『격치휘편』(48권)이 없는 것이 눈에 띈다.[38]

또 하나 주목되는 서목은 1891년에 작성된 것으로 생각되어온『내각장
서휘편(內閣藏書彙編)』(장서각 소장)이다.[39] 이 서목에 등재된 서양 과학서는
대체로 1882년부터 1887년 사이에 입수된 것들로 추정되는데, 김윤식이
들여온 서적들도 여기에 포함되어 있다. 이 서목은 갑신정변 이후 고종의
개화정책과《한성순보》발행을 목표로 다양한 서양 서적을 수집한 증거
로 평가된다.[40] 여기에서 보이는 서양 근대천문학 관련 서적은『중학』(5책),
『격물입문(格物入門)』(1套),『격치계몽』(4책),『박물신편』(4건 각1책),『박물신

편』(5책 1匣) 등이다. 여기서는 다른 서목들에서 보이지 않던『격물입문』(1套)이 주목된다.『격물입문』은 미국인 마틴(丁韙良, William Alexander Parsons Martin, 1827~1916)[41]의 저술로, 전체 7권으로 되어 있는 것으로 알려져 있다.[42]《한성순보》에서는 지구의 자전을 인식하지 못하는 원리를 상대운동으로 서술하면서 마틴의 저술을 인용하고 있는데,[43]『증정격물입문(增訂格物入門)』(1889년간)에서는 일치하는 내용을 찾을 수가 없다.[44] 어쨌든 마틴의『격물입문』은 권1에서 천체역학이 다루어지므로 천문학 관련 서적으로 볼 수 있다.

2. 한성순보와 한성주보의 천문학 소개

서양 근대천문학에 관한 내용을 포함한 위와 같은 책들이 1882년 이후에 계속해서 수입되고 있었지만, 한국인 가운데 그 내용을 제대로 이해할 수 있는 사람은 전혀 없었다고 해도 과언이 아니다. 당시 유입된 근대과학 전체가 전통적 자연지식과는 완전히 다른 낯선 지식이었기 때문이다.《한성순보》에는 뉴턴 이후에 바뀐 근대천문학의 특징에 대해 다음과 같이 지적하였다.

> 옛날(의 천문학)은 산학(算學)과 추보(推步)에 의지해서 달력을 만드는 것 [釐定歲時]이었다. 천문학은 뉴턴 이후에 중학(重學, 역학)을 통해 해명되지 않는 것이 없었다. 오늘날의 천문학은 광학, 화학 등을 이용하여 논의를 넓히고 있다.[45]

근대천문학의 중심이 뉴턴의 역학을 기반으로 하는 천체역학이라는 사실과 광학, 화학 등을 이용하여 천체물리학으로 발전하고 있다는 것을 지적하고 있다.《한성순보》와《한성주보》가 서양의 과학과 문물을 소개하고 대중에게 과학을 알리려 한 것도 이들 지식이 전통적 과학지식과는 다른 새로운 것이었기 때문이다.

이 시기《한성순보》와《한성주보》의 서양 천문학 소개 기사에서 드러나는 한 가지 특징은 역학이나 수학적인 설명을 배제한 채 천문학적 사실만을 나열했다는 점이다. 기사를 쓰는 필자와 그것을 읽는 독자 모두가 전문적 논의를 감당할 수 없는 과학의 초보자였기에 이는 불가피했으리라 생각된다.《한성순보》의 제2호(1883.11.10)에 등장하는 '논지구운전(論地球運轉)'이 본격적인 근대천문학 지식을 서술하는 첫 번째 기사인데, 자전(自轉)과 공전[圜日]을 다루고 있다.[46] 여기서는 태양과 태양계를 이루는 8개의 행성(수성, 금성, 화성, 목성, 토성, 천왕성, 해왕성, 지구)과 행성들이 태양에서 떨어진 거리, 자전주기, 공전주기 등 행성운동의 물리량을 제시하였다. 이 기사에서는 궤도운동의 역학적 원리나 행성들의 물리량을 얻어내는 원리 등은 전혀 언급하지 않은 채 결과적 사실만을 서술하고 있다.

당시에는 서양 천문학에 대한 이해 수준이 낮았기 때문에 신문 기사에서는 종종 혼란과 오해도 보인다. 예를 들어《한성순보》의 제10호(1884.1.30) 18면의 기사에서는 자전과 공전의 원리를 혼동하였다.[47] 주야(晝夜)는 지구의 자전 때문에 생기는 것이지만, 이 기사에서는 주야가 공전, 즉 환일(圜日) 때문에 생긴다고 말하였다. 또한 신문에는 출처가 다양한 참고자료를 무비판적으로 요약하였기 때문에 상호 불일치하는 기사들도 발견된다.[48] 예를 들어 제20호(1884.5.5.)에는 당시까지 발견된 네 개의 소행성(威土打: Vesta, 偲厘土: Ceres, 啤拉土: Pallas, 珠那: Juno)을 포함하여 태양계에 속한 11개의 행성을 수성, 금성, 지구, 화성, 소행성(4), 목성, 토성, 섭단성

(鼺段星) 등으로 소개하였다. 반면, 제2호(1883.11.10)의 기사에서는 토성의
바깥에서 운동하는 천왕성과 해왕성을 소개하였다.[49]

《한성순보》와《한성주보》의 천문학 기사에서 나타나는 또 한 가지 특징
은 지구의 모양과 운동에 관한 지식이 천문학이 아닌 지리학적 관심에서
다루어지고 있다는 점이다. 이것은 나중에 천문학(天文學)과 지문학(地文學,
지구과학)이 분리되고 지구의 모양과 운동, 기후대 등이 지문학의 영역에서
다루어지게 되는 출발점으로 볼 수 있다.[50] 지구의 운동을 지리학의 서론
격으로 서술하는 일은 이미 중국에서도 나타났는데, 1878년에 간행된 『지
구설략(地球說略)』이 이 경향을 대표한다. 이 책은 미국의 선교사 웨이(褘理
哲, Richard Quanterman Way, 1819~1895)의 저술로 세계지리를 설명하려는
지리학 책이다. 그런데 이 책에서는 지구가 둥근 구라는 것을 논증하고, 지
구의 자전과 공전, 주야와 계절의 발생, 기후대의 분포 등에 대해서 설명
하는 등 천문학적 지식을 서두에 두었다. 세계지리를 논의하기 위한 기초
로 지구의 구조와 운동에 관한 지식을 이용한 것이다.《한성순보》에 실린
최초의 과학 기사도 지구론에 관한 것이었다.[51] 이 기사에서는 땅이 구형인
증거를 5가지나 들면서도 땅이 둥글어도 지구 반대편에 있는 사람이 아래
로 떨어지지 않는 중력현상의 이유에 대해서는 서술하지 않았다. 서술 목
표가 중력현상의 역학적 원리를 알려주려는 것이 아니라, 세계의 여러 나
라들이 분포하는 지구를 소개하는 것이었기 때문이었다. 세계지리를 논의
하기 위한 사전 지식으로서 지구론을 서술한 것이지, 천문학적 원리로 지
구를 이해하려 했던 것은 아니었다.

지구설을 천문학이 아닌 지리학적 목적에서 서술하려는 생각은 육영공
원(育英公院)의 교사였던 헐버트(Homer Hulbert, 1863~1949)가 1891년에 펴
낸 『〈민필지』에서도 나타난다.[52] 이 책은 육영공원과 배재학당에서 교과
서로 사용되었고, 1895년에 나온 한문본은 사립학교 등에서 전국적으로

사용되었다. 책의 서두에는 태양계의 여덟 행성과 위성, 지구의 크기와 구조, 기후대의 분포, 중력의 존재와 궤도운동, 달의 삭망, 일월식, 구름, 비, 천둥 등 기상현상, 조석, 유성, 은하수 등이 관한 서술이 있다. 이 때문에 "한국최초의 간이천문지리서(簡易天文地理書)"로 불리기도 하지만[53] 이 책은 "세계 지리나 세계 역사를 소개하는 책이었다."[54] 이 책에 포함된 천문학적인 내용은 세계지리를 더욱 잘 이해하기 위한 기본 지식으로 제시된 것이지, 그 천문학 지식 자체를 이해시키기 위한 목표에서 서술된 것은 아니었다. 비슷한 관점이 유길준(兪吉濬, 1856~1914)의 『서유견문(西遊見聞)』(1895)에서도 나타난다. 이 책의 서두에 지구가 행성이라는 사실을 밝히고,[55] 태양계와 지구의 여러 천문학적 사실들을 서술하였다. 태양과 8개 행성의 크기, 태양까지의 거리, 지구의 자전과 공전, 지구가 둥글다는 논증, 기후대의 분포, 지구상에서 경도와 시각의 관계, 위도에 따른 밤낮의 길이 차이, 지구 대기의 성분과 성질, 기온과 기상현상, 화산과 지진의 발생 원리 등이 그 내용을 이룬다.[56] 그런데 이런 내용을 이끄는 제1편의 제목은 '지구세계(地球世界)의 개론(槩論)'으로 되어 있다. 유길준 또한 세계지리를 서술하기 위한 기초 지식으로서 태양계와 지구의 천문학적 사실을 제시하려고 생각했던 것을 알 수 있다.

이상의 예에서 보듯이, 19세기 말까지 한국에서 출간된 세계지리서에 논의된 천문학 지식, 즉 지구와 태양계에 대한 지식은 천문학적인 것이라기보다는 지리 지식을 논의하기 위한 기초 상식으로서 의미가 있었다. 서양 천문학의 소개와 전파가 역학과 수학적 논의가 생략된 채 천문학적 사실을 나열하는 것으로 일관한 것은 1905년까지 학교 교육에서도 거의 변함없이 유지되었던 것으로 보인다.[57] 이 시기에는 일본에서 도입된 책들이 과학 교육에 이용되기도 했으나 천문학은 독립된 교과목이 되지 못했고, 단편적인 천문학적 사실들이 박물(博物)이나 지리(地理) 과목에 포함되는 정도였다.[58] 이러한 사실은 세계지리, 박물학 등은 한국 사회에서 중요성을 인정받은 지식이었던 반면, 천문학 지식은 아직도 한국 사회에서 공인된 분과 학문으로서 중요성을 인정받지 못한 상황에 있었다는 것을 알려준다. 하지만, 그럼에도 불구하고 세계지리나 박물학에 관한 위와 같은 서적들이 학교 교육의 교재로 사용되고 일반인들에게 확산되면서 그 안에 포함된 천문학 지식이 일종의 과학 상식으로 전파되는 데에 기여했다.

한국에서 천문학 지식이 학교 교육을 통해 전파되는 계기는 1906년 8월 보통학교령(普通學校令)이 공포된 이후라고 할 수 있다.[59] 또한 이후 각종의 학교령(學校令)이 공포되면서 과학 교육 또한 학교의 교육과정으로 정착되었는데, 이는 천문학이 정규 교과가 되고 천문학 교과서가 출현하는 계기가 되었다. 특히 사립학교에서는 정부의 규정을 따르면서도 학교의 특성을 반영한 독자적인 교육과정을 가지고 있었는데,[60] 근대천문학 교육은 바로 여기에서 시작되었다. 그리고 이 시기에 근대천문학이 분과 과학의 하나로 인정받고 교육과정에 정착되었다는 사실을 보여주는 가장 대표적인 지표가 천문학 교과서이다.

3. 천문학 교과서의 출현

한국 최초의 천문학 교과서는 외국의 천문학 서적을 번역하여 만들어졌는데, 베어드(William. M. Baird, 1862~1931)[61]의 『천문략히』(1908)와 정영택의 『천문학(天文學)』(1908)이 대표적이다. 이 두 책은 우리나라에서 처음으로 근대천문학이 과학 교과로 교수된 사실을 보여준다.[62] 『천문략히』는 평양의 숭실학당(후에 숭실대학이 됨)의 교사로 있던 베어드(Baird)가 미국의 천문학자 스틸(Joel Dorman Steele, 1836~1886)의 책 *Popular Astronomy*(1899, 349 pages)의 초반 1~2부를 번역하여 순한글로 출간한 것이다.[63] 내용은 천문학의 발전사, 좌표계, 태양천문학, 행성천문학, 혜성·유성·운석, 황도광에 관한 논의로 이루어져 있다. 또한 책의 내용 가운데는 당시 새롭게 발전하고 있던 분광경(分光鏡)을 사용하여 관측한 결과를 서술한 내용이 있는데, 이 책이 19세기 말까지의 최근 천문학의 성과를 포함하고 있다는 것을 알 수 있다.[64]

숭실학당에서는 1909년부터 천문학이 대학부 3학년의 교과과정에 포함되었다.[65] 천문학 강의는 그보다 일찍부터 시작된 것으로 보이는데, 근대천문학이 숭실학당에서 교수되는 과정에는 선교사이자 천문학자였던 루퍼스(Carl Rufus)의 역할이 컸을 것으로 짐작된다.[66] 루퍼스는 한국에 오기 전부터 미국에서 숭실학당의 교사였던 베커(白雅悳, Arthur Lynn Becker, 1879~1979)를 도왔다.[67] 그는 1907년 한국에 들어와 평양의 숭실학당의 교사가 되었고, 이후 8년간 숭실학당에서 천문학과 수학, 물리학을 교수하였다.[68] 이러한 베어드와 루퍼스의 노력으로 한국에서는 처음으로 숭실학교에서 근대천문학 교육이 시작된 것이다.

정영택의 『천문학』은 1908년 보성관(普成館)에서 국한문혼용으로 발행한 책이다. 서두에는 별자리, 행성의 궤도운동, 일월식 원리 등을 이해하는데 필요한 여러 개의 그림을 두고, 본문에서는 우주계(별자리, 항성의 물리적 성질, 성운), 항성계(항성의 운동, 쌍성, 변광성), 태양계(태양과 행성의 운동, 천체역학적 설명) 등을 서술하였다. 정영택의 『천문학』은 원래 일본의 요코야마 마타지로(横山又次郎)가 펴낸 『천문강화(天文講話)』(1902년 초판, 早稲田大学出版部)를 번역·편집한 것이다.[69] 책의 내용을 분석한 연구에 따르면, 번역자의 천문지식의 부족으로 인해 발생한 각종의 착오와 혼란들이 드러나지만, 한국인 독자에게 익숙한 용어, 단위 등을 사용하는 등 번역자의 고심과 배려도 볼 수 있다고 한다.[70] 이 책이 보성관에서 출판된 것으로 보건대, 기본적으로 보성학원 계열 학교의 교재로 사용되었을 것으로 짐작된다. 보성관은 "보성학원에 필요한 교과서를 발행하는 일 이외에도 신지식층을 대상으로 한 서적을 발행"하였기 때문이다.[71]

『천문략히』와 『천문학』을 통해, 1908년 당시 한국에서 '천문학'이라는 말은 거의 완전히 서양의 근대천문학을 의미하는 용어가 되었다는 것을 알 수 있다. 이들 책에서 다루는 대상은 전통천문학에서는 존재조차 알지 못했던 천왕성, 해왕성, 소행성 같은 새로운 천체와 태양계 바깥의 성운과 성단으로까지 확대되었다. 탐구 방법 또한 전통천문학과는 완전히 달랐다. 전통천문학이 일월오성의 위치만을 문제로 삼는 위치천문학인 것에 반해, 이들 교과서에서 다루는 문제는 천체들의 역학적 운동 원리와 물리적 성질에 관한 것이었다. 탐구의 대상과 방법에서 전통천문학과 전혀 다른 근대천문학의 교과서가 등장한 것이다. 이것은 한국 사회에서 처음으로 천문학이 근대과학에 속하는 독립된 분과 학문으로 인정받게 되었음을 의미한다. 19세기 말 한역 서양과학서를 통해 단편적인 지식으로 전해지던 근대천문학 지식은 20세기 초에 이르러 전통적 역산천문학과는 완전히 다른 새로운 천문학으로 인정받게 된 것이다.

하지만 일제의 강점으로 한국인을 위한 과학 교육은 전혀 확립되지 못한 채, 한국인은 본격적인 근대과학 교육에서 소외되었다.[72] 그리고 식민지 시기의 과학 교육 안에서도 천문학은 더욱 소외되었다. 그러나 다행히도 연희전문 수물과 교수였던 천문학자 루퍼스와 한국인 학생 이원철(李源哲, 1896~1963)의 인연으로, 천문학은 우리나라 최초의 이학박사를 배출하는 분야가 되었다.[73] 1915년 연희전문학교 수물과 1회 입학생인 이원철이 루퍼스의 교육과 영향을 받아 미시간대학에 유학하였고, 1926년 천문학으로 박사학위를 받고 돌아와 연희전문학교 교수가 되었다. 그는 독수리자리 에타별을 연구하여 변광성의 맥동이론을 분광학적으로 증명하였다. 한국에서 근대천문학의 개념이 정착되고 교과서가 출현한 지 약 20여 년 만에, 그리고 한국인을 위한 과학 교육이 거의 확립되지 못한 식민지 시기에, 한국 최초의 이학박사로서 천문학 박사가 탄생한 것은 기적적인 일이었다.

천문학 분야에 한정하여볼 때, 19세기 말부터 20세기 초까지 한국 사회는 전통적 역산천문학이 단절되고 근대적 천문학이 유입되는 변화를 경험하였다. 전통적 역산천문학은 국가의 주도로 허가받은 전문가에 의해서만 수행되는 국가천문학이었다. 나아가 그것은 천체의 위치를 계산하여 역서를 발행하고 시각을 알리는 것을 주 임무로 하는 위치천문학이었다. 그러나 근대천문학은 천문학적 현상에 관심을 가진 사람이면 누구나 할 수 있는 자유로운 개인의 학문이었고, 천체현상을 물리학적 방법으로 탐구하는 천체물리학이었다. 때문에 역산천문학과 근대천문학은 탐구의 대상, 방법론, 탐구의 주체가 완전히 다른 학술로서, 이 변화는 연속적 과정이 결코 아니었다. 결론적으로, 19세기 말부터 20세기 초에 걸쳐 한국 사회에서 전통적 역산천문학이 단절되고 근대천문학이 유입되는 변화는 천문학적 탐구 대상과 방법론의 교체인 동시에, 천문학을 탐구하고 천문학에 종사하는 사람들이 완전히 바뀐 탐구 주체의 교체이기도 했다.

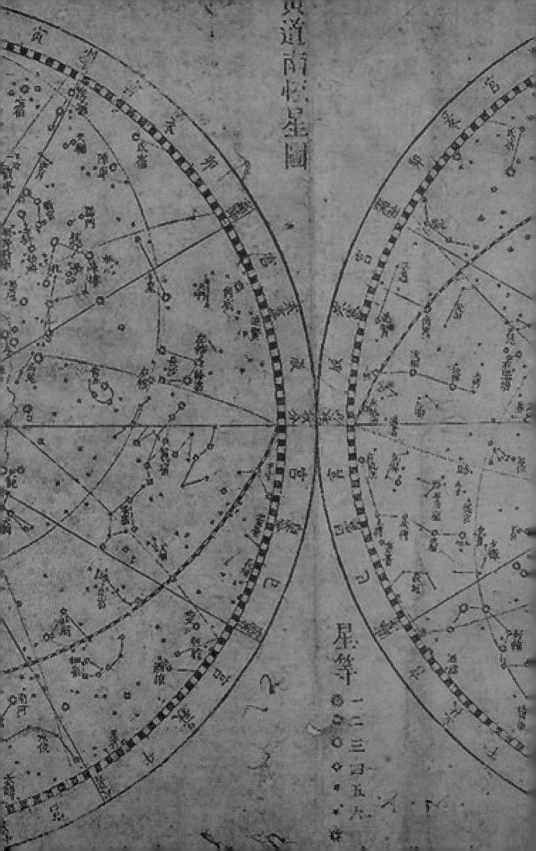

赤道南恒星圖

星等

一二三四五六

제8장

한국천문학사의
한국적 특징

지금까지 기원전 4세기의 고조선 시기부터 20세기 초에 이르는 한국의 천문학사를 역법사를 중심으로 서술하였다. 이 책의 최종적인 목적은 한국 천문학사를 '한국의' 천문학사로 구성하는 것이었다. 이를 위해서는 먼저 서장에서 제안한 대로 한국의 천문학사를 바라보는 관점의 전환이 필요하다. 지금까지 이론적 차원의 지식과 활동에만 중점을 두었던 천문학사의 연구 관점을 전환하여 실행적 차원의 지식과 활동을 중심으로 볼 때, 한국 천문학사의 한국적 특징이 제대로 드러나는 것이다. 그렇다면 한국 천문학사에서 드러나는 한국적 특성과 가치는 어떤 것인가. 필자는 이것이 "중국에서 발전한 이론의 실행과 한국화(韓國化)"라고 생각한다. 그리고 한국 천문학사의 한국적 전형성이 가장 잘 드러나는 시기는 조선시대이다. 조선시대를 예로 들어 한국 천문학사의 한국적 특징과 가치를 가늠해보자.

한국 천문학사의 보편성과 지역성

동아시아의 전통시대에 천문학의 연구와 실용은 하늘의 아들로 인정받은 천자(天子)만의 독점적인 권리였다. 천문학에 부여된 이러한 이념은 중국의 은주시대에 형성되어 근대 서양천문학이 전래하기까지 조금도 변하지 않은 채 약 3천여 년이나 지속되었다. 한국의 왕조는 자체의 생존은 물론 독자적인 문화공동체를 유지하기 위하여 고대부터 중국 중심의 세계질서인 조공책봉 체제에 편입되었다. 한국 왕조가 중국 중심의 조공책봉 체제에 편입되는 순간, 천자의 독점적 학술이라는 천문학에 부여된 이념의 제약으로 인해 한국 왕조는 독자적으로 천문학을 연구하고 실용할 수 없게 된다.

그러나 한국 왕조는 독자적인 문화공동체를 유지하기 위하여 천문학을 연구하고 실용하고자 하였다. 동아시아에서 천문학은 하나의 공동체가 천체현상으로부터 얻어낸 하늘의 뜻(천문)을 공유하고 통일된 시간규범(역법)을 공유하여 독자적이고 통일적인 문화공동체로 존재하기 위해서는 필수적인 학술이었기 때문이다. 그리하여 한국 천문학사는, 천문학은 천자의 독점적 학술이라는 동아시아의 전통천문학에 부여된 근본이념과 한국 왕조가 중국과의 조공책봉 관계에 편입됨으로써 조공국의 정치적 지위에서 비롯된 필연적인 제약 속에서도 한국 민족이 스스로 천문학을 실용함으로써 문화생활을 영위하고 독립적인 문화공동체를 유지하려는 욕구가 만들어낸 역사가 되었다. 그리고 한국 천문학사의 '한국적' 특성은 전적으로 이로부터 비롯되었다.

한국 천문학사를 통틀어 볼 때, 역법과 천문 양쪽의 분야 모두에서 중국에서 형성된 것과 다른 독자적인 이론을 수립한 일이 거의 없다. 한국의 왕조는 중국에서 발달하고 중국에서 채용한 천문학 지식을 수입하여 그것을 사용함으로써 조공책봉 체제를 충실히 따랐다. 이 과정에서 천자의 독점 학술이라는 천문학에 부여된 정치이념을 중국 왕조와 공유하는 것은 물론, 중국 왕조에서 채용한 천문학적 지식체계를 보편적이고 기초적인 것으로 수용하였다. 그러나 중국 왕조에서 체계화한 천문학을 한국에서 실행하고 실천하는 과정에서 필연적으로 한국의 지역성이 결합되게 되었다. 한국 왕조의 천문학적 실행의 기준지(standard point)는 중국의 그것과 달랐기 때문이다. 한국 왕조의 천문학적 실행의 기준지는 언제나 한국 왕조의 수도여야 했다. 이것은 천변의 관측과 해석에서 중국의 그것과 다른 특성을 만들고, 시간규범의 수립과 실행에서 한국적 특성을 만들어내게 되었다.

1. 천문(天文), 관측과 기록

필자는 이 책에서 동아시아 전통천문학사를 구성하는 두 가지 주요한 분야 가운데 천문(天文)으로 불리는 천변점성술의 역사를 거의 다루지 못하였다. 하지만 이러한 한계에도 불구하고, 필자는 2000년 이상 지속된 한국의 천문학사 가운데 천문 분야의 특징을 역법 분야의 그것에 비추어 시론적으로 언급할 수 있다고 생각한다. 지금까지 주로 논의했던 역법 분야와 마찬가지로 천문 분야에서도, 중국에서 발전한 천문의 이론을 수용하고 이를 적용하는 과정에서 한국적 특수성이 드러난다. 즉 중국에서 형성된 천문학 지식의 보편성에 한국적 지역성이 결합한 천문의 실천이 한국 천문 분야의 역사에서 드러나는 특징이라고 할 수 있다.

한국에서 이루어진 천문 분야의 역사를 보면, 천변이 발생하는 전천(全天)의 영역 가운데에서도 한국의 왕조에서 특별하게 중시한 하늘의 영역이 존재하는데, 이것은 분야설(分野說)에서 석목지차(析木之次)이고 이십팔수(二十八宿)로는 기수(箕宿)와 미수(尾宿)가 위치하는 영역이다.[1] 이는 중국 전국시대에 연(燕)이 위치했던 지역과 연결되어 있다고 믿었던 하늘의 영역이다. 이 영역은 한국 왕조가 위치한 지역이었기 때문에 여기에서 발생하는 천변은 한국 왕조의 명운과 밀접한 연관이 있는 것으로 인식되었다.[2]

한국에서 성립한 천문에 관한 대표적인 책으로는 7세기의 『천지서상지(天地瑞祥志)』와 조선전기 15세기의 『천문유초(天文類抄)』를 꼽을 수 있다. 현재 학계에서는 『천지서상지』가 신라인인 살수진(薩守眞)이 지었다는 것을 합의해가고 있는 실정인데, 이런 의견을 수용하면 이는 한국 최초의 천문서(天文書)라고 할 수 있다.[3] 『천문유초』 또한 조선전기 세종 때의 이순지(李純之)가 지은 천문서이다.[4] 그런데 이들 책은 중국에서 성립한 천변 해석의 이론과 사례를 모아서 편집한 것으로, 한국에서 만들어진 독자적이고 독창적인 천문 이론이나 천변 해석의 이론은 거의 찾아볼 수 없다. 나아가 한국의 역사에는 어떤 천변이 발생했을 때, 이것을 중국의 이론을 따르지 않고 독자적이고 독창적인 해석을 한 사례도 찾을 수가 없다. 결국 이론적 차원을 중심으로 한국에서 이루어진 천문 분야의 역사를 보게 되면, 의미 있는 진보와 창조가 있었다는 사실을 찾을 수 없는 것이다.

하지만 이론적 차원이 아닌 실행적 차원을 중심으로 천문 분야의 역사를 보면, 한국 천문학사의 특징과 가치는 천변 관측의 지속성, 방대함, 상세함으로 정리할 수 있다. 한국에서는 삼국시대 이래로 왕조마다 지속적으로 천변과 재이를 관측하고 기록하였다.『삼국사기』에 약 1,000여 개, 『고려사』에 약 6,500개의 기록이 있으며,[5]『조선왕조실록』에는 1392년부터 1863년까지 약 25,000개의 기록이 있다. 이 가운데『조선왕조실록』을 예로 들면, 1392~1863년까지 약 25,670건의 천변재이 기록 가운데, 천변에 해당하는 유성(流星) 3,431건, 혜성(彗星) 1214건, 객성(客星) 265건, 태백주현(太白晝見) 4,887건이 기록되어 있다.[6] 천변재이 기록 전체 가운데 천변의 기록이 약 40%에 달한다. 그만큼 한국에서는 고대부터 천변의 관측이 지속적이었으며, 남아 있는 기록의 방대함은 한국 천문학사의 특징이자 가치라고 할 수 있다. 이러한 천변 관측의 지속성과 기록의 방대함은 중국의 그것과도 비교가 된다. 예를 들어, 오로라에 관한 기록은 중국의 경우 주대(周代)부터 1747년까지 총 294개가 확인되는 반면, 한국에서는 삼국시대부터 1747년까지 700개 이상으로 "세계에서 가장 방대(尨大)한 기록"이 있다.[7]

천변 관측의 지속성과 기록의 방대함에 더해, 기록의 상세함 또한 한국적 특징과 가치라고 할 수 있다. 삼국시대의 일식 기록을 비롯하여 강우(降雨) 기록과 유성우(流星雨), 그리고 흑점과 오로라를 포함한 태양 활동에 관련된 풍부한 기록은 일찍부터 현대과학적인 연구에 활용되었다.[8] 한국에 남아 있는 혜성 관측 기록 또한 그 상세함으로 인해 일찍부터 주목을 받아왔다. 특히 현종대에 기록된 1664년 혜성의 경우는 전 세계에서 가장 상세한 관측 기록이 한국에 남아 있다.[9] 80일이 넘는 기간 동안에 지속적인 관측이 이루어졌으며, 혜성의 위치와 밝기, 모양, 꼬리의 방향 등에 관한 상세한 기록이 남아 있다. 그 가운데 68일치의 기록에는 성좌상의 위치와 혜성의 모양을 그린 그림도 함께 있을 정도로 상세하다.[10] 이와 같이 상세한 천변 기록으로 인해 현대 연구자들은 이로부터 혜성의 궤도 요소를 구해내는 일도 가능하게 되었다.[11]

천문 분야의 역사에서 한국적인 특징과 가치는 이론적 차원이 아닌 실행적 차원에서 찾아야 함은 분명하다. 한국에서는 천문 분야에서 이론적 차원의 지식과 활동의 진보를 이끌어낸 예가 거의 없다. 반면 중국 대륙에서 성립한 천문의 이론을 수입하여 그것을 한국에서 실행하는 과정에서 많은 성취를 만들어냈다. 한국의 모든 왕조에서는 제왕의 첫째가는 임무가 천변을 관측하여 그것이 드러내는 의미를 읽어내는 것이라는 중국에서 성립한 전통천문학의 기본 이념을 공유하였다. 그리고 그 이념에 따라 한국의 모든 왕조에서 변함없이 천변을 관측하고 기록해왔다. 천변 관측 활동의 지속성이 한국에서 이루어진 천문 분야의 역사를 만들어낸 가장 근본적인 특징인 것이다. 나아가 남아 있는 기록의 방대함은 한국의 왕조에서 천문학이 얼마나 중대한 의미를 지닌 지식과 활동이며, 이것이 얼마나 진지하게 실행되었는지를 보여준다. 방대함 가운데서도 기록의 상세함 또한 한국에서 이루어진 천문학적 실천의 특징을 드러내준다. 한국 천문학사의 천문 분야에 관한 한 이론적 차원에서는 한국적 특성과 그것의 가치가 잘 드러나지가 않지만, 실행적 차원에서 이루어진 천변 관측의 지속성, 기록의 방대함과 상세함은 그것이 가장 한국적이라는 사실을 드러내준다.

2. 역법(曆法), 시간규범의 수립과 실행

중국에서 형성된 천문학 지식의 보편성이 한국에서의 적용 과정에서 지역성과 결합하는 한국 천문학사의 특성은 역법의 실행 과정에서 보다 분명하게 나타난다. 역산(曆算)에서 기준지가 다르면, 이로부터 계산된 연월일시의 시간규범은 다를 수밖에 없다. 태양의 위치에 관계되는 절기시각(節氣時刻) 및 절기일(節氣日)이 달라질 수 있고, 여기에 달의 위치가 관계되는 달의 위상(位相), 합삭시각(合朔時刻)과 삭일(朔日)이 달라질 수 있으며, 나아가 이런 차이는 월(月)의 대소(大小)에도 영향을 미친다. 또 절기일과 삭일의 차이는 윤월의 위치에도 영향을 미쳐 경우에 따라서는 역서에 표시되는 연월일의 시간주기마저 중국의 그것과 차이가 날 수 있다. 그러나 조공책봉 관계의 제약 때문에 한국의 왕조, 특히 한양을 기준지로 삼은 조선에서 중국의 그것과 다른 역일(曆日)을 얻었다고 하더라도 그것을 사용할 수가 없다. 조선에서 계산한 연월일이 중국의 그것과 차이가 난 경우, 조선의 계산 결과는 책봉국의 그것에 일치하도록 수정되어야 했다.

하지만 연월일시라는 네 가지 시간규범 가운데 하루 안의 시각은 조공책봉 관계 아래서도 자유롭게 기준지의 그것을 사용할 수 있다. 기계시계로 시각을 통일할 수 없었던 전통시대에는 중국에서도 여러 제후국에서 각지의 지방시를 사용할 수밖에 없었다. 이것은 조선이 한양을 기준지로 삼아 중국과 다른 매일의 일출입분(日出入分, 일출입시각)과 주야각(晝夜刻, 밤낮의 길이)을 측정하고 보시한 이유가 된다. 결국 조공책봉 관계는 조선의 역산에서 연월일이라는 시간주기 즉 역일은 제약하였지만 하루 안에서의 시각은 제약하지 못했다고 할 수 있다.

삼국시대 이후 중국과 조공책봉 관계를 맺어온 한국 왕조에서는 이론적으로 중국과 다른 독자적인 역법을 수립할 수가 없었다. 나아가 한국 왕조조는 천문학에 부여된 제왕의 학문이라는 이념을 받아들여 중국과 다른 독자적인 역법을 수립하고자 목표지도 않았으며, 실제로 수립한 적이 한 번도 없었다. 한국 왕조에서 역법의 적용과 실행의 역사에서 우리가 탐구해야 할 것은, 이론적 차원에서 한국 왕조가 중국과 얼마나 다른 역법을 시행했는가가 아니라, 실행적 차원에서 한국 왕조가 자신의 시간규범을 어떻게 수립하고 실행했는가 하는 점이다. 역서의 반포와 보시제도를 통해 한국의 왕조는 여러 제약 속에서도 본국 기준의 연월일시라는 시간규범을 백성들이 공유하고 그것을 기초로 문화생활을 영위하도록 하였다. 그리고 이것으로 한국 왕조에서의 역산 관련 연구와 활동의 목적은 완전히 달성되었다. 한국의 왕조는 국가로서 존속하는 내내 매년 역서를 반포하였고, 매일 시각을 측정하여 백성들에게 알려주었다. 한국 역법사의 가치와 의미는 한국의 왕조에서 자신의 시간규범을 수립하고 사용하며 문화생활을 영위해온 길고도 풍부한 역사 자체에 있다.

2절

한국 천문학사의 특징

1. 천문학적 실행을 위한 관측 확인

한국의 천문학사를 이론적인 차원의 지식과 활동을 중심으로 파악하려는 관점에서 나타나는 역사적 실상과의 괴리 가운데 하나는 한국의 역사에서 이루어진 천문학적 관측기구와 관측 활동에 실재하지 않았던 의미와 역할을 부여하는 것이다. 반면, 한국의 천문학사를 실행적 차원의 지식과 활동에 초점을 맞추어보게 되면, 한국에서 이루어진 관측기구 제작과 관측 활동의 의미와 가치가 기존의 그것과는 완전히 다르게 이해된다. 한마디로 한국의 왕조에서 이루어진 천문 관측은 새로운 이론과 수치의 개발을 위한 관측이 아니며, 대부분이 한국 왕조에서 천문학을 실행하는 일을 합리화하려는 목적에서 이루어진 것이다. 한국 왕조에서 이루어진 역산 연구와 관련된 천문 관측은 이미 알려진 이론과 수치를 확인하는 확인관측으로서 의미가 있었다. 이것은 천문학적 활동에 관하여 가장 많은 자료가 남아 있는 조선시대의 예를 통해 명확히 확인할 수 있다.

흔히 역법을 영어로 'calendrical system'으로 번역하듯이, 동아시아에서 역법은 천체운동을 계산하는 계산법의 체계라고 할 수 있다. 그런데 조선에서는 중국과 다른 역법을 수립하거나 채용하려 하지 않았으며, 중국에서 수립된 역산체계 내의 산법을 수정하고자 하는 노력조차 하지 않았다. 그리하여 조선에서 이루어진 천문 관측은 새로운 역산체계를 수립하거나 중국에서 채용한 역산체계의 수정을 목적으로 한 것이 아니었다. 수시력의 역산법에 대한 연구가 완전해진 세종14년(1432) 이후에야 간의와 규표 등이 제작되고 간의대에서의 관측이 이루어지는 것은 이 점을 잘 보여준다.

조선에서의 천문의기의 제작과 관측은 중국에서 채용한 역산체계를 조선에서 실행할 수 있는 수준에 이른 다음에야 시작되었다. 그러므로 조선에서의 관측은 이미 실행하고 있는 역법과 역산이 올바르다는 것을 합리화해주는 확인관측으로서만 의미가 있었다. 수시력을 개발할 때 곽수경(郭守敬)이 중심이 되어 수행한 관측은 새로운 역산체계의 수립을 위한, 즉 이론적 차원의 지식을 개선하기 위한 기초 데이터를 확보하는 데에 의미가 있었다.[12] 반면 조선에서의 관측은 이미 실행하고 있는 역법과 역산체계의 합리화를 위한 확인 활동으로서 의미가 있다. 조선의 역사를 통틀어 중국의 그것과 달리 조선에서 독자적인 역법의 수립을 위해 축적한 관측 데이터가 존재하지 않는다는 사실이 이것을 증명해준다. 선행 연구에서 기술한 것처럼, "세종15년(1433)년 8월 11일의 실록 기사 이후로는 간의대의 관천 활동에 대하여 간단한 언급조차 찾아볼 수 없다."[13]

그럼에도 불구하고 지금까지의 연구에서는 세종시대에 이루어진 천문 관측을 이론적 차원에서 의미를 추출하려는 경향이 강했다. 세종시대의 천문 관측은 역산법의 개선에 의미가 있었다는 것이다. 세종시대의 관측의 범위와 규모에 대해 실증할 수 있는 사료가 없지만, 선행 연구자들이 생각하는 광범위한 관측이[14] 이루어졌다고 할지라도, 조선에서의 천문 관측은 확인관측 이상의 의미를 지니지 않는다. 바꾸어 말하면 이론 개발과 개선을 위한 관측이 아닌 것이다.[15] 조선에서의 천문 관측은, 그 규모와 수준에 상관없이, 중국에서 수입하여 조선에서 적용하는 역법과 역산체계의 운용이 적절하다는 것을 뒷받침해주는 활동이었다. 세종이 언급한 바와 같이 천문의기는 "여러 가지의 제도가 하나같이 중화의 제도를 준용하고 있는데, 유독 관천(觀天)의 의기만 빠져 있어서" 만든 것이다.[16] 간의대의 의기들은 실행적 차원의 천문학적 활동으로서 역산법의 운용이 가능해진 이후에 매일의 천체현상을 관측하고, 그 관측의 결과를 예측과 비교하는 용도로 사용되었다. 세종 때의 천문학 연구의 과정을 담은 『사여전도통궤』 발문에 기술된 대로, 의상과 구루는 '추험(推驗)' 즉 계산한 것을 확인하는 역할을 한 것이다.[17]

한편, 『칠정산내편』의 성립 이후 지속된 역산 연구를 통해 세조 때의 『교식추보법』에서 나타난 것처럼 가감차(加減差) 계산에서 산식(算式)의 개정이 있었을 가능성이 제기되었다.[18] 하지만 만약 이것이 조선학자들에 의해서 개정된 것이라고 하더라도, 이는 조선의 시간규범의 운용에 그다지 영향을 미치지 않는 교식 계산법의 사소한 수정이라고 할 수 있다.

2. 전천 항성관측치의 부재

조선시대 천문 관측의 역사에서는 전천 항성을 관측하여 이를 성표(星表)로 남긴 일이 전혀 없다는 점은 한국 천문학사의 한국적 특징으로 반드시 거론되어야 한다. 꼭 한 번 세종시대에 전천 항성을 관측했던 기록이 『제가역상집』(1445)의 발문에 있는데, 여기에서도 조선시대의 관측이 확인관측이었다는 사실을 확인할 수 있다.

> 칠정(이 드나드는) 이십팔수, 중관(中官, 북극성 근처의 별자리) 및 외관(外官, 중관의 바깥쪽 별자리)의 입수도(入宿度)와 거극도(去極度)를 모두 측정하였다. 또 고금(古今)의 천문도(天文圖)와 서로 비교하여 정확한 값을 취했으며, 특히 28수의 수도(宿度)와 12차(次)의 수도(宿度)는 하나같이 수시력에 의거하여 개정하여, 돌에 새겼다.[19]

인용문은 이십팔수와 중외관으로 이루어진 전천 항성의 입수도와 거극도를 측정한 것으로 이해할 수 있다.[20] 나아가 인용문은 이 수치를 토대로 고금의 천문도를 비교 검토하고, 수치들을 모두 수시력에 의거하여 수정하여 돌에 새겼다고 말하고 있다. 후에 이 기록은 서호수(徐浩修)의 『동국문헌비고』 상위고에서 약간 다른 형태로 기록되었는데, 『서운관지(書雲觀志)』는 다시 『동국문헌비고』의 기사를 인용하고 있다.

문제는 이때 측정한 전천 항성의 입수도와 거극도의 데이터가 조선이 독자적으로 얻은 것인가이다. 『동국문헌비고』의 기록을 보자.

> 세종15년(1433) 신법천문도를 새겼다. 임금이 고금의 천문도를 살펴보고, 그 28수의 거도(距度)와 12차의 교궁수도(交宮宿度)는 하나같이 수시력에서 측정한 바에 의거하여 새 천문도를 만들어 돌에 새겼다.[21]

인용문에서 보는 것처럼, 조선에서 수행한 항성의 위치 관측은 조선이 독자적인 관측을 통해 데이터를 생산한 것이 아니라 "하나같이 수시력에서 측정한 바에 의거"하는 확인관측이었다. 한국의 천문학사에서 유일한 전천 항성표는 1861년에 남병길(南秉吉)이 편찬한 『성경(星鏡)』인데, 여기에 실려 있는 것도 조선에서 독자적으로 수행한 관측을 통해 얻은 데이터가 아니다. 그것은 중국에서 성립한 성표를 가져다가 기준년을 1861년으로 바꾸어 위치를 변환한 것뿐이다.[22] 조선에서 이루어진 천문 관측은 넓게는 천문학의 이론적 측면, 좁게는 역산의 이론을 개발하거나 개선하기 위한 새로운 데이터를 얻고자 하는 관측이 아니었다. 모든 관측은 중국에서 성립한 천문학 이론이나 역법과 역산의 체계를 조선에서 실행하는 과정에서 필요한 확인관측이었다.

3. 시간과 시계 사용의 독창성

전통시대 한국의 천문학사는 이론적 차원보다는 실행적 차원의 지식과 활동이 훨씬 큰 비중을 차지하고 있다. 때문에 연구의 관점을 이론적 차원에 대한 관심을 유지하면서도 실행적 차원에 대한 관심을 이전보다 넓히고 심화할 필요가 있다. 예를 들어 조선전기의 천문학사를 실행적 차원을 중심으로 파악하게 되면, 이전까지 주목되지 않았던 한국 천문학사의 특징과 조선적 독창성이 드러난다. 조선전기에는 앙부일구, 일성정시의, 자격루 등이, 조선후기에는 신법지평일구와 천문시계 등이 조선 천문학사의 창조적 성취로 흔히 거명된다. 특히 앙부일구와 자격루는 세계적으로도 알려져 중국이나 아라비아는 이 기구들의 원류가 자기 역사에 있었다며 그 창조성과 독창성의 가치를 빼앗아가려는 움직임도 있다. 그렇다면 왜 한국의 천문학사에서 창조성과 독창성은 시계에서 집중되어 나타나는 것일까. 이 문제의 답은 실행적 차원의 지식과 활동이 중심이 된 한국 천문학사의 특성 때문이다.

연월일시라는 규범 가운데에서 한국 왕조의 지역성이 가장 잘 반영되고 가장 잘 드러날 수 있는 것이 시(時)라는 시간 단위이다. 조선시대를 예로 들면, 조공책봉 체제 아래서 조선은 독립적인 역법의 개발과 적용이 금지된다. 이 제약은 연월일시의 시간규범에서도 나타나는데, 역서에 표시되는 연월일은 중국 역서의 그것과 일치하여야 하며, 일치하지 않을 경우 한양을 기준지로 한 계산의 결과대로 쓸 수가 없다. 그런데 연월일시 가운데 하루 안에서의 시간을 나타내는 시는 조공책봉 관계의 제약으로부터 자유롭다. 중국 대륙에서 성립한 통일왕국 내에서도 지역별로 일출입시각이나 절기시각이 다르다는 것은 잘 알려진 사실이고, 지역별로 각기 다른 시간을 사용한다고 하더라도 관상수시의 이념에서 전혀 문제되지 않는다. 청대(淸代) 중국의 역서를 보면, 지역에 따라 일출입시각과 주야각이 각기 다른데, 백성들이 사는 그 지역에 맞는 시각을 내려준다는 점에서 관상수시의 이념에 충실한 것이다. 청의 역서에는 중국 내 각 지방의 일출입시각과 주야각과 함께 조선 한양의 그것들도 볼 수 있다.

천문학적 원리에서 보아도, 하루 안에서의 시간은 근본적으로 기준지의 지방시일 수밖에 없다. 조선시대에 한양을 기준지로 삼은 시간규범의 실행에서 오로지 하루 안의 시간에서만 한국적 지역성이 집중되어 나타나는 이유 가운데 하나가 여기에 있다. 『칠정산내편』에서 다른 모든 내용은 중국의 것을 답습하면서도 서울의 일출입시각과 주야각을 첨가하여준 것도 시(時)에 결부되어 있는 지역성을 잘 보여준다. 조선시대에 하루 안의 시를 측정하는 기준이 몇 차례 개정되었는데, 그때마다 표준 항성시를 규정한 『중성기(中星紀)』가 다시 만들어졌으며, 이 개정된 시간규범을 실행하기 위해 물시계의 자 사용법을 규정한 『누주통의(漏籌通義)』도 함께 새로 만들어졌다는 사실도 시에 결부된 조선 천문학의 지역성을 잘 보여준다.[23]

이처럼 한국 천문학사의 한국적 특징은 이론적 차원이 아닌 실행적 차원의 지식과 활동을 중심으로 볼 때에만 제대로 드러날 수 있다. 한국의 천문학사에서, 중국의 그것들과 다른 독창적인 천문 이론과 역법을 고안해냈는지, 중국의 그것들과 다른 독창적인 관측기구를 제작하고 독자적인 관측 데이터를 얻어냈는지를 찾으려 해서는 답이 찾아지지 않는다. 이와는 반대로, 한국의 왕조에서 자신의 시간규범을 수립하고 이것을 실행하는 과정이 어떠했는지, 그 시간규범을 안정적으로 유지하는 각종 기반, 즉 지적, 물적, 제도적 기반은 무엇이었는지, 또 실행의 과정에서 한국적 독창성과 독자성이 어떻게 발휘되고 있는지를 탐구해야 한다. 한국 왕조는 존속하는 내내 하루도 거르지 않고 천변을 관측하고 기록하였으며, 한 해도 거르지 않고 자국의 역서를 편찬하고 반포하였으며, 하루도 거르지 않고 밤낮의 시각을 측정하고 이를 백성들에게 알려주었다. 그러므로 한국의 천문학사 연구는 천문과 역법의 실행으로 만들어진 역사 전체를 탐구해야 한다.

제1장 서론: 한국 천문학사의 구성

1. W. Carl Rufus, "Astronomy in Korea", *Transactions of the Korea Branch of the Royal Asiatic Society*, vol. XXVI, part III(1936), pp.1-48 (with 4 tables and 34 figures).

2. 이에 대한 연구는 이미 이 글보다 20여 년 전인 1913년에 루퍼스가 진행하였다. W. Carl Rufus, "The Celestial Planisphere of King Yi Tai-jo", *Transactions of the Korea Branch of the Royal Asiatic Society*, vol. IV, part III(1913), pp.499-548를 참조.

3. 문헌비고는 1770년에 『東國文獻備考』라는 이름으로 전체 13考 140卷이 출간되었다. 이 가운데 象緯考는 徐浩修에 의해서 편찬되었다. 이후 正祖 때인 1782년부터 1790년 사이에 李萬運(1723~1797)에 의해 증보된 초고가 완성되었는데, 이것을 『增訂文獻備考』라고 한다. 총 20考 246卷으로 이전에 비해 7고 146권이 증가하였다. 그러나 출간되지 않은 채로 있다가 1903년부터 1907년 12월까지 새로 증보되어, 이듬해인 1908년에 『增補文獻備考』라는 이름으로 인쇄되었다. 이 『증보문헌비고』에서는 『동국문헌비고』의 기사는 원문 그대로 싣고, 『증정문헌비고』에서 증보된 기사에는 補를, 『증보문헌비고』에서 증보된 기사에는 續을 기사의 서두에 적어 구별하였다. 象緯考의 편찬 경위와 내용의 구성에 대해서는 유경로, "『증보문헌비고』상위고 해제", 『국역증보문헌비고 제1책』, 세종대왕기념사업회, 1980, 15-20쪽; 문중양, "『東國·增訂·增補文獻備考』〈象緯考〉의 편찬과 영정조대의 한국천문학", 『진단학보』106, 2008, 249-80쪽 등을 참조.

4. Carl Rufus, "Astronomy in Korea," p.7, p.47.

5. 박경철, "우리에게 부여는 어떤 의미를 지니는가", 고구려연구재단 편, 『고조선·단군·부여』, 고구려연구재단, 2004, 120-21쪽.

6. 동아시아 역법사에서는 대통력(大統曆)과 수시력(授時曆)은 사소한 차이에도 불구하고 동일한 역법으로 본다. 藪內淸, 『增補改訂 中國の天文曆法』, 平凡社, 1990, 145쪽.

7. 국사편찬위원회 편, 『역주 중국정사조선전(譯注中國正史朝鮮傳)』 전4책, 국사편찬위원회, 1986.

8. 李龍範, 『중세서양과학의 조선전래』, 동국대학교 출판부, 1988, 머리말.

9. 문중양, "『東國·增訂·增補文獻備考』〈象緯考〉의 편찬과 영정조대의 한국 천문학", 250쪽.

10. 『周禮』 春官宗伯 第三. "馮相氏掌十有二歲, 十有二月, 十有二辰, 十日, 二十有八星之位, 辨其敍事, 以會天位. 冬夏致日, 春秋致月, 以辨四時之敍. 保章氏掌天星, 以志星辰日月之變動, 以觀天下之遷, 辨其吉凶. 以星土辨九州之地, 所封封域, 皆有分星, 以觀妖祥. 以十有二歲之相, 觀天下之妖祥. 以五雲之物, 辨吉凶, 水旱降豐荒之祲象. 以十有二風, 察天地之和, 命乖別之妖祥. 凡此五物者 以詔救政, 訪序事."

11. 전통시대 동아시아 천문학에서 천문과 역법은 이처럼 서로 명확하게 분리되지 않지만, 본 논의에서는 우선 역법의 영역에 중심을 두고 논의하기로 한다.

12. 물론 전통시대에는 시간주기를 균질하다고 생각하지 않았다. 오늘 하루와 내일 하루가 다른 성질의 시간이며, 오늘 酉時와 戌時는 동일한 길이의 시간이지만 그 성질은 같지 않다. 전통시대에는 분절된 모든 시간주기가 각기 다른 성질을 지니고 있다고 믿었는데, 選擇이나 四柱推命은 분절된 시간주기가 지닌 성질을 이용한다. 선택은 좋은 성질을 지닌 시간주기를 얻고 나쁜 성질을 지닌 시간주기를 피하는 방법이며, 사주추명은 시간주기들의 상호관계를 파악하여 미래를 예측하는 방법이다.

13. 굳이 구별을 하자면, 연·월·일의 시간주기는 역서에 적혀 미리 반포되며, 하루 중의 시간은 날마다 계속 측정되어 보시체제를 통해 실시간으로 반포된다고 할 수 있다.

14. 동아시아 특유의 세계질서를 구성하는 중국 대륙의 왕조와 주변국 왕조와의 독특한 외교관계인 조공책봉 체제에 대해서는 西嶋定生, "東西アジア世界と裂く冊封体制", 『嶋定生東アジア史論集 第三卷』, 岩波書店, 2002, 5-58쪽을 참조.

15. 삼국시대부터 한국의 왕조는 중국의 책봉을 받고자 노력하였지만, 동아시아 전체와 한반도 왕조의 정치 상황에 따라 상당히 가변적이었으며 단속적이었다. 한국 왕조와 중국 왕조 사이의 조공책봉 관계가 안정적이고 지속적인 방식으로 진입하게 된 것은 신라의 삼국통일을 전후하여 당(唐)과 신라가 조공책봉 관계를 맺은 이후부터라고 할 수 있다. 그러나 이후에도 한반도에서는 후삼국의 분열, 고려의 건국으로 정세가 변화하고 중국 대륙에서도 오대(五代), 송(宋), 요(遼), 금(金), 원(元) 등의 왕조가 차례로 교체하면서 중국 왕조와 한국 왕조가 맺은 조공책봉 관계는 안정적이지 못했다. 이 관계가 안정적인 국제관계로 정착한 것은 조선이 명, 청과 관계를 맺고 있던 조

선시대라고 할 수 있다.

16. 필자는 관점 전환의 필요를 제기하기 위해 이 두 차원을 분리하여 보고자 하지만, 사실상 천문학 활동에서 그 둘이 분명하게 구분되는 것은 아니다. 천문학에서 이론과 실행은 늘 병행하는 것이므로, 이론적 차원의 지식과 활동이 먼저 있고 나서 실행적 차원의 지식과 활동이 뒤따른다는 식의 시간적 선후를 말하고자 하는 것은 아니다. 따라서 본 논의에서 말하는 이론적 차원과 실행적 차원은 필자가 지식과 활동을 구분하는 개념으로 설정한 것이다.

17. 국립고궁박물관에 소장된 簡平日晷와 渾蓋日晷를 가리킨다. 이 해시계의 원리에 대한 정밀한 연구는 한영호, "조선의 신법일구와 시학의 자취", 『大東文化硏究』 47, 2004, 361-96쪽을 참조.

18. 이에 대해서는 다음의 연구를 참조. 남문현, 한영호, "조선조 중기의 혼천의(渾天儀) 복원 연구: 이민철의 혼천시계(渾天時計)", 『한국과학사학회지』 19-1, 1997, 3-19쪽; 김상혁, "송이영 혼천시계의 작동 메커니즘에 대한 연구", 충북대학교 대학원 박사학위논문, 2007.

19. 이 책의 결론 부분에서 천문 분야의 역사에서 드러나는 한국적 특징과 가치를 다시 언급하겠지만, 역시 시론적인 주장에 그칠 것이다. 이 분야를 종합적으로 다룰 만한 선행 연구가 아직 많지 않을 뿐 아니라, 필자 자신이 이 분야에 대해 연구한 것이 매우 일천하기 때문이다. 필자는 이 책에서 천문 분야의 내용을 다루지 못한 한계를 분명히 인식하고 있으며, 앞으로의 연구를 통해 보다 완전한 형태의 종합적 한국 천문학사를 구성하려는 목표를 가지고 있다는 변명으로 독자들의 이해를 구한다.

제2장 고대의 천문학

1. Carl Rufus, "Astronomy in Korea," pp.7-8.

2. 박창범, 라대일, "단군조선시대의 천문현상기록의 과학적 검증", 『한국상고사학보』 14, 1993, 95-109쪽. 이 논문의 핵심 내용과 주장은 박창범, 『하늘에 새긴 우리역사』, 김영사, 2002, 24-34쪽에 재수록되어 있다.

3. 『檀君世紀』는 1911년에 桂延壽가 편찬하였다고 알려진 『桓檀古記(혹은 한단고기)』에 실려 있다. 『환단고기』는 『三聖記』, 『檀君世紀』, 『北夫餘記』, 『太白逸史』를 하나로 묶은 것이다. 『삼성기』는 신라의 安含老와 元董仲이 각각 상하권을 써서 합친 것으로,

桓因과 桓雄, 檀君시대를 다루고 있다.『檀君世記』는 고려 말 1363년에 李嵒이 저술한 책으로 1세 단군부터 47세 단군까지 단군의 재위기간에 있었던 사건들을 편년체로 서술하였다.『北夫餘記』는 고려 말의 학자 范樟이 찬술한 책으로 알려져 있으며 부여에서 고구려까지 이르는 역사를 서술하고 있다.『太白逸史』는 조선전기의 李陌이 편찬한 책으로, 신화시대의 역사부터 고려에 이르는 역사를 서술하고 있다. 한국의 주류 역사학계에서는 이들 책에 실린 고대 단군시대의 내용은 모두 신뢰할 수 없는 것으로 보고 있다.

4. 이들이 수행한 연구에 대한 비판은 이문규, "하늘에 새긴 우리 역사를 잘 못 읽다," 『서평문화』 49, 2003, 53-59쪽을 참조.

5. 박창범,『하늘에 새긴 우리 역사』, 27-29쪽.

6. 박창범,『하늘에 새긴 우리 역사』, 20쪽.

7. 박창범,『하늘에 새긴 우리 역사』, 20쪽.

8. 소옹의 연대학에 대해서는 川原秀城, "數と象徵: 皇極經世學小史",『中國社會と文化』 12, 1997, 394-357쪽(페이지 역순)을 참조.

9. 노태돈, "왜 고조선인가", 고구려연구재단 편,『고조선·단군·부여』, 고구려연구재단, 2004, 12쪽.

10. 박창범,『하늘에 새긴 우리 역사』, 31쪽. 이것은『삼국유사』에서 인용하고 있는 두 가지 단군기원년 ①기원전 2357년(『위서(魏書)』,『제왕운기』)과 ②기원전 2308년(『古記』)의 차이이다. 기원전 2333년은 이 두 해 사이에 있다.

11. 박창범,『하늘에 새긴 우리 역사』, 31쪽.

12. Carl Rufus, "Astronomy in Korea," p.8. 물론『神誌祕詞』는『增補文獻備考』에도 등재가 된 책이지만 현존하지 않으며, 저술자, 저술연대, 내용 등에 대해 알려진 것이 거의 없다. 고려 숙종 때 金謂磾가 이 책을 참고했다는 기록이 있으며,『三國遺事』에서도 이 책의 서문을 인용하였다.

13. Carl Rufus, "Astronomy in Korea," p.8.

14. 한국의 고인돌에 새겨진 바위구멍에 대한 연구사는 이필영, 한창균, "바위구멍의 해석에 관한 시론: 고고 민속 자료를 중심으로",『史學志』 21-1, 1987, 367-92쪽; 우장문, "고인돌을 만든 사람들의 사유에 관한 연구: 덮개돌의 굼을 중심으로",『先史와 古代』 29, 2008, 155-90쪽 등을 참조.

15. 리준걸, "단군조선의 천문지식은 고구려 천문학의 기초",『조선고고연구』 1996-3, 1996, 21-23쪽; 김동일, "별자리가 새겨진 고인돌무덤에 대하여",『조선고고연구』

1996-3, 1996, 31-36쪽; 조선기술발전사 편찬위원회, 『조선기술발전사 (원시·고대편)』, 백산자료 영인본, 1997, 174-80쪽.

16. 우장문, "고인돌을 만든 사람들의 사유에 관한 연구: 덮개돌의 굼을 중심으로", 157쪽.

17. 김일권, "별자리형 바위구멍에 대한 고찰", 『고문화』 51, 1998, 123-56쪽을 참조.

18. 이융조, 이용복, 박창범, "청원 아득이 고인돌 유적에서 발굴된 별자리판 연구", 『한국과학사학회지』 23-1, 2001, 5쪽.

19. 대표적인 연구들만 소개하면 다음과 같다. 양홍진, 박창범, 박명구, "홈이 새겨진 고인돌과 홈의 특징", 『한국암각화연구』 14, 2010, 7-20쪽; 양홍진, 복기대, "중국 해성(海城) 고인돌과 주변 바위그림에 대한 고고천문학적 소고(小考)", 『동아시아고대학』 29, 2012, 311-40쪽; 김일권, "별자리형 바위구멍에 대한 고찰"; 김일권, "국내성에서 발견된 고구려 윷놀이판과 그 천문우주론적 상징성", 『고구려발해연구』 15, 2003, 79~105쪽; 김일권, "한국인의 윷놀이판 바위그림에 투영된 천체우주론적 관점 고찰: 井邑 斗升山 望華臺의 바위그림 자료 소개를 덧붙여", 『한국암각화연구』 5, 2004, 57-105쪽; 김일권, "영일 칠포지역의 별자리 암각화 연구", 『한국암각화연구』 8, 2006, 93-121쪽; 김일권, "고령 바위구멍 암각화의 현황과 성격", 『영남대학교 민족문화연구소 학술대회 자료집』 2008-1, 2008, 105-24쪽; 김일권, "영일만의 천문사상과 별자리 암각화", 『한국암각화연구』 15, 2011, 83-106쪽; 김일권, "한국 윷의 문화사와 윷판암각화의 천문사상: 임실의 윷판암각화 발굴과 천문의 도시 단상을 붙여", 『한국암각화연구』 18, 2014, 81-120쪽.

20. 조선기술발전사편찬위원회, 『조선기술발전사 (원시, 고대편)』, 175-78쪽.

21. 우장문, "고인돌을 만든 사람들의 사유에 관한 연구: 덮개돌의 굼을 중심으로", 158쪽.

22. 필자는 천상열차분야지도의 原圖(원본 성도)는 고려 말에 성립하였다고 본다. 이에 대해서는 제4장 "조선전기의 천문학"을 참조.

23. 조선기술발전사편찬위원회, 『조선기술발전사 (원시, 고대편)』, 182쪽.

24. 김일권, "별자리형 바위구멍에 대한 고찰", 141쪽.

25. 이융조, 이용복, 박창범, "청원 아득이 고인돌 유적에서 발굴된 별자리판 연구", 16쪽.

26. 김만태, "성수신앙의 일환으로서 북두칠성의 신앙적 화현 양상", 『동방학지』 159, 2012, 139쪽.

27. 우장문, "고인돌을 만든 사람들의 사유에 관한 연구: 덮개돌의 굼을 중심으로", 176-77쪽을 참조.

28. 이융조, 이용복, 박창범, "청원 아득이 고인돌 유적에서 발굴된 별자리판 연구", 15쪽.

29. 이필영, 한창균, "바위구멍의 해석에 관한 시론: 고고 민속 자료를 중심으로", 『史學志』 21-1, 1987, 371-72쪽. 이것은 유럽 지역에서 발견되는 바위구멍에 대해서도 마찬가지다.

30. 이필영, 한창균, "바위구멍의 해석에 관한 시론: 고고 민속 자료를 중심으로", 383쪽.

31. 김일권, "별자리형 바위구멍에 대한 고찰", 144-55쪽, 156쪽 참조.

32. 김일권, "별자리형 바위구멍에 대한 고찰", 125-26쪽 참조.

33. Carl Rufus, "Astronomy in Korea," pp.3-7.

34. 魚允迪, 『東史年表』(寶文館, 1915), 221쪽. "初王之東來也. 殷之詩書禮樂醫巫陰陽卜筮百工技藝者, 流五千從焉." 필자의 초고를 검토해준 구만옥 교수의 교시에 따르면, 이 기록은 이미 李珥의 「箕子實記」에 보이며(『栗谷全書』 卷14, 「箕子實記」, 20b(44책, 292쪽)), 『東史綱目』에도 수록되어 있다고 한다. 『東史綱目』 第1上, 105쪽(영인본 『東史綱目』, 景仁文化社, 1970의 쪽수). 『東史綱目』 凡例의 「採據書目」에 「箕子實記」가 수록되어 있다는 점에서 『동사강목』의 기자 서술 부분은 「기자실기」를 인용한 것으로 보인다.

35. 송호정, "신화 속의 전설, 기자와 기자조선", 고구려연구재단 편, 『고조선·단군·부여』, 고구려연구재단, 2004, 115쪽.

36. 송호정, "신화 속의 전설, 기자와 기자조선", 고구려연구재단 편, 『고조선·단군·부여』, 116쪽.

37. 한국고대사회연구소 편, 『역주한국고대금석문 1 (전3권)』, 가락국사적개발연구원, 1992, 226쪽.

38. 嚴敦傑, "式盤綜述", 『考古學報』 4, 1985, 445-64쪽: (日譯) 橋本敬造, 坂出祥伸 譯, "式盤綜述", 『東洋の科學と技術, 藪内淸博士頌壽記念論文集』, 同明舍, 1982, 74쪽.

39. 小泉顯夫 編, 『樂浪彩篋冢』, 朝鮮古蹟研究會, 1934, 97쪽.

40. 일본에 남아 있는 낙랑 유물을 조사한 2008년의 보고에서도 석암리 205호묘의 식점반은 없다. 이현혜, 정인성, 오영찬, 김병준, 이명선, 『일본에 남아 있는 낙랑 유물』, 학연문화사, 2008을 참조.

41. 中村春壽, 『韓日古代都市計劃』, 六興出版, 1978, 89쪽.

42. Carl Rufus, "Astronomy in Korea," p.69.

43. 中村春壽, 『韓日古代都市計劃』, 88-90쪽.

44. 『당육전(唐六典)』에 따르면 12월신(月神)은 정월 등명(登明), 이월 천괴(天魁), 삼월 종괴(從魁), 사월 전송(傳送), 오월 소길(小吉), 유월 승선(勝先), 칠월 태복(太卜), 팔

월 천윤(天閏), 구월 태충(太衝), 시월 공조(功曹), 십일월 대길(大吉), 십이월 신후(神后)이다.『唐六典』卷第14, 太常寺: 김택민 주편,『역주 당육전 (전3책) 중권』, 신서원, 2003, 415-16쪽.

45. 나카무라(中村春壽)는 이 구역에 "십천간과 십이지지를 배열하였다"고 하였지만, 루퍼스의 그림에 따르면 여기에 적힌 것은 십간십이지를 합친 22개 요소가 아니라 이보다 2개 많은 24개 요소이다.

46.『三國史記』卷第7, 新羅本紀 第7, 文武王下. "十四年春正月, 入唐宿衛大奈麻德福, 傳學曆術還, 改用新曆法."

47.『增補文獻備考』卷之一, 象緯考一 曆象沿革.

48. 서호수는 인덕력을 채용한 해를 인덕2년(665)으로 적었는데, 이는 인덕력을 사용하기로 결정한 해이고, 실제로 인덕력에 따라 제작된 역서가 반포된 것은 인덕3년(666)부터이다. 藪内清,『增補改訂 中國の天文曆法』, 98쪽.

49.『增補文獻備考』卷之一, 象緯考一 曆象沿革. 인덕력 이전에는 1년의 길이와 1개월의 길이 등 역 계산에 사용되는 시간주기의 소수 이하의 숫자를 분모가 서로 다른 분수로 나누었다. 그런데 인덕력에서는 사용되는 분모를 모두 1340으로 통일하고 이를 총법(総法)이라고 불렀다.

50.『高麗史』曆志, 序文.

51. 이에 대해서는 다음 연구를 참조. 大谷光男, "武寧王と日本の文化",『百濟研究』8, 1977, 143-55쪽; 大谷光男, "百濟 武寧王·同王妃의 墓誌에 보이는 曆法에 대하여",『美術史學研究』119, 1973, 2-7쪽; 이은성, "무령왕릉의 지석과 원가력법",『동방학지』 43, 1984, 39-141쪽.

52. 小川淸彦, "日本書紀の曆日の政体", 年代學研究會編,『天文·曆·陰陽道』, 岩田書院, 1995, 249-77쪽.

53.『海東繹史』卷第17, 星曆志 曆. "唐高祖武德七年二月丁未, 高麗王建武, 遣使來請頒曆 (資治通鑑)."

54.『三國史記』卷第7, 新羅本紀 第7, 文武王下.

55.『海東繹史』卷第17, 星曆志 曆. "又按三國史, 新羅自國初, 雖用曆而法不傳."

56.『국역 동사강목』제2책, 민족문화추진회, 1978, 231쪽(원문 72b). "新羅自國初, 雖用曆而法不傳, 至是奈麻德福, 入唐宿衛, 學曆術而還, 用其法."

57.『東史』卷12, 高句麗律曆志(新羅附). "文武王十四年, 大奈麻德福宿衛於唐, 傳曆法而還, 新羅始用新曆法, 蓋一行所定之說也. 大率三國所用皆中國曆, 而如太初四分三統元

嘉曆, 隨世所造而行之. 然其消息損益之法, 亦必有內外之分, 遠近之異, 而文籍散逸, 竟
不知其如何, 惜哉.”

이종휘는 『東史』 卷12, 高句麗律曆志(新羅附)에서, 문무왕14년(674)에 신라에서 사용
하기 시작한 新曆은 一行이 만든 大衍曆이라고 쓰고 있다. 그러나 대연력은 당나라
현종의 開元16년(728)부터 34년간 사용된 역법으로 연대를 보면 대나마 덕복이 당에
서 배워 올 수 있는 역법이 아니다. 시기를 맞추어보면 이때 신라가 새로 채용한 역법
은 李淳風이 만든 麟德曆이어야 할 것이다. 인덕력은 당나라 高宗의 麟德2년(665)부
터 현종의 개원16년(728)에 대연력으로 개력하기 전까지 63년간 사용된 역법이다. 연
대를 착각하여 대연력으로 비정한 잘못은 있지만, 신라가 국초부터 중국의 역법을 사
용하여 역서를 만들어왔고, 문무왕 때에 사용하기 시작한 新曆은 당시 중국에서 사
용되고 있던 최신 역법일 것이라고 추론한 것은 타당하다. 藪內淸, 『增訂隋唐曆法史の
研究』, 臨川西占, 1989, 32쪽에서는 인덕력의 사용기간을 64년으로 적고 있지만, 63년
이 정확하다.

58. 『삼국사기』의 실제 기록은 “이 해에 처음으로 중국 永徽年號를 시행하였다”(是歲始
行中國永徽年號)이다. 홍경모는 이를 “처음으로 중국의 정삭을 시행하였다”(始行中
國正朔)로 고쳐 썼다. 그렇다면 홍경모는 正朔과 年號를 같은 의미로 보고 있는 셈이
다.

59. 『叢史』 雜著, 曆論 東曆. “旣云改用新曆法, 則自其國初已有承用之曆, 而眞德王四年庚
戌, 始行中國正朔, 時則高宗永徽元年也. 永徽在麟德造曆之前十四年, 中國仍用戊寅曆,
而新羅又行其正朔, 則亦是承用戊寅曆也. 乃於德福學麟德曆法而還, 又用其法, 故曰改
用也.”

60. 『叢史』 雜著, 曆論 東曆. “蓋新羅自國初至宣德王七百餘年, 而察紀驗天之事, 始載於史.
曆則見於文武王紀, 而且云改用其法, 則文武王以前, 未知用何曆也. 或自治曆而授時歟.
文武王以後又三百餘年, 而更無所見, 終其世仍用麟德曆法歟. 抑隨其中國所造而用之,
而或史之闕歟. 俱未可知也.”

61. 藪內淸, 『增補改訂 中國の天文曆法』, 98쪽.

62. 『周書』 卷49, 列傳第41 異域上 百濟: 국사편찬위원회, 『중국정사 조선전 역주(전4책)』,
신서원, 1990, 제1책, 613쪽(이하 고대 중국 사서의 인용은 이 책을 따름). “俗重騎射,
兼愛墳史. 其秀異者, 頗解屬文. 又解陰陽五行. 用宋元嘉曆, 以建寅月爲歲首. 亦解醫藥卜
筮占相之術.”

63. 藪內淸, 『增訂隋唐曆法史の硏究』, 246쪽. 남제에서는 원가력의 이름을 建元曆으로

바꾸어 사용했다. 홍경모는『叢史』에서 원가력의 사용기간을 원가20년(443)부터 대명7년(463)까지 20년으로 보고 있는데, 이것은 祖沖之가 大明曆을 만들어 진상한 大明7년(463)부터 원가력이 채택되어 사용된 것으로 보는 것이다. 원가력은 처음 제안되었을 때 반대가 심해서 시행되지 못한 채 송은 멸망하였고, 남제를 거쳐 梁나라 초기까지도 계속해서 원가력이 사용되었다. 대명력은 양나라 天監9년(510)부터 정식으로 시행되었다. 藪內淸,『增補改訂中國の天文曆法』, 84-85쪽; Nathan Sivin, *Granting the Seasons: The Chinese Astronomical Reform of 1280, With a Study of Its Many Dimensions and an Annotated Translation of Its Records* (New York: Springer, 2009), p.54, note 4.

64.『宋書』卷97, 列傳 第57 夷蠻.

65.『叢史』雜著, 曆論 東曆. 百濟則史云解陰陽五行 宜有曆術而無所見 至毘有王用宋之何承天元嘉曆.

66.『隋書』卷81, 列傳 第46 東夷, 百濟. "行宋元嘉曆, 以建寅月爲歲首."

67.『海東繹史』卷第17, 星曆志 曆. "唐高祖武德七年二月丁未, 高麗王建武, 遣使來請頒曆 (資治通鑑)."

68.『叢史』雜著, 曆論 東曆. "高句麗其初亦未詳, 而榮留王請頒曆于唐, 唐賜傅仁均之戊寅曆."

69. 西島定生, "東アジア世界の形成と展開"(원제: 東アジア世界),『西島定生東アジア史論集』 3, 66-67쪽(『總合講座 日本の社會文化史』1, 講談社, 1973;『邪馬台國と倭國』, 吉川弘文館, 1994 등에 재수록).

70. 김한규,『한중관계사 (전2책)』, 아르케, 1999, 32쪽.

71. 국사편찬위원회,『중국정사 조선전 역주』제1책, 7쪽.

72. 히라세(平勢隆郎)는 연나라의 역이 동짓달의 다음다음 달을 寅月로 고정하고, B.C. 351년 전년 冬至戊子日을 朔日로 한(冬至戊子朔) 역을 사용했으리라 짐작하고 있다. 平勢隆郎, "觀象授時から四分曆へ",『中國: 社會と文化』16, 2001, 217쪽.

73. 한국고대사회연구소 편,『역주 한국고대금석문 1』, 199-592쪽 참조.

74.『後漢書』東夷列傳. "耆舊自謂與句麗同種, 言語法俗大槪相類."

75.『後漢書』東夷列傳. "曉候星宿, 豫知年歲豐約. 常用十月祭天, 名之爲舞天."

76.『三國志』東夷傳. "以殷正月祭天(范書, 作臘月, 何焯曰, 用殷正月, 衣尙白, 猶箕子遺敎也), 國中大會, 連日飮食歌舞, 名曰迎鼓(沈欽韓曰, 天中記謝承書云, 東夷三韓俗, 以臘日家家祭祀, 俗云臘鼓鳴, 春草生也. 荊楚歲時記, 十二月八日爲臘日)."

그런데『후한서』에는 "은력의 정월(殷正)"이라 하지 않고 그저 臘月(12월)에 하늘에

제사를 지낸다고 하였다. 『後漢書』東夷列傳. "以臘月祭天, 國中大會, 連日飮食歌舞, 名

曰迎鼓(『集解』沈欽韓曰, 天中記謝承書云, 東夷三韓俗, 以臘日家家祭祀, 俗云臘鼓鳴,

春草生也. 荊楚歲時記, 十二月八日爲臘日)."

77. 한국의 정월 세시 풍속을 소개하면서 부여의 영고를 은력 정월을 축하하는 세시 풍

속으로 추정한 견해가 있다. 주영하, "정월초하루날의 명칭에 대하여", 『문헌과 해석』

22(2003년 봄), 76-85쪽을 참조.

78. 『三國志』東夷傳. "以十月祭天, 國中大會, 名曰東盟."

79. 『後漢書』東夷列傳. "其國東有大穴, 號襚神, 亦以十月迎而祭之."

80. 『後漢書』東夷列傳. "好祀鬼神社稷靈星(前書音義, 龍星左角曰天田, 則農祥也. 辰日祀

以牛, 號曰靈星. 風俗通曰, 辰之神爲靈星, 故以辰日祀於東南也.)"; 『三國志』東夷傳. "祭

鬼神, 又祀靈星社稷."

81. 고대 동아시아의 조공책봉 체제의 구조와 형성 과정에 대해서는 西嶋定生, "東アジ

ア世界と冊封體制: 6~8世紀の東アジア", 『西嶋定生東アジア史論集』 3, 岩波書店,

2002, 5-58쪽을 참조.

82. 김한규, 『한중관계사』, 35쪽.

83. 전통시대 한·중 간의 조공책봉 관계의 개괄을 위해서는 전해종, 『한중관계사 연구』,

일조각, 1970, 26-58쪽을 참조.

84. 전해종, 『한중관계사 연구』, 36쪽. 전해종은 신라에서 중국의 역을 채용한 것을 650

년으로, 고구려에서 중국의 연호를 채용한 것을 624년으로 들어 예시하였는데, 이것

은 뒤에서 살펴볼 삼국의 역법 사용의 역사를 감안해볼 때 재고의 여지가 있다.

85. 전해종, 『한중관계사 연구』, 43쪽.

86. 박성래, 『한국과학사상사』, 유스북, 2002, 15쪽. 신라의 일식기사는 박창범, 『하늘에

새긴 우리역사』, 214-19쪽의 표에 모아져 있다.

87. 삼국사기의 일식기사에 대한 연구는 飯島忠夫, "三國史記の日食記事に就いて"『東洋

學報』15-3, 1921: 飯島忠夫, 『支那古代史と天文學』, 第一書房, 1939, 311-29쪽(재수록)

에서 선구적으로 이루어졌다. 飯島忠夫, 『支那古代史と天文學』, 317-19쪽의 표에는 헌

덕왕7년(815) 8월1일(己亥朔)의 기록을 누락하였으나, 확인 결과 이 삭일간지도 『唐

書』의 기록과 일치한다.

88. 전해종, 『한중관계사 연구』, 43쪽.

89. 예를 들어 『三國史記』高句麗本紀 卷第20 嬰陽王 23年(612) 春正月, "又靑丘之表, 咸

修職貢, 碧海之濱, 同稟正朔."; 榮留王 5年(622), "王統攝遼左, 世居藩服, 思稟正朔, 遠

循職貢.";『三國史記』百濟本紀 卷第27 武王 42年(641) 春三月, "百濟王扶餘璋, 棧山航海, 遠禀正朔, 獻琛奉贄.";『三國史記』新羅本紀 卷第5 眞德王 2年(648) 冬, "…新羅臣事大朝, 何以別稱年號. 帙許言, 曾是天朝未頒正朔, ….' 등의 기사를 참조.

90. 한국고대사회연구소 편,『역주한국고대금석문 1』, 8쪽. "以甲寅年九月二十九日乙酉遷就山陵, 於是立碑, 銘記勳績, 以示後世焉."

91. 今井湊, "飛鳥時代の曆法",『今井文庫』天官書 第一輯(日本國立天文台臺電子ライブラリ, PDF판), 21-22쪽.

92. 武田幸男,『高句麗史と東アジア』, 東京大出版會, 1988, 102쪽 주(21).

93. 다케다(武田幸男)의 연구는 한국고대사회연구소 편,『역주한국고대금석문 1』, 23쪽에 인용되어 있다.

94. 경초력과 태시력에 대해서는 藪內淸,『增補改訂 中國の天文曆法』, 76-82쪽.

95. 木下礼仁, 宮島一彦, "高句麗の曆: 中原高句麗碑をめぐって",『月刊韓國文化』6-1, 1984, 9쪽.

96. 田中俊明, "高句麗の金石文: 研究の現況と課題",『朝鮮史研究會論文集』18, 1981, 122쪽.

97. 木下礼仁, 宮島一彦, "高句麗の曆: 中原高句麗碑をめぐって", 9쪽.

98. 木下礼仁, 宮島一彦, "高句麗の曆: 中原高句麗碑をめぐって", 9쪽.

99. 논란에 대해서는 한국고대사회연구소 편,『역주한국고대금석문 1』, 38-41쪽의 徐英大의 글을 참조.

100. 木下礼仁, 宮島一彦, "高句麗の曆: 中原高句麗碑をめぐって", 9쪽. 그는 역일간지를 '十二月廿五日甲寅'으로 보고, 이것을 403년의 역일로 추정하였으며, 비의 건립연대는 "421년부터 그리 멀지 않은 때"라고 추정하였다.

101.『周書』卷49 列傳第41 異域上 百濟. "俗重騎射, 兼愛墳史. 其秀異者, 頗解屬文. 又解陰陽五行. 用宋元嘉曆, 以建寅月爲歲首. 亦解醫藥卜筮占相之術."

102. 汪曰楨,『歷代長術輯要』, 163쪽, "梁仍用大明術."

103.『叢史』雜著, 曆論 東曆. "百濟則史云解陰陽五行, 宜有曆術而無所見. 至毘有王, 用宋之何承天元嘉曆."

104.『隋書』卷81, 列傳 第46 東夷, 百濟. "行宋元嘉曆, 以建寅月爲歲首."

105. 이에 대해서는 다음의 연구를 참조. 大谷光男, "武寧王と日本の文化",『百濟研究』8, 1977, 143-55쪽; 大谷光男, "百濟 武寧王·同王妃의 墓誌에 보이는 曆法에 대하여",『美術史學研究』119, 1973, 2-7쪽; 이은성, "무령왕릉의 지석과 원가력법",『동방학

지』 43, 1984, 39-141쪽.

106. 小川淸彦, "日本書紀の曆日の政体", 年代學硏究會編, 『天文·曆·陰陽道』, 岩田書院, 1995, 249-77쪽.

107. 藪內淸, 『增訂隋唐曆法史の硏究』, 246쪽.

108. 藪內淸, 『增補改訂 中國の天文曆法』, 84-85쪽.

109. 武寧王21년(梁 普通2년)에 양에 사신을 보냈을 때, 양의 무제로부터 하사받은 작위는 "使持節都督百濟諸軍事寧東大將軍"이었다. 한국고대사회연구소 편, 『역주한국고대금석문 1』, 151쪽의 金英心의 기술을 참조.

110. 한국고대사회연구소 편, 『역주 한국고대금석문 1』, 14-23쪽.

111. 『三國史記』卷第7, 新羅本紀 第7 文武王下. "十四年春正月 入唐宿衛大奈麻德福 傳學曆術還 改用新曆法."

112. 『三國史記』卷第8, 新羅本紀 第8 孝昭王. "四年以立子月爲正.";『三國史記』卷第8 新羅本紀 第8 孝昭王. "九年復以立寅月爲正." 子月은 11월, 丑月은 12월, 寅月은 1월을 뜻한다.

113. 『三國史記』卷第5 新羅本紀 第5 眞德王, "是歲始行中國永徽年號."

114. 전해종, 『한중관계사 연구』, 43쪽.

115. 『叢史』雜著, 曆論 東曆. "眞德王四年庚戌, 始行中國正朔, 時則高宗永徽元年也. 永徽在麟德造曆之前十四年, 中國仍用戊寅曆, 而新羅又行其正朔, 則亦是承用戊寅曆也. 乃於德福學麟德曆法而還, 又用其法, 故曰改用也."

116. 汪曰楨, 『歷代長術輯要』, 183-84쪽. "丁酉(周神功元)按此年無閏月, 明年甲午朔丁未大雪, 壬戌冬至, 臘癸亥朔丙子小寒, 壬辰大寒, 閏臘癸巳朔戊申立春, 一壬戌朔癸亥啓蟄. 當時欲就正月甲子朔冬至, 強改明年正月爲今年閏十月, 臘癸亥朔爲正甲子朔, 壬戌冬至爲甲子冬至, 於是八月以後連四大."

117. 汪曰楨, 『歷代長術輯要』, 184쪽. "戊戌(周聖曆元).....按壬戌冬至旣强改爲甲子, 幷壬辰大寒, 亦强進爲癸巳."

118. 汪曰楨, 『歷代長術輯要』, 184쪽. "庚子(周久視元)…此年十月復用寅正, 凡十五月爲一年."

119. 『삼국사기』卷第8, 新羅本紀 第8 孝昭王. "九年復以立寅月爲正."

120. 이 연구를 위해서는 엔닌 지음, 신복룡 옮김, 『입당구법순례행기』, 선인, 2007과 圓仁 撰, 『入唐求法巡禮行記』, 東京: 佛書刊行會, 大正4를 참조하였다.

121. 엔닌 지음, 신복룡 옮김, 『입당구법순례행기』, 114쪽.

122. 엔닌 지음, 신복룡 옮김, 『입당구법순례행기』, 123쪽.

123 이 역서에 대해서는 김종태, "庚辰年大統曆小考", 『생활문물연구』 7, 2002, 1-38쪽을 참조.

124. 중국 역서의 변천과 구주력의 구성에 대해서는 江曉原, "曆書起源考", 『中國文化』 6, 1992, 150-59쪽을 참조. 일본의 구주력에 대해서는 厚谷和雄 編, 『具注曆を中心 とする曆史料の集成とその史料學的研究』, 硏究成果報告書, 2008을 참조.

125. 엔닌 지음, 신복룡 옮김, 『입당구법순례행기』, 135-37쪽.

126. 이 표는 엔닌의 기록을 토대로 필자가 표의 형식으로 재구성한 것이다. 활자본에는 원본을 활자화하면서 오인한 것으로 의심되는 몇 개의 글자가 있는데, 필자의 판단 으로 이들을 수정하였다.

127. 이를 극황도 좌표라고 하는데, 이에 대해서는 藪內淸, 『改訂增補 中國の天文曆法』, 54-56쪽을 참조.

128. 『唐開元占經』 卷二十四, 歲星占二. "石氏曰, 歲星近心七寸以內, 有暴貴者, 不出百八十 日, 仰觀占曰, 歲星犯心, 所當之國, 戰不勝, 一曰將軍鬪死."

129. 『三國史記』 卷第1, 新羅本紀 第1 逸聖尼師今十年. "六月乙丑, 熒惑犯鎭星."

130. 니덤은, 물시계가 중국에서 발명된 것은 아니지만 물시계가 일찍부터 측시와 보 시기구로 사용되었으며, 이것을 형식적으로 완성시킨 것은 중국 문화였다는 점에 서 물시계의 사용과 형식적 발전을 동아시아적 특징으로 보았다. Joseph Needham, *Science and Civilisation in China*, vol.3, Mathematics and the Sciences of the Heavens and Earth (Cambridge: Cambridge University Press, 1959), p.313.

131. 李鑒澄, "晷儀: 我國現存最古老的天文儀器", 『中國古代天文文物論集』, 文物出版社, 1988, 145-53쪽과 488쪽의 도판 참조.

132. 전상운, "삼국 및 통일신라시대의 천문의기", 『고문화』 3, 1964, 13쪽.

133. 전상운, "삼국 및 통일신라시대의 천문의기", 13쪽.

134. 中村春寿, 『韓日古代都市計劃』, 六興出版, 1978, 84쪽.

135. 전상운, "삼국 및 통일신라시대의 천문의기", 13쪽.

136. 전상운, 『한국과학사』, 사이언스북스, 2000, 97-98쪽.

137. 전상운, "삼국 및 통일신라시대의 천문의기", 13쪽.

138. 李鑒澄, "晷儀: 我國現存最古老的天文儀器", 『中國古代天文文物論集』, 488쪽.

139. 中村春寿, 『韓日古代都市計劃』, 91쪽. 그는 일제 시기 평양박물관장을 했던 고이즈미 (小泉顯夫)의 전언을 인용해, 황해도 고분에서 출토된 신라 해시계와 유사한 형태의

식점반이 당시 평양박물관에 보관되어 있었다고 하고, 이 석재 해시계가 황해도 출토의 식점반과 동일한 기능을 하는 것이 아닐까 추측하였다.

140. 식점반(式占盤)에 대해서는 嚴敦傑, "式盤綜述", 『考古學報』 4, 1985, 445-64쪽: (日譯) 橋本敬造, 坂出祥伸 譯, "式盤綜述", 『東洋の科學と技術, 藪內清博士頌壽記念論文集』, 同明舍, 1982를 참조.

141. 식점에 관한 전반적인 이해를 위해서는 Ho Peng Yoke, *Chinese Mathematical Astrology* (London: RoutledgeCurzon, 2003)을 참조.

142. 中村春壽, 『韓日古代都市計劃』, 86쪽.

143. 『周書』 卷49, 列傳第41 異域上 百濟. "俗重騎射, 兼愛墳史. 其秀異者, 頗解屬文. 又解陰陽五行. 用宋元嘉曆, 以建寅月爲歲首. 亦解醫藥卜筮占相之術."

144. 필자는 애초에 이 기록에 적힌 일우(一隅)와 삼우(三隅)라는 용어를 기문둔갑에 쓰이는 용어로 해석하였다. 그러나 필자의 초고를 검토해준 구만옥 교수는 이런 해석이 너무 과도한 천착이며, 『논어』의 구절에서 유래한 총명함을 드러내는 표현으로 보아야 한다고 조언하였다. 필자는 이 의견을 받아들여 수정하였다. 기문둔갑에서는 지반의 네 모퉁이를 가리켜 사우(四隅)라고 하며, 이는 각각 천문(天門), 지호(地戶), 인문(人門), 귀문(鬼門)이다.

145. 『三國史記』 卷第43, 列傳 第3 金庾信下. "(金)允中庶孫巖, 性聰敏, 好習方術, 少壯爲伊湌, 入唐宿衛, 間就師學陰陽家法, 聞一隅, 則反之以三隅, 自述遁甲立成之法, 呈於其師, 師憮然曰, 不圖吾子之明達, 至於此也, 從是而後, 不敢以弟子待之, 大曆中還國, 爲司天大博士, 歷良康漢三州太守, 復爲執事侍郎浿江鎭頭上."

146. 嚴敦傑, "式盤綜述": 橋本敬造, 坂出祥伸 譯, "式盤綜述", 『東洋の科學と技術, 藪內清博士頌壽記念論文集』, 76쪽.

147. Joseph Needham, *Science and Civilisation in China*, vol.3, p.315.

148. 『周禮』 卷7, 夏官司馬. "挈壺氏掌挈壺以公軍井, 挈轡以令舍, 挈畚以令糧. 凡軍事, 縣壺以序聚, 凡喪, 縣壺以代哭者, 皆以水火守之, 分以日夜. 及冬, 則以火爨鼎水而沸之, 而沃之." (역문: 설호씨는 호(壺)를 매달아 군대의 우물이 있는 곳을 표시하고, 말고삐를 매달아 휴식처를 표시하고, 삼태기를 매달아 양식이 있는 곳을 표시하는 일을 관장한다. 무릇 군사(軍事)에는 호(壺)를 매달아 순번대로 딱딱이를 쳐서 수비하게 하고, 상(喪)에는 호(壺)를 매달아 대신 곡하는 자들을 교대하게 하는데, 모두 물과 불로 지키며, 낮과 밤을 나누어서 한다. 겨울에는 불로 솥의 물을 따뜻하게 데워 방울로 떨어지게 한다.) 번역문은 지재희, 이준녕 해역, 『주례』, 자유문고, 2002를 참조

하여 필자가 수정함.

149. 華同旭, 『中國漏刻』, 安徽科學技術出版社, 1991, 24쪽.

150. 藪內淸, 『增補改訂 中國の天文曆法』, 40-41쪽.

151. 자세한 계산방법에 대해서는 藪內淸, 『增補改訂 中國の天文曆法』, 42-43쪽의 주 (30)의 보충설명을 참조.

152. 藪內淸, 『增補改訂 中國の天文曆法』, 42쪽.

153. 『隋書』 율력지에 보이는 일출입시각에 대해서는 齊藤國治, 『日本·中國·朝鮮 古代の 時刻制度』, 雄山閣, 1995, 170-71쪽 참조.

154. 齊藤國治, 『日本·中國·朝鮮 古代の時刻制度』, 174쪽의 표를 참조.

155. 齊藤國治, 『日本·中國·朝鮮 古代の時刻制度』, 177-80쪽.

156. 『三國史記』 卷第9 新羅本紀 第8 聖德王. "(聖德王十七年)夏六月震皇龍寺塔, 始造漏刻, 遣使入唐朝貢."

157. 『三國史記』 卷第38, 雜志 第7. "漏刻典, 聖德王十七年始置, 博士六人史一人."

158. 『三國史記』 卷第9 新羅本紀 第9 景德王. "六年春正月, 改中侍爲侍中, 置國學諸業博士 助教."

159. 『三國史記』 卷第9 新羅本紀 第9 景德王. "八年三月, 置天文博士一員, 漏刻博士六員."

160. 『三國史記』 卷第39 雜志 第7. "國學, 屬禮部, 神文王二年置, 景德王改爲大學監, 惠恭 王復故, 卿一人, 景德王改爲司業, 惠恭王復稱卿, 位與他卿同, 博士(若干人數不定)助教 (若干人數不定)大舍二人."

161. 『三國史記』 卷第39 雜志 第8. "醫學, 孝昭王元年初置, 教授學生…博士二人."

162. 『三國史記』 卷第39 雜志 第7. "算學博士若助教一人, 以綴經, 三開, 九章, 六章, 教授 之."

163. 『唐六典』 卷第10, 秘書省: 김택민 주편, 『역주 당육전 (중권)』, 179-80쪽.

164. 『唐六典』 卷第10, 秘書省: 김택민 주편, 『역주 당육전 (중권)』, 180-81쪽. 『당육전』에 서 언급된 동하지의 낮 시각과 밤 시각은 『당서』 역지의 그것과 조금 다르다. 이것 은 『당육전』의 법조문이 "요지를 적은 데 불과"("당육전해제", 17쪽)하므로 당에서 시행된 제도의 완전한 모습을 보여주지는 못한다는 것을 생각해볼 때, 밤낮의 시간 분할에 대해서는 『당서』 역지의 기록을 따르는 편이 나을 것이다.

165. 『日本書紀』 卷第26 齊明天皇: 전용신 역, 『완역 일본서기』, 일조각, 1989, 479쪽. "又 皇太子, 始造漏刻, 使民知時."

166. 『日本書紀』 卷第27, 天智天皇: 전용신 역, 『완역 일본서기』, 501쪽. "夏四月丁卯朔辛

卯, 置漏剋於新臺, 始打候時, 動鐘鼓, 始用漏剋, 此漏剋者, 天皇爲皇太子時, 始親所製造也, 云云." 번역문은 필자가 일부 수정했다.

167. 中山茂, 『日本の天文學』, 岩波書店, 1972, 9쪽. 中山茂는 『令義解』와 『唐六典』을 근거로 일본과 당의 천문관서에서 천문관의 인원과 직책을 비교하였다.

168. 華同旭, 『中國漏刻』, 30-37쪽.

169. 華同旭, 『中國漏刻』, 62쪽.

170. 이용삼, 정장해, 김상혁, 이용복, "신라시대 천문역법과 물시계 복원연구", 『한국우주과학회지』 25-3, 2008, 299-320쪽을 참조.

171. 장지연, 『萬國事物紀原歷史』, 皇城新聞社, 1909: 『萬國事物紀原歷史』, 아세아문화사 영인본, 1975, 32쪽. 최근에 황재문 역, 『萬國事物紀原歷史』, 한겨레출판, 2014로 완역되어 출간되었다.

172. 봉덕사종에 대해서는 염영하, 『한국종 연구』, 한국정신문화연구원, 1988, 143-76쪽을 참조.

173. 『三國遺事』卷第三, 塔像.

174. 『三國史記』卷第八, 新羅本紀 第八 孝昭王. "元年, 高僧道證, 自唐迴上天文圖."

175. 『東國文獻備考』卷2, 象緯考二 儀象. "臣謹按, 唐代曆象, 皆李淳風一行爲宗, 二百九十餘年之間, 曆凡八改, 而要不出麟德大衍之範圍, 則道證所上天文圖, 抑亦淳風蓋天之法歟. 然孝昭王元年, 道證自唐還, 是年卽武后長壽元年壬辰也. 後三十年, 一行始承詔作曆, 則考正蓋天之說, 未必行於道證入唐之時, 而惟取其發揮淳風之法, 幷此收錄."

176. 藪內淸, 『增補改訂 中國の天文曆法』, 300-304쪽 참조.

177. 『新唐書』卷31, 志第21 天文志. "蓋天之說, 李淳風以爲, 天地中高而四隤, 日月相隱蔽, 以爲晝夜, 遶北極常見者謂之上規, 南極常隱者謂之下規, 赤道橫絡者謂之中規. 及(開元時僧)一行考月行出入黃道, 爲圖三十六, 究九道之增損, 而蓋天之狀見矣. 削篾爲度, 徑一分, 其厚半之長與圖等, 穴其正中, 植鍼爲樞, 令可環運. 自中樞之外均刻百四十七度, 全度之末, 旋爲外規, 規外太半度, 再旋爲重規, 以均賦周天度分. 又距極樞九十一度少半, 旋爲赤道, 帶天之紘. 距極三十五度, 旋爲內規, 乃步冬至日躔所在, 以正辰次之中, 以立宿距." 괄호 안은 『신당서』의 글에다 서호수가 첨가한 부분.

* 제3장의 서술은 전용훈, "고려시대의 역법과 역서", 『한국중세사연구』 39(2014), 193~257쪽에 출간한 내용을 기초로 일부를 수정한 것이다.

1. 『增增補文獻備考』 卷1, 象緯考一 曆象沿革. "高麗太祖時, 承用唐宣明曆, 忠宣王時, 改用元授時曆."

2. 덧붙인 정보는, 선명력의 曆元은 長慶2년(822)부터 7,070,138년을 거슬러 올라간 과거라는 점, 역원에서는 日月五星이 모두 虛九度에 있었다고 보고 起算한다는 점, 氣朔(절기와 삭)·發斂(밤낮의 시간의 늘고 줆)·日躔(태양의 운행)·月離(달의 운행) 등에 대해 모두 大衍曆을 준용한다는 점, 晷漏(시각제도)와 交會(일월식 계산)는 大衍曆을 조금 增損하여 새로 수치를 만들고, 또한 오성의 위치를 추산한다는 점 등이다. 사실 이 내용은 고려에서 사용한 선명력에 관한 정보가 아니라, 『唐書』 曆志에 실린 당의 선명력에 관한 정보를 옮겨 적은 것뿐이다.

3. 『고려사』 역지를 중심으로 고려 역법을 논의한 글로 김일권, "고려 역법의 이해: 『국역 고려사 역지』 역주", 『석당논총』 54, 2012, 99-143쪽을 참조. 또한 『고려사』 역지 서문의 문구를 중심으로 찬자의 의도를 탐구한 글로 서금석, "고려의 曆法 추이를 통해 본 『고려사』 「曆志」 서문의 검토", 『역사학연구』 47, 2012, 29-70쪽을 참조.

4. 『조선왕조실록』 文宗 卷8 1年(1451) 六月 壬午. 『조선왕조실록』은 국사편찬위원회에서 인터넷으로 제공하는 원문 및 국역문을 이용하였다.

5. 『高麗史』 卷五十; 志 卷第四, 曆一. "今其所傳之本, 往往脫漏附會, 殆非厥初行用之眞. 然非當時所用, 不必追正, 而其全書, 又未可見, 故姑著于篇, 而附授時於其後, 作曆志." 『고려사』는 국사편찬위원회에서 인터넷으로 제공하는 원문을 이용하였다.

6. 이에 대해서는 전용훈, "17~18세기 서양 천문역산학의 도입과 전개", 연세대학교 국학연구원 편, 『한국실학사상연구 4, 과학기술편』, 혜안, 2005, 275-333쪽; 全勇勳, "朝鮮における時憲曆の受容過程とその思想的背景", 『東方學報』 京都 第84冊, 2009, 302~281쪽(페이지 역순) 등을 참조.

7. 흔히 日官으로도 불린 고려의 천문관원은 기본적으로 天變地異를 관측하여 길흉을 판단하며, 역법을 적용하여 천체의 위치를 계산하고 역서를 만들며, 물시계를 관리하면서 시간을 측정하고 알리는 업무를 담당하였다. 또한 風水나 奇門遁甲 등 각종의 술수학적 지식을 구사하여 擇日과 擇地를 하며, 吉凶을 점치는 卜筮도 겸하였다. 고려시대 日官의 지위와 역할에 대해서는 김창현, "高麗時代 日官에 관한 一考察: 日官의

役割과 그 地位를 중심으로", 『사학연구』 45, 1992; 구만옥, "고려왕조 천문역산학의 성격", 『국제고려학회 서울지회 논문집』 9, 2007; 이희덕, "高麗의 天文官制", 『東方學志』 96, 1997 등을 참조. 특히 日官은 이상과 같은 기본적인 역할 이외에도 위정자에 대한 비판자로서의 언론활동과 각종 정책의 입안에 깊숙이 간여하여 정치적 명분을 제공하는 역할도 했다는 사실에 주목할 필요가 있다(김창현, "高麗時代 日官에 관한 一考察", 106-16쪽 참조).

8. 『高麗史』 卷二, 世家 卷第二, 太祖 16年 3月. "又賜曆日, 自是, 除天授年號, 行後唐年號."

9. 『高麗史』 卷九, 世家 卷第九, 文宗 35年 12月. "癸亥 知太史局事 梁冠公奏, "奉宣勘進來 壬戌年曆日, 並無疑誤. 惟臘日, 自己未年以來, 依大宋曆法, 用戌日, 臣未詳可否. 臣按陰陽書云, '近大寒前後, 先得辰爲臘, 我國用此日久矣. 況古史曰, '夏曰嘉平, 殷曰清祀, 周曰大蜡, 漢曰臘,' 其稱各異, 皆以卒歲之功, 因臘取獸, 合聚萬物, 以報百神, 可不重歟? 不宜擅變其法, 請委有司詳定, 然後施行. 制可." 이때 송과 고려는 조공책봉 관계에 있지 않았으므로, 이때의 송의 역서는 책봉국의 역서는 아니라고 할 수 있다.

10. 『高麗史』 卷五, 世家 卷第五, 顯宗 21年 4月. "己亥 鐵利國主那沙遣女眞計陁漢等來, 獻貂鼠皮, 請曆日, 許之."

11. 니시지마 사다오 지음, 이성시 엮음, 송완범 옮김, 『일본의 고대사 인식』, 역사비평사, 2008, 135쪽.

12. 조공책봉 관계 아래서 曆書가 受與되는 과정에 대해서는 전해종, 『한중관계사 연구』, 26-58쪽을 참조.

13. 거란은 947년(大同1)부터 국호를 大遼라고 하였다.

14. 『高麗史』 卷第86~87, 年表 참조. 고려시대 금석문에 나타난 대륙 왕조의 연호에 대해서는 藤田亮策, "朝鮮の年號と紀年", 『朝鮮學論考』, 藤田亮策記念事業會, 1963, 267-82쪽; 大谷光男, "高麗朝および『高麗史』の曆日について", 『朝鮮學報』 141, 1991, 77-80쪽 등을 참조.

15. 『高麗史』 卷二, 世家 卷第二, 太祖 16年 3月. "又賜曆日, 自是, 除天授年號, 行後唐年號."

16. 『高麗史』 卷三, 世家 卷第三, 成宗 13年 4月. "是月, 遣侍中 朴良柔, 奉表如契丹, 告行正朔, 乞還俘口."

17. 『高麗史』 卷十三, 世家 卷第十三, 睿宗 5年(1110) 7月. "秋七月 戊戌朔 王襄等還, 王附表以謝曰, …所謂冊立之命, 正朔之頒, 已曾稟受於大遼, 不欲別行於上國, 以示酌中之義, 致寬顧北之憂."

18. 이에 대해서는 董煜宇, "曆法在宋朝對外交往中的作用", 『上海交通大學學報』 2002年 第1期 第10卷, 2002, 41-44쪽; 韋兵, "競爭與認同: 從曆日頒賜, 曆法之爭看宋與周邊民族政權的關係", 『民族研究』 2008年 第5期, 2008, 74-82쪽 등을 참조.

19. 이하 西夏의 천문학에 관한 기술은 湯開建, "西夏天文學初探", 『中國天文學史文集』 第4集, 北京:科學出版社, 1986, 104-17쪽; 陳廣恩, "〈西夏書事〉中的科技史料述論", 『寧夏大學學報(自然科學版)』 1996年 第9期, 1996, 88-92쪽; 史金波, "西夏的曆法和曆書", 『民族語文』 2006年 第4期, 2006, 41-48쪽 등을 참조.

20. 이때 서하를 이끌던 李德明 자신이 천문학에 정통했을 뿐만 아니라, 남아 있는 천문 기록으로 볼 때, 그의 통치 시기에 천문관서가 완비되었으리라 추측된다. 湯開建, "西夏天文學初探", 109쪽. 또한 약간 후대의 것이기는 하지만 西夏에서 제작된 역서의 실물이 확인되었다. 서하의 역서에 대해서는 史金波, "西夏的曆法和曆書"; 鄧文寬, "黑城出土〈西夏皇建元年庚午歲(1210年)具注曆日〉殘片考", 『文物』 2007年 第8期, 2007 등을 참조.

21. 湯開建, "西夏天文學初探", 107쪽.

22. 董煜宇, "曆法在宋朝對外交往中的作用", 43쪽.

23. 陳廣恩, "〈西夏書事〉中的科技史料述論", 88쪽.

24. 이 사례에 대한 분석은 董煜宇, "曆法在宋朝對外交往中的作用", 43-44쪽을 참조.

25. 蘇頌은 송으로 돌아와서 神宗에게 이를 보고하였고, 신종은 司天監에 명하여 송과 주변 각국의 曆日을 비교하게 되었다. 그리고 이 비교의 결과는 『玉海』와 『遼史』 등에 특필되었다.

26. 統和29년의 표기가 금석문 자료에서는 확인된다. 고려시대 금석문 자료는 국립문화 재연구소에서 제공하는 한국금석문종합영상정보시스템을 이용하여 확인하였다.

27. 徐兢, 『宣化奉使高麗圖經』 卷40, 同文 正朔: 조동원 등 역, 『역주 고려도경』, 황소자리, 2005, 466-71쪽 참조.

28. 藤田亮策, "朝鮮の年號と紀年", 273쪽.

29. 『高麗史』 卷第86~87, 年表에 따르면, 현종13년(1022) 4월에 거란이 사신을 보내 책봉을 하였고, 이때부터 거란의 연호를 다시 사용했다고 한다. 그러므로 송의 大中祥符 연호는 1016년에 사용하고, 이후 송이 1017년에 개원한 天禧 연호를 1021년까지 약 5년간 사용했을 가능성이 있다. 실제로 고려시대 금석문 자료에는 '天禧五年'을 사용한 예가 4개나 있다. 다만 天禧4년을 사용한 자료는 확인되지 않는다. 뒤에서 다시 언

급하겠지만, 天禧4년(1020)에 송이 고려에 역서를 하사한 기록이 『東文選』에 있다.

30. 그러나 『高麗史』 卷第86~87, 年表의 공식 기록과는 달리 민간에서는 天慶 연호를 1118년(天慶8)까지 사용한 예가 있다. 大谷光男은 張文緯墓誌銘에서 天慶8년을 사용한 예를 지적하였는데(大谷光男, "高麗朝および『高麗史』の曆日について", 76쪽), 한국금석문종합영상정보시스템에서는 이 외에도 般若寺元景王師碑, 興王寺圓明國師墓誌銘에서도 天慶8년을 사용한 예가 있다. 張文緯墓誌銘에 대해서는 허흥식 편, 『韓國金石全文 中世上』, 아세아문화사, 1984, 607-608쪽; 김용선 역주, 『역주고려묘지명집성 (상)』, 한림대학교출판부, 2001, 78-80쪽 등을 참조.

31. 심재석, "遼代 高麗國王 冊封의 構造와 展開", 『외대사학』 12-1, 2000, 29-51쪽.

32. 국사편찬위원회 편, 『한국사 15: 고려전기의 사회와 대외관계』, 국사편찬위원회, 1995, 285쪽.

33. 藤田亮策, "朝鮮の年號と紀年", 284-90쪽.

34. 藤田亮策, "朝鮮の年號と紀年", 272쪽.

35. 이 시기의 고려-송-거란의 관계에 대해서는 고려의 年號의 채용과 紀年 방식의 변화를 통해 고찰한 연구로 한정수, "고려-송-거란 관계의 정립 및 변화에 따른 紀年의 양상: 광종~현종 대를 중심으로", 『한국사상사학』 41, 2012를 참조.

36. 국사편찬위원회 편, 『한국사 15: 고려전기의 사회와 대외관계』, 285쪽.

37. 국사편찬위원회 편, 『한국사 15: 고려전기의 사회와 대외관계』, 287쪽.

38. 『高麗史』 卷第86~87, 年表.

39. 국사편찬위원회 편, 『한국사 15: 고려전기의 사회와 대외관계』, 288쪽.

40. 국사편찬위원회 편, 『한국사 15: 고려전기의 사회와 대외관계』, 291쪽.

41. 고려와 송 사이의 문화 교류에 관해서는 국사편찬위원회 편, 『한국사 15: 고려전기의 사회와 대외관계』, 290-94쪽을 참조.

42. 『高麗史』 卷八, 世家 卷第八, 文宗 11年(1057) 7월. "壬辰 命有司, 試宋投化人張琬 所業遁甲三奇法·六壬占, 授太史監候." 11세기 宋의 천문관서에서 시행된 3대 占術을 三式이라고 하는데, 太一, 奇門遁甲, 六壬이 그것이다. 이 기록에서 奇門三奇法은 奇門遁甲으로 볼 수 있으므로, 三式 가운데 奇門遁甲과 六壬의 점법이 張琬을 통해 고려에 전해진 것을 알 수 있다.

43. 통상 문종 시기의 고려에서 제작된 역서와 관련하여, 十精曆, 七曜曆, 見行曆, 遁甲曆, 太一曆 등 소위 고려의 僞曆이 거론된다. 하지만 이들 위력들은 점술에 쓰이는 특수한 형태의 長期曆으로 생각되므로, 본 논문에서는 국가에서 발행한 공식적인 역서

와 이 역서 작성에 필요한 역법지식을 수록한 曆法書를 중심으로 논의를 한정한다. 고려의 위력에 대해서는 이용범, "麗代의 偽曆에 대하여", 『震檀學報』 29·30, 1966, 247-60쪽을 참조.

44. 『高麗史』卷四, 世家 卷第四, 顯宗 13年 5月. "丙子 韓祚還自宋, 帝賜聖惠方·陰陽二宅書·乾興曆·釋典一藏."

45. 한편 1093년(宋 元祐8, 高麗 宣宗10)에 송의 禮部尙書 蘇軾(1037~1011)은 송이 그동안 너무 많은 책을 고려에 주었으며 고려의 사신들이 송의 역사서나 법률서 등을 구입하려고 애쓰고 있다고 비판하며, 이를 금지할 것을 상주한 적이 있다. 이때 그는 역대(淳化4년(993), 大中祥符9년(1016), 天禧5년(1021)의 세 차례)로 송에서 고려에 반사한 책으로, 九經書, 史記, 兩漢書, 三國志, 晉書, 諸子, 曆日, 聖惠方, 陰陽地理書 등을 거론하였다. 앞서 建興曆이 『聖惠方』, 『陰陽二宅書』, 『釋典』 등의 책과 함께 거론되었고, 여기서도 曆日이 다른 도서명과 함께 나오므로 建興曆은 그해의 역서가 아니라 曆法書였을 가능성도 있다. 蘇軾, 『東坡全集』卷63, 論高麗買書利害箚子三首: 이근명 외 역음, 『송원시대의 고려사자료 1』, 신서원, 2010, 339-43쪽 참조.

46. 『高麗史』卷十; 世家 卷第十; 宣宗 8年 6月.

47. 張世南, 『游宦記聞』권8: 이근명 외 역음, 『송원시대의 고려사자료 1』, 503쪽 참조.

48. 이때 고려가 "稱臣上表"를 금에 보낸 것을 금과의 사대책봉 관계의 시발로 본다. 국사편찬위원회 편, 『한국사 15: 고려전기의 사회와 대외관계』, 345쪽.

49. 이에 대해서는 국사편찬위원회 편, 『한국사 15: 고려전기의 사회와 대외관계』, 345-54쪽 참조.

50. 1156년(고려 毅宗10, 金 正隆1)에는 금의 正隆(1156~1160) 연호의 隆자가 고려 태조 王建의 아버지의 이름과 같아서 正豐으로 避諱하였다.

51. 『金史』卷4, 本紀4 熙宗亶紀: 이근명 외 역음, 『송원시대의 고려사자료 2』, 193쪽. "熙宗天會十四年正月己巳朔. 上朝太皇太后于兩宮, 齊·高麗·夏遣使來賀. 癸酉 頒曆于高麗. 乙酉 萬壽節 齊·高麗·夏遣使來賀."

52. 重修大明曆의 특징과 이에 대한 조선시대의 연구에 대해서는 이은희, 『칠정산내편의 연구』, 한국학술정보, 2007, 39-42쪽을 참조. 중수대명력의 步氣朔術에 대해서는 서금석·김병인, "步氣朔術 분석을 통해 본 高麗前期의 曆法: 『高麗史』「曆志」『宣明曆』과 遼의 『大明曆』 '氣朔術'을 중심으로", 『한국중세사연구』 38, 2014a, 149-204쪽; 서금석·김병인, "고려중기 曆法과 金의 『重修大明曆』 '步氣朔術' 검토: 『고려사』「세가」 11월 朔日 분석을 중심으로", 『역사학연구』 53, 2014b, 35-75쪽 등을 참조.

53. 김호동, 『몽골제국과 고려: 쿠빌라이 정권의 탄생과 고려의 정치적 위상』, 서울대학교 출판부, 2007, 88쪽. 그러므로 금과의 조공책봉 관계가 무너진 1224년부터 몽골의 관계가 성립한 1260년까지 36년간 고려는 대륙의 어느 나라와도 공식적인 조공책봉 관계를 맺지 않았다고 볼 수 있다.

54. 김호동, 『몽골제국과 고려: 쿠빌라이 정권의 탄생과 고려의 정치적 위상』, 123쪽. 고려가 몽골의 부마국이 됨으로써 종속성이 심화되었다거나 오히려 독립성이 강화되었다는 엇갈린 평가가 분분하다. 이에 대해서는 이개석, 『고려-대원 관계 연구』, 지식산업사, 2013, 24-32쪽을 참조.

55. 혼인은 1274년(원종15) 5월(음력)에 이루어졌고, 이어 6월(음력)에 원종이 죽고 8월(음력)에 충렬왕이 즉위하였다. 『高麗史』卷第86~87, 年表 참조.

56. 김호동, 『몽골제국과 고려: 쿠빌라이 정권의 탄생과 고려의 정치적 위상』, 111쪽.

57. 『高麗史』卷二十五, 世家 卷第二十五, 元宗 3년 12月. "十二月 乙卯 郎中 高汭, 還自蒙古, 帝頒曆, 又詔曰, "大小分殊, 當謹奉天之戒, 往來禮在, 要知懷遠之心. 卿自東隅, 臣屬上國, 適我家之有難, 越其境以來歸, 特侈新封, 俾還舊服.""

58. 『元史』本紀에 수록된 기록은 조선후기의 韓致奫(1765~1814)이 『海東繹史』星曆志에 정리한 바 있다. 韓致奫 저, 민족문화추진회 역, 『국역해동역사 제2책』, 민족문화추진회, 1996, 151-52쪽 참조 (이하 『해동역사』 성력지의 인용은 모두 이 책을 따름). 그리고 중국에 있는 고려사 관계 자료를 수집한 이근명 외 역음, 『송원시대의 고려사 자료 1』, 292-301쪽에서도 고려에 대한 몽고와 원나라의 반력 기록을 정리해놓았다.

59. 수시력의 개발 과정에 관해서는 山田慶兒, 『授時曆の道』, 東京: みすず書房, 1980, 175-272쪽을 참조.

60. 『高麗史』卷三十一, 世家 卷第三十一, 忠烈王 22年 3月. "帝賜王織金段·紅絹各四匹, 太后賜蒲萄酒二器, 並賜曆日, 中書省送線綾·紅絹各五匹."

61. 『高麗史』卷二十九, 世家 卷第二十九, 忠烈王 10年(1284) 11月. "辛巳, 元遣監候 張仲良來, 頒曆."; 『高麗史』卷三十一, 世家 卷第三十一, 忠烈王 22年(1296) 3月. "帝賜王織金段·紅絹各四匹, 太后賜蒲萄酒二器, 並賜曆日, 中書省送線綾·紅絹各五匹."

62. 『牧隱文藁』卷之十八, 墓碑銘 〈有元高麗國忠勤節義贊化功臣, 重大匡, 瑞寧君, 諡文僖柳公墓誌銘幷序〉. "…至正丙戌. 先君稼亭公頒曆東方." 이와 관련하여 李穀의 『稼亭集』에 "내가 지금 (원에서 고려에) 보내는 역서를 가지고 오는데[吾今送曆來]"라고 한 시가 있는데, 여기에서는 그 年度를 밝히지 않았다. 『稼亭先生文集』卷之十八, 律詩 〈次三藏韻〉. "因今乘駔去/ 憶昔棄繻來/ 爲報郵亭吏/ 書生豈小哉/ 三藏馱經去/ 吾

今送曆來/ 授時幷布敎/ 王事更欽哉/.

63. 『高麗史』卷一百八, 列傳 卷第二十一, 諸臣. "忠宣留元, 見太史院精曆數, 賜誠之內帑金百斤, 求師受業. 盡得授時曆術, 東還遂傳其學, 至今遵用之." 이 일화는 『高麗史節要』에 문장이 조금 달리 기술되어 있다. 『高麗史節要』卷之二十四, 忠肅王 庚午十七年(元 至順元年). "光陽君崔誠之卒, 誠之, 性剛直, 精於數學, 忠宣在元, 定內亂, 立武宗, 誠之在左右, 多所贊襄, 忠宣賜金百斤, 令求師, 學授時曆法, 東還遂傳其學, 及昌黨, 疏國家得失, 將言於朝廷, 誠之不肯署名, 主謀者同坐, 府中, 令錄事請署, 誠之厲聲曰, 吾嘗備位宰相, 僉錄欲脅我耶, 衆沮喪."

64. 『高麗史』卷42, 世家 卷第42, 恭愍王 19年 5月. "甲寅,…今賜大統曆一本." 그러나 韓致奫은 이 기록에 대해, 명나라에서 元統이 만든 大統曆을 반포한 것이 1384년(고려 禑王10, 明 洪武17)이므로 이때의 역서는 대통력서가 아니라 명 태조가 吳王이 된 지 3년(공민왕16, 1367)에 반포한 戊申曆이라고 정정하였다. 韓致奫 저, 민족문화추진회 역, 『국역해동역사 제2책』, 152~153쪽.

65. 『高麗史』卷第86~87, 年表.

66. 박성래, "高麗初의 曆과 年號", 『한국학보』10, 1978, 155쪽에서는 고려가 11세기 이후부터 독자적인 曆을 만들어 썼다고 보았다.

67. 고려의 일식기사에 대한 분석은 大谷光男, "高麗史の日蝕記事について(上)", 『東洋學術研究』16-1, 1977a, 115-33쪽; 大谷光男, "高麗史の日蝕記事について(下)" 『東洋學術研究』16-2, 1977b, 142-56쪽 등을 참조.

68. 大谷光男, "高麗史の日蝕記事について(下)", 154쪽.

69. 서금석·김병인, "'步氣朔術' 분석을 통해 본 高麗前期의 曆法: 『高麗史』「曆志」『宣明曆』과 遼의 『大明曆』'氣朔術'을 중심으로"; 서금석·김병인, "고려중기 曆法과 金의 『重修大明曆』'步氣朔術' 검토: 『고려사』「세가」11월 朔日 분석을 중심으로" 등에서는 고려의 역일을 金이나 遼에서 사용했으리라 추정되는 重修大明曆이나 大明曆을 적용한 결과와 비교하고, 역일이 일치한 것을 가지고 고려에서 그 역법을 적용한 증거라고 주장하고 있다. 하지만 이런 주장은 성급하다는 것이 필자의 생각이다. 이들 연구에서 검토한 11월 朔日이나 큰달·작은달의 배치가 다른 역법을 적용할 때에는 동일한 결과를 얻을 수 없고 오로지 중수대명력이나 대명력으로만 얻을 수 있다는 점을 확증할 수가 없기 때문에, 이런 주장은 수용하기가 곤란하다.

70. 進朔法은 定朔法으로 인해 큰달이 너무 오래 연속되는 것을 방지하기 위해 삭일의 날짜를 당기는 것을 말한다. 당나라 傅仁均이 만든 戊寅曆에서는 定朔法을 적용하였

기 때문에 특별한 경우에는 큰달이 4회 연속되는 일이 생겼다. 이에 麟德曆에서는 합삭 시각이 하루의 3/4 이후(하루의 길이가 8400분일 때, 6300분 이상)에 있으면 다음 날을 음력 초하루로 정하기로 하였는데, 이것을 進朔法이라고 하며, 여기서 3/4은 進朔限이라고 한다. 이 진삭법의 적용 여부와 진삭한은 시대에 따라 다르다. 따라서 비교 대상이 되는 양국에서 같은 역법을 사용한다고 하더라도 진삭법 적용 여부와 진삭한에 따라 삭일이 다를 수가 있다. 7~10세기의 당과 일본에서 진삭법의 적용 여부와 진삭한의 변화에 대해 조사하고 당과 일본의 역일을 대조한 연구가 細井浩志, 竹迫忍, 『唐·日本における進朔に關する硏究』, 硏究成果報告書, 2013에 있다.

71. 大谷光男, "高麗朝および『高麗史』の曆日について", 89쪽. 고려에서는 이런 경우가 있었는지 확인하기는 어렵지만, 고려 인종10년(1132) 11월 冬至가 음력 11월 6일 자정에 들었기 때문에 이를 冬至甲子라고 하여 의미 있게 여긴 일은 있었다. 이해의 음력 11월 7일(甲子)의 시작과 동지가 겹쳤던 것이다. 『高麗史』卷十六, 世家 卷第十六, 仁宗 10年 11月. "己卯 制曰, 朕以凉德, 獲承祖業, 適當衰季, 累更變故. 夙夜勉勵, 庶幾中興. 訓有之曰, '積數萬歲, 必得冬至甲子, 日月五星, 皆會于子, 謂之上元, 以爲曆始, 開闢以來, 聖人之道, 從此而行.' 今遇十一月初六日冬至, 夜半値甲子, 爲三元之始, 可以革舊鼎新. 爰命有司, 擧古賢遺訓, 創西京大華闕. 咨爾三事大夫百官庶事, 共圖惟新之政, 以增永世之休."

72. 일본의 경우에도 추산한 역일과 역사서에 기록된 역일이 일치하지 않는 경우가 많다고 한다. 大谷光男, "高麗朝および『高麗史』の曆日について", 105쪽.

73. 이 때문에 고려시대의 역일 전체를 복원하는 일은 상당히 어렵다. 고려시대에는 역일을 계산하는 데에 적용된 역법과 그 적용 연대를 특정한 기록이 전혀 없을 뿐 아니라, 역일을 복원하는 데에 기초가 되는 매월 朔日의 干支를 밝혀놓은 기록도 많지 않기 때문이다. 지금까지 고려의 역일을 복원하려는 시도들이 천문학자들을 중심으로 몇 차례 있어왔지만, 이는 고려의 역일 기록에서 직접 복원한 것이 아니라 중국이나 일본에서 확정된 역일을 차용하거나 이들과 비교하여 추정한 결과일 뿐이다. 이런 문제점을 인식한 기초 위에서, 최근에 張東翼이 진행하고 있는 고려시대의 역일을 복원하려는 시도는 대단히 의미 있는 작업이다. 張東翼, "高麗前期의 曆日", 『한국중세사연구』33, 2012, 165-203쪽; 張東翼, "『高麗史』에서의 朔日", 『역사교육논집』52, 2014, 183-232쪽 등을 참조. 특히 장동익(2014)은 직접적인 삭일 기록뿐만 아니라, 날짜가 정해진 국가의 의례를 행한 기록, 일식과 월식의 기록, 端午나 重陽節 같은 節日, 燃燈會나 八關會의 大·小會(14·15일) 등의 기록들도 검토하여 고려시대의 기록에서 부족

한 曆日을 보충하고, 朔日表의 試案을 마련하는 데에까지 이르렀다. 고려의 역일에 관하여 최근에 서금석, "고려시대 曆法과 曆日 연구", 전남대학교 박사학위논문, 2016이 제출되었다.

74. 조선후기에 북경과 한양의 경도차로 인해, 淸國曆書와 朝鮮曆書에서 삭일의 날짜가 달라지고 이것이 윤월의 위치에까지 영향을 미쳐 논란이 되었던 사례는 1734년과 1735년 역서의 경우가 좋은 예이다. 이에 대해서는 전용훈, "17~18세기 서양 천문역산학의 도입과 전개", 연세대학교 국학연구원 편, 『한국실학사상연구 4, 과학기술편』, 308-10쪽을 참조.

75. 大谷光男, "高麗朝および『高麗史』の曆日について", 81-88쪽(谷으로 표시)과 張東翼, "高麗前期의 曆日", 176-77쪽(張으로 표시)에 실린 표를 통합하고, 필자가 새로 얻은 정보를 첨가한 것이다. 大谷光男이 확인한 윤월의 경우는 중국의 윤월 정보가 없어 필자가 洪金富 編著, 『遼宋夏金元五朝日曆』, 臺北: 中央研究院歷史語言研究所, 2004에서 확인하여 기입하였다.

76. 한국천문연구원, 『고려시대연력표』, 한국천문연구원, 1999, 80쪽에서는 1067년의 중국의 윤월을 확정하지 못한 채, 임시로 閏正月로 표시하였다. 그러나 陳垣의 『二十史朔閏表』나 汪曰楨의 『歷代張術輯要』 등에는 모두 윤3월로 되어 있다.

77. 張東翼도 이와 같은 역일 비교를 통해 고려에서 선명력을 사용하였다는 『고려사』 역지 서문의 기술은 "그대로 받아들이기에 어려움이 있다"고 하였다. 張東翼, "高麗前期의 曆日", 179-80쪽.

78. 송대의 역법에 대해서는 藪內淸, 『增補改訂 中國の天文曆法』, 105-10쪽을 참조. 송대의 역법은 "당대의 아류"라고 불릴 정도로 당대 역법의 전통을 이어받았을 뿐, 참신한 개변은 거의 없었다는 것이 일반적인 평가이다(106쪽).

79. 송대의 역법과 시행기간에 대해서는 藪內淸, 『增補改訂 中國の天文曆法』, 388-91쪽; 董煜宇, "北宋天文管理研究", 上海交通大學 博士學位論文, 2004, 71-72쪽 등을 참조. 董煜宇의 연구는 최신 정보를 담고 있지만 북송의 경우만 정리하였기에, 북송의 역법 시행연도는 董煜宇의 연구를 따랐으며 남송은 藪內淸을 따랐다.

80. 藪內淸, 『增補改訂 中國の天文曆法』, 108쪽.

81. 藪內淸, 『增補改訂 中國の天文曆法』, 108쪽.

82. 遼의 曆法에 대해서는 『遼史』 卷42, 志第12 曆象志 上: 김위현 외 역, 『국역요사(중)』, 단국대학교출판부, 2012, 128-29쪽을 참조(이하 『요사』 역상지의 인용은 모두 이 책을 따름). 『요사』의 편자들은 요에서 사용된 역법이 大明曆이라는 기록에 착안

하여 『宋書』에서 祖沖之의 大明曆을 轉載하였다. 그러나 이 역법은 祖沖之가 만든 같은 이름의 역법과 전혀 다른 것인데도, 『遼史』의 편찬자들이 혼동한 결과라고 한다. 藪內淸, 『增補改訂 中國の天文曆法』, 111쪽; 朱文鑫, 『曆法通志』, 上海: 商務印書館, 1934, 8쪽 등을 참조.

83. 『遼史』 卷42 志第12 曆象志上: 김위현 외 역, 『국역요사 (중)』, 129쪽. 이하 요의 역법사에 관한 내용은 『遼史』 曆象志에 의거하였다.

84. 藪內淸, 『增補改訂 中國の天文曆法』, 111쪽.

85. 『遼史』 卷42, 志第12 曆象志上. "高麗所志大遼古今錄稱, 統和十二年始頒正朔改曆, 驗矣."

86. 『遼史』 卷42, 志第12 曆象志上. "授曆頒朔二百餘年."

87. 『金史』 권4, 本紀4 熙宗亶紀: 이근명 외 역음, 『송원시대의 고려사자료 2』, 193쪽. "熙宗天會十四年正月己巳朔. 上朝太皇太后于兩宮, 齊·高麗·夏遣使來賀. 癸酉 頒曆于高麗. 乙酉 萬壽節 齊·高麗·夏遣使來賀."

88. 혹은 趙知微의 이름을 따서 知微曆이라고도 부른다. 朱文鑫, 『曆法通志』, 8쪽.

89. 『金史』 역지에 따르면, 조지미의 중수대명력은 1182년부터 역서에 적용되었다고 볼 수 있는데, 학자에 따라서, 또는 근거 자료에 따라서 1180년 연도부터 사용되었다고 보는 견해가 있다. 역법이 완성된 해와 이것을 적용하여 만들어진 역서가 사용되는 해는 조금 차이날 수 있다. 중수대명력은 1181년의 11월 월식에서 검토를 마쳤으므로, 이것을 적용하여 다음 해의 역서를 만들면 중수대명력으로 만들어진 최초의 역서는 1182년 역서일 수밖에 없다.

90. 『高麗史』 卷五, 世家 卷第五, 顯宗 21년 4월. "夏四月 乙酉 教曰, 上年十二月, 宋曆以爲大盡, 而我國太史所進曆以爲小盡. 又今正月十五日, 奏太陰食, 而卒不食. 此必術家未精也, 御史臺推鞫以聞."

91. 송나라의 1029년 12월이 큰달이라고 한 것은 현대의 계산 결과와 일치하지 않는다. 한국천문연구원, 『고려시대연력표』에는 현종 20년(1029) 12월을 乙酉朔으로 하고, 21년(1030) 정월을 甲寅朔으로 하였으므로, 고려는 1029년 12월이 작은달이 맞다. 그런데 『長術輯要』, 『二十史朔閏表』 등을 확인해보면, 송나라는 天聖7년(1029) 12월이 乙酉朔이고, 天聖8년(1030) 정월이 甲寅朔으로 1029년 12월이 작은달이 되어, 송에서는 큰달이라고 한 위의 기사와 일치하지 않는다. 이렇게 된 이유는 아직 알 수 없다.

92. 『高麗史』 卷九, 世家 卷第九, 文宗 35년(1081) 12월. "癸亥 知太史局事 梁冠公奏, 奉宣勘進來壬戌年曆日, 並無疑誤. 惟臘日, 自己未年以來, 依大宋曆法, 用戌日, 臣未詳可

否."

93. 『高麗史』卷四十七, 志 卷第一, 天文一 月五星凌犯及星變. (文宗 32년, 1078) "六月 甲寅 月食, 宋使救之, 國人不之覺, 以日官挈壺正崔士謙撰曆, 失於推步, 不以聞奏. 有司, 請論如法, 宥之."

94. 『高麗史』卷十; 世家 卷第十; 宣宗 7年 1月. "壬辰 普濟寺水陸堂火.先是, 嬖人攝戶部郎中·知太史局事 崔士謙入宋求得水陸儀文, 請王作此堂, 功未畢而火."

95. 『續資治通鑑長編』卷295, 神宗 元豐元年十二月辛丑朔: 이근명 외 역음,『송원시대의 고려사자료 1』, 193쪽. "詔提擧司天監, 集曆官考算遼高麗日本國與本朝奉元曆異同聞奏. 其後曆官趙延慶等言, 遼己未年氣朔與宣明曆合, 日本戊午年氣朔與遼曆相近, 高麗戊午年朔與奉元曆合, 其二十四氣內, 有七氣時刻并逐月太陽過宮日數時刻不同."

96. 張東翼은 고려와 중원(중국) 및 북방의 윤월을 비교하여 송과 고려가 외교를 재개한 문종25년(1071) 이후에 송과 고려의 윤월이 한 번도 어긋나지 않는다는 사실을 지적하였다. 그는 이 사실을 기초로 이 시기 이후에 고려는 송의 奉元曆을 참고한 것 같다고 하였다. 張東翼, "高麗前期의 曆日", 175-80쪽을 참조.

97. 楊家駱 主編, 『遼史彙編』3冊, 遼史索隱 권6: 이근명 외 역음, 『송원시대의 고려사자료 1』, 142쪽. "太康三年十二月閏. 宋閏來年正月異. 案 是年丁巳, 宋熙寧十年 來年爲元豐元年. 拾遺引能改齋漫錄四史表, 引夢溪筆談, 證此異閏已詳. (漢章)又據朔考後云, 戊午遼太康四年, 日本戊午歲, 與遼曆相近, 高麗戊午年朔與奉元曆合. 然則高麗亦閏戊午正月, 日本亦閏丁巳十二月也." 1078년(고려 문종32, 송 元豐元年)은 고려와 송이 모두 閏正月이다. 그러나 일본은 전년(1077) 윤12월이다.

98. 『高麗史』五行志에서 두 차례나 "(문종)二十一年閏正月"로 기록하고 있기 때문에 고려 측의 오기 가능성이 높은 것은 아니다.

99. 고려와 주변국의 역일에서 삭일의 비교는 박성래, "高麗初의 曆과 年號", 139쪽; 大谷光男, "高麗朝および『高麗史』の曆日について", 99-103쪽; 張東翼, "高麗前期의 曆日", 180-84쪽 등을 참조. 大谷光男은 1276년 2월, 1282년 8월의 고려의 삭일이 『元史』의 삭일과 다르다고 하였고, 장동익은 1276년 2월, 1282년 8월, 1287년 3월, 1300년 9월 등 4개를 추출하였다. 박성래는 1282, 1287, 1306, 1332년을 추출하였으나, 이 결과는 이용 자료의 특성상 신뢰도가 조금 떨어진다.

100. 『高麗史』卷29, 世家 卷第29, 忠烈王 6年 11月. "己未 命日官, 自今, 勿進冬至元正曆."

101. 김호동, 『몽골제국과 고려: 쿠빌라이 정권의 탄생과 고려의 정치적 위상』, 111쪽.

102. 장동익, 『고려후기 외교사 연구』, 일조각, 1994, 14쪽. 정동행성의 설치와 폐지의 과

정에 대해서는 이 책의 13-109쪽을 참조.

103. 『高麗史』卷二十九, 世家 卷第二十九, 忠烈王 7年(1281) 1月. "(辛巳) 七年 春正月 戊戌朔 元遣王通等, 頒新成授時曆, 乃許衡·郭守敬所撰也. 詔曰, 自古, 有國牧民之君, 必以欽天授時, 爲立理之本, 黃帝·堯·舜, 以至三代, 莫不皆然. 爲日官者, 皆世守其業, 隨時考驗, 以與天合, 故曆法無數更之弊. 及秦滅先聖之術, 每置閏於歲終, 古法益彈廢矣. 由漢而下, 立積年日月法, 以爲推步之準, 因仍沿襲, 以迄于今. 夫天運流行不息, 而欲以一定之法, 拘之, 未有久而不差之理, 差而必改, 其勢有不得不然者. 今命太史院, 作靈臺, 制儀象, 日測月驗, 以考度數之眞, 積年日法 皆所不取, 庶幾脗合天運, 而永終無弊. 乃者, 新曆告成, 賜名曰授時曆, 自至元十八年正月一日頒行, 布告遐邇, 咸使聞知."

104. 『高麗史』卷二十九, 世家 卷第二十九, 忠烈王 7年 1月. "(王)通等, 館于道日寺, 晝測日影, 夜察天文, 求觀我國地圖."

105. 이때의 관측 결과는 "高麗北極出地三十八度小"로 『元史』天文志에 기록되어 있다.

106. 『高麗史』卷一百八, 列傳 卷第二十一, 諸臣.

107. 『高麗史節要』卷之十五, 高宗安孝大王(二) (戊寅五年). "春正月, 知太史局事金德明, 進新曆, 德明, 嘗爲僧, 妄以陰陽之說, 媚崔忠獻, 得官, 所進新曆, 率皆任意, 變更古法, 日官及臺諫, 心知其非, 皆畏忠獻, 莫有言者." 또 이와 동일한 기사가 『高麗史』列傳에는 고종4년(1218) 조의 기사에 이어서 실려 있다. 『高麗史』卷一百二十九, 列傳 卷第四十二, 叛逆 崔忠獻. "高宗…. 四年…. 有郎將 金德明, 嘗以陰陽之說, 媚忠獻, 官至知太史局事. 所進新曆皆變舊法, 日官及臺諫, 心知其非, 畏忠獻, 莫敢言者." 金德明이 新曆을 만들어 바친 시기는 『高麗史節要』의 기록에 따라, 고종5년(1218)으로 보아야 할 것 같다.

108. 新曆을 바친 때가 正月이므로, 그해의 역서를 바친 것으로 보는 것이 더 타당할 것이다.

109. 『高麗史』卷一百二十二, 列傳 卷第三十五, 方技 伍允孚. "允孚言, 國家, 嘗以春秋仲月遠戊日, 爲社. 按宋舊曆及元朝今曆, 皆以近戊日爲社. 自今, 請用近戊日. 從之." 『高麗史』列傳에는 伍允孚가 이런 주장을 제기한 시기가 기록되어 있지 않지만, 『高麗史節要』에서는 충렬왕1년(1275) 조에 나온다. 『高麗史節要』卷之十九, 忠烈王(一) (乙亥元年). "知太史局事伍允孚言, 國家, 嘗以春秋仲月遠戊日爲社, 按宋舊曆, 及元朝今曆, 皆以近戊日, 爲社, 自今, 請用近戊日, 從之."

110. 汪小虎, "元代頒曆制度述略", 『科學與文化』2012-5, 2012, 27쪽; 李銀姬·景冰, "朝鮮

奎章閣本的『授時曆立成』",『中國科技史料』1998-2, 1998, 75-75쪽; 유경로, 『한국 천문학사 연구』, 녹두, 1999, 12쪽; 김일권 역, 동아대학교 석당학술원 편, 『국역 고려사 제14책, 역지』, 경인문화사, 2011, 12-14쪽; 한영호, 이은희, "麗末鮮初 本國曆 완성의 道程", 『동방학지』 155, 2011, 36쪽 등을 참조. 그러므로 수시력을 적용하여 만든 첫 역서는 1309년 역서라고 할 수 있다.

111. 『高麗史』曆志, 序文. "高麗獨用之, 至忠宣王, 改用元授時曆, 而開方之術不傳, 故交食一節, 尙循宣明舊術, 虧食加時不合於天, 而官率意先後以相牽合, 而復有不效者矣, 終麗之世, 莫能改焉."

112. 나일성, 『한국 천문학사』, 서울대학교출판부, 2000, 210쪽; 박성래, "〈수시력〉 수용과 〈칠정산〉 완성: 중국 원형의 한국적 변형", 『한국과학사학회지』 24-2, 2002, 179쪽 참조.

113. 孫光嗣, 『授時曆捷法立成』序: 유경로 편, 『한국과학기술사자료대계 천문학편 2』, 여강출판사, 1986, 497-98쪽. "故昔我忠宣王, 當戊戌年入侍天庭, 久留輦下, 見太史院官之精於此術, 欲以其學流傳我邦家, 越大德癸卯甲辰年間, 命光陽君崔公誠之, 捐內帑金百斤, 求師而受業, 具得其不傳之妙, 及還本國, 欲傳其術者久之, 難得其人, 萬索而得今之書雲正姜公保, 一學而盡通其法, 捷而神明精通之, 聞傳播人口, 忠肅王嘉其能, 越乙亥年, 擢爲書雲司曆, 累遷而卽今爲正, 於是欲廣其傳, 令進士李仁實, 傳寫其本規, 欲藏之于本觀, 以勸後來傳示無極."

114. 『世宗實錄』권156 『七政算內篇』序: 세종대왕기념사업회 편, 『세종장헌대왕실록』 제28책, 세종대왕기념사업회, 1973, 1쪽. "高麗崔誠之, 從忠宣王在元, 得授時曆法以還, 本國始遵用之, 然術者且得其造曆之法, 其日月交食五星分度等法, 則未之知也."

115. 『高麗史』卷108, 列傳 第21, 崔誠之. "及忠烈薨, 忠宣自元奔喪, 率百官輝卽位儀, 賜誠之輕帶."

116. 『高麗史』卷33, 世家 卷33, 忠宣王 復位年 9月. "甲申 百官賀王誕日, 各獻茶果, 典儀寺不及, 書雲觀, 梨一器而已, 典儀兼官 李彦忠, 書雲提點 崔誠之, 並徵銀一斤."

117. 『高麗史』卷76, 志第30, 百官一 書雲觀. "(忠烈王)三十四年, 忠宣倂太史局爲書雲觀, 刪定員吏. 置提點一人兼官正三品, 令一人正三品, 正一人從三品, 副正一人從四品, 丞一人從五品, 注簿二人從六品, 掌漏二人從七品, 視日三人正八品, 司曆三人從八品, 監候三人正九品, 司辰二人從九品. 後罷提點, 改令爲判事, 餘並仍舊." 나중에 舊制로 돌아가면서 提點을 폐지하고 判事로 삼았다고 하므로, 提點은 일시적으로 설치된 직위였음을 알 수 있다.

118. 『四餘纏度通軌』(규장각 소장, 奎貴12434) 跋文(1444년). "至忠宣王入侍元朝, 始見授

時曆經, 乃得謄寫以傳, 其書雖存, 僅得曆日推定之法, 而其餘則未之知也. 國初循用宣明曆, 其差益甚. 日官率意加減刻數, 以牽合於天, 尤爲無據.”

119. 선명력에서는 교식에서 日月食 定用分을 구할 때 乘除算으로 족했으나, 수시력에서는 開平方이 필요하다. 따라서 開方之術을 모른다면 食限의 계산이 불가능하다고 한다(한영호, 이은희, “麗末鮮初 本國曆 완성의 道程”, 37쪽). 定用分은, 식의 경우, 初虧에서 蝕甚까지 걸리는 시간을 가리킨다. 이는 초휴에서 식심까지의 거리를 달과 태양의 상대 속도로 나누어 계산하는데, 이 과정에서 제곱근 계산이 필요하다. 유경로·이은성·현정준 역주,『세종장헌대왕실록 칠정산내편 I』, 세종대왕기념사업회, 1973, 289쪽; 이은희,『칠정산내편의 연구』, 153-54쪽 등을 참조.

120. 1219년(고종6) 부석사에서 印刊한 고려시대의 農曆에는 작물의 播種 등 각종 農事의 吉凶日이 표시되어 있다. 이 자료는 역서라기보다는 농사에 사용할 길흉일표라고 보는 것이 좋을 것 같다. 최근 보고된 고려시대의 農曆에 대해서는 위은숙, “13세기 ‘吉凶逐月橫看 高麗木板’을 통해본 고려의 擇日문화”,『민족문화논총』59, 2015, 403-45쪽; 위은숙, “深源寺 소장 13세기 ‘吉凶逐月橫看 高麗木板’의 農曆”,『민족문화논총』52, 2012, 309-58쪽; 염정섭, “고려의 중국 農書·曆書·擇書 도입과 ‘逐日吉凶橫看 木板’의 성격”,『한국중세사연구』38, 2014, 75-109쪽 등을 참조.

121. 450년(北魏 太平眞君11)과 451년(北魏 太平眞君12)의 역서 잔편이 敦煌에서 출토되었다. 돈황 출토 역서에 관한 전반적인 논의를 위해서는 鄧文寬,『敦煌天文曆法文獻輯校』, 南京: 江蘇古籍出版社, 1996; 西澤有綜,『敦煌曆學綜論(전3권)』, 東京: 美裝社, 2004 등의 연구서를 참조.

122. 각국의 역서와 역주의 형식에 대해서는 규장각한국학연구원 편, “동아시아의 曆書와 曆注”,『동아시아 기록 문화: 교류, 변용, 확장』, 2013 규장각한국학연구원 인문한국사업단 국제심포지엄 자료집, 2013, 251-425쪽을 참조. 이 세션에서 중국, 조선, 일본, 琉球의 역서와 역주에 관한 논의가 이루어졌다.

123. 역서에 기입된 “병을 치료하는 데에 길하다[治病吉]”, “이사에 길하다[移徙吉]”, “며느리를 들이는 데에 길하다[嫁娶吉]” 등이 이에 해당한다.

124. 江曉原은 唐宋 이후와 그 이전의 역서를 曆注에 用事의 吉凶宜忌가 기입되는지의 유무로 구별한다. 그에 따르면, 당송 이전의 역서에는 年月日時의 각 시간주기를 지배하는 神將을 기입하기는 하지만, 用事의 吉凶宜忌에 관한 언급이 없는 반면, 당송 이후의 역서는 길흉의기에 관한 언급이 포함되어 있다고 한다(江曉原, “曆書起源考”, 155쪽). 이 글에서도 그의 의견을 따라, 역일과 길흉의기의 역주가 결합된 전형

적인 具注曆은 당송 이후에 성립한 것으로 본다.

125. 이 역서에 대해서는 鄧文寬,『敦煌天文曆法文獻輯校』, 111-13쪽; 西澤宥綜,『敦煌曆學綜論』제1책, 71-114쪽을 참조.

126. 이에 대해서는 林金泉, “宋嘉定十一年具注曆曆譜考: 宋開禧萬年具曆研究之一”,『成功大學學報(人文社會篇)』33, 1998, 1-64쪽을 참조.

127. 영인본은 阮元 輯,『宛委別藏』제68책, 南京: 江蘇古籍出版社, 1988에 수록되어 있다.

128. 그림으로 나타내지는 않았지만, 이것은 후대의 역서에서 年神方位之圖에 해당한다.

129. 당송 이후의 역서는 역일과 역주가 결합된 具注曆이라는 점에서 기본 구조는 큰 차이가 없고, 역서에 기입되는 정보의 양이나 기재의 방식이 조금씩 차이가 있을 뿐이다. 明淸代의 역서는 조선시대의 역서와 형식과 내용 모두에서 거의 완전히 동일하다. 역서는 서두에는 單曆을 두는데, 여기에는 그해의 각 달의 대소, 절기일과 절기시각 등을 표시한다. 다음 장에는 34개의 吉凶神이 한 해 동안에 어느 방위에 위치하는지를 기입한 年神方位之圖를 둔다. 이것은 그해에 대한 年曆注이다. 이어서 각 월마다 月神의 배치를 기입한 曆注, 月曆注를 두며, 각 날짜에는 그날 하는 일의 길흉의기를 표시한 日曆注를 기입한다. 1년 12개월(윤달이 있으면 13개월)의 날짜에 용사의 길흉의기를 기입한 부분이 역주의 중심적인 부분이다. 마지막에는 역서 제작에 참여한 관원의 이름을 밝힌다. 조선시대 역서의 형식에 대해서는 전용훈, “조선시대의 曆書와 曆注”, 규장각한국학연구원 편,『동아시아 기록 문화: 교류, 변용, 확장』, 규장각한국학연구원, 2013, 299-321쪽을 참조.

130. 汪小虎, “元代頒曆制度述略”, 25쪽.

131. 내몽고 黑城에서 출토한 1365년의 역서와 莫高窟 출토의 1368년 역서가 있다. 원대의 역서 실물에 대해서는 張培瑜, “黑城新出天文曆法文書殘頁的幾點附記”,『文物』1988-4, 1988, 91-92쪽; 張培瑜, “黑城出土殘曆的年代和有關問題”,『南京大學學報(哲學·人文·社會科學)』1994-2, 1994, 170-74쪽; 鄧文寬, “莫高窟北區出土〈元至正二十八年戊申歲(1368)具注曆日〉殘頁考”,『敦煌研究』2006-2, 2006, 88-90쪽 등을 참조.

132. 張培瑜, “黑城出土殘曆的年代和有關問題”, 165쪽, 170쪽.

133. 江曉原, “曆書起源考”, 157-58쪽.

134. 江曉原, “曆書起源考”, 158쪽.

135. 黃一農,『社會天文學史十講』, 上海: 復旦大學出版社, 2004, 276쪽. 北宋 시대 역서의

발행 상황에 대해서는 董煜宇, "從文化整體概念審視宋代的天文學: 以宋代的曆日專賣爲個案", 孫小淳·曾雄生 主編, 『宋代國家文化中的科學』, 北京: 中國科學技術出版社, 2007, 50-63쪽을 참조. 宋 정부에서 천문지식을 국가가 독점하기 위한 목적으로 제정된 법률적 규제와 천문 관제의 운용 상황에 대해서는 김상범, "天文知識의 독점과 규제: 宋政府의 天文規制措置와 天文敎育을 중심으로", 『아세아문화연구』 8, 2004, 235-70쪽을 참조.

136. 汪小虎, "元代頒曆制度述略", 27쪽.

137. 黃一農, 『社會天文學史十講』, 277쪽.

138. 『稼亭先生文集』 卷之十七, 律詩 〈冬至〉. "扣門送粥自南隣/ 驚倒周公夢裏身/ 雷在地中翻碩果/ 陽生井底轉洪鈞/ 老懷漸覺羈遊惡/ 病眼偏驚節物新/ 聽取街頭賣新曆/ 萬年天子又頒春/."

139. 汪小虎, "元代頒曆制度述略", 27쪽.

140. 山田慶兒, 『授時曆の道』, 223-30쪽 참조. 이때에는 回回同天臺에서 편찬한 이슬람계의 역서인 回回曆書도 5,277부가 발행되었다.

141. 黃一農, 『社會天文學史十講』, 276-77쪽. 원대에 역서의 판매수익은 전체 세입의 0.5% 정도로 추정된다.

142. 『高麗史』 卷二十九, 世家 卷第二十九, 忠烈王 6年(1280) 11월. "己未 命日官, 自今, 勿進冬至元正曆."

143. 『東國李相國集』 後集 卷第二, 古律詩 一百五首 〈見冬至曆〉. "方是今年冬至旦/ 已看嗣歲序鱗時/ 逆知日月將何用/ 未見此身生死期/(一作, 曆上元, 無生死期)." 『동국이상국집』의 원문은 한국고전종합 DB(http://db.itkc.or.kr/itkcdb/mainIndexIframe.jsp)에서 취하고, 역서와 관련된 이규보의 시들은 李奎報 저, 민족문화추진회 역, 『국역동국이상국집』, 민족문화추진회, 1981에서 원문을 확인하였다.

144. 『東國李相國集』 後集 卷第五, 古律詩 八十九首 〈次韻李學士復和此詩〉. "休把身年細算行/ 與公粗隔一芽生/ 坐更冬至遮迴幾 (冬至曆, 故云.)/ 才得今春旋到明/ 曆去呈君眉壽兆/ 詩來洗我垢心萌/ 黑天約束雖堪喜/ 有酒那時未說情 (公詩云, 行逢爛熳黑花節, 端就林亭話舊情.)/ 南珍不忍獨携將/ 思與詩仙醮露漿/ 路遠緗肌垂欲爛/ 天寒紅腦漸無香/ 貴從雲海能飛到/ 那及霜林始摘嘗/ 博得淸篇貪咀嚼/ 何須異味索遐方/."

145. 이규보는 다른 시에서 "윤달을 넣어야 햇수를 이루므로, 그로 인하여 曆日書라 이름을 붙였다[成歲閏之餘/ 因名曆日書]"고 하였으니, 역서를 부르는 일반적인 명칭이 曆日, 혹은 曆日書이기도 했음을 알 수 있다. 『東國李相國後集』 卷第八, 古律詩

五十七首 〈次韻朴學士復和寄曆詩親訪見贈 三首〉. "成歲閏之餘/ 因名曆日書/ 君將看六氣/ 俱入眼前舒/ 飛藻一吟餘/ 華藤舞筆書/ 凌雲飄欲擧/ 軒豁我心舒/ 此詩謝再投意/ 無遺一喘餘/ 來贈九行書 (序幷詩凡九行)/ 莫詰龜終縮/ 殘身病莫舒 (此詩言親訪贈詩, 予以病未出見)/."

146. 『稼亭先生文集』卷之十八, 律詩 〈寄贈黃曆友人〉. "倏爾十年別/ 飄然萬里行/ 聊將新曆日/ 遠寄故人情/."

147. 『牧隱詩藁』卷之三十一, 詩 〈金恭立以曆日相送, 且饋青魚〉. "黃曆資日用, 青魚助晨飡, 吉凶判在目, 氣味充於肝, 珠玉豈不美, 適足滋貧奸, 重義不重物, 古人名不刊, 書之置座右, 永爲子孫觀/."

148. 『雙梅堂先生篋藏文集』卷之一, 詩類 〈元日迎祥詩 二首〉. "三陽廻北斗/ 萬物向東方/ 麗日昇金殿/ 靑春滿壽觴/ 寶曆膽黃紙/ 祥雲繞紫宸/ 君臣同樂處/ 天地一般春/."

149. 『東文選』卷第33, 表箋 〈上大宋皇帝謝賜曆日表 (郭元)〉. "具官臣某言, 去天禧四年四月日, 入朝使崔元信回, 奉傳詔書一道, 伏蒙聖恩, 賜臣天禧四年乾元具註曆一卷者, 文思之化, 丕冒海隅, 曆象爰頒, 別爲時訓, 伏惟皇帝陛下, 與乾坤同載, 使品物流亨, 念辰卞之小邦, 本依正朔, 擧義和之舊職, 克授寅賓, 豈料屢微叨玆注矚, 臣敢不示農桑之早晚, 用彰天子之所, 知稼穡之艱難, 永慰小人之勞力, 況自發函之後, 開卷已來, 窺御曆之無窮, 率群臣而共扶." 이때는 고려가 일시적으로 宋의 正朔을 채용하던 시기 (1016~1021)에 해당한다.

150. 『止浦先生文集』卷之三, 書 製進 〈與王學士書〉. "加又特頒具註大明曆, 曉諭民時, 俾海隅餘黎, 復覩大明文物之重興也."

151. 『東國李相國集』後集 卷第五, 古律詩 八十九首 〈次韻李學士百全用丁公韻, 亦謝冬至曆柑子〉. "四時鱗次自然行/ 誰味冬藏春發生/ 指屈五端雖可算/ 紙翻九幅一何明/ 但忙元日椒花酌/ 休問初陽荔挺萌/ 奉曆壽君前語在/ 年年如約是予情/ 韜光到處避迎將/ 何事人猶饋五漿/ 我亦飼柑無幾箇/ 爲憐踰海有餘香/ 遙思兒稚爭先取/ 豈意君侯亦許嘗/ 不分袖詩親見謝/ 更嘉容物本無方/."

152. 이 農曆에 인용된 책들은 三曆, 會同曆, 歲時曆, 集正曆 등인데, 이들 대부분이 『宋史』 藝文志에서 확인되며, 연구를 통해 음양오행 관련 역서로 판단되었다(위은숙, "深源寺 소장 13세기 '吉凶逐月橫看 高麗木板'의 農曆", 334-35쪽). 한편, 이들 역서의 명칭이 조선 세종 때의 『葬日通要』라는 擇日과 擇地에 관한 책을 편찬하는 과정에서 거론되고 있다는 점에 착안하여, 이들이 擇日書나 術數書의 성격을 지니는 것으로 보는 견해가 최근에 제시되었다(염정섭, "고려의 중국 農書·曆書·擇日書 도입

과 '逐日吉凶橫看 木板'의 성격", 89-93쪽 참조). 필자도 고려의 農曆에 참고서적으로 등장하는 이들 역서를 날짜의 간지에 따라 각종 用事의 吉凶宜忌를 판단하는 데에 활용되는 擇日書로 보고자 한다. 또한 曆注는 用事의 吉凶宜忌를 역서에 적어 넣은 것이므로 擇日書는 당연히 曆注書를 겸하는데, 대표적으로 조선후기 시헌력 방식을 적용한 擇日書인 『協紀辨方書』에서 이를 확인할 수 있다.

153. 『東國李相國集』後集 卷2, 卷5, 卷8의 古律詩에 약 20여 편이 산재한다.

154. 『稼亭先生文集』卷18, 律詩 〈寄贈黃曆友人〉. "倏爾十年別/ 飄然萬里行/ 聊將新曆日/ 遠寄故人情/."

155. 한정수, "여말선초 지방지식인의 시간 이해: 耘谷 元天錫을 중심으로", 『한국사상과 문화』 38, 2007, 143-45쪽 참조. 한정수는 원천석이 이색의 경우처럼 공적으로 발행된 역서를 지인을 통해 필사하지 않았을까 추정하였다.

156. 『高麗史』卷八十四, 志卷第38, 刑法一 官吏給暇. "每月初一日·初八日·十五日·二十三日, 每月入節日 一日, 元正 前後幷七日, 立春 一日, 鹽暇 正月內子午日, 人日 正月七日, 上元 正月十五日 前後幷三日, 燃燈 二月十五日, 春社 一日, 春分 一日, 諸王社會 三月三日, 寒食 三日, 立夏 三日, 七夕 一日, 立秋 一日, 中元 七月十五日 前後幷三日, 秋夕 一日, 三伏 三日, 秋社 社稷祭日, 秋分 一日, 授衣 九月初一日, 重陽 九月九日, 冬至 一日, 下元 十月十五日, 八關 十一月十五日 前後幷三日, 臘享 前後幷七日, 日月食 各一日, 端午 一日, 夏至 前後幷三日."

157. 『經國大典』卷3, 禮典 藏文書. "每年頒曆日 觀象監印四千件, 頒諸司諸邑及宗親文武堂上官以上, 濟州三邑外諸邑, 皆納紙受去, 餘件買紙, 以備明年之用. 校書館印一千件, 以備諸書印出之資."

158. 『東國李相國後集』卷第五, 古律詩 八十九首 〈次韻丁秘監(而安)以詩二首, 謝予所寄 冬至曆黃柑子見贈, 兼携酒來慰, 和謝曆〉. "奉贈非專爲五行/ 多般作瑞報先生/ 千春便閱椿年久/ 六甲長森鏡眼明/ 解位如吾方得曆(唯宰相致仕得曆, 故云.)/ 欲君於此坐招萌(公致仕後拜三品, 則亦望拜相云)/ 滿朝卿相雖爭羡/ 諒我區區寄與情/." 또한 '(冬至)에 학사 李白全에게 新曆을 준다'는 시에서, "기쁘게도 내년 역서를 구했으니/ 처지 같은 다른 이에게도 보내줘야지[喜得明年曆/ 寄他同調人]"라고 하고는, 처지가 같다는 말에 대해 "나와 그대는 모두 벼슬을 그만두었다"고 하였다. 『東國李相國後集』卷第二, 古律詩 一百五首 〈冬至, 以新曆寄李學士百全 (二首)〉.

159. 『牧隱詩藁』卷之二十七, 詩 〈以紙十三幅, 送司天長房, 抄曆日〉. "提調提點忝畫雲/ 幾對龍顔讀祕文/ 老病幽居親種蒔/ 細分宜忌望諸君/."

160. 『經國大典』卷3, 禮典 藏文書.

161. 『經國大典』卷3, 禮典 藏文書.

162. 근거할 사료가 마땅치 않지만, 학계에서는 고려후기의 인구를 대략 500만 정도로 추정하고 있다.

163. 허윤섭, "조선후기 관상감 천문학 부문의 조직과 업무: 18세기 후반 이후를 중심으로", 서울대학교 석사학위논문, 2000, 30쪽 참조.

제4장 조선전기의 천문학

* 제4장 1절의 서술은 전용훈, "한국 천문학사의 한국적 특질에 관한 시론: 세종 시대 역산(曆算) 연구를 중심으로", 『한국과학사학회지』 38-1, 2016, 1-34쪽에 출간한 내용을 기초로 수정하고 보완한 것이다.

** 제4장 2절 2.의 천상열차분야지도에 관한 서술은 필자가 2014년 한국학중앙연구원에서 수행한 공동연구인 '한국학의 파이오니어 연구'에 결과물로 제출한 '루퍼스와 천문학사에 관한 연구'에 기초를 두고 수정하고 보완한 것이다.

1. 『태종실록』 권1, 1년 6월 을사(乙巳). 김순자, 『한국 중세 한중관계사』, 혜안, 2007, 168쪽. 조선과 명 사이에 조공책봉 관계가 성립한 시기를 언제로 잡을 것인지에 대해서는 역사학계에서도 통일된 의견이 없는 것 같다. 김한규는 태조2년(1393) 2월에 명으로부터 조선이라는 국호를 승인받은 것을 조공책봉 관계의 성립으로 보았다. 김한규, 『한중관계사』, 571쪽.

2. 김순자, 『한국 중세 한중관계사』, 169쪽.

3. 현대에는 정밀한 기계시계로 기준지가 다른 두 곳의 시각을 일치시킬 수 있지만, 전통시대에는 기준지가 다른 경우 태양과 항성의 남중을 기준으로 한 각지의 지방시를 사용할 수밖에 없으므로, 일(日) 이하의 시각까지 조공국은 책봉국의 그것에 일치시킬 수가 없다.

4. 『칠정산내편』의 편찬으로 상징되는 세종시대의 역산 연구의 과정에 대해서는 박성래, "〈수시력〉 수용과 〈칠정산〉 완성: 중국 원형의 한국적 변형", 166-99쪽; 구만옥, "조선왕조 집권체제와 과학기술정책: 조선전기 천문역산학의 정비과정을 중심으로", 『동방학지』 124, 2004, 219-72쪽; 한영호, 이은희, "麗末鮮初 本國曆 완성의 道程", 31-75쪽; 한영호, 이은희, 강민정, "세종의 역법 제정과 『七政算』", 『동방학지』 168, 2014, 99-

121쪽 등을 참조. 『칠정산내편』에 관한 개척적 연구로는 유경로, 이은성, 현정준 역주, 『세종장헌대왕실록 칠정산내편 I』, 세종대왕기념사업회, 1973; 이은희, 『칠정산내편의 연구』, 한국학술정보, 2007 등이 있다. 천문학을 포함하여 세종시대의 과학 연구에 관한 전반적인 논의를 위해서는 박성래, 『세종시대의 과학기술 그 현대적 의미』, 한국과학재단, 1997; 문중양, "세종대 과학기술의 '자주성', 다시 보기", 『역사학보』 189, 2006, 39-72쪽; 구만옥, "세종, 조선 과학의 범형(範型)'을 구축하다", 『한국과학사학회지』 35-1, 2013, 203-24쪽 등을 참조.

5. 서지학적 연구에 따르면, 『七政算內篇』은 세종26년(1444)에 인쇄한 甲寅字 본을 위시하여 후대에 인쇄된 여러 본을 합해서 현재 6종의 刊本이 남아 있으며, 筆寫本 2본도 있다. 배현숙, "〈七政算〉內外篇의 字句同異", 『서지학연구』 3, 1988, 173쪽. 세종시대에 편찬된 각종의 역산서에 대해서는 이면우, "이순지·김담 찬 대통력일통궤등 6편의 통궤본에 대한 연구", 『한국과학사학회지』 10-1, 1988, 76-87쪽; 이은희, 『칠정산 내편의 연구』, 48-62쪽; 한영호, 이은희, "교식추보법가령 연구", 『동방학지』 159, 2012, 239-90쪽; 이은희, 한영호, "조선 초 간행의 교식가령(交食假令) 연구", 『한국과학사학회지』 34-1, 2012, 35-70쪽 등을 참조.

6. 『四餘纏度通軌』 跋文. "①天運不齊, 曆久必差. 宣明曆作於唐長慶壬寅, 厥後改曆凡二十有五, 差已久矣. 而高麗尚遵用之."(번호는 인용자가 붙임. 이하 같음) 이것은 선명력을 사용해오던 고려 말까지의 상황에 대한 기술이다.

7. 『四餘纏度通軌』 跋文. "②至忠宣王入侍元朝, 始見授時曆經, 乃得謄寫以傳. 其書雖存, 僅得曆日推定之法, 而其餘則未之知也. 國初循用宣明曆, 其差益甚. 日官率意加減刻數, 以牽合於天, 尤爲無據."

8. 『四餘纏度通軌』 跋文. "③我太宗朝蒙賜元史授時本經載諸曆志, 然亦未及行用." 조선 태종 때에 明 황제가 『元史』 1부를 使臣을 통해 여러 도서들과 함께 조선에 하사한 기록이 있다. 『태종실록』 권6, 3년(1403) 10월 27일(辛未).

9. 세종은 1418년(태종18년) 8월에 즉위했다.

10. 『四餘纏度通軌』 跋文. "④殿下卽位之二年己亥, 領書雲觀事 臣柳廷顯獻議, 令儒臣釐正曆法. 殿下嘉納其言, 以爲帝王之政, 莫大於此, 特留 宸念, 乃命藝文館直提學 臣鄭欽之等, 考究授時之法, 推考其術."

11. 『四餘纏度通軌』 跋文. "⑤復命藝文館大提學 臣鄭招等, 更加講究求得其術, 且製儀象晷漏, 用相參考, 其推驗之法, 已大備矣."

12. 한영호와 이은희는, 세종12년(1430) 12월 11일(정축)의 기사에서 鄭招가 언급한 皇明

曆을 『대통력법통궤』라고 추정한다. 이 의견을 따른다면 여기서 말하는 '近年'은 세종11~12년이라 할 수 있다. 한영호, 이은희, "麗末鮮初 本國曆 완성의 道程", 63쪽; 한영호, 이은희, 강민정, "세종의 역법 제정과 『七政算』", 103-104쪽 참조. 『세종실록』 권50, 12년(1430) 12월 11일(정축). "上謂摠制鄭招曰, 向見庾順道云, 曆法校正, 卒難得正. 果若其言, 則徒勞無益, 停之若何. 招對曰, 以皇明曆, 唐一行曆, 宣明曆等書, 參考詳究, 則庶幾得正矣. 上曰, 曆象之法, 未易詳識, 然更推算立草, 以竢後之知者."

13. 『四餘纏度通軌』 跋文. "⑥又近年所得中朝通軌之法, 本於授時, 而或有增損之異, 西域回回之曆, 別爲一法, 而節目未備."

14. 『四餘纏度通軌』 跋文. "⑦歲在壬戌, 更命奉常寺尹 臣李純之, 奉常主簿 臣金淡, 依授時通軌之法, 參別同異酌取精密, 間添數條, 作爲一書, 命曰七政算內篇. 又將回回曆經, 通徑, 假乘之書, 推究其術, 微加損益, 仍補闕略, 遂成全書, 命曰七政算外篇."

15. 같은 글. "⑧但授時曆, 通軌, 回回曆, 日出入晝夜刻, 各據所在推定, 與本國不同. 今更以本國漢都, 每日日出入晝夜刻, 錄於內外篇中, 永爲定式."

16. 이상은 수시력과 대통력에 관련된 책이다.

17. 『日食假令』과 『月食假令』의 두 책으로 되어 있거나 『日月食假令』의 한 책으로 되어 있었을 것으로 생각되나, 이 책은 현재로서는 확인되지 않는다. 다만 回回曆을 적용하여 일월식을 계산하는 예를 제시한 책인 것 같다. 이 책은 『칠정산외편』이 편찬되고 난 후에 이를 적용한 예를 수록한 『七政算外篇丁卯年日蝕假令』(1447년도의 교식에 대한 계산례)과는 다른 책이다.

18. 이 책은 『宣德十年月五星凌犯』(1435년의 달과 오성의 능범에 관한 계산례)로 추정된다.

19. 이상은 회회력에 관련된 책이다.

20. 이상은 기타 중국 역대 역법 및 역산에 관련된 책이다.

21. 『四餘纏度通軌』 跋文. "⑨其授時曆經, 曆日通軌, 太陽通軌, 太陰通軌, 交食通軌, 五星通軌, 四餘通軌, 及回回曆經, 西域曆書, 日月食假令, 月五星凌犯, 太陽通徑, 與大明曆, 庚午元曆, 授時曆議等書, 悉加校正."

22. 『四餘纏度通軌』 跋文. "⑩又采輯諸傳所載歷代天文曆法儀象晷漏之書, 並令鑄字所印之, 以廣其傳."

23. 『四餘纏度通軌』 跋文. "⑪獨通軌內步中星一篇, 全因本經舊文, 而無所增損, 故不在印例. 正統九年七月 日跋."

24. 번역문과 원문의 원문자 ①·②·③ 등은 서술을 위해 필자가 임의로 붙인 것이다.

25. 필자는 사료의 표기에 따라 수시력,『수시력경』,『원사』〈수시력경〉 등 몇 가지 다른 표현을 혼용했지만, 수시력의 계산법을 담은 책을 가리키는 경우, 모두 같은 의미이다.

26. 『高麗史』曆志, 序文. "至忠宣王, 改用元授時曆."

27. 필자는 수시력에 관한 전통시대 및 현대의 연구를 정리한 바 있다. 전용훈, "서평: *Granting Seasons*",『한국과학사학회지』32-1, 2010, 127-38쪽을 참조.

28. 『高麗史』卷108 列傳 卷第21 諸臣. "忠宣留元, 見太史院精曆數, 賜誠之內帑金百斤, 求師受業. 盡得授時曆術, 東還遂傳其學, 至今遵用之." 이 일화는『高麗史節要』에 조금 달리 기술되어 있다.『高麗史節要』卷之二十四 忠肅王(庚午十七年, 元 至順元年).

29. 『高麗史』卷33 世家 卷33 忠宣王 復位年 9월 29일(음). "甲申 百官賀王誕日, 各獻茶果, 典儀寺不及, 書雲觀, 梨一器而已, 典儀兼官 李彦忠, 書雲提點 崔誠之, 並徵銀一斤."

30. 『世宗實錄』권156 七政算內篇 序文 (세종대왕기념사업회 편,『세종장헌대왕실록』제28책), 1쪽. "高麗崔誠之, 從忠宣王在元, 得授時曆法以還, 本國始遵用之, 然術者且得其造曆之法, 其日月交食五星分度等法, 則未之知也."

31. 『高麗史』卷50, 志卷第4, 曆, 序. "至忠宣王, 改用元授時曆. 而開方之術, 不傳, 故交食一節, 尙循宣明舊術, 虧食加時, 不合於天." 연구에 따르면, 선명력에서는 교식에서 일월식 定用分을 구할 때 乘除算으로 족했으나 수시력에서는 開平方이 필요하며, 따라서 개방지술을 모르면 食限의 계산이 불가능하다고 한다(한영호, 이은희, "麗末鮮初本國曆 완성의 道程", 37쪽). 정용분은, 식이 일어나는 경우, 初虧에서 蝕甚까지 걸리는 시간을 가리킨다. 이는 초휴에서 식심까지의 거리를 달과 태양의 상대 속도로 나누어 계산하는데, 이 과정에서 제곱근 계산이 필요하다(유경로, 이은성, 현정준 역주,『세종장헌대왕실록 칠정산내편 I』, 289쪽; 이은희,『칠정산내편의 연구』, 153-54쪽 참조). 그렇다면 개방지술에 대한 지식 부족 때문에 교식에 수시력을 적용하지 못한 것은 이해가 되지만, 오성행도에 대해서도 이를 적용하지 못한 원인은 아직도 파악이 되지 않는다. 한 가지 가능성으로, 오성의 위치 계산은 역법의 운용에 그다지 중요하지 않았고, 선명력을 적용하더라도 수시력과 크게 차이가 나지 않는 결과를 얻을 수 있기 때문은 아니었을까 생각한다.

32. 유경로, "조선 시대의 중국역법 도입에 관하여",『한국과학사학회지』4-1, 1982, 98쪽; 이은희,『칠정산내편의 연구』, 17쪽.

33. 『高麗史』卷42 世家 卷第42, 恭愍王19년 5월 26일.

34. 『高麗史』卷42 世家 卷第42, 恭愍王19년 5월. "成准得還自京師, 帝賜璽書曰, "…今賜王冠服·樂器, 陪臣冠服, 及洪武三年大統曆, 至可領也."

35. 大統曆은 이름은 같지만 조금씩 다른 편찬 과정을 거친 책들이 여럿이라 구별할 필요가 있다. 먼저 明初에 수시력을 거의 그대로 이름만 바꾸어 채용하였는데, 이것이 흔히 말하는 劉基의 대통력이다. 홍무17년(1384)에 元統은 수시력에 약간의 수정을 가한 새로운 대통력을 진헌하고 명조에서 이것을 홍무18년(1385)부터 채용하였는데, 이것을 원통의 대통력 혹은 『大統曆法通軌』라고 한다. 『大統曆法通軌』는 수시력의 역원인 至元辛巳(1281)년을 洪武甲子(1384)년으로 바꾸고, 수시력에서 채용했던 歲實消長法을 폐기했다. 이후 正統 연간(1436~1449)에 劉信이 기존의 대통력을 수정한 『大統曆法通徑』을 만들었고, 隆慶3년(1569)에 周相 등이 원통의 대통력과 유신의 대통력을 취합하여 편찬한 『大明大統曆法』이 있다. 또 청대에 편찬된 『明史』曆志에 수록된 대통력법이 있다. 따라서 1370년의 대통력서는 유기의 대통력을 적용하여 제작된 역서일 것이다. 또한 세종 때의 역법 연구에 중요한 역할을 한 것은 여러 사료에서 通軌, 通軌法 등으로 지칭되는 원통의 『大統曆法通軌』이다. 한영호, 이은희, "麗末 鮮初 本國曆 완성의 道程", 60-61쪽 참조.

36. 『태종실록』 권34, 17년(1417) 12월 20일(辛丑); 『세종실록』 11권, 3년(1421) 2월 20일(癸丑) 등에 명나라에서 大統曆書 100부를 하사받은 기록이 있다. 『세종실록』 권71, 18년 1월 17일(丙辰)에도 중국에서 돌아온 사신이 명나라의 역서를 가지고 온 사실이 기록되어 있다. 이때의 대통력서들은 1385년부터 명에서 채용한 원통의 『대통력법통궤』를 적용하여 만든 역서일 것이다.

37. 세종2년(1420)에 李稷의 건의로 역법의 교정이 시작되었다고 세종 자신이 언급한 기록도 있다. 『세종실록』 권51, 13년(1431) 3월 2일(丙寅). "但我國古稱文獻之邦, 去庚子年, 星山君李稷獻議, 校正曆法, 今己十二年."

38. 『세종실록』 권18, 4년(1422) 윤12월 16일(己巳). "以書雲觀推步者昧於算法, 以直提學鄭欽之爲提擧, 正郞金久冏別坐, 掌其事." 세종시대의 역산 연구에 종사했던 주요 인물들로는 정흠지, 정초, 이순지, 김담, 이천 등이다. 정흠지에 이어서 역산 연구에 참여한 사람은 정초였고, 그다음으로 합류한 사람은 세종에게 『算學啓蒙』을 강의했던 鄭麟趾였다. 세종13년(1431) 정인지가 새로 역법 교정에 참여하였는데, 이때 정초는 이미 수년이나 역법 교정 사업에 종사해왔다고 했다. 세종13년(1431) 이후, 간의대를 세우고 여러 관측기구를 제작하는 일을 수행한 사람은 이순지와 李蕆이었다. 이순지는 세종18년(1436) 12월의 기록에 이미 수년간 간의대에서 근무했다는 기록이 있고, 이때에 이순지가 모친상으로 빠지게 되자 김담이 추천되었다. 또한 당시 이천은 간의대 제조를 맡고 있었다. 이들과 관련된 기록은 다음을 참조. 『세종실록』 권50, 12년

(1430) 10월 23일(庚寅); 권53, 13년(1431) 7월 11일(癸酉); 권75, 18년(1436) 12월 26일(丁亥); 권68, 17년(1435) 6월 8일(戊申).

39. 조선전기의 산학 제도에 관해서는 구만옥, "조선전기의 산학정책과 교육", 『인문학연구』 11, 2007, 81-114쪽을 참조.

40. 한영호, 이은희, "麗末鮮初 本國曆 완성의 道程", 47쪽.

41. 『세조실록』 권30, 9년(1463) 3월 2일(辛卯). "歲在丁巳(세종9년/1437: 인용자), 世宗大王念曆法之未明, 別設曆算所. 擇衣冠子弟年少聰敏者十人充之, 敎訓勸勵之方, 曲盡無遺. 故通算書曆經者, 相繼而出."

42. 『세종실록』 권19, 5년(1423) 2월 10일(辛酉). "命文臣, 校正唐宣明曆, 元授時曆, 步交會, 步中星, 曆要等書, 差異處, 下書雲觀藏之." 『국역 조선왕조실록』에서는 『선명력』, 『수시력』, 『보교회보중성역요』라는 세 가지 책을 교정하여 서운관에 내려준 것으로 번역하였으나, 필자는 이것을 『宣明曆』, 『授時曆』, 『步交會』, 『步中星』, 『(宣明)曆要』라는 5종의 책으로 추정한다. 『宣明曆要』, 『宣明曆經』, 『宣明曆步交會』 등의 책이 있었음은 일찍이 배현숙의 서지학적 연구를 통해 확인되었으며, 이은희도 이를 인용했다(배현숙, "〈七政算〉內外篇의 字句同異", 170쪽; 이은희, 『칠정산 내편의 연구』, 19쪽). 필자 또한 『萬曆十九年全州史庫曝曬形止案』(1591)에서 확인했다. 배현숙이 인용하고 있는 자료는 서울대학교 규장각한국학연구원 소장의 萬曆16年(1588)의 형지안이지만, 현재 이 자료는 볼 수가 없고, 필자는 이것과 내용이 동일하다고 알려진 萬曆19年(1591)의 형지안을 확인했다. 조선시대 형지안과 관련한 연구로는 김정미, "朝鮮時代史庫形止案 研究", 한국학중앙연구원 박사학위논문, 2015 참조.

43. 『세종실록』 권39, 10년(1428) 3월 30일(壬子). "命書雲正朴恬等, 登三角山巓, 望見明日日食與否, 蓋以授時, 宣明之法, 日食皆當在寅卯時, 而在平地, 則不能察也."

44. 『세종실록』 권49, 12년(1430) 8월 3일(辛未). "前此但用宣明曆法, 差謬頗多, 自鄭招, 推明授時曆法, 然後造曆稍正. 然今日食虧復時刻皆差, 是不精察故也. …自今日月食時刻分數, 雖未合於推步之數, 令書雲觀悉書而進, 以備後考."

45. 한영호, 이은희, "麗末鮮初 本國曆 완성의 道程", 63쪽 참조.

46. 『세종실록』 권55, 14년(1432) 1월 1일(申酉); 1월 4일(甲子).

47. 『세종실록』 권47, 12년(1430) 3월 18일(戊午). "詳定所啓諸學取才經書諸藝數目. …. 陰陽學, 天文, 步天歌, 宣明步氣朔, 步交會, 授時步氣朔, 步交會, 太陽, 太陰, 金星, 木星, 水星, 火星, 土星, 四暗星, 步中星, 太一算."

48. 여기서 필자는 시험과목의 이름을 서명으로 보는데, 그 근거는 『萬曆十九年全州史庫

曝曬形止案』(1591)에 『선명력보교회』를 서명으로 적었다는 사실이다. 한편, 『선명력보교회』는 『문종실록』에 등장하는 『선명교식법』과 동일한 책이 아니었을까 생각된다. 『문종실록』에는 "우리나라의 『宣明交食法』과 『授時曆要』가 모두 서운관에서 나와서 서로 전하고 이어받아 써서 잘못이 없을 수 없으니 후세에 전할 수는 없다"고 기록했다. 두 책은 서운관에서 사용하기 위해서 필요한 내용들을 편집한 책이었던 것 같다. 또한 『授時曆要』는 수시력을 적용하여 날짜를 계산하는 방법을 정리한 책이었던 것 같다. 선명력 방면에서 이 책과 대응하는 『선명력요』가 『萬曆十九年全州史庫曝曬形止案』(1591)에 수록되어 있으며, 세조3년(1457) 3월 그해 8월의 보름을 정하는 방법이 문제가 되었을 때 '날짜를 정하는 방법'에 관하여 참고한 책이 바로 『曆要』였기 때문이다. 세조 때이므로 이때의 『역요』는 『授時曆要』였을 것이다. 『문종실록』 권8, 1년(1451) 6월 15일(壬午). "傳敎春秋館曰, …然本國宣明交食法, 授時曆要, 皆出於書雲觀, 相傳承用, 不無舛誤, 恐不可傳示後世"; 『세조실록』 권7, 3년(1457) 3월 22일(乙酉). "故更考曆要冊云, 立秋後一庚爲末伏." (밑줄: 필자)

49. 『세종실록』 권58, 14년(1432) 10월 30일(乙卯). "曆算之法, 自古帝王莫不重之. 前此我國未精推步之法. 自立曆法校正以後, 日月之食, 節氣之定, 較之中朝頒曆, 毫釐不差, 予甚喜之. 今若罷校正之事, 則二十年講究之功, 半途而廢. 故更加精力, 以爲成書, 使後世, 知今日建立朝鮮無前之事."

50. 세종14년까지 조선에서 수시력의 계산법을 습득해가는 과정을 역산에 실제로 사용되는 계산법을 정밀하게 추적하여 재구성한 다음의 연구는 좋은 참고가 된다. 한영호, 이은희, 「麗末鮮初 本國曆 완성의 道程」, 46-55쪽 참조.

51. 李純之, 『諸家曆象集』 跋文. "帝王之政, 莫大於曆象授時也. 而吾東國日官之疎於其術, 久矣. 宣德癸丑(세종15/1433)秋, 我殿下發於宸衷, 凡諸儀象晷漏之器, 天文曆法之書, 靡不講究, 皆極精緻. ①在大統曆法通궤, 則曰大小簡儀, 日星定時儀, 渾儀, 及渾象也. ②在晷漏, 則曰天平日晷, 懸珠日晷, 定南日晷, 仰釜日晷, 大小圭表, 及欽敬閣漏, 報漏閣漏, 行漏也. ③天文, 則於七政, 列舍, 中外官, 入宿去極度分, 皆測之. 又將古今天文圖, 參別同異測定取正, 而其二十八宿度分, 及十二次宿度, 一依授時曆修改, 以刊石本矣. ④曆法, 則於大明曆, 授時曆, 回回曆, 通軌, 通經諸書, 幷加讐校, 且撰七政算內外篇矣." 동일한 발문이 『세종실록』 권107, 27년(1445) 3월 30일(癸卯)에 기사로 기록되어 있다.

52. 이 문구는 『元史』 天文志의 簡儀에 관한 해설과 일치한다. 『元史』 卷48, 天文志第一, 天文一, 簡儀. "…右四游環東西運轉南北低昂. 凡七政列舍中外官去極度分皆測之, 赤

道環旋轉與列舍距星相當, 卽轉界衡, 使兩線相對, 凡日月五星中外官入宿度分, 皆測之." 이곳의 서술이 『원사』의 기술을 빌려 왔다는 점과 실제 관측한 결과가 자료로 남아 있지 않으며 천문도의 石本도 현재로서는 확인할 길이 없기에, 실제로 조선의 천문관원들이 모든 별에 대해서 입수도와 거극도를 측정했는지에 대해서는 약간의 의문이 남는다.

53. 이순지의 『交食推步法假令』 序에서는 三十八度小弱이라고 했다. 이순지, 『交食推步法假令』 序: "先測定我國漢陽北極出地三十八度小弱."

54. 『서운관지』 권3, 고사; 『세종실록』 권77, 19년(1437) 4월 15일(甲戌).

55. 『세종실록』 권58, 14년 10월 30일(乙卯); 『세종실록』 권61, 15년(1433) 7월 21일(壬申). "予命製簡儀, 於慶會樓北垣墙之內, 築臺設簡儀, 欲構屋于司僕門內, 使書雲觀入直看候, 如何."

56. 『세종실록』 권77, 19년(1437) 4월 15일(甲戌). "今上十六年秋, 命李蕆, 鄭招, 鄭麟趾等, 作小樣簡儀. 雖由古制, 實出新規."

57. 한영호 등은 세종16년 가을에 규표의 받침대를 만드는 공사가 수해로 중지되었다는 기사를 근거로, 규표는 이듬해인 세종17(1435)에 완성된 것으로 본다. 한영호, 이은희, 강민정, "세종의 역법 제정과 『칠정산』", 108쪽.

58. 『세종실록』 권64, 16년(1434) 6월 24일(己巳).

59. 『세종실록』 권66, 16년 10월 2일(乙巳).

60. 『세종실록』 권80, 20년 1월 7일(壬辰).

61. 『세종실록』 권80, 20년 1월 7일(壬辰). 여기서 말하는 혼의는 혼천의로 생각되는데, 이것은 세종15년 8월에 완성되었다. 『세종실록』 권61, 15년(1433) 8월 11일(辛卯). "大提學鄭招, 知中樞院使(事)李蕆, 提學鄭麟趾, 應敎金鑌等, 進渾天儀, 上覽之."

62. 『세종실록』 권77, 19년(1437) 4월 15일(甲戌).

63. 『세종실록』 권77, 19년(1437) 6월 18일(丙子).

64. 『세종실록』 권80, 20년(1438) 2월 29일(癸未). "送小行漏及漏籌通議, 小日影于義州."

65. 『세종실록』 권64, 16년(1434) 6월 24일(己巳). "上曰, 前此漏刻更點, 本無所據, 今考授時曆法, 以造漏器, 毫釐不差, 故欲令以此用之. …臣愚以謂一從今造漏刻. 上曰, 卿言然." 세종16년 6월 24일의 논의에서 자격루의 시각을 조선 시각의 표준으로 삼기로 하였고, 7월 1일부터 자격루를 사용했다. 『세종실록』 권65, 16년(1434) 7월 1일(丙子). "是日, 始用新漏."

66. 『세종실록』 권77, 19년 6월 28일(丁巳). "乙構閣於兵曹墻門, 月差所行廊, 壽進坊洞口屛

門, 皆置金鼓, 使之承聽禁漏自擊聲, 以此傳擊, 至義禁府, 永爲恒式. 從之."

67. 자격루가 언제부터 한양 기준의 일출입시각과 주야각을 측시의 기준으로 사용했는지에 대해서 약간의 논란이 있다. 『세종실록』 세종16년 7월 1일의 기록에는 12개의 箭을 사용한 것으로 되어 있는데, 이는 최근까지 11전의 오기로 생각되어왔다. 그런데 최근의 한 연구에서는 이것이 오기가 아니며, "12箭制는 북경의 二至差(동·하지의 밤 시간의 차)가 24각가량인 것을 그대로 들여와 쓴 데서 나온 것"이라고 보았다(한영호·이은희, "麗末鮮初 本國曆 완성의 道程", 57쪽). 즉 자격루 사용을 개시할 당시에는 12전이었다가 나중에 11전으로 바뀌었으며, 이때부터 한양 기준의 일출입시각과 주야각이 완전하게 사용되었다는 것이다. 이들 연구자는 弧矢割圓術을 "모르고서는 한양의 일출입시각과 주야각을 추보해낼 수 없"다고 보고(한영호, 이은희, 강민정, "세종의 역법 제정과 『칠정산』", 105쪽), 세종 22/23년(1440/1441)경부터 한양 기준의 시각법이 완전해졌다고 주장했다. 이론적으로는 규표로 해그림자의 길이를 관측하여 동·하지의 정확한 날짜를 얻고, 여기에 동·하지일의 태양의 지평고도를 측정하여 얻는다.(규표의 해그림자 측정을 통해 동하지의 정확한 시각을 결정하는 문제는 이은성, 『역법의 원리분석』, 정음사, 1988, 15-17쪽 참조.) 이어서 호시할원술을 적용한 수학적 계산을 통해 이지차를 얻고, 이 값으로부터 날짜별 일출입분과 주야각을 정한다(한영호, 이은희, 강민정, "세종의 역법 제정과 『칠정산』", 109쪽). 그러나 이것은 이론적인 과정일 뿐이며, 이지차를 구하기 위해 관측이 필요하다는 점을 강조하려는 연구자들의 의도에서 비롯된 주장으로 보인다. 즉 이들 연구자들은 세종14년 이후부터 제작 설치된 천문의기를 이용하여 정밀한 관측을 하고, 이 값에 호시할원술을 적용한 다음에야 한양의 일출입시각과 주야각을 얻었을 수 있었다고 보는 것이다. 그리고 관측과 산법 적용에 6/7년의 시간이 필요했다는 것이다. 하지만 필자는 초기의 자격루가 북경의 이지차를 썼다는 것은 아직 확증할 수 없을뿐더러, 이지차를 얻기 위해 관측이 꼭 필요한 것은 아니라고 생각한다. 수시력을 만드는 과정에 대해 곽수경이 말한 것처럼, 애초부터 기준지의 위도와 황도내외도가 주어지면, 관측을 전혀 하지 않고도 계산을 통해서 기준지의 날짜별 일출입분과 주야각을 모두 구할 수가 있다.(『元史』 卷164, 列傳 卷51, 郭守敬.) 나아가 세종16년 7월에 자격루를 설치하고 시간규범을 전국에 보급하는 단계에서 한양 기준의 일출입시각과 주야각을 구하는 능력이 없었다고도 생각되지 않는다. 또 설사 호시할원술을 적용한 정밀한 계산은 불가능했다고 하더라도 이 값은 전래의 방식으로도 구할 수 있으므로, 자격루에 적용한 한양 기준 시각의 정밀성과 정확성은 문제 삼을 수는 있지만 그것이 한양 기준으로

얻어진 것만은 의심하기 어렵다고 생각한다.

68. 조선시대의 보시체제에 대해서는 정연식, "조선 시대의 시간과 일상생활: 시간의 앎과 알림", 『역사와 현실』 37, 2000, 254-88쪽을 참조.

69. 『重修大明曆』, 『重修大明曆丁卯年日食月食假令』, 『庚午元曆』, 『四餘纏度通軌』를 포함한 6권의 통궤(1444), 『大統曆註』(1442), 『宣德十年月五星凌犯』, 『七政算內篇』(1444), 『七政算外篇』(1444), 『七政算內篇丁卯年交食假令』(1447), 『七政算外篇丁卯年日蝕假令』(1447), 『天文類抄』, 『諸家曆象集』(1445), 『交食推步法假令』(1458, 세조4년) 등 방대한 서적의 교정과 편찬이 세종16년(1432) 이후 이루어진 역산 연구의 결과를 잘 보여준다.

70. 『四餘纏度通軌』 跋文. "歲在壬戌, 更命奉常寺尹 臣李純之, 奉常主簿 臣金淡, 依授時通軌之法, 參別東夷酌取精密, 間添數條, 作爲一書, 命曰七政算內篇."

71. 책의 구성 체재는 물론 역산에 적용되는 구체적인 산법에서 『칠정산내편』이 『수시력경』과 『대통력법통궤』 각각에서 어떤 부분들을 채용하고 있는지에 관한 자세한 논의는 한영호·이은희, "麗末鮮初 本國曆 완성의 道程", 56-69쪽을 참조.

72. 『四餘纏度通軌』 跋文. "但授時曆, 通軌, 回回曆日出入晝夜刻, 各據所在推定, 與本國不同. 今更以本國漢都, 每日日出入晝夜刻, 錄於內外篇中, 永爲定式." 선행 연구에 따르면, 『칠정산내편』에는 모두 세 곳에 한양의 주야각과 관련된 입성을 싣고 있다고 한다. 첫 번째는 曆日篇의 "二至後日出分"이라는 표, 두 번째는 中星篇의 "黃道出入赤道內外度及半晝夜分"이라는 표, 세 번째는 책의 끝에 있는 "二至後日出入晝夜辰刻"이라는 표이다. 한영호·이은희, "麗末鮮初 本國曆 완성의 道程", 58쪽.

73. 전상운, "朝鮮前期의 科學과 技術", 『한국과학사학회지』 14-2, 1992, 155쪽.

74. 문중양, "세종대 과학기술의 '자주성', 다시 보기", 69-70쪽.

75. 구만옥, "조선왕조 집권체제와 과학기술정책: 조선전기 천문역산학의 정비과정을 중심으로", 『동방학지』 124, 2004, 235쪽.

76. 한영호·이은희, "麗末鮮初 本國曆 완성의 道程", 55-70쪽.

77. 구만옥, "조선왕조 집권체제와 과학기술정책: 조선전기 천문역산학의 정비과정을 중심으로", 241-47쪽.

78. 박성래, 『세종시대의 과학기술 그 현대적 의미』, 90쪽.

79. 박성래, 『세종시대의 과학기술 그 현대적 의미』, 95쪽. 이는 사실과 다르다. 『대통력법통궤』, 『수시력경』, 『칠정산내편』은 기본적인 천문상수(항성년, 회귀년, 삭망월, 근점월, 교점월)가 모두 동일할 뿐만 아니라, 세종시대에 한양의 경위도를 측정한 것은 맞

지만 그것이『칠정산내편』의 성립에 필수적인 것은 아니다. 한양의 위도 관측은 이미 알려진 값을 확인한 것으로 의미 부여할 수 있다.『칠정산내편』에 사용된 각종 천문 상수에 관해서는 이은희,『칠정산내편의 연구』, 31쪽 표(2-1)을 참조.

80. 한영호, 이은희, "麗末鮮初 本國曆 완성의 道程", 71쪽.

81. 한반도 왕조에서 대외관계와 정삭 채용의 예를 고려시대에서 살펴볼 수 있다. 전용훈, "고려시대의 역법과 역서",『한국중세사연구』39, 2014, 197-212쪽을 참조.

82. 예를 들어 삼국 魏에서 사용하던 景初曆은 위가 멸망한 후 이름만 太始曆으로 바꾸어 晉에서 계속 사용되었으며, 남조 宋에서도 永初曆으로 이름을 바꾸어 사용되었다. 또한 明初에 채용된 劉基의 戊申大統曆 또한 元의 수시력을 이름만 바꾼 것이다. 藪内淸,『增補改訂 中國の天文曆法』, 79쪽, 145쪽.

83. 한영호, 이은희, 강민정, "세종의 역법 제정과『칠정산』", 111쪽.

84. 한영호, 이은희, 강민정, "세종의 역법 제정과『칠정산』", 112쪽.

85. 필자는 이 점을 이전 글에서 "천문역산 지식의 정식화와 규범화"라고 달리 표현한 적이 있다. 전용훈, "이순지: 전방위적인 업적을 남긴 천문역산학자", 김근배 등,『한국과학기술인물 12인』, 해나무, 2005, 144쪽 참조.

86. 전상운, "朝鮮前期의 科學과 技術: 15世紀 科學技術史 硏究 再論",『한국과학사학회지』14-2, 1992, 142쪽.

87. 이하에서 제시되는 여러 학설들에 대해서는 박성래, "조선시대 과학사를 어떻게 볼 것인가",『한국사시민강좌』16, 일조각, 1995, 159-64쪽을 참조.

88. 박성래는 세종시대 천문학 발달의 요인을 네 가지 들었다. 첫째는 새로 확립되고 있던 유교적 자연관, 둘째는 새로운 자연관에 순응하여 왕권을 안정시키고자 하는 정치적 요인, 셋째는 원대의 수준 높은 천문학이 모델이 된 것, 넷째는 세종의 천문학에 대한 관심이 그것이다.

89. 박성래,『한국인의 과학정신』, 평민사, 1993, 41-47쪽.

90.『陽村先生文集』卷22 跋語類, 天文圖詩. "右天文圖石本, 舊在平壤城, 因兵亂, 沉于江而失之."

91.『海東雜錄』6 權近. "天文圖石本, 舊在平壤城, 因麗季兵亂, 沈于江而失之. 國初有以一本, 投進者. 然歲久星度已差. 更推步以定今四件昏曉之中, 勤成新圖. 又新修中星記一編以進. (陽村圖說)."

92. W. Carl Rufus, "The Celestial Planisphere of King Yi Tai-jo," *Transactions of the Korea Branch of the Royal Asiatic Society*, vol. VI, part III(1913), p.518. Rufus는 다음과 같이 기

술하였다. "The Tai-tong Ya-seung 大東野乘 Vol.5, P.219, quoting the Yang-chōn-to-sul 陽村圖說 says that the old stone was sunk in the river and lost at the time of the war when Ko-gu-ryu 高句麗 fell, 672 A.D."

93. 유경로, 『한국천문학사연구』, 285쪽.

94. 천상열차분야지도에 관한 연구사와 연구 쟁점에 대해서는 구만옥, "'天象列次分野之圖' 연구의 쟁점에 대한 검토와 제언", 『동방학지』 140, 2007, 89-130쪽을 참조.

95. 京城俯, "第一卷 第二編 李朝時代の京城(其の一)", 『京城府史』, 京城: 京城俯, 1934: 『京城府史』, 영인본: 경인문화사, 전6권, 1990, 제1책, 189쪽.

96. 안상현, "〈天象列次分野之圖〉에 나오는 고려시대 피휘와 천문도의 기원", 『고궁문화』 4, 2011, 147쪽.

97. 순우(淳祐)7년(1247)에 돌에 새긴 천문도로, 소주비림(蘇州碑林)에 보관되어 있어서 일명 소주천문도(蘇州天文圖)로 불린다.

98. 이상 중국의 석각본 원형 천문도에 대해서는 潘鼐, 『中國古天文都錄』, 上海科學教育出版社, 2009, 57-58쪽, 70-71쪽 등을 참조.

99. 飯島忠夫, 『支那古代史論』, 恒星社, 1941, 447쪽.

100. 황도 12궁의 중국 전래에 대해서는 夏鼐, "從宣化遼墓的星圖論二十八宿和黃道十二宮", 『考古學報』 1976-2, 1976, 51-54쪽을 참조.

101. 니덤은 985년에 역출된 것으로 추정하였다. Joshep Needham, *Science and Civilisation in China*, vol.3, p.711.

102. 『高麗史』 卷41, 世家 卷第41, 恭愍王 15年 8月. "戊寅 幸奉先寺, 觀星象圖." 『고려사절요』에는 이 기록이 없다.

103. 『高麗史』 卷132, 列傳 卷第45, 叛逆, 辛旽. "旽在奇顯家, 由奉先寺松岡, 出入王宮."

104. 『高麗史』 卷41, 世家 卷第41, 恭愍王 16年 4月. "甲子 王步至奉先寺松岡, 觀擊毬."

105 『高麗史』 卷41, 世家 卷第41, 恭愍王 17年 閏7月. "乙巳 幸奉先寺, 設消災道場."

106. 『高麗史』 卷122, 列傳 卷第35, 方技 伍允孚. "嘗自圖天文以獻, 日者皆取法焉. 官至僉議贊成事致仕卒."

107. 중국 북위(北魏) 때에 천문역법과 점술에 능했던 관료.

108. Carl Rufus, "The Celestial Planisphere of King Yi Tai-jo," pp.58-59.

109. Carl Rufus, "The Celestial Planisphere of King Yi Tai-jo," p.63.

110. 『陽村先生文集』 卷22, 跋語類 天文圖詩. "惟我殿下受命之初, 有以一本投進者, 殿下寶重之, 命書雲觀重刻于石. 本觀上言, 此圖歲久, 星度已差, 宜更推步以定今四仲昏曉之

中, 勒成新圖, 以示于後. 上以爲然. 越乙亥夏六月, 新修中星記一編以進. 舊圖立春昴中
於昏, 而今則爲胃, 二十四氣以次而差. 於是因舊圖改中星, 鑴石甫訖."

제5장 조선후기의 천문학

* 제5장 1절의 서술은 기본적으로 2004년에 제출한 필자의 박사학위논문, "조선후기
서양천문학과 전통천문학의 갈등과 융화"(서울대학교 대학원)의 제1장에 토대를 두
고 있다. 이후 필자는 이것을 일부 수정하여 연세대학교 국학연구원 편,『한국실학사
상연구 4: 과학기술편』, 혜안, 2005에 "17·18세기 서양 천문역산학의 도입과 전개"라
는 제목으로 발표하였다. 2009년에는 시헌력 시행의 과정을 "관상수시(觀象授時)"와
"책봉체제(冊封體制)"라는 두 가지 개념을 중심으로 다시 서술하여 "朝鮮における時
憲曆の受容過程とその思想的背景",『東方学報』京都 84, 2009라는 일본어 논문으로
발표하였다. 이 책에서는 2005년의 논문을 기본으로 삼아 내용을 수정하고 보완하였
다.

** 제5장 2절의 서술은 2004년에 제출한 필자의 박사학위논문, "조선후기 서양천문학
과 전통천문학의 갈등과 융화"(서울대학교 대학원)의 제1장의 후반부에서 다룬 본국
력 문제와 전용훈, "정조시대 다시보기: 천문학사의 관점에서",『역사비평』115, 2016,
185-209쪽에서 다룬 정조시대의 천문학에 관한 서술을 결합하고 일부를 수정한 것
이다.

1. 전해종, "청대 한·중관계의 일고찰: 조공제도를 통하여 본 청의 태도의 변천에 대하
여",『동양학』1, 1971, 234쪽.

2. 김두현, "청조(淸朝)정권의 성립과 전개", 서울대학교 동양사학연구실 편,『강좌중국
사』IV, 지식산업사, 1989, 158쪽.

3. 조약이 체결된 1637년의 역서가 청으로부터 반사되었는지 기록으로 확인하기는 어
렵다. 이듬해인 1638년(인조16)에 심양에서 소현세자 일행은 청나라의 역서 1백 부
를 받아, 국내로 올려 보냈다(『국역 심양장계』제1집, 세종대왕기념사업회, 1999, 114
쪽, 1638年 10월 1일 기사). 또한『인조실록』권39, 17년(1639) 10월 11일(甲午)에 청나
라에서 新曆 1백 부를 반사한 기록이 있다. 이로 보아 조선은 실제로 1638년의 역서를
시작으로 청에서 역서를 받아 왔던 것이 아닌가 생각된다.

4. 필자는 앞서 출간한 글(연세대학교 국학연구원 편,『한국실학사상연구 4: 과학기술

편』, 혜안, 2005, 279쪽)에서 인조 때 조선에서 입수한 청나라의 역서가 『時用通書』로 불렸다고 보고, 조선의 역서와 청의 역서인 『시용통서』 사이에 차이가 있었다고 기술 하였다. 이는 『인조실록』 권38, 17년 4월 25일(壬子)의 기사에 나오는, 청나라의 역서 가 『시용통서』와 일치하고 조선의 역서는 이와 일치하지 않는다는 기록을 근거로 삼 았다. 필자는 이때의 『시용통서』를 청의 역서와 동일한 것으로 간주하였는데, 이것은 잘못이다. 이제 필자는 오류를 수정하며 새로운 해석을 제시한다.

청의 역서와 『시용통서』는 동일한 역서의 異稱이 아니다. 청의 역서는 해마다 발행하 는 역서이고 『시용통서』는 擇日을 하는 데 필요한 이론과 지식을 수록한 選擇書이다. 『시용통서』는 명의 劉朝瑄이 편집한 책으로, 여기에는 대통력의 계산 결과를 기초로 60년 주기의 순환력이 수록되어 있다. 당시 청은 대통력을 적용하여 역서를 제작할 능력이 거의 없었으며, 그 때문에 『시용통서』에 미리 계산된 循環曆을 그대로 답습하 여 제작되었고, 따라서 당시 청의 역서가 『시용통서』와 일치하게 되었을 것으로 생각 된다.

『시용통서』는 현재 1607년(萬曆35) 간본이 한국과 일본에 남아 있다. 이 책은 『天機 大要』와 함께 조선후기에 선택서로 자주 사용된 책이다. 이 책의 首卷에는 60간지별 로 각 년의 월의 대소와 月建, 28宿, 각 월의 절기일과 절기시각을 수록한 "流年圖"라 는 60갑자 순환력이 있다(『新鍥全補曆法便覽時用通書大全』 卷之首, 流年圖說 참조). 이것은 간지에 해당하는 해의 월의 대소와 절기일을 알려준다. 하지만 이 순환력이 만들어진 해와 아주 가까운 몇 년을 제외하고는, 이 순환력이 실제의 역서와 차이가 나리라는 것은 쉽게 예상할 수 있다. 그런데도 청은 대통력에 따른 정밀한 계산을 할 수 없었기 때문인지, 이 책에 실린 이 간지별 순환력을 답습하여 공식 역서를 만들었 던 것 같다. 그리고 이 때문에 조선과 명나라에서 만든 대통력에 따른 역서는 동일한 반면, 청나라의 역서는 이들과 차이가 날 수밖에 없었던 것 같다.

한편, '通書'는 국가에서 발행한 역서와 달리 각종의 길흉 판단을 적어 민간에서 만 든 역서를 가리키는 용어로도 쓰인다. 통서의 의미와 실태에 대해서는 Richard Smith, *Chinese Almanacs* (Oxford: Oxford University Press, 1992): (日譯) 三浦国雄 監訳, 加藤 千恵 訳, 『通書の世界』, 東京: 凱風社, 1998를 참조.

5. 『인조실록』 권38, 17년 4월 25일(壬子). 이하 『조선왕조실록』은 국사편찬위원회에서 제공하는 전자판 원문과 한글 번역문을 참조하였고, 천문학과 관련된 전문적인 내용 일 경우 원문을 대조하고, 번역문은 필요한 경우에 필자가 수정하고 가필하였다.

6. 『인조실록』 권38, 17년 4월 27일(甲寅).

7. 『인조실록』 권38, 17년 4월 27일(甲寅). "今當一以欽天監所頒舊曆爲準. 上從之."

8. 공식적으로는 명으로부터 '朝鮮'을 국호로 인정받고 '朝鮮國王'의 金璽를 받은 1401년(태종1)부터라고 할 수 있다. 김순자, 『한국 중세 한중관계사』, 혜안, 2007, 168쪽.

9. 조선에서는 1661년부터 숭정(崇禎) 연간에 10월에 역서를 수령하여 돌아간 예에 따라 청조에서도 10월에 역서를 수령하는 曆行이 상례로 되었던 기록으로 보아 이를 짐작할 수 있다. 『通文館志』 권3 賚咨行(『국역통문관지』 제1책, 세종대왕기념사업회, 1998), 174쪽(이하 『통문관지』의 인용은 모두 이 책을 따름).

10. 『선조실록』 권106, 31년 12월 22일(癸酉).

11. 『仁祖實錄』 권8, 3년 1월 13일(壬戌). 또한 『仁祖實錄』 권17, 5년 11월 10일(癸酉)에도 비슷한 일이 벌어진 기록이 있다.

12. 『선조실록』 권107, 31년 12월 25일(丙子).

13. 시헌력으로 만들어진 역서의 공식 이름은 時憲曆이지만, 1736년 건륭제의 즉위와 함께 그의 이름을 피휘하여 時憲書로 부르게 되었다. 필자는 이 책에서 특별히 구별할 필요가 있는 경우를 제외하고는 청의 역서를 시헌력으로 쓰겠다.

14. 藪內清 著, 兪景老 譯編, 『中國의 天文學』, 전파과학사, 1985, 178쪽.

15. 숭정개력의 과정에 대해서는 다음을 참조할 것. 藪內清 著, 兪景老 譯編, 『中國의 天文學』, 170-79쪽; Keijo Hashimoto, *Hsu Kuang-Ch'i and Astronomical Reform: The Process of the Chinese Acceptance of Western Astronomy 1629-1635*(Osaka: Kansai University Press, 1988), pp.7-73; 王萍, 『西方曆算學之輸入』(精華印書館, 民國55年), 45-68쪽. 『숭정역서』를 이루는 천문역산서들은 총 5차에 걸쳐 숭정제에게 진헌되었는데, 마지막 5차 진헌이 1634년 12월(양력으로는 1635년 1월)이다.

16. 『淸史稿』 권45, 時憲一 (淸史稿校註編纂小組, 『淸史稿校註』, 國史館, 民國75年), 1632쪽(이하 『淸史稿』의 인용은 모두 이 책을 따름).

17. 金龍德, "昭顯世子 研究", 『朝鮮後期思想史研究』, 乙酉文化社, 1977, 423쪽.

18. 대통력이 천상과 어긋난다는 점은 당시 국내에서도 널리 알려져 있었다. 『인조실록』 권22, 8년(1630년) 4월 8일(丁巳)의 기사에는 中星의 도수가 태조 때의 石刻天文圖와 비교해서 상당한 차이가 난다는 사실이 언급되어 있다.

19. 金龍德, "昭顯世子 研究", 『朝鮮後期思想史研究』, 422-24쪽.

20. 『인조실록』 권46, 23년 6월 3일(甲寅).

21. 『인조실록』 권46, 23년 12월 18일(丙申).

22. 시헌력에서의 절기와 윤달의 배치 원리에 대해서는 전용훈, "17~18세기 서양과학의

도입과 갈등: 시헌력 시행과 절기배치법에 대한 논란을 중심으로", 『동방학지』 117, 2002, 9-15쪽을 참조.

23. 『인조실록』 권46, 23년 12월 18일(丙申).

24. 『인조실록』 권47, 24년 6월 3일(戊寅).

25. 『인조실록』 권49, 26년 2월 27일(壬辰).

26. 『同文彙考』 補編 권7, 使行錄 (『同文彙考』, 국사편찬위원회 영인본, 1978), 1704a(이하 『同文彙考』의 인용은 모두 이 책을 따름).

27. 이 성도는 아마도 赤道南北總星圖였을 것으로 짐작된다. 이문현, "영조대 천문도의 제작과 서양천문도에 대한 수용태도", 『생활문물연구』 3, 2001, 5쪽.

28. 『인조실록』 권50, 27년 2월 5일(甲午).

29. 『효종실록』 권4, 1년 7월 19일(庚午).

30. 『효종실록』 권2, 즉위년 11월 23일(戊寅).

31. 『효종실록』 권2, 즉위년 12월 3일(丁亥).

32. 『효종실록』 권4, 1년 7월 19일(庚午).

33. 『효종실록』 권8, 3년 3월 11일(壬午).

34. 『효종실록』 권9, 3년 9월 4일(癸酉).

35. 『同文彙考』 補編 권7, 使行錄, 1705a.

36. 『효종실록』 권10, 4년 1월 6일(癸酉).

37. 조선후기에 해마다 발행한 역서는 명이나 청에서 발행한 것과 형식이 동일하다. 이 역서의 앞부분에는 1년 전체에 대해 각 월의 대소, 절기 날짜, 윤달의 유무 등을 정리하여 수록하고 있는데, 이것을 單曆이라고 부른다. 단력을 만들 수 있다는 것은 1년 전체의 날짜 배치가 가능하다는 것을 의미하므로, 이때에 조선에서 매년 발행하는 역서, 즉 日課曆을 시헌력 방식으로 제작하는 것이 가능해졌다는 것을 뜻한다. 일과 력에는 일월식과 오행성의 위치에 관한 예측을 기입할 필요가 없으므로, 모든 천체의 위치를 계산한 결과를 기입한 칠정력보다 제작하기가 쉽다.

38. 『효종실록』 권10, 4년 1월 6일(癸酉). "時憲曆出來後, 以我國新造曆考准, 則北京節氣 時刻, 與時憲單曆, 一一相合. 我國單曆, 與時憲曆中, 各省橫看朝鮮節氣時刻, 亦皆相 合." 청에서 발행하는 역서에는 각 성별로 節氣時刻과 晝夜刻을 기입한 표를 실었는 데, 여기에 조선의 수치를 실은 가로줄[橫看]이 있다. 인용문은 청에서 계산한 조선의 절기시각이 조선에서 계산한 결과와 일치했다는 것을 의미한다.

39. 한국천문연구원의 역서 자료 데이터베이스에서 효종5년의 역서(大淸順治十一年歲次

甲午時憲曆)를 실물로 확인할 수 있다.

40. 『서양신법역서』에는 모든 천체운행을 계산하고 예측할 수 있는 폭넓은 천문역산지식
이 포함되어 있다. 이를 크게 ①역서 작성을 위해 직접적으로 필요한 지식과 ②그것
을 구축하는 데 필요한 관측과 이론적 배경지식으로 나누어볼 수 있다. 『숭정역서』
(1634)나 이를 재편집한 『서양신법역서』(1646年刊), 그리고 1673년에 남회인(南懷仁,
Ferdinand Verbiest, 1623~1688)이 『서양신법역서』를 다시 편집하여 1백 권으로 만든 『新
法曆書』(나중에 사고전서에 수록될 때는 『新法算書』로 개칭)에 포함된 책들이 조금
씩 다르지만, 큰 차이는 없으므로 『신법산서』를 중심으로 그 지식을 대별해보면 다
음과 같다. ①에 해당하는 것으로 〈日躔曆指(1)〉·〈日躔表(2)〉, 〈月離曆指(4)〉·〈月離表
(4)〉, 〈五緯曆指(9)〉·〈五緯表(11)〉, 〈交食曆指(7)〉·〈古今交食考(1)〉·〈交食表(9)〉, 〈恒星
曆指(3)〉·〈恒星表(2)〉·〈恒星圖說(1)〉·〈恒星出没表(2)〉 등을 들 수 있다(괄호 안은 권
수). 이들은 역서 작성에 필요한 천체운행을 계산하는 데 필수적인 책들이다. ②에 해
당하는 것으로 〈緣起(8)〉, 〈大測(2)〉, 〈測天約說(2)〉, 〈測食略(2)〉, 〈學算小辨(1)〉, 〈渾天
儀說(5)〉, 〈比例規解(1)〉, 〈籌算(1)〉, 〈遠鏡說(1)〉, 〈黃赤正球(1)〉, 〈八線表(2)〉, 〈幾何要法
(4)〉, 〈測量全義(10)〉, 〈新法曆引(1)〉, 〈曆法西傳(1)〉, 〈新法表異(2)〉 등이다. 이들은 주로
계산을 위한 수학적 이론, 관측법, 관측기기, 서양 천문학의 역사, 동서양 역법의 특징
비교 등에 관한 책들이다. 따라서 효종대 시헌력으로의 개력 과정에서 조선의 천문관
원들이 이해한 천문역산학 지식이란 위의 ①에 해당하는 것 중에서 〈日躔曆指〉, 〈日
躔表〉, 〈月離曆指〉, 〈月離表〉를 중심으로 한 지식이었다고 할 수 있다. 『숭정역서』부터
『新法曆書』에 이르는 변천에 대해서는 Pingyi Chu, "Archiving Knowlege: A Life History of the
Chongzhen lishu (Calendrical Treatises of the Chongzhen Reign)," *Extrême Orient, Extrême Occident* (6,
2007), pp.159-84를 참조.

41. 숭정개력에 반영된 서양 천문학의 전반적인 내용과 특징들에 대해서는 Keijo
Hashimoto, *Hsu Kuang-Ch'i and Astronomical Reform*, pp.74-226을 참조.

42. 김석주와 김만중이 피력한 시헌력에 대한 언급은 『息庵先生文集』 권20, 駁宋察訪亨
久新曆誤置閏朔議議(『韓國歷代文集叢書』, 경인문화사 영인본 603~606책 중 제605
책), 367-83쪽(이하 인용하는 『息庵先生文集』은 모두 이 책을 따름); 金炳國·崔載
南·鄭雲采 역, 『西浦年譜』, 서울대학교 출판부, 1992, 51쪽 등을 참조.

43. 『현종개수실록』 권2, 1년 4월 3일(丁亥). 대통력과 시헌력의 우열을 가리기 어려워지
자 조정에서는 시헌력을 시행하면서도 대통력 2건을 계속 인출하여 비교하는 데에
쓰기로 했다.

44. 『承政院日記』현종14년 7월 5일(壬申). "大統曆則十月節, 入於九月二十七日. 時憲曆則入於九月二十九日. 國家恒用, 雖取時憲, 日字推數, 必以大統. 故潘好義(日官의 이름: 인용자)以爲若從大統, 則九月二十八日爲最吉, 而不敢擅自以爲是矣."

45. 양광선이 탕약망을 탄핵하여 시헌력을 운용하던 여러 천문관원들이 투옥·처형된 사건을 말한다. 자세한 과정에 대해서는 黃一農, "択日之争与「康熙曆獄」", 『淸華學報』 21-2, 1991, 247-80쪽; Pingyi Chu, "Scientific Dispute in the Imperial Court: The 1664 Calendar Case", *Chinese Science* 14(1997), pp.7-34 등을 참조.

46. 중국에서의 역국대옥과 현종대 시헌력 논란에 대해서는 전용훈, "17~18세기 서양과학의 도입과 갈등: 시헌력 시행과 절기배치법에 대한 논란을 중심으로", 26-43쪽 참조.

47. 『현종실록』 권13, 7년 12월 11일(丁巳).

48. 『현종개수실록』 권21, 10년 4월 11일(癸酉).

49. 1646년 청에 謝恩使로 파견되었던 李景奭(1595~1671)은 조정의 지시로 時憲曆法 관련 서적을 입수하고자 노력한 사람이다(『인조실록』 권47, 24년 6월 4일(戊寅)). 그러나 그는 1654년부터 시헌력이 시행되고 난 후, 시헌력 시행으로 節氣가 어그러졌다고 비판했다. 『白軒集』 권11, 詩稿 (『韓國文集叢刊』 95책, 민족문화추진회, 1992), 524-25쪽. "自甲午年, 用湯若望曆法. 大統曆變爲時憲曆, 時憲乃淸曆之名也. 刻數減, 晝夜古則百刻, 而今則九十六刻. 節序殊, 古則寒食後一日乃淸明, 今則淸明先於寒食矣. 此特記其槩也."

50. 이들 세 차례의 건의는 각각 『현종개수실록』 권2, 1년 3월 18일(癸酉), 『현종개수실록』 권6, 2년 윤7월 13일(庚寅), 『현종개수실록』 권22, 10년 11월 9일(戊戌) 기사에서 확인할 수 있다.

51. 曆法에 尊周論的 이념을 투영한 노론 호론계의 논의에 대해서는 구만옥, 『조선후기 과학사상사 연구 1』, 혜안, 2004, 257-99쪽 참조.

52. 『현종개수실록』 권22, 11년 2월 9일(丙申)에서 월식 예보에 네 편의 산법, 즉 時憲曆法, 大明曆法, 內篇法, 外篇法이 각각 사용되고 있음을 확인할 수 있다. 세종대 이후 정착한 內篇法, 外篇法, 庚午元曆, 重修大明曆의 4종 역법체제(1종의 主法과 3종의 補助法)는 시헌력 시행 이후 경오원력이 시헌력으로 대체되었을 뿐 조선후기까지도 변하지 않고 계속되었다. 『書雲觀志』 권2, 交食 (『국역서운관지』, 세종대왕기념사업회, 1999, 81쪽(원문 104쪽), 이하 『서운관지』의 인용은 모두 이 책을 따름). "四篇法即內篇外篇時憲與大明曆法."

53. 『玄象新法細草類彙』序 (『韓國科學技術史資料大系』天文學篇 제9책, 여강출판사, 1986), 4쪽(이하 『細草類彙』의 인용은 모두 이 책을 따름). "至於七政行度之法, 二曜交食之術, 未之有得. 十年去來, 委骨異域, 自是之後, 循用日躔月離未盡之法矣."

54. 『承政院日記』 현종14년 12월 4일(己亥). "戶曹判書閔維重所啓, 今番出來淸曆, 與鄕曆考準, 則多有差違處. 自前每每如此, 此必推算之法, 或有不同之致, 不可不一番釐正. 至於七政曆, 大段相左, 近來卜家, 皆購貿北京而用之."

55. 『承政院日記』 숙종10년 9월 17일(庚辰). "承旨崔錫鼎曰, 曆法推算, 乃天學之末事, 而通曉者亦解. 大統曆變爲時憲曆, 觀象監僅能摸倣推步, 而至於七政曆, 一依大統之規, 而不用時憲之法."

56. 『숙종실록』 권35, 27년 7월 19일(甲辰)

57. 이때의 일을 계기로 숙종대 관상감의 시헌력 학습이 활기를 띠게 되었는데, 최근 이에 대한 자세한 연구가 나왔다. 김슬기, "숙종 대 관상감의 시헌력 학습", 서울대학교 대학원 석사학위논문, 2016을 참조.

58. 年根이란 구하려 하는 해의 天正冬至 다음 날 子正初刻에 천체가 동지점에서 떨어진 平均行度이다. 연근은 천체의 위치를 계산하기 위한 기준점 구실을 한다. 김슬기(2016)의 연구에 따르면, 『月離表』에 실려 있던 달의 연근 수치에 오류가 있었던 것으로 생각된다. 김슬기, "숙종 대 관상감의 시헌력 학습", 30-38쪽 참조.

59. 『숙종실록』 권42, 31년 6월 10일(壬寅).

60. 『숙종실록』 권42, 31년 6월 10일(壬寅).

61. 何君錫은 1672년(康熙11)~1710년(康熙49)까지 欽天監의 冬官正을 역임하고 강희50년(1711)~강희53년(1714)까지 春官正을 역임했다.

62. 허원의 연경행이 이루어진 전말과 역법지식의 습득에 대해서는 이용범, 『한국과학사상사연구』, 동국대학교 출판부, 1993, 175-81쪽 참조.

63. 『細草類彙』序, 4쪽. "訖于近年, 漸至違誤, 月之大小, 遷有舛錯. 歲乙酉(1705)冬, 朝廷特令臣遠, 以踵尙範故事. 臣遠受命而往燕京, 從欽天曆官何君錫, 盡得兩曆法推步之術, 多種文法書冊, 貿覓無遺, 而事係禁秘, 金水年根, 日躔高衝及交食推解之法, 猶有所未盡學得."

64. 『增補文獻備考』 권1, 象緯考一 曆象沿革 (『국역증보문헌비고 상위고』 제1책, 세종대왕기념사업회, 1980, 이하 상위고의 인용은 모두 이 책을 따름), 69-70쪽(원문 19-20쪽).

65. 『숙종실록』 32년 10월 27일(辛亥). "大統變爲時憲之後, 行用曆則甲子年間, 從北京取

其法以來, 而七政曆 久不傳其法. 本監曆法, 或以大統, 或以時憲, 議者之䛔歎久矣. 時
憲七政法, 今幸學來, 一一解出, 已盡推算, 而未及印出, 將以寫本, 爲先進上. 自明年印
布, 而大統七政, 則以寫本進上, 似爲得宜."

66. 『增補文獻備考』권1, 象緯考一 曆象沿革 (『국역증보문헌비고 상위고』제1책), 69쪽
    (원문 19쪽). "肅宗三十四年, 始用時憲曆五星法."

67. 『增補文獻備考』권1, 象緯考一 曆象沿革(『국역증보문헌비고 상위고』제1책), 69-70쪽
    (원문 19-20쪽).

68. 『細草類彙』序, 4쪽. "戊子冬再往而覓來, 莫重改曆之擧, 經營六十餘年, 今幸完了."이
    때 허원은 역법지식을 배워 오면서 『天文大成』, 『天元曆理』 등 관련 서적들도 입수해
    왔다(『備邊司謄錄』숙종39년 4월 13일).

69. 『細草類彙』序, 5쪽. "從今以往, 二百年之間, 庶不復曆日交食之註誤, 而與天行纖忽不爽
    矣."

70. 『細草類彙』坤 日躔細草, 91-92쪽 참조. 원래의 서술 내용은 인용된 것보다 조금 더
    자세하지만 필자가 요점만 다시 정리했다.

71. 이들 태양 행도에 관련된 표는 『新法算書』권25~권26 (『文淵閣四庫全書』788책),
    392-454쪽에서 볼 수 있다.

72. 유경로·이은성·현정준 역주, 『세종장헌대왕실록 칠정산내편 I』에서 『丁卯年交食假
    令』과 『交食推步法假令』 등 실용계산법 서적에서 취한 많은 계산례를 볼 수 있다.

73. 『細草類彙』序, 5쪽. "此書之於曆家, 猶之工師之準繩規矩. 舍此, 則無以立象成器. 今星
    翁曆官, 執籌而臨之, 無茫然目失之弊, 開卷即得瞭如指掌."

74. 『細草類彙』序, 4쪽. "蓋此法艱劇, 授受之際, 隨端問答, 或以片札或以小紙者有之. 故合
    成卷軸, 名之曰細草類彙."

75. 이에 대해서는 金永植, "傳統中國 學者계층의 전문과학지식에 대한 태도: 天文曆法
    및 그 전문가들에 대한 朱熹(1130~1200)의 태도를 중심으로", 『한국과학사학회지』
    8-1, 1986, 3-19쪽을 참조.

76. 『辛亥啓下觀象監釐正節目』(奎2222, 1791년刊), 1쪽. "近來所謂推步, 則不過憑依立成
    乘除段目而已. 如曆理前後編中, 輪之大小, 行之高卑, 圓積之爲平行, 角度之爲實行, 則
    茫然不知爲何說. 蓋因立成易解, 法原難曉, 而徒䛔料布, 不欲費心思者滔滔, 皆是也."

77. 『備邊司謄錄』숙종39년 8월 1일; 『숙종실록』권54, 39년 7월 30일(乙亥).

78. 梅文鼎이 지은 『三角法擧要』의 오기인 것 같다.

79. 『黃赤正球』는 鄧玉函이 1630년에 저술한 『黃赤距度表』와 『正球升度表』를 가리키는

것으로, 이들은 숭정개력 시기에 진헌되었다. 후에 이들이 한 권으로 묶여『黃赤正球』로 편집되었다. 황적도의 상호 좌표변환을 위한 數表이다.

80. 『新製靈臺儀象志』(續修四庫全書 1031~1032책)의 1권에서 6가지 儀器의 구조와 기능, 2권에서 사용법, 3권에서 안치법, 4권에서 대기굴절 등 관측에 필요한 지식을 설명했다. 제5권 이하는 모두 항성의 出入表, 黃赤道經緯表 등으로 이루어져 있다. 南懷仁이 제작한 천문기구에 대해서는 Allan Chapman, "Tycho Brahe in China: the Jesuit Mission to Peking and the Iconography of European Instrument-Making Precesses," *Astronomical Instruments and Their Users* (Aldershot: Variorum, 1996)를 참조.

81. 『숙종실록』권61, 44년 6월 13일(庚寅).

82. 앞서 허원이 河國柱로부터 梅文鼎의『三角法擧要』를 謄書해 온 것으로 미루어 이때의『曆草騈枝』도 매문정의『曆學騈枝』가 아닌가 생각된다.

83. 『숙종실록』권56, 41년 4월 18일(癸未). 이때 허원이 가져온 儀器가 어떤 것인지 구체적으로 확인하기는 어렵지만 비슷한 시기의 실록 기사를 통해 中星儀, 簡平儀, 水銃器(화재 진압용 물뿌리개) 등이 있었던 것으로 짐작된다(『숙종실록』권61, 44년 6월 13일(庚寅);『경종실록』권12, 3년 5월 25일(癸卯)).

84. 『숙종실록』권56, 41년 4월 18일(癸未).

85. 『숙종실록』권61, 44년 6월 13일(庚寅).

86. 『숙종실록』권61, 44년 6월 13일(庚寅). "觀象監言, 禁漏時刻, 晝則以日影相準, 而夜則非星宿, 無以定天時之眞正. 故周禮, 有以星分野之文, 元史亦有以星定日之語. 近來曆法及日月交食, 皆以時憲新法釐正, 而禁漏時刻, 尙用大統舊法, 不以時憲中星有所校正, 沿襲至今, 積漸差違, 將至於以子爲亥, 以亥爲子."

87. 『숙종실록』권61, 44년 6월 13일(庚寅). "故本監聚會禁漏奏時官等, 指敎以時憲時刻中星及推算之術, 肄習數朔, 已盡曉解. 請自今奏時, 必依此法, 每月試才, 俾不至於遺忘訛舛."

88. 하지만 이때 채용한 중성의 위치표가 남아 있지 않기 때문에 당시 시헌력 방식의 시각법을 적용한 구체적인 실상은 알 수가 없다.

89. 『淸史稿校註』時憲1, 1640쪽. "自雍正四年爲始, 造時憲書, 一遵曆象考成之法." 그런데 『增補文獻備考』象緯考에서는『曆象考成』에 의한 역서의 운용 시점을 1725년(영조원년)으로 기술하고 있어서 혼란스럽다. 여기서는 "英祖元年, 改用新修時憲七政法"이라 하고, 부연하여 "梅毅成推衍崇禎曆指, 以崇禎後五十七年甲子天正冬至爲元, 即我肅宗朝十年甲子, 七政皆從此起算, 自英祖乙巳(1725), 始依其法步日月五星交食"이라고

서술했다. 이것은 1725년에 1726년 역서를 역상고성의 방법에 의하여 제작한 사실을 말하는 것으로 주의를 요한다. 또한 조선에서는 1654년(효종5) 역서부터 시헌법에 의한 역서이지만,『증보문헌비고』상위고에서는 "孝宗四年, 始行時憲曆法"으로 적고 있다. 따라서 조선 측의 기록은 그 법을 적용하여 내년의 역서를 만든 올해를 '始行'이나 '造曆'으로 표기하고 있음을 알 수 있다.『東國文獻備考』象緯考의 최초 편집자인 徐浩修가 이렇게 적었고, 나중에 정조 때 증보한 李萬運도 이에 따른 것 같다. 또한 『書雲館志』에서도『東國文獻備考』象緯考를 따라 적었다.『增補文獻備考』의 편집 역사에 대해서는 신석호, "증보문헌비고 해제",『국역증보문헌비고 상위고』제1책, 1-14쪽을 참조.『숭정역서』에서『역상고성』에 이르기까지 중국에서 이루어진 역산의 변천사에 대해서는 橋本敬造, "曆象考成の成立",『明清時代の科學技術史』, 京都大學人文科學研究所, 1970, 49-67쪽을 참조.

90. 조선과 청 예부 간에 역서를 청하는 자문과 반사를 알리는 자문이 의례적으로 오고 가지만,『조선왕조실록』이나『승정원일기』,『비변사등록』등은 물론『동문휘고』에서도 1726년 근처에 역서 제작 체계가 바뀌었다는 통보 기록을 찾을 수 없다.

91.『備邊司謄錄』英祖3년 9월 1일.

92.『備邊司謄錄』英祖4년 10월 24일. "故上年節行, 入送曆官燕京, 使之較準曆法, 擧來七曜算本, 而第非御定曆象考成及細草等冊子, 則亦不能推算成曆云. 此兩冊甚緊要, 不可不及時貿來."

93.『備邊司謄錄』英祖4년 10월 24일. "曆紀之法, 近年以來, 漸不如古. 二十四氣合朔弦望, 日出入時刻之差, 殆近五六分. 曆注之不相合, 多至二十餘處, 而七政曆經緯度分, 又從而相違. 若不即趂時釐正, 則前頭月之大小, 日月之食, 擧將紊錯." 이를 축약한 기사가『영조실록』권19, 4년 10월 24일(辛丑)에도 실려 있다.

94.『同文彙考』補編 권4, 使臣別單 冬至正行正使尹淳副使趙翼命別單, 1652d.

95.『同文彙考』補編 권4, 使臣別單 謝恩行正使驪川君增副使宋成明別單, 1654d〜1655a.

96.『영조실록』권22, 5년 5월 20일(甲子).

97.『同文彙考』補編 권4, 使臣別單「謝恩行正使驪川君增副使宋成明別單」, 1655a.

98.『영조실록』권28, 6년 10월 4일(己亥).

99.『영조실록』권32, 8년 9월 6일(庚寅).

100.『영조실록』권35, 9년 7월 20일(己亥).

101.『영조실록』권37, 10년 2월 15일(辛酉).

102.『清史稿校註』時憲1, 1640-41쪽.

103. 『영조실록』 권40, 11년 1월 30일(辛丑). 또한 후에 『역상고성후편』에서도 같은 역원을 사용했다.

104. 『영조실록』 권40, 11년 1월 30일(辛丑).

105. 『書雲観志』 권3, 古事 (『국역서운관지』), 160쪽(원문 265쪽). "辛酉(1741년)本監啓曰, …昨今年交食分數節氣時刻, 比前尤錯."

106. 『영조실록』 권54, 17년 9월 14일(丙子). "観象監啓言, 近來曆紀比淸曆, 多所差違. 淸於節使赴燕時, 擇送本監曆官一人, 於彼中, 學得推步作曆之法, 而每年差送, 永爲定式. 上從之." 해마다 차송하던 정식은 1763년(영조39)에 3년마다 보내는 것으로 바뀌었다(『영조실록』 권102, 39년 6월 19일(乙巳)).

107. 『曆象考成』이 『西洋新法曆書』와 비교해서 달라진 점은 여러 가지가 있지만, 『四庫全書』의 편집자들이 밝힌 것으로도 그 대강을 간취해볼 수 있다. ①황도경사각의 변화(23°31′30″→ 23°29′30″). ②『서양신법역서』에서는 진태양시와 평균태양시의 차이인 時差를 나타내는 항을 하나로 日差라고 했지만, 『曆象考成』에서는 두 가지로 분리하여 각각 표를 만듦(ⓐ태양과 지구의 거리가 달라지면서 나타나는 부등속 때문에 나타나는 시간차와 ⓑ적도와 황도의 거리가 달라지면서 나타나는 시간차). ③일식 계산에서 三差(高下差, 東西差, 南北差)를 적용할 때 黃道만을 기준으로 하지 않고 白道 요소를 고려하여 계산함. ④食 방위를 황도를 기준으로 東西南北으로 나타내던 것을 지평선과 자오선을 기준으로 上下左右로 나타냄. ⑤오성의 운행이 태양을 중심으로 이루어진다는 티코 브라헤의 방식을 버리고 오성의 本天(궤도)이 지구를 중심으로 삼고 있다는 전제하에 계산함. 『曆象考成』(『文淵閣四庫全書』 790책) 御製曆象考成總目, 3c~4c 참조. 『서양신법역서』와 비교하여 『역상고성』에서 개정된 구체적인 내용과 천문학적 의미에 대해서는 橋本敬造, "曆象考成の成立", 薮内淸・吉田光邦, 『明淸時代の科学技術史』, 67-85쪽을 참조.

108. 橢圓法의 구체적인 적용에 대해서는 橋本敬造, "橢圓法の展開", 『東方学報』 京都 42, 1972, 245-72쪽을 참조.

109. 『淸史稿校註』 時憲1, 1641쪽.

110. 『淸史稿校註』 時憲1, 1641쪽.

111. 『淸史稿校註』 時憲1, 1641쪽.

112. 『增補文獻備考』 권1, 象緯考一 曆象沿革 (『국역증보문헌비고 상위고』 제1책), 70-71쪽(원문 20쪽).

113. A. Pannekoek, *A History of Astronomy* (New York: Dover Publications, Inc., 1961), p.239; J.

L. E. Dreyer, *A History of Astronomy from Thales to Kepler* (New York: Dover Publications, Inc., 1953), p.393.

114. 橋本敬造는 중국의 사료에 『역상고성』과 『역상고성후편』의 연속성을 강조하는 태도가 여러 곳에 보이며, 이런 태도는 천동설을 전제로 하는 한 어쩌면 당연한 일이었다고 보았다. 나아가 그는 이것이 중국 역산학의 유구한 흐름을 말해주는 것이며, 동시에 중국과 서양의 사고방식 차이를 보여주는 것이라고 주장했다. 橋本敬造, "橢圓法の展開", 265쪽 및 268쪽.

115. 『曆象考成後編』 권1, 日躔總論 (『文淵閣四庫全書』 792책), 5b. "近世西人刻白爾, 噶西尼等, 更相推考. 又以本天爲橢圓, 均分其面積爲平行度, 與舊法迥殊. 然而求盈縮之數, 則界乎本輪均輪所得數之間, 皆其法之巧合. 雖若與第谷不同. 而其理, 則猶是本天高卑之說也."

116. 『淸史稿校註』 時憲1, 1641쪽. "臣等闡明理數, 著日躔九篇並表數, 乞親加裁定, 附曆象考成之後, 顏曰御製後編, 凡前書已發明者, 不復贅述."

117. 『同文彙考』 補編 권5, 使臣別單, 1667c~d. "觀象監曆法釐正事, 別定譯官卜重和與日官安國麟, 往天主堂見戴進賢徐懋德. 進賢西洋人, 明於曆理, 康熙二十五年來住天主堂, 今假街禮部侍郞. 懋德亦西洋人, 康熙六十年來住天主堂, 今欽天監副加四級也. 問曆法差謬, 則進賢言, 五星用甲子爲元之法(『역상고성』: 필자), 而日月交食, 則不專用甲子之法, 參用八線表及對數八線表. 推以驗天, 則其所食分數, 違於天者尙多. 故交食表, 今方窺測釐整, 而完工當在來歲云." 이때 대진현, 서무덕과 접촉한 관상감원이 안국린(安國麟)인지 안국빈(安國賓)인지에 대해서는 약간의 혼란이 있었다. 위의 『동문휘고』의 기록은 "日官安國麟"으로 되어 있지만, 『비변사등록』을 인용한 『증보문헌비고』 상위고의 기록은 "譯官安國麟卜重和, 往來於天主堂"(『국역증보문헌비고 상위고』 제1책, 73쪽(원문 21쪽))이라 하여 안국린이 통역관으로 되어 있다. 그런데 메디나 신부는 그의 책에서 조선의 천문학자 안국빈이 안드레스 페레이라(Andress Pereira, 중국명 徐懋德)의 지도하에서 북경과학원(欽天監: 필자)에서 공부했다고 적고 있다(Juan G. Luiz de Medina, 앞의 책, 106쪽). 또한 『朝鮮時代雜科合格者総攬』(한국정신문화연구원, 1990)에 올라 있는 안국빈과 안국린은 모두 과명(科名)이 등재되어 있지 않아서 역관(譯官)인지 역관(曆官)인지 확정할 수가 없었다. 필자의 한국 천문학사 초고를 검토해준 구만옥 교수는 『備邊司謄錄』 115冊, 丙寅閏三月十四日의 기록에 의거하여 이 사람이 안국린임을 확정하였다. 이 기록에서는 안국린이 죽자 그의 종형인 安國賓이 그 산법을 해득하여 가자의 은전을 입었다고 하였다. 이에

필자는 그의 의견을 따랐다.

118. 『영조실록』 권57, 19년 2월 25일(癸酉). "我國曆官, 疎於日月食時刻推步, 每與彼國咨式, 先後不合, 曾因節使行, 貿來日月食推步之冊, (安: 필자)國賓研究融會, 作爲文字, 與彼法無差." 『역상고성후편』에 의한 식 계산은 『서양신법역서』와 『역상고성』을 훨씬 능가하여 대단히 정확한 일월식 예보가 가능해졌다. 橋本敬造, "楕圓法の展開", 263쪽.

119. 『영조실록』 권62, 21년 7월 13일(癸未).

120. 『영조실록』 권61, 21년 1월 18일(庚寅).

121. 『同文彙考』 補編 권5, 使臣別單 冬至行正使洛豐君柗副使李哲輔別單, 1669d~1670a. "日官李德星, 與任譯往來, 東西天主堂及欽天監, 叩問曆籌諸法. 且求未見之書, 則果有新定日食籌法, 寫本一冊, 而今繕刪定, 尙未刊行, 秘惜殊甚, 因欽天監生重価覓見使之騰出賫去. 年前所得對數表及八線表, 但知其用於交食, 而不知其推用於諸曜矣. 李德星與欽天監官員, 累日究質, 盡學其術, 則凡交食與諸曜推步之法, 居其中 不待籌計, 擧皆瞭然, 乘除浩繁之役, 比前半減. 其他諸般籌法, 常所疑碍未解處, 一一質問以去."

122. 『增補文獻備考』 권1, 象緯考一 曆象沿革(『국역증보문헌비고 상위고』 제1책), 70-71쪽(원문 20쪽).

123. 오성계산법 자체가 『西洋新法曆書』의 방식과 달라짐으로써 이러한 어려움은 더욱 가중된 것으로 볼 수 있다.

124. 『書雲觀志』, 권3, 古事 (『국역서운관지』), 162-63쪽(원문 268-69쪽).

125. 『영조실록』 권59, 20년 5월 15일(壬辰). "觀象監啓言, 七政曆中, 紫氣一曜, 彼中自壬戌年(1742)始爲添入, 而我國則未之學也"라고 하여 『영조실록』에는 청나라에서 자기를 1742년부터 칠정력에 첨입해 왔다고 기록하고 있지만, 청나라의 사료에서는 이것을 1744년으로 기록하고 있어서 주의를 요한다. 乾隆九年(1744)條에 "是年更定羅睺計都名目, 又增入紫氣爲四餘"라고 했다(『淸史稿校註』 時憲1, 1642쪽). 서술의 구체성으로 보아 『영조실록』의 기록에 따른다.

126. 사여에 대해서는 이은희, 한영호, 강민정, "사여(四餘)의 중국 전래와 동서 천문학의 교류", 『한국과학사학회지』 36-3, 2014, 391-422쪽을 참조.

127. 이미 1660년에 楊光先은 탕약망이 자기를 없앤 것은 중대한 문제라고 지적했다. 楊光先, 『不得已』 摘謬十論, 削除紫氣之新(吳相相主編, 『天主教東傳文獻續編』 제3책, 學生書局, 民國55년, 이하 『不得已』의 인용은 모두 이 책을 따름), 1176-77쪽.

128. 『新製靈臺儀象志』(續修四庫全書 1131책), 725c~726a. 候氣說에 대한 본격적인 논의는 黃一農, "中國傳統候氣說的演進与衰頹", 『淸華學報』 23-2, 1993, 125-47쪽; Huang Yi-Long and Chang Chih-ch'eng, "The Evolution and Decline of the Ancient Chinese Practice of Watching for the Ethers," *Chinese Science* 13(1996), pp.82-106 등을 참조.

129. 橋本敬造에 따르면, 『曆象考成』에는 서양의 천문학을 수시력 이전의 중국 역법의 이데올로기와 조화시키고 보다 중국적인 모습으로 만들려는 생각들을 반영하고 있다고 한다. 橋本敬造, "曆象考成の成立", 薮内淸·吉田光邦, 『明淸時代の科學技術史』, 68쪽.

130. 『淸史稿校註』 時憲1, 1642쪽. "(乾隆)十七年, 莊親王允祿等言儀象志所載之星, 多不順序, 今依次改正, 共成書三十卷, 賜名儀象考成. 是月莊親王等, 復奏改正恒星經緯度表, 並更定二十八宿値日觜參之前後, 勅大學士會同九卿議奏. 十一月, 大學士傅恒等言, 請以乾隆十九年爲始, 時憲書之値宿, 改觜前參後. 從之."

131. 『欽定儀象考成』 御製儀象考成序 (『文淵閣四庫全書』 793책), 6d. "儀象志以參宿中三星之西一星, 作距星, 則觜宿在後參宿在前. 今依次順序以參宿中三星之東一星, 作距星, 則觜前參後, 與古合." 參宿는 서양의 오리온자리에 해당하는데 距星은 오리온자리의 허리에 일렬로 서 있는 세 별 중 맨 동쪽 별이다.

132. 『영조실록』 권59, 20년 5월 15일(壬辰).

133. 『同文彙考』 原編 권42, 曆書 禮部知會觜參星位改正咨, 809d~810c.

134. 『영조실록』 권79, 29년 5월 6일(辛酉).

135. 『同文彙考』 補編 권5, 使臣別單 冬至行正使洛豐君楺副使李命坤別單, 1672쪽 b~c. "果得新刊恒星表, 及七曜推籌等書." 항성위치표는 중국에서 이미 1752년에 완성되었지만, 이것이 『儀象考成』으로 출판된 것은 1756년이었다. 그러므로 이때의 항성표는 『儀象考成』으로 출판되기 이전에 임시 편집된 것을 입수한 것이었다. 『靈臺儀象志』와 『儀象考成』 등의 항성목록의 변천에 대해서는 潘鼐, 『中國恒星觀測史』, 學林出版社, 1989, 372-88쪽을 참조.

136. 『영조실록』 권81, 30년 4월 17일(丙寅).

137. 『영조실록』 권102, 39년 6월 19일(乙巳).

138. 『書雲觀志』 권1, 官職 (『국역서운관지』), 30쪽.

139. 『書雲觀志』 권1, 官職 (『국역서운관지』), 31쪽.

140. 『書雲觀志』 권1, 官職 (『국역서운관지』), 30쪽.

141. 『書雲觀志』 권1, 官職 (『국역서운관지』), 31쪽.

142. 『承政院日記』 숙종15년 3월 25일(壬辰). "更令他日官, 詳細考算, 則食分甚明, 俱在内外篇, 而外篇之法, 尤爲分明. 初虧於丑初而虧自正東, 復圓於卯初而圓自正西, 此實大統曆法. 時憲曆, 則未及考算, 吻合至此, 不差毫末."

143. 『書雲觀志』 권2, 交食 (『국역서운관지』), 81쪽.

144. 『辛亥啓下觀象監釐正節目』(奎2222), 3b.

145. 『書雲觀志』 권2, 治曆 (『국역서운관지』), 71쪽.

146. 『群書標記』 群書標記五 命撰一, 千歲曆三卷 刊本.

147. 『群書標記』 群書標記六 命撰二, 七政步法一卷 刊本. 『칠정보법』은 19세기 중반의 역산 매뉴얼인 『추보첩례(推步捷例)』로 계승되었다. 전용훈, "19세기 조선의 역산 매뉴얼 『추보첩례』", 『규장각』 44, 2014, 93-125쪽을 참조.

148. 『숙종실록』 권61, 44년 6월 13일(庚寅). "故本監聚會禁漏奏時官等, 指敎以時憲時刻中星及推算之術, 肄習數朔, 已盡曉解. 請自今奏時, 必依此法, 每月試才, 俾不至於遺忘訛舛."

149. 조선시대 시각법의 변화와 개정의 추이에 대해서는 한영호, "조선의 更漏法", 『동방학지』 143, 2008, 167-218쪽을 참조.

150. 정조시대 청과 조선의 역산 결과 차이에 대해 조선의 결과를 신뢰하였던 사례에 대해서는 전용훈, "17~18세기 서양 천문역산학의 도입과 전개", 연세대학교 국학연구원편, 『한국실학사상연구 4: 과학기술편』, 329-31쪽; 문중양, "'향력'에서 '동력'으로: 조선후기 자국력을 갖고자 하는 열망", 『역사학보』 218, 2013, 259-63쪽 등을 참조.

151. 선택에는 시간 이외에 방향과 위치를 얻는 일도 포함되지만, 이것은 시간 선택에 비해 비중이 대단히 적다. 이 글에서는 논의상의 편의를 위해 시간 선택만을 다루고자 한다.

152. 서운관은 크게 천문학, 지리학, 명과학(命課學)이라는 세 가지 하위 부문으로 이루어졌다. 명과학에서는 주로 점술(占術)과 추명(推命)을 담당했으나, 정조시대에 들어 선택이 점술이나 추명보다 더 중요하게 인식되면서 선택을 담당하는 관원을 추길관(諏吉官), 수선관(修選官) 등으로 불렀다.

153. 문중양, "18세기 후반 조선 과학기술의 추이와 성격: 정조대 정부 부분의 천문역산 활동을 중심으로", 『역사와 현실』 39, 2001, 223쪽.

154. 중국과 조선에서 선택서의 흐름에 관해서는 전용훈, "정조대 曆法과 術數學 지식: 『千歲曆』과 『協吉通義』를 중심으로", 『한국문화』 54, 2011, 316-22쪽을 참조.

155. 『辛亥啓下觀象監釐正節目』. "國家諏吉之方, 則關係至重, 凡揀選黜陟之際, 尤宜十分詳審, 今番釐正時, 則監生等, 旣未習新法方書, 不得不以曾有名稱者及年少聰敏者…."

156. 『協吉通義』徐有防 奉敎序, "享祀謹賀朝會封冊誥戒行幸, 國家之大事也. 冠婚居徙入學交友, 民之大事也. 是可無一部成書, 庸爲觀解, 玩占之法乎."

157. 이 책의 수요는 근대에도 계속되어 1902년, 1923년에도 간행되었으며, 현재에도 널리 사용되고 있다.

158. 『辛亥啓下觀象監釐正節目』. "至於命課學, 則專掌諏吉, 如朝賀, 封冊, 謙享, 動駕, 試士, 閱武等, 涓擇 俱係至重至敬之事, 而培養之道訓課之方, 又不如天文學, 尤其不寒心…."

159. 『辛亥啓下觀象監釐正節目』. "方外未課人中, 或有術業卓異者, 則筵稟然後, 始乃塡差." 17세기 왕실의 능지 선정에 참여한 방외지사에 대해서는 박권수, "17세기 조선왕실의 王陵地 선정 과정과 方外地師의 역할: 孝宗과 顯宗대의 山陵 조성 과정을 중심으로", 『문화 역사 지리』 27-1, 2015, 33-47쪽을 참조.

160. 선택서는 원래 어용과 민용 모두에 사용된다. 여러 정황으로 볼 때, 조선후기에 선택은 민간에서도 수요가 지속적으로 증가하고 있었던 것으로 보이며, 특히 정조시대에는 수요의 급격한 증가가 있었던 것으로 짐작된다.

161. 『國朝曆象考』 卷之一, 凡例, 2b~3a. 이날 해시에 남중하는 별은 규수(奎宿)였는데, 이 별자리는 문운(文運)이 조선에 있다는 것을 보여주는 징조로 해석되었다.

162. 정조시대 의례의 정비와 의례서 편찬에 대해서는 김지영, "18세기 후반 國家典禮의 정비와 『春官通考』", 『한국학보』 30-1, 2004, 95-131쪽; 김문식, "『국조오례통편』의 자료적 특징", 『한국문화연구』 12, 2007, 65-106쪽; 송지원, "弘齋正祖의 國家典禮 정비와 그 의미", 『동양문화연구』 3, 2009, 129-50쪽; 송지원, "정조대 의례 정비와 『春官通考』 편찬", 『규장각』 38, 2011, 97-151쪽 등을 참조.

163. 김영식, "전통시대 중국사회의 학자들과 전문 과학기술지식", 『유가전통과 과학』, 예문서원, 2013, 248-50쪽 참조.

164. 안대옥, "청대 전기 서학 수용의 형식과 외연", 『중국사연구』 65, 2010, 171쪽. 서양 과학을 경학의 틀에 결합시킨 매문정의 작업에 대해서는 川原秀城, "梅文鼎與東亞", 『宗敎哲學』 第45期, 2008, 109-23쪽을 참조.

165. 梁啓超, 『中國近三百年學術史』, 三聯書店, 2006, 294-99쪽 참조.

166. 서양 과학 서적의 조선 전래에 대해서는 노대환, "조선 후기의 서학유입과 서기수용론", 『진단학보』 83, 1997, 121-54쪽; 노대환, "19세기 전반 西洋認識의 변화와 西器

受用論", 『한국사연구』 95, 1996, 109-37쪽; 송일기, 윤주영, "中國本 西學書의 韓國 傳來에 관한 文獻的 考察", 『서지학연구』 15, 1998, 159-95쪽 등을 참조.

167. 이하 서울 학계에서 이루어진 서양 과학 서적의 유통과 지적 패러다임의 변화에 대해서는 전용훈, "19세기 조선 수학의 지적 풍토: 홍길주(1786~1841)의 수학과 그 연원", 『한국과학사학회지』 26-2, 2004, 305-13쪽을 참조.

168. 『수리정온』 또한 서양 수학과 중국 수학의 통합을 목표로 편찬된 것으로, 고대 중국의 지식들이 서양 수학의 이론적 논의를 통해 새롭게 해석될 수 있는 길을 열었다. 『수리정온』이 조선 지식계에 미친 영향에 대해서는 김문용, "조선 후기 서양 수학의 영향과 수리 관념의 변화", 『한국실학연구』 24, 2012, 403-41쪽; 구만옥, "마테오 리치(利瑪竇) 이후 서양 수학에 대한 조선 지식인의 반응", 『한국실학연구』 20, 2010, 301-55쪽 등을 참조.

169. 이에 대해서는 안대옥, "『주비산경(周髀算經)』과 서학중원설(西學中源說): 명말 서학수용 이후 『주비산경』 독법의 변화를 중심으로", 『한국실학연구』 18, 2009, 691-727쪽; 노대환, "조선후기 '西學中國源流說'의 전개와 그 성격", 『역사학보』 178, 2003, 113-39쪽; 노대환, "正祖代의 西器受容 논의: '중국원류설'을 중심으로", 『한국학보』 25-1, 1999, 126-67쪽 등을 참조.

170. 전용훈, "19세기 조선 수학의 지적 풍토: 홍길주(1786~1841)의 수학과 그 연원", 310쪽.

171. 시헌력의 이론을 망라한 『서양신법역서』를 1666년에 100권으로 재편집한 것이다.

172. 전용훈, "19세기 조선 수학의 지적 풍토: 홍길주(1786~1841)의 수학과 그 연원", 306쪽. 홍석주의 독서록에는 이 외에도 여러 수학서와 천문학서가 제시되어 있다.

173. 『영조실록』 권38, 10년 4월 10일(乙卯).

174. 『영조실록』 권39, 10년 11월 19일(庚寅).

175. 달의 명칭은 그달에 들어 있는 中氣에 의해 결정되는데, 小滿이 들어 있는 달은 4월이 된다. 中氣의 배치와 置閏의 원리에 대해서는 전용훈, "17~18세기 서양과학의 도입과 갈등: 時憲曆 施行과 節氣配置法에 대한 논란을 중심으로", 1-6쪽 참조.

176. 최근에 이때 조정에서의 논의에 관한 좀 더 자세한 탐구가 나왔다. 김영식, "1735년 역서(曆書)의 윤달 결정과 간행에 관한 조선 조정의 논의", 『한국과학사학회지』 36-1, 2014, 1-27쪽을 참조.

177. 『書雲觀志』 권3, 古事 (『국역서운관지』), 166-67쪽(원문 276쪽).

178. 『增補文獻備考』 권2, 象緯考二 東西偏度(『국역증보문헌비고 상위고』 제1책), 125-26쪽(원문 36-37쪽).

179. 배우성, 『조선후기 국토관과 천하관의 변화』, 일지사, 1998, 388쪽.

180. 『頤齋亂藁』(정신문화연구원 탈초영인본, 1998) 제4책, 109쪽. "我國曆法, 亦據時憲, 所測漢城府刻分而已. 自京以外, 南至濟州, 北至穩城, 實四千里, 北極之高, 殆差二十度左右, 則晝夜長短然矣. 日出入, 又安可強而同之. 況午景, 亦由東西經度而差. 故不若各隨本地本日測用之爲眞也."

181. 『增補文獻備考』권2, 象緯考二 北極高度 (『국역증보문헌비고 상위고』제1책), 120쪽 (원문 34쪽).

182. 『영조실록』권96, 36년 12월 7일(丁丑).

183. 서명응의 북극고도 산정 논의에 대해서는 배우성, 『조선후기 국토관과 천하관의 변화』, 386-88쪽에 자세하다. 한편 서명응은 『先句齊』에서 북극고도를 측정하는 3가지의 각기 다른 방법을 상세하게 설명하고 있다. 그의 측정치가 상당한 이론적인 토대에서 실측된 것임을 짐작할 수 있다. 『先句齊』極度齊 諸星測極, 14b~16b.

184. 배우성, 『조선후기 국토관과 천하관의 변화』, 389쪽 주(129).

185. 李家煥, 『錦帶殿策』, 5-6쪽. "只用都城之所測者, 其於若昊授時之義, 豈非欠闕之大者乎. 臣謂分遣臺官隨地測驗, 定其不同之分數, 而應天道而便民用, 恐不可已也." 정조의 천문책과 그 대책에 대해서는 구만옥, "조선후기 천문역산학의 주요 쟁점: 정조(正祖)의 천문책(天文策)과 그에 대한 대책을 중심으로", 『한국사상사학』27, 2006, 217-57쪽; 구만옥, "조선후기 천문역산학의 개혁 방안: 정조의 천문책에 대한 대책을 중심으로", 『한국과학사학회지』28-2, 2006, 189-225쪽을 참조.

186. 문중양은 이때의 북극고도 산정이 실측에 의하지 않고 八道輿圖의 里差 비례에 근거하여 간접적으로 산출된 것이라는 사실로부터 실측을 통한 천문역산상의 발전이라는 의도보다는 청나라의 역서 못지않은 내용과 수준을 펴내고자 하는 정조의 의지의 반영이라고 주장했다(문중양, "18세기 후반 조선 과학기술의 추이와 성격", 218쪽). 하지만 이 사업은 실측에 의하지 않았다는 것 때문에 천문학적으로 과소평가할 필요는 없을 것 같다. 정조 당시의 관측기술 수준으로는 실측으로 각지의 북극고도와 동서편도를 정확히 산정하는 것은 가능하지 않은 일이었다. 북극고도의 산정은 사분의(象限儀) 같은 관측기구를 사용하여 상당한 정밀도로 구할 수 있었을 것이다. 실제로 서명응은 백두산에서 북극고도를 산정한 경험도 있었다. 그러나 동서편도의 경우는 실측하기가 매우 어렵다. 당시에 생각할 수 있는 방법이란 각지에서 동일한 월식을 측정하여 관측시각의 차이로 동서편도를 환산해내거나, 망원경을 이용하여 목성과 위성들의 星蝕을 이용하는 방법이 있을 수 있지만, 어느 경우도

간단한 일이 아니다. 망원경 관측은 조선에서 행해진 기록이 아직까지 전혀 없을뿐 더러, 월식 관측을 통해 동서편도를 얻는 기술도 기본적으로 요구되는 관측의 기술 수준과 정밀성을 당시 조선에서 확보하지 못했을 것이다. 동서편도를 산정하는 일 은 물력이 많이 들고 관측의 어려움으로 인해『숭정역서』의 편찬 때에도 지도를 이 용할 수밖에 없었다. 그리고 이 수치는『서양신법역서』와『신법산서』에 그대로 실렸 으며 강희시대에야 실측이 이루어졌다. 그러나 이때에도 동서편도는 천문학적 방법 으로 실측한 것이 아니라 지리적인 거리를 기준으로 계산하여 정한 것이다.『明史』 天文志1(경인문화사 영인본『二十五史』중『明史』上冊), 364-65쪽. "今各省差數, 未 得測驗, 據廣輿圖計里之方約略條列, 或不致甚舛也.";『清史稿校註』권26 天文一, 1063쪽. "新法算書所載, 各省北極高及東西偏度, 大概據輿圖道里定之, 多有未確. 今 以康熙年間, 實測各省及諸蒙古高度偏度, 並乾隆時憲所增省分與回疆部落, 兩金川土 司等, 晝夜長短, 節氣早晚, 推得高度偏度備列焉."

187.『書雲觀志』권3, 古事 (『국역서운관지』), 169-70쪽(원문 282-83쪽).

188.『정조실록』권33, 15년 10월 11일(壬子).

189.『정조실록』권35, 16년 6월 16일(癸未);『備邊司謄錄』정조16년 6월 19일. "檢校直提 學徐有防所啓, 協紀辨方等冊子, 臣方叩闇識, 承命監董其抄刻之役, 而第於曆書中新頒 節氣一事, 適固言端, 敢此仰違矣. 昨年之自雲觀添刊三張者, 蓋欲其推地方之遠近, 驗 節氣之早晚, 以爲敎民授時之意, 而第農家節氣, 東西南北江海峽野, 地各不同, 節亦隨 異, 而若其彼此之差殊, 特不過分刻之間. 況耕鑿雞雛之類, 不識不知, 專昧此等推步之 法, 則今雖廣布而遍行, 徒歸觀瞻之美, 別無利害之端. 且其添刊之際, 本監事力之不建, 京外買賣之難便, 自致擊肘防碍之弊, 方外諸議, 亦以爲似當趁卽釐改, 不必以乍始旋止, 爲未安云. 而事係曆象, 纖非句管, 不敢遽請停罷, 下詢大臣而處之如何."

190.『書雲觀志』권3, 古事 (『국역서운관지』), 156쪽(원문 256쪽). "是徐龍輔, 提擧本監, 以 外國造曆既是法禁. 又添此例, 徒涉張大, 筵白罷之."

191. 한영우,『정조의 화성행차, 그 8일』, 효형출판, 1998, 79쪽.

192. 여기에서 필자가 '미완의 본국력'이라고 표현한 것은 정조 때 발행한 역서가 서울 기준의 역산 결과를 그대로 수록한 완전한 본국력이 아니라는 의미를 담고자 했기 때문이다. 조공책봉 관계의 제약 때문에 조선의 역서는 청의 역서와 '曆日'에서는 동일해야 한다. 역일은 월의 대소(30일, 29일), 삭일(월의 시작일)의 위치, 윤월의 위 치, 1년의 총 일수 등을 의미한다. 서울 기준의 계산 결과가 북경 기준의 계산 결과 와 역일에서 차이가 났을 때에도 그 결과 그대로 조선이 역서로 발행하면 그것은 명

실상부한 본국력이라고 할 수 있다. 청과 조선의 역서를 비교해보면, 伏日이나 上下弦, 望의 날짜가 서로 차이가 나는 경우가 있다. 또 정조 때의 경우처럼 절기일이 하루쯤 차이가 나는 경우가 있는데, 이들 모두 역일의 차이는 아니라고 할 수 있다. 청의 역서와 역일의 차이를 그대로 드러낸 조선의 역서를 완전한 본국력이라고 한다면, 정조 때의 역서는 그렇지 않다. 따라서 필자는 이를 '미완의 본국력'이라고 표현했다.

193. 정조가 언급한 구절은 다음과 같다. "聖人一言包括曆象之綱經, 可與帝堯賓餞之旨, 相表裏."(『정조실록』 권33, 15년 10월 11일(壬子)). 여기서 "帝堯賓餞之旨"는 요임금이 희화에게 명하여 해 뜨는 것을 맞이하고 해 지는 것을 배웅하도록 했다는 것이다. 이는 요임금이 희화에게 명하여 천상을 관측하고 백성에게 시간을 내려주게 했다는("乃命羲和, 欽若昊天, 曆象日月星辰, 敬授人時") 관상수시의 이념을 구체적으로 실천하는 행위를 가리킨다.

194. 화성의 건설과 정조가 지향한 초월적 군주상을 연결시키는 논의는 한영우, 『정조의 화성행차, 그 8일』, 76-107쪽을 참조.

195. 『書雲觀志』 권3, 故事 (『국역서운관지』), 172-73쪽(원문 289-90쪽).

196. 『書雲觀志』 권3, 古事 (『국역서운관지』), 173쪽(원문 291쪽).

197. 현재까지 1796년, 1797년, 1798년 역서 등 세 차례가 확인된다. 문중양, "'향력'에서 '동력'으로: 조선후기 자국력을 갖고자 하는 열망", 259-62쪽 참조.

198. 샤를르 달레(안응렬·최석우 역주), 『韓國天主教會史』 하권, 한국교회사연구소, 2000(제6판), 377쪽.

199. 윤재영 역, 『黃嗣永帛書 外』, 정음사, 1975, 107쪽.

제6장 19세기 전통천문학의 정점

* 제6장의 서술은 2011년 이후 3년 동안 필자가 규장각한국학연구원의 의뢰를 받아 집필한 남병철의 『추보속해(推步續解)』와 『의기집설(儀器集說)』, 그리고 남병길의 『추보첩례(推步捷例)』와 『시헌기요(時憲紀要)』에 관한 심층 해제를 발전시켜 출간한 전용훈, "南秉哲의 『推步續解』와 조선후기 서양천문학", 『규장각』 38, 2011, 177-201쪽; 전용훈, "19세기 조선에서 서양과학과 천문학의 성격: 청조 고증학의 영향을 중심으로", 『한국과학사학회지』 35-3, 2013, 435-64쪽; 전용훈, "19세기 조선의 曆算 매뉴얼 『推

步捷例」,『규장각』44, 2014, 93-125쪽 등의 논문에 기초를 두고 수정하고 보완한 것이다.

1. 문중양, "전근대라는 이름의 덫에 물린 19세기 조선 과학의 역사성", 『한국문화』54, 2011, 99-130쪽에서는, 19세기 과학사를 근대화에 실패한 역사로 보는 시각을 비판하면서, 당시에는 천문학, 우주론, 기철학 등으로 대표되는 과학적 논의가 활발하였으며, 이것은 전근대과학으로서 나름대로의 의미를 가진 활동이었다고 보았다.

2. 유경로, "조선시대 3쌍의 천문학자", 『한국 천문학사 연구』, 255쪽.

3. 남병길의 가계와 생애에 대해서는 노규래, "南秉吉의 생애와 천문학", 『한국과학사학회지』6-1, 1984, 131-33쪽; 유경로, 『한국천문학사연구』, 242-55쪽 등을 참조. 또한 남병철의 생애와 천문학 연구에 대해서는 전용훈, "남병철의 『추보속해』와 조선후기 서양천문학", 『규장각』38, 2011, 177-201쪽을 참조.

4. 전용훈, "남병철의 『推步續解』와 조선후기 서양천문학", 『규장각』38호, 2011, 198쪽. 이 글의 180-81쪽에서 선행 연구와 새로운 정보를 종합하여 남병철의 생애를 정리하였다. 남병철의 가계와 생애에 대해서는 이노국, 『19세기 천문수학 서적 연구』, 한국학술정보, 2010, 19-29쪽; 김명호, 『환재 박규수 연구』, 창비, 2008, 310쪽; 노대환, "19세기 중반 남병철(1817~1863)의 학문과 현실 인식", 『이화사학연구』40, 2010, 169-71쪽; 전용훈, "남병철의 『推步續解』와 조선후기 서양천문학", 180-81쪽 등을 참조. 남병철의 가계도와 가계에 대한 간단한 소개가 노규래, "南秉吉의 생애와 천문학", 『한국과학사학회지』6-1, 1984, 131-33쪽; 유경로, 『한국 천문학사 연구』, 242-55쪽 등에도 있다.

5. 남병길은 1868년에 남상길(南相吉)로 개명하였는데, 이후의 저작에는 남상길로 되어 있다.

6. 留齋 현판(日巖館 소장), "留不盡之巧以還造化, 留不盡之祿以還朝廷, 留不盡之財以還百姓, 留不盡之福以還子孫."

7. 남병철의 『해경세초해』에 대해서는 규장각한국학연구원에서 제공하는 오영숙, "『海鏡細草解』해제"를 참조.

8. 『星要』에 대해서는 전용훈, "서양점성술 문헌의 조선 전래", 『한국과학사학회지』34-1, 2012, 1-34쪽을 참조.

9. 이노국, 『19세기 천문수학 서적 연구』, 104쪽 참조. 필자가 보기에 『星要』는 남병철의 저술임이 거의 확실하지만, 『回回曆法』은 아직 확신할 수 없다.

10. 『구장술해』에 대해서는 강민정, "『구장술해』의 연구와 역주"(성균관대학교 박사학위 논문, 2016)을 참조.

11. 추사문단과의 교류에 대해서는 한영규, "19세기 여항문단과 醫官 洪顯普", 『동방한문학』 38(2009), 148~151쪽을 참조.

12. 하혜정, "추사 저작의 판본 연구", 『사학연구』 87(2007), 98쪽 참조.

13. 이노국, 『19세기 천문수학 서적 연구』, 92-94쪽; 유경로 편, 『한국과학기술자료대계: 천문학편 제9책』, 여강출판사, 1986, 4-6쪽 등을 참조.

14. 『推步捷例』序, 1a. "數者, 端緒萬千, 逐歲推步之所不可廢, 則宜有簡捷徑求, 以圖省工之方, 此曆家所以有諸數立成及用表推法也."

15. 『推步捷例』序, 1b. "印置本監, 以備三書七政修述之模楷焉."

16. 『推步捷例』序, 1a~b. "近見日食又法及月食步法數十紙, 未知誰人所作, 而雖不合於立言之體, 詳核纖悉, 不厭重複, 僅能握算者, 亦可以循序畫葫, 乃依其體例, 補成日食本法及日月五星步法, 添入七曜段目及作曆式, 通爲一書, 名曰推步捷例."

17. 현재 규장각에 소장된 필사본 『칠정보법』(奎12618)도 사실은 『추보첩례』라는 책인데도 책의 표제는 『칠정보법』으로 되어 있다. 이화여대에 소장된 『추보첩례』의 표제가 『칠정보법』인 것도 마찬가지 이유에서 비롯되었을 것이다.

18. 『推步捷例』序, 1b. "此不過臺官便覽之資而已, 苟專騖乎此, 以爲足以了事, 則不幾近於回回曆生土盤布筭, 而大非述作之本."

19. 『時憲紀要』, 時憲紀要跋. "時憲紀要者, 時憲法之紀, 其精要, 以便肄習也." 兪景老, "時憲紀要 解題", 『韓國科學技術史資料大系 天文學編 제10책』, 여강출판사, 1986, 1쪽 참조.

20. 전상운, 『한국과학기술사』, 정음사, 1975, 107쪽.

21. 『時憲紀要』, 金炳冀 序. "於是乎, 下而少學壯行無違, 上而設科取人有方. 從自以往, 是術有作, 則其是書之力乎."

22. 『推步捷例』序, 1b. "嗟乎, 此不過臺官便覽之資而已, 苟專騖乎此, 以爲足以了事, 則不幾近於回回曆生土盤布筭, 而大非述作之本".

23. 『역상고성』의 성립사와 내용에 대해서는, 橋本敬造, "曆象考成の成立", 藪內淸·吉田光邦, 『明淸時代の科學技術史』, 49-92쪽을 참조.

24. 『時憲紀要』趙斗淳 序. "是書出自雲監提擧南侍郞秉吉氏, 而提擧判敦金公炳冀氏, 讀而悅之, 遂奏爲諸生程式之用."

25. 『時憲紀要』金炳冀 序. "侍郞, 少求容商, 傍通象緯, 三統四分之術, 小輪橢圓之法, 靡不明該, 及提擧是監, 乃於曆後編七曜交食提論法, 取其詳簡, 纂集成編, 名曰時憲紀要. 而遂擧醫監譯院, 旣行之例, 啓稟印頒, 易舊書以爲科取之用."

26. 『國朝寶鑑』第90卷, 哲宗11년(1860) 10월.

27. 『時憲紀要』金炳冀 序: "侍郎, 獨潛心微言力尋墜緒, 能使羲常容隷之法, 不絶如線, 其可謂實事求是之學也."

28. 이에 대해서는 전용훈, "19세기 조선에서 서양과학과 천문학의 성격",『한국과학사학회지』35-3, 2013, 435-64쪽을 참조.

29. 『時憲紀要』上編, 天象. "宗動天, 以渾灝之氣, 挈諸天左旋." 사실 이 학설은『曆象考成』에서 제시된 것인데, 남병길은 이것을 수용한 것으로 생각된다.『曆象考成』上編卷1「天象」. "宗動天以渾灝之氣, 挈諸天左旋, 其行甚速."

30. 황적도 경사각의 변화와 역대의 관측 수치에 대해서는 전용훈, "조선후기 서양천문학과 전통천문학의 갈등과 융화", 서울대학교 박사학위논문, 2004, 제5장을 참조. 남병길은 가장 최근의 측정값으로 1834년에 측정된 23°27′을 사용하였다.『時憲紀要』上編 黃赤道, 2b~3a.

31. 조선후기에는 초기 예수회사들의 한역(漢譯) 천문학서에 등장하는 동서세차 및 남북세차의 설이 각각 항성의 위치가 매년 변하는 세차(歲差)와 황적도 경사각이 변하는 현상을 설명할 수 있지 않을까 하는 의견이 제시되었는데, 남병길도 그중에 주목할 만한 인물이다. 동서세차의 설과 세차운동에 대한 논의에 대해서는 전용훈, "17세기 서양 세차설의 전래와 동아시아 지식인의 반응",『한국실학연구』20, 2010, 386-91쪽을 참조.

32. 『時憲紀要』上編, 黃赤道. "此乃古遠今近之明驗. 南北歲差之說, 利西泰雖引而不發由, 今考之, 其此之謂歟."

33. 『時憲紀要』上編, 歲實. "語其故者, 西法則以日輪之轂, 漸近地心爲歲實漸消之端. 然日轂近地者, 兩心差漸減之謂, 而兩心差只是均數多寡之所係, 周歲而盈縮相補, 則固無關於歲實平率."

34. 『時憲紀要』上編, 歲實.

35. 『時憲紀要』上編, 歲實. "按利瑪竇謂恒星天之上, 又有南北歲差東西歲差二重天, 而湯羅諸人治曆時, 以其動甚微, 而置而不論, 或謂古曆歲差, 即東西歲差, 然古曆歲差乃恒星東行之度, 則不可謂恒星天之上別有一天, 且其差甚著, 歷代治曆立率推步, 則亦不可謂其動甚微置而不論. 惟歲實消長, 即黃道經度之動, 而數千百年覺有微差, 或可以當此一重天也."

36. 『時憲紀要』金炳冀 序: "然其爲術甚難, 以其形則古主宣蓋而今渾圓, 以其理則古算赤紘而今黃道, 以其法則古用積年而今截算."

37. 『時憲紀要』上編, 曆元. "而二十一史所載曆元無一同者, 是皆非有所承受, 但以巧算取之而已."

38. 『時憲紀要』上編 曆元.

39. 이 생각은 원래『역상고성』에서 강하게 피력된 것이었는데, 1860년대 조선의 천문역산학자들은『역상고성』과『역상고성후편』을 중심으로 학습하면서 이런 관념을 공유하게 되었다고 볼 수 있다. 橋本敬造, "曆象考成の成立", 藪內淸·吉田光邦, 『明淸時代の科學技術史』, 66쪽.

40. 『時憲紀要』趙斗淳 序. "今之法, 有密於古者, 曆是也. 曆之密, 有後出之巧者, 時憲書是也."

41. 『時憲紀要』趙斗淳 序. "要亦有待乎後, 此紀要所以作也."

42. 당시의 시헌법은 일월의 행도에 대해서는『역상고성후편』(1742년부터 적용)을 사용하고, 오성의 행도에 대해서는『역상고성』(1726년부터 적용)을 적용하여,『역상고성』과『역상고성후편』을 병행하여 사용하였으므로, 여기서 말하는 140년 된 방법이라는 것은『역상고성』을 적용하는 시헌법을 가리킨다고 할 수 있다.

43. 南秉吉, 『時憲紀要』時憲紀要跋. "時憲紀要者, 時憲法之紀, 其精要, 以便肄習也. 治曆之要, 在於隨測隨驗, 故歷代修改之不勝搜, 而至于時憲法, 合中西理窮本源, 非有一時之明備, 實開千古之顓蒙. 今彙成二編, 俾作考試之書, 庶幾學者, 尋緒有端, 知方有嚮, 而然坐致之術, 專在乎求故, 故歲積愈久, 測驗愈廣, 後出者益巧, 勢使然也. 是法頒行, 且百四十年矣. 隨時損益, 反本推源, 順天求合之道, 則又必有待於來後, 而至若交食之用斜距視行比例, 理眞數確, 雖有後巧, 恐無以易也. 聖上十一年庚申陽月(1860년 10월: 인용자), 觀象監提調嘉義大夫前吏曹參判同知成均館事 南秉吉跋."

44. 이 절은 전용훈, "19세기 조선에서 서양과학과 천문학의 성격", 『한국과학사학회지』 35-3, 2013, 435-64쪽에 출간한 내용을 수정한 것이다.

45. 남병철의 천문학에 대해서는 문중양, "19세기의 사대부 과학자 남병철", 『과학사상』 33, 2000, 109-13쪽; 김문식, "남병철이 파악한 서양의 과학기술", 『문헌과 해석』 16, 2001, 214-27쪽; 노대환, "조선후기 '西學中國源流說'의 전개와 그 성격", 『역사학보』 178, 2003, 125-31쪽; 노대환, "19세기 중반 남병철(1817~1863)의 학문과 현실 인식", 『이화사학연구』 40, 2010, 187-93쪽 등을 참조.

46. 전용훈, "남병철의 『推步續解』와 조선후기 서양천문학", 198쪽.

47. 『推步續解』序.

48. 『推步續解』권1, 推日躔用數, 1b. "二者雖同爲起算之端, 然積年實不如截算之簡易也."

49. 『推步續解』권1, 推日躔用數, 1b~2a.

50. 南秉哲은 두예(杜預, 222~285)의 말을 인용하고 있다. 『推步續解』권1, 推日躔用數, 2a. "杜預云, 治厤者 當順天以求合, 不當爲合以驗天"

51. 『推步續解』권1, 推日躔用數, 2a. "若夫截算之法, 不用積年虛率, 而一以實測爲憑, 誠爲 順天求合之道, 治曆者所當取法也."

52. 세실소장의 과학적 의미를 이해하기 위해서는 中山茂, "消長法の硏究(I): 東西觀測技 術の比較", 『科學史硏究』66, 1963, 68-84쪽을 참조.

53. Pingyi Chu, "Ch'eng-chu Orthodoxy, Evidential Studies and Correlative Cosmology: Chiang Yung and Western Astronomy," *Philosophy and the History of Science: Taiwanese Journal*, Vol. 4, No. 2(1995), pp.81-82를 참조.

54. 강영은 『數學』의 卷2 歲實消長辨에서 세실소장의 문제를 집중적으로 다루고 있다. 이에 대한 소개와 분석은 Pingyi Chu, "Ch'eng-chu Orthodoxy, Evidential Studies and Correlative Cosmology: Chiang Yung and Western Astronomy," pp.85-86을 참조.

55. 『數學』권1, 歲實消長辯 (叢書集成初編 1328~1329책, 北京: 中華書局, 1985), 56쪽. "不 知冬至距冬至所得者, 活泛之歲實, 而非經恒之歲實也. 欲得經恒歲實, 宜於近春分時測 之. 今歲春分距來歲春分, 苟得眞時刻, 則得眞歲實."

56. 실제로 중국의 역대 역법에서 채용한 회귀년의 길이를 비교해보면, 최근으로 올수록 그 값이 줄어들고 있다는 것을 확인할 수 있다. 藪內淸, 『增補改訂 中國の天文曆法』, 392-93쪽을 참조.

57. 『推步續解』권1, 推日躔用數, 7b. "考成後編用之此, 又消而復長之勢也."

58. 『推步續解』권1, 推日躔用數, 7b.

59. 『推步續解』권1, 推日躔用數, 7b~8a. 王錫闡의 세실소장 이론에 대해서는 『曉菴新法』 原序; 『曆算全書』卷6, 曆學疑問 論歲實消長之所以然 등을 참조.

60. 『推步續解』권1, 推日躔用數, 8a.

61. 『推步續解』권1, 推日躔用數, 8a. "然高衝行度, 亦不過盈縮所係."

62. 이것은 원래 陽瑪諾의 『天問略』에 소개된 천구를 가리킨 것이다. 이 두 천구의 유래 와 세차운동에 대한 논의를 위해서는 전용훈, "17세기 서양세차설의 전래와 동아시 아지식인의 반응", 『한국실학연구』20, 2010을 참조.

63. 『의상고성속편』에서는 황도경사각이 지속적으로 줄어들고 있다는 사실을 인정하고, 이것을 설명하기 위해 서양 중세에 '분점의 트레피데이션'이라는 현상을 설명하기 위 해 고안되었던 남북세차 이론을 언급하였다. 남북세차는 원래 수정체로 이루어진 천

구가 남북 방향으로 진동하는 것을 가리키는 말이었는데, 이것이 『의상고성속편』에서 황도경사각의 변화를 설명하는 이론으로 사용될 수 있는 가능성이 제기되었다. 『의상고성속편』에서 제기된 남북세차의 설에 대해서는 전용훈, "17세기 서양 세차설의 전래와 동아시아 지식인의 반응", 386-91쪽을 참조. 필자는 이 논문에서 『의상고성속편』에서 황도경사각의 변화를 남북세차천구의 운동으로 단정한 것으로 서술했으나, 재검토 결과 이를 수정한다. 『역상고성후편』에서는 "이것을 말하는 것일까[其此之說歟]"라고 하였으므로, 황도경사각의 변화가 세차천구 이론에서 말하는 남북세차가 아닐까 하는 가능성을 언급한 것으로 이해할 수 있다.

64. 『推步續解』 권1, 推日躔用數, 8b. "惟歲實消長, 卽黃道經度之動, 而數千百年, 覺有微差, 或可以當此一重天也."

65. 『曆象考成後編』의 日躔步法에는 이 값이 주어져 있지 않다.

66. 『推步續解』 권1, 推日躔用數, 9a. (『추보속해』, 『의기집설』, 『해경세초해』는 인쇄본이므로 인용 시에는 따로 저본을 밝히지 않고 권 번호, 항목명, 장 번호를 적고 각 장은 a, b로 구분한다). "皆以爲冬至西移之度."

67. 『推步續解』 권1, 推日躔用數, 9a~b. "若使恒星不動而黃道西移, 則恒星之黃道經緯度, 宜每歲不同, 而赤道經緯度, 宜終古不變, 今恒星之赤道經度, 逐歲不同, 而緯度尤甚, 黃道經度, 每年東行有率, 緯度不變." 중국의 세차 이론과 서양의 세차 이론 사이의 경쟁과 서양 세차 이론의 승리 과정에 대해서는 전용훈, "17세기 서양세차설의 전래와 동아시아지식인의 반응", 380-86쪽 참조.

68. 『推步續解』 권1, 推日躔用數, 9a~b. "恒星順黃道東行, 而非冬至西移, 明矣."

69. 『推步續解』 권1, 推日躔用數, 9b. "然古今行度之不齊, 未必古測之不如今測, 似亦有盈縮之故."

70. 『推步續解』 권1, 推日躔用數, 9b.

71. 『推步續解』 권1, 推日躔用數, 10a. "然猶未可泥爲定率, 須隨時測驗以推其數."

72. 『推步續解』 권1, 推日躔用數, 12a. "古曆爲夏至定爲縮初起算之端, 冬至定爲盈初起算之端, 西法爲極盈極縮不定在於二至之度, 而在二至之前後, 又各年不同, 故知高卑亦有行率."

73. 『推步續解』 권1, 推日躔用數, 5b. "天道恒爲整齊者爲體, 而奇零不齊者爲用."

74. 이에 대해서는 전용훈, "남병철의 『推步續解』와 조선후기 서양천문학", 195-97쪽을 참조.

75. 강영에 대해서는 戴震, 『戴震集』, 上海: 古籍出版社, 2009, 上編 文集十二, 江愼修先生

事略狀; 錢大昕, 『潛研堂集』, 上海: 古籍出版社, 2009, 권39, 江先生永傳; 阮元, 『疇人傳』 권42, 江永; 『疇人傳彙編上 疇人傳初編』, 臺北: 世界書局, 1962, 527-28; 『清史列傳』 권68, 江永 등을 참조. 강영의 학문에 대한 현대적인 연구로는 강영의 학문에 대해서는 Ping-yi Chu, "Technical Knowledge, Cultural Practices and Social Boundaries: Wan-nan Scholar and Recasting of Jesuit Astronomy, 1600~1800" (Ph.D. Dissertation, University of California, 1994); Pingyi Chu, "Ch'eng-chu Orthodoxy, Evidential Studies and Correlative Cosmology: Chiang Yung and Western Astronomy," pp.71-108 등을 참조.

76. Ping-yi Chu, "Technical Knowledge, Cultural Practices and Social Boundaries: Wan-nan Scholar and Recasting of Jesuit Astronomy, 1600~1800", p.246. 매문정의 천문학과 수학 연구에 대해서는 橋本敬造, "梅文鼎の曆算學: 康熙年間の天文曆算學", 『東方学報』京都 41, 1970, 491-518쪽을 참조.

한편 서양과학 중국원류설의 성립과 전개에 대해서는 江曉原, 鈕衛星, "試論淸代「西學中源說」", 『天文西學東漸集』, 上海: 上海古籍出版社, 2001, 375-87쪽을 참조. 그 외 임종태, "이방의 과학과 고전적 전통", 『동양철학』 22, 2004, 189-216쪽; 안대옥, "『周髀算經』과 西學中源說: 명말 서학수용 이후 『주비산경』 독법의 변화를 중심으로", 『한국실학연구』 18, 2009, 691-727쪽 등에서도 중국에서 전개된 서양과학 중국원류설에 대해 다루고 있다.

77. 李迪, 郭世榮 編, 『淸代著名天文算學家 梅文鼎』, 上海: 科學技術文獻出版社, 1988, 202-203쪽.

78. Pingyi Chu, "Technical Knowledge, Cultural Practices and Social Boundaries: Wan-nan Scholar and Recasting of Jesuit Astronomy, 1600~1800," p.245.

79. 조선에서 전개된 서양과학 중국원류설에 대해서는 노대환, "정조대 西器收容 논의: '중국원류설'을 중심으로", 『한국학보』 94, 1999, 126-67쪽; 노대환, "조선후기 '西學中國源流說'의 전개와 그 성격", 『역사학보』 178, 2003, 113-39쪽 등을 참조.

80. 『推步續解』 序.

81. Pingyi Chu, "Ch'eng-chu Orthodoxy, Evidential Studies and Correlative Cosmology: Chiang Yung and Western Astronomy," p.91.

82. 『圭齋遺稿』 권5, 書推步續解後; 『圭齋先生文集』, 한국역대문집총서 616책, 경인문화사, 1993, 352-53(이하 書推步續解後의 인용은 모두 이 책을 따름), 356-57쪽.

83. 『圭齋遺稿』 권5, 書推步續解後, 364쪽. "曆算本是儒者之實學."

84. 선구적인 연구로 藤塚鄰 著, 박희영 역,『추사 김정희: 또 다른 얼굴(원제: 朝鮮朝にお
   ける淸朝文化の移入と金阮堂)』, 아카데미하우스, 1993; 전해종, "청대학술과 완당",
   『한중관계사연구』, 일조각, 1970, 186-243쪽을 들 수 있다. 최근의 연구로는 정재훈,
   "청조학술과 조선성리학",『추사와 그의 시대』, 돌베개, 2002, 132-59쪽을 참조.

85. 藤塚鄰 著, 박희영 역,『추사 김정희: 또 다른 얼굴』, 500쪽.

86. 이에 대해서는 한영규, "남병철 회인시 연구",『한문교육연구』 31, 2008, 431-67쪽을
   참조.

87. 김명호,『환재 박규수 연구』, 창비, 2008, 598-99쪽.

88. 양계초 지음, 전인영 옮김,『중국근대의 지식인(원제: 淸代學術槪論)』, 혜안, 2005, 113쪽.

89. Ping-yi Chu, "Technical Knowledge, Cultural Practices and Social Boundaries: Wan-
   nan Scholar and Recasting of Jesuit Astronomy, 1600~1800," p.247.

90. Benjamin Elman, 양휘웅 옮김,『성리학에서 고증학으로(원제: From Philosophy to
   Philology)』, 예문서원, 2004; 219쪽.

91. 양계초 지음, 전인영 옮김,『중국근대의 지식인』, 130쪽.

92. 『圭齋遺稿』 권5, 書推步續解後, 9b~10a. "粵自淸初至今二百餘年, 宏儒輩出經學大備,
   實事求是六藝昌明, 以象數之學爲儒者所當務."

93. 양계초 지음, 전인영 옮김,『중국근대의 지식인』, 30-31쪽.

94. 『圭齋遺稿』 尹定鉉 序: "江氏言, 著述有三難, 淹博難, 識斷難, 精審難, 此曾子, 難者不
   辟易者不從惟義所在之義也. 公於群經, 用是爲例, 訓詁制度, 攷覈同異而辨正之, 毋知
   瑣屑, 繞繳義理, 則務歸平實, 不必高談性命."

95. 江永,『古韻標準』例言. "餘謂凡著述有三難, 淹博難識斷難精審難, 二家淹博有之, 識
   斷精審則未也."

96. 완원의 平實精詳에 관한 국내의 논의는 徐坰遙, "淸儒 阮元의 樸學情神",『東洋哲學
   硏究』 2, 1981, 140-42쪽을 참조.

97. 『圭齋遺稿』 金尙鉉 序: "日躔月離交食之法, 句股明專之解, 發明江愼修李敬齋之未備,
   而洞究淵微獨臻奇妙."

98. 李圭景,『五洲衍文長箋散稿』 권42, 西洋中國往來辨證說.

99. 『圭齋遺稿』 권5, 書推步續解後, 15a~b. "嘗掇拾諸史, 薈萃群籍, 上自黃帝下至近世外
   附西洋, 凡爲曆法算學之人錄爲疇人傳."

100. 『圭齋遺稿』 권5, 書推步續解後, 15b. "餘於藝臺之學, 嘗有心悅."

101. 『圭齋遺稿』 권6, 讀書私記 昏參中朝尾中.

102. 南秉吉, 『海鏡細草解』 序, 1b.

103. 김명호, 『환재 박규수 연구』, 671쪽. 박규수와 왕헌 사이의 교류에 대해서는 이 책의 417-19쪽을 참조.

104. 『圭齋遺稿』 朴珪壽 序. "餘向在燕都, 與太原王軒霞擧遊, 知其留心算數, 今擧而贈之, 霞擧必服其精詣, 而壽其傳矣."

105. 김명호, 『환재 박규수 연구』, 673쪽.

106. 김명호, 『환재 박규수 연구』, 671쪽의 주(44) 참조.

107. 김명호, 『환재 박규수 연구』, 673쪽.

108. 顧廣圻는 자가 千里, 호는 澗薲, 思適居士이다. 저명한 고증학자인 江聲(1721~1799)의 제자로, 經史, 訓詁, 天文地理에 두루 정통했다. 특히 목록학과 校讐에 뛰어났다. 저서로 『思適齋集』(18권)과 『思適齋書跋』(4권)이 있다. 『淸史稿』 권481, 儒林傳2, 顧廣圻; 김명호, 『환재 박규수 연구』, 672쪽에서 재인용.

109. 김명호, 『환재 박규수 연구』, 671쪽. 張敦仁은 자가 古餘로 陽城 출신이다. 秦九韶의 『數學九章』과 李冶의 『測圓海鏡』, 『益古演段』 등을 연구하고 여기에서 제시된 문제의식에 착안하여, 開方術에서 시작하여 大衍求一術을 거쳐 天元術에 이르는 방정식 풀이법의 발전 과정을 탐구했다. 저서로는 王孝通의 『緝古算經』을 풀이한 『緝古算經細草』, 진구소와 이야의 저술에서 착안하여 대연구일술과 개방술에 관한 해설을 담은 『求一算術』과 『開方補記』가 있다. 특히 장돈인의 저술은 李銳와 긴밀한 토의와 협력에 의해 이루어졌다. 또한 장돈인은 그의 『開方補記』를 고광기와 이예에게 보이고 검토를 받았다고 한다. 이 외에도 『鹽鐵論考證』, 『通鑑補識誤』, 『通鑑補略』 등이 있다. 장돈인에 대해서는 阮元, 『疇人傳』 권52; 楊家駱 主編, 『疇人傳彙編』, 世界書局, 民國51年, 695-99쪽; 김명호, 『환재 박규수 연구』, 672쪽 등을 참조.

110. 『疇人傳』 권52, 698쪽. "今年夏出而示元和顧千里寓目, 資其排演, 裒然成編."

111. 『圭齋遺稿』 尹定鉉 序. "嘗謂, 古今箋註, 各成其是, 紛如聚訟, 而算數亦經中一事, 堯典曆象, 春秋日食, 可推而知, 且測驗於今, 七政行度, 合則是, 不合則不是, 得失立辨, 失者自詘, 乃先從事於此."

112. 임형택, 『실사구시의 한국학』, 창작과 비평사, 2000, 131쪽.

113. 김문식, "남병철이 파악한 서양의 과학기술", 227쪽.

114. 노대환, "19세기 중반 남병철(1817~1863)의 학문과 현실 인식", 193쪽, 195쪽.

115. 『圭齋遺稿』 권5, 書推步續解後, 10b. "於是中國之士病之. 如魏文魁吳明煊楊光先諸人, 前後譏斥之, 然所以譏斥者, 皆妄庸逞臆, 徒欲以意氣相勝, 故擧皆自敗, 而有聰明

學識之士, 知其法之不可譏斥, 乃有巧取豪奪之事."

116. 『圭齋遺稿』권5, 書推步續解後, 11b. "於是乎, 地圓則徵之以大戴禮, 里差則徵之以周髀經, 渾蓋相通則徵之以靈恩之論, 淸蒙有差則徵之以姜岌之言, 九天重包則徵之以楚辭, 七曜異道則徵之以郗萌, 太陽之有高卑則徵之以考靈曜地有四遊也. 恒星東移而爲歲差則徵之以考亭先論太虛天行也. 月與五星有本輪次輪則徵之以康節星法月月法日日法天也. 三百六十整度則徵之以皇極經世書也. 苟有一毫疑似髣髴者則斷章取義敷演牽合援以爲徵, 至於螺線牙輪微瑣之類, 無不如是. 故一事一物莫不奪之爲中國之法, 而亦莫不有其爲中國法之援徵, 誠異哉."

117. 『圭齋遺稿』권5, 書推步續解後, 11b. "大象寥廓諸曜參差, 不擇中西, 惟精測巧算是合."

118. 『圭齋遺稿』권5, 書推步續解後, 12a. "是以只論天之驗否, 不論人之華夷可也."

119. 이 점 때문에 왕석천, 매문정, 완원 등 중국의 유수한 천문학자들에 대해 남병철은 대단히 불만스러워했다. 이들 3인에 대한 평가는 각각 다음을 참조. 『圭齋遺稿』권5, 書推步續解後, 14b~15a; 15a; 15b.

120. 『圭齋遺稿』권5, 書推步續解後, 16a. "夫江愼修亦中國之士, 而況其經學文章爲世通儒, 其所著述行於海內, 讀其書則其人可知. 抑以何故諂附於西人, 此不足多辨也."

121. 『圭齋遺稿』권5, 書推步續解後, 16a. "蓋先生之意, 曆象一術, 西法果善於中國, 則善者不可掩也. 旣因其術, 我之所獲益多, 則不可曰無其效也."

122. 『圭齋遺稿』권5, 書推步續解後, 16b. "彼西人者, 士君子乎善人乎, 況其曆算卽彼之所恃而所愛也, 非其所恃奪其所愛, 則拂於其性, 當何如哉. 又況與不知周公孔子只知輪船火砲者, 有何較長短而論善惡哉."

123. 『圭齋遺稿』권5, 書推步續解後, 12b. "譬風雨人所難占, 巢居知風穴居知雨, 未聞人與居巢穴者爭風雨也."

124. 『圭齋遺稿』권5, 書推步續解後, 16b. "餘東夷之人也, 先憂後樂, 雖非所敢居所願則學孔子也, 所慕則在中華也."

125. 『圭齋遺稿』권6, 讀書私記. "日月之行, 有其常度, 終古不變, 日食非爲災也. 餘以爲其術非不精也, 其說非不盡也. 此足爲疇人之學, 而不足爲士君子之學也. 人君者旣極尊貴, 惟其所畏懼者天也. 今若以日食星孛並以爲非災, 則人君其將從何而有戒懼之心哉."

126. 『圭齋遺稿』권6, 讀書私記. "是故君子雖有奇技異術, 不合於聖賢之學, 則不之貴也."

127. 이 점에 대해서는 Phingyi Chu, "Ch'eng-chu Orthodoxy, Evidential Studies and Correlative Cosmology: Chiang Yung and Western Astronomy,", pp.95-101을 참조. 핸더슨(John Henderson)은 청대 후반에 과학적 진보로 인해 상관적 사고가 쇠퇴하는

것이 전반적인 경향이라고 주장했으나, Chu는 상관적 사고는 청대 후기에 더욱 강화되는 경우가 있음을 강영의 예를 통해 주장하고 있다(pp.94-95의 각주(79)를 참조). 중국 사상사에서 상관적 사고의 전개에 대해서는 Henderson, John B., 문중양 옮김,『중국의 우주론과 청대의 과학혁명(원제: *The Development and Decline of Chinese Cosmology)*』, 소명출판, 2004를 참조.

128. Phingyi Chu, "Ch'eng-chu Orthodoxy, Evidential Studies and Correlative Cosmology: Chiang Yung and Western Astronomy," pp.100-101.

제7장 전통천문학의 단절과 근대천문학의 유입

* 제7장의 서술은 전용훈, "전통적 역산천문학의 단절과 근대천문학의 유입", 한국문화 59, 37-64쪽에 출간한 내용에 전적으로 의거하였다.

1. 본 연구에서는 매년의 일용 역서인 日課曆에 대해서는, 한국천문연구원에서 조선후기, 대한제국기, 일제강점기 그리고 근대한국의 역서를 시기별로 분류하여 인터넷을 통해 제공한 자료를 이용하였다.

   또한 七政曆에 대해서는, 규장각 소장의 時憲七政百中曆(奎4978, 奎4979, 奎6791, 奎6792), 七政經緯宿度五星伏見目錄(奎中2122, 古7300-4, 古7300-5, 古7300-6, 古7300-26), 그리고 일본국립천문대 소장의 隆熙2年(1908)七政經緯宿度五星伏見目錄을 이용하였다. 이 가운데 奎中2122에는 전체 17책의 七政曆이 있지만, 光武十年(1906), 光武十一年(1907), 隆熙二年(1908)의 것을 제외하면 모두 청나라에서 발행된 것이다. 대한제국에서 발행한 마지막 칠정력인 隆熙二年(1908)七政經緯宿度五星伏見目錄은 일본국립천문대와 규장각에 각각 소장되어 있다.

2. 매년 발행하는 일과력의 변화에 대한 연구는 본 연구에 앞서 몇 가지가 제시되었다. 이은성,『韓國의 冊曆 (下)』, 전파과학사, 1978, 168-210쪽; 이은성,『한국의 책력』, 정음사, 1985, 321-65쪽; 안영숙, "우리나라 역서의 변천",『한국천문력 및 고천문학』, 천문대, 1997, 73-97쪽; 최고은, "1864년부터 1945년까지 한국 역서(曆書) 연구", 충북대학교 석사학위논문, 2010. 이 가운데 최고은(2010)의 연구는 일과력의 형식적인 변화에 대해 장기간에 걸쳐 가장 면밀한 분석을 수행하였다.

3. 七政曆의 발행과 변화의 과정을 탐구한 연구는 현재까지 전혀 이루어지지 않았다. 본 연구에서는 현재 남아 있는 18세기 말 이래 칠정력의 발행 상황을 역산천문학의 변화

과정에 연결시켜 논의한다.

4. 이하에서는 이를 "干支年曆"이라고 부르겠다.

5. 국가의 공식적인 역서로 明時曆을 발행하던 시기에도 "干支年曆"이라는 양력 위주의 보조 역서는 계속 발행되었다.

6. 1908년 목록의 경우, 觀象所長 李敦修의 지휘 아래 修述官 8명과 감인관 6명이 참여하였는데, 이들의 명단은 1908년 명시력 제작에 참여한 사람들의 명단과 일치한다. 또한 明時曆(1908年曆書)과 천체력인『七政經緯宿度五星伏見目錄』은 1907년 상반기에 만들어진 것이다. 그러므로 사실상 역산천문학의 운용이 단절된 것은 1908년도분의 역서를 제작한 1907년도 하반기부터라는 것을 알 수 있다.『書雲觀志』에 따르면, 칠정력의 계산은 전체적으로 4월 안에 끝내야 하는 것으로 되어 있다.『書雲觀志』券2, 治曆 (『국역서운관지』), 68쪽 참조.

7. 『增補文獻備考』권1, 象緯考一 曆象沿革 (『국역증보문헌비고 상위고』제1책), 69쪽(원문 19쪽). "肅宗三十四年, 始用時憲曆五星法"

8. 이 외에도 1650년~1711년의 時憲七政曆과 1676년~1707년의 時憲七政曆이 남아 있지만, 이것은 18세기 후반에 제작된 것으로 생각되어 논의에서는 제외했다.

9. 현재 규장각에는 청나라에서 발행한 칠정력도 보관되어 있는데, 이 중에서 가장 빠른 것이 1772년 것이다. 청에서 발행한 칠정력의 표지에는 '壬辰七政'이라고 제목이 붙어 있지만, 내지에는 조선에서 사용한 명칭과 동일한 七政經緯宿度五星伏見目錄으로 되어 있다.

10. 한국의 역에 관한 직제에 대해서는 이은성,『韓國의 冊曆 (下)』, 전파과학사, 1978, 185-89쪽; 최고은, "1864년부터 1945년까지 한국 역서(曆書) 연구", 13-34쪽을 참조. 이에 대해서는 최고은의 연구가 매우 자세하다.

11. 이때의 기구 축소도 일본인의 개입이 원인이었다는 지적이 있다. 유경로,『한국천문학사연구』, 31-32쪽 참조.

12. 최고은, "1864년부터 1945년까지 한국 역서(曆書) 연구", 19쪽.

13. 1907년 12월 13일 대한제국칙령 제54호. 기상청,『근대기상100년사』, 기상청, 2004, 60쪽; 미야가와 타쿠야, "20세기 초 일제의 한반도 기상관측망 구축과 식민지 기상학의 형성", 서울대학교 석사학위논문, 2008, 18쪽; 최고은, "1864년부터 1945년까지 한국 역서(曆書) 연구", 28쪽 등에도 공통적으로 이때의 조치를 관상소의 폐지로 보고 있다.

14. 이때 통감부의 조치는, 음력 위주의 한국 역서가 이미 양력를 사용하는 일제의 입장

에서는 비과학적으로 보였기 때문이었을 것이라는 지적이 있었다. 유경로, 『한국 천문학사 연구』, 18쪽; 미야가와 타쿠야, "20세기 초 일제의 한반도 기상관측망 구축과 식민지 기상학의 형성", 18쪽.

15. 최고은, "1864년부터 1945년까지 한국 역서(曆書) 연구", 28쪽.

16. 총독부에서 발행하던 朝鮮民曆에는 음력 날짜와 역주가 기입되었는데, 양력 위주의 날짜와 근대천문학적 계산은 일본인들이 맡고, 음력과 역주를 기입하는 것은 일정 기간 동안 조선인 전문가들이 담당했을 것으로 보인다. 李敦修와 劉漢鳳이 1912년까지 학무국 편집과에서 근무한 것을 보면(최고은, "1864년부터 1945년까지 한국 역서(曆書) 연구", 30-31쪽), 이들이 1911년과 1912년의 조선민력에 음력과 역주를 부기하는 작업을 했던 것이 아닐까 생각된다.

17. 이돈수의 생애와 활동에 대해서는 최고은, "1864년부터 1945년까지 한국 역서(曆書) 연구", 35-39쪽 참조.

18. 《동아일보》1920년 7월30일, 朝鮮唯一의 觀象學者 李敦修氏 永逝.

19. 최고은, "1864년부터 1945년까지 한국 역서(曆書) 연구", 37쪽.

20. 와다 유지(和田雄治)의 생애와 활동에 대해서는 임정혁, "和田雄治의 조선기상학사 연구: 측우기와 강우량 관측기록 조사", 『한국과학사학회지』 27-2, 2005, 109-29쪽; 나일성, 『서양과학 도입과 연희전문학교』, 연세대학교 출판부, 2004, 226-32쪽; 미야가와 타쿠야, "식민지의 '위대한' 역사와 제국의 위상: 와다 유지(和田雄治)의 조선기상학사 연구", 『한국과학사학회지』 32-2, 2010, 161-85쪽; 박성래, 『인물과학사 2』, 책과함께, 2011, 399-406쪽 등을 참조.

21. 세키구치 리키치(關口鯉吉)에 대한 소개가 한국에서의 활동을 중심으로 나일성, 『서양과학 도입과 연희전문학교』, 233-36쪽에 있다.

22. 編輯委員會, 『日本の天文學の百年』(恒星社厚生閣, 2008), 295쪽.

23. 나일성, 『서양과학 도입과 연희전문학교』, 233-36쪽.

24. 1917년 세키구치는 한국 고대의 혜성과 유성 기록을 조사한 보고서를 작성하기도 하였다. 關口鯉吉, "朝鮮古記錄中の彗星"; "朝鮮古記錄中の流星群", 『朝鮮古代紀錄調査報告』, 조선총독부관측소, 1917, 177-94쪽, 195-200쪽.

25. 미야가와 타쿠야, "20세기 초 일제의 한반도 기상관측망 구축과 식민지 기상학의 형성", 31쪽.

26. 나일성, 『서양과학 도입과 연희전문학교』, 233쪽.

27. 양무운동 이후 중국에서 한역된 서양 과학 지식이 중국 사회에 미친 영향에 대해서

는 웅월지, 『西學東漸与晚淸社会』, 上海人民出版社, 1994를 참조. 漢譯 西學書의 목록
과 서적에 대한 개괄적인 이해를 위해서는 王韜, 顧燮光 等編, 『近代譯書目』, 北京図
書館出版社, 2003; 熊月之, 『晚淸新学書目提要』, 上海書店出版社, 2007 등을 참조.

28. 初集은 대기, 열, 빛, 전기학 등, 二集은 근대천문학, 三集은 동물학에 관한 내용을
담고 있다. 이 책에 실린 천문학적인 내용에 대한 개괄적인 이해를 위해서는 이면
우, "한국 근대교육기(1876~1910)의 지구과학교육", 서울대학교 박사학위논문, 1999,
204-11쪽을 참조.

29. 한역본인 『談天』은 1859년 초판 이후 중국에서 애독되었다. 특히 와일리(Alexander
Wylie)는 1874년에 중국인 徐建寅(1845~1901)의 협력으로, 당시까지의 천문학적 신
발견과 이에 관한 해설, 그리고 허셜(John Herschel)의 전기를 덧붙인 증보판을 출간
했다. 중국에서는 이후에도 江南製造局版(1879)을 포함하여 여러 가지 다른 판본들
이 출간되었다. 일본에서도 1861년 후쿠다 리켄(福田理軒, 1815~1889)에 의해 訓點을
붙인 校正版이 출판되기도 했다.

30. 최한기의 사상과 서양 과학 지식과의 관련성에 대해서는 전용훈, "19세기 조선 지식
인의 서양과학 읽기: 최한기의 기학과 서양과학", 『역사비평』 81, 2007, 247-284쪽; 전
용훈, "최한기의 중력이론에 나타난 동서의 자연철학", 이우성, 손병욱, 허남진, 백민
정, 권오영, 전용훈, 『혜강 최한기 연구』, 성균관대학교출판부, 2016, 319-74쪽; 全勇
勳, "志筑忠雄と崔漢綺のニュートン科学に対する態度比較", 『京都産業大学論文集:
人文科学系列』 第46号, 2013, 233-63쪽; 전용훈, "A Korean Reading of Newtonian
Mechanics in the Nineteenth Century," *EASTM* vol.32(2010), pp.59-88; Jun, Yong
Hoon, "A Comparison of Korean and Japanese Scholars' Attitude toward Newtonian
Science," *The Review of Korean Studies*, vol.13, no.1(2010), pp.11-36 등을 참조.

31. 《漢城旬報》와 《漢城週報》에 실린 서양 과학에 관한 기사를 분석한 연구로 박성래,
"漢城旬報와 『한성주보』의 근대과학 수용 노력", 『신문연구』 36, 1983, 39-73쪽; 김연
희, "『한성순보』 및 『한성주보』의 과학기술 기사로 본 고종시대 서구문물 수용 노력",
『한국과학사학회지』 33-1, 2011, 1-39쪽 등을 참조.

32. 『陰晴史』 고종19년(1882) 4월 26일. 증기기관과 항해술, 야금학, 수학, 화학, 천문학,
세계지리, 과학일반 등에 관한 다양한 책들의 전체 목록은 다음과 같다. 運規約指(1,
本數), 測候叢談(2), 製火藥法(1), 金石識別(6), 汽機發軔(4), 化學鑑原(4), 汽機新制(2),
化學分原(2), 汽機必以(6), 御風要術(6), 開煤要法(2), 航法簡法(2), 防海新編(6), 西藝
知新續刻(6), 器象顯眞(3), 營城揭要(6), 克虜伯操法(2), 營壘圖說(1), 克虜伯操法(3),

測候叢談(2), 水師操練(3), 平圓地球度一部(16張), 代數術一部(6), 西國近事巢彙(16), 行軍測繪(2), 列國歲計政要(6), 聲學(2), 三角數理(6), 冶金錄(2), 井砿工程(2), 海塘輯要(2), 格致啓蒙(4), 四裔編年表(4), 數學理(4), 海道圖說(10), 水師章程(16), 爆藥紀要(1), 董方立遺書(1), 電學(6), 九數外錄(1), 談天一部(5), 句股六術(1), 東方交涉記(2), 開方表(1), 三才紀要(1), 對數表(1), 算法統宗(4), 弦切對數表(1), 八線簡表(1), 恒星圖表一部(1), 算學啓蒙(2), 八線代數簡表(1), 輪船布陳(2).

이 가운데 『平圓地球度』와 『恒星圖表』를 천문학 관련 지도나 성도로 볼 수 있지만, 현재 실물로서 확인되지 않는다. 다만 『平圓地球圖』는 熊月之 主編, 『晚淸新學書目提要』, 203쪽에서 언급한 李風苞作, 江南製造局石印本 『平圓地球圖二幅』으로 생각되지만, 실물을 확인하지는 못했다.

33. 刊年은 확인되지 않는다. 熊月之 主編, 『晚淸新學書目提要』, 91쪽에서 이 책 전체가 영국인 司郁藿의 저서라고 한 것은 잘못이다. 『格致啓蒙』의 목차와 내용의 개괄적인 소개는 이면우, "한국 근대교육기(1876~1910)의 지구과학교육", 234-48쪽을 참조.

34. 제1권은 化學으로 영국의 羅斯古의 저술, 2권은 格物學으로 영국의 司都藿의 저술, 3권은 天文으로 영국 駱克優의 저술, 4권은 地理로 영국 祁覯의 저술을 저본으로 한다.

35. 영국인 胡威立(휴월) 撰, 영국인 艾約瑟(애드킨슨) 譯, 중국인 李善蘭 述한 전체 20卷本과 미국인 丁韙良(마틴)이 撰한 『重學入門』 1冊本, 영국인 偉烈亜力(와일리)의 『重學淺說』, 영국인 傅蘭雅(프라이어)의 『重學彙編』, 『重學圖說』 각 1冊本 등 여러 가지가 있다. 목록에서 『重學』 5卷이라고 한 것은 어느 것인지 단정하기 어렵다. 熊月之, 『晚淸新學書目提要』, 102-103쪽 참조.

36. 목록에는 이 외에 『博物新編』 4卷도 등재되어 있다.

37. 목록에서 48권이라고 하였는데, 규장각에는 현재 1876년(광서2) 2월부터 1882년 1월까지의 46권이 보관되어 있다. 熊月, 『晚淸新學書目提要』, 146쪽에서는 7년간 매년 4책씩 28책이 발행되었다고 하였으나 이는 잘못이다. 傅蘭雅의 『格致彙編』과 그가 저술한 다른 저작들에 대한 소개는 이면우, "한국 근대교육기(1876~1910)의 지구과학교육", 213-18쪽을 참조.

38. 이것을 염두에 둔다면, 『奎章閣書目』⑧(규11676)가 『奎章閣書目』④(규11670)보다 먼저 작성되었다고 생각할 수도 있다.

39. 원래는 모리스 꾸랑의 설인데, 연갑수, "『內閣藏書彙編』 해제", 『규장각』 16(1994), 126쪽에서 재인용.

40. 연갑수, 『內閣藏書彙編』 해제", 128쪽.

41. 丁韙良은 미국 북장로회파 선교사로 1850~1916년의 기간 중 4년을 제외한 62년을 중국에 체재하였다. 청나라 同文館의 외국인 책임자를 역임하였고, 1898年부터 청 황제의 임명으로 나중에 북경대학이 되는 京師大學堂의 총장이 되었다. 1866년에 『格物入門』을 저술했다. 박성래, 『인물과학사 2』, 90-95쪽 참조.

42. 현재 이화여대 도서관에 소장되어 있는 『增訂格物入門』은 1888년에 쓴 丁韙良의 序가 있고 1889년에 간행된 것이다. 『增訂格物入門』(1889년간)을 보면, 권1 力學, 권2 水學, 권3 氣學, 권4 化學, 권5 電學, 권6 化學, 권7 測算擧隅로 되어 있다.

43. 《한성순보》 1883.11.10(양력, 이하 《한성순보》 기사의 날짜는 모두 양력으로 표시함) (제2호). 15면 「論地球運轉」. "丁韙良書曰, 人物皆載於地, 與地偕行, 地球運行極速, 人物随之, 急於飈子, 計一時辰, 約走二千餘里, 然因其未易地, 故莫知覺也. 如人在舟中, 舟行而人不動, 人之乘馬, 馬馳而人則未行, 於舟於馬相附, 而行其人之動力難辨也."

44. 丁韙良은 『天文入門』이라는 책을 저술하였고, 이것이 『格物入門』에 포함되어 있었다는 설도 있다.

45. 《한성순보》 1884.3.8(제14호) 13면, "蓋上古之世, 釐定歲時, 莫不恃算學推步, 天文自牛氏後, 莫不以重學發明, 天文今則用光學化學, 以引伸之."

46. 《한성순보》 1883.11.10(제2호) 15면 論地球運轉. 사실 근대과학을 교육하기 위한 《한성순보》의 첫 기사는 地球論에 관한 것이었다(《한성순보》 1883.10.31(제1호) 16면 地球論). 하지만 지구론은 세계지리를 이해하기 위한 기초 지식으로서 제시된 것으로 천문학적이기보다는 지리학적이었다. 이에 대해서는 뒤에서 서술하겠다.

47. 《한성순보》 1884.1.30(제10호) 18면 「地球圜日圖解」. "然使地球不圓則不能圜日, 且地球不能圜日, 則地球萬國必有夜則無晝, 將使世間物類, 終不免偏陽偏陰之所制, 而乾坤亦幾乎息矣." 이를 해석하면 다음과 같다. "그러나 지구가 둥글지 않다면, 圜日할 수 없고, 또 지구가 환일하지 않는다면, 지구상의 만국이 밤은 있을지언정 낮은 없을 것이니, 장차 세상의 사물로 하여금, 끝내 양에 치우치고 음에 치우친 바의 제약을 면하지 못할 것이니, 우주가 어떻게 숨을 쉴 것인가."

48. 마찬가지 이유에서 《한성순보》에 쓰인 외국인 인명은 일관되지 않는다. 아마 참고서적마다 다르게 되어 있었고, 또한 이런 정보들을 통일할 수 있을 정도로 편집자가 서양 과학이나 과학사에 대한 지식이 없었기 때문일 것이다. 예를 들어 뉴턴을 牛董으로 썼다가(《한성순보》 1884.3.8.(제14호) 12면 泰西文學源流考) 㮈端으로 쓰기도 한다(1884.3.18(제15호) 15면).

49. 《한성순보》 1883.11.10(제2호) 제15면 論地球運轉에 있다.

50. 地文이란 "오늘날 자연지리학 또는 지구과학에 해당하는 분야로 지구의 모양과 운동, 지구의 구조, 지표의 변화, 대기 및 해양 등의 내용을 담"은 분야로 정의된다. 이면우, "한국 근대교육기(1876~1910)의 지구과학교육", 66쪽.

51. 《한성순보》 1883.10.31(제1호) 16면 地球論. 이 기사에서는 땅이 구형인 증거를 다음의 5가지로 제시한다. (1)해안 높은 곳에서 드나드는 배를 볼 때, 먼 곳에서는 돛대 끝부터 보이고 가까워지면 배의 아래쪽이 보인다. (2)동쪽으로 나아가면 바다를 건너고 육지를 지나서 계속해서 동쪽으로만 나아갔는데도 원래의 자리로 돌아올 수 있다. (3)태양 빛이 땅에 비치는 시간이 동서에 따라 늦고 빠름이 있다. (4)천정 위의 한 별을 보고 북쪽에서 남쪽으로 가면, 이 별의 고도가 달라진다. 관측자가 남북으로 이동할 때, 북극성의 고도가 달라진다. (5)월식 때 드리워지는 땅의 그림자가 둥근 모양이다.

52. 이 책은 1895년에 金澤榮이 서문을 붙여 한문으로 번역하여 출간하였다. 헐버트에 대해서는 박성래, 『인물과학사 2』, 407-13쪽을 참조.

53. 윤경로, "Homer B. Hulbert 연구", 『역사교육』 29, 1981, 133쪽. 헐버트에 대한 최근의 연구로는 전민호, "헐버트(H. B. Hulbert)의 활동과 교육사상 고찰", 『한국교육학연구』 16-1, 2010, 5-23쪽을 참조. 『사민필지』의 지리학적 분석에 대해서는 김재완, "사민필지(士民必知)에 대한 소고", 『문화역사지리』 13-2, 2001, 199-209쪽; 강철성, "사민필지의 내용분석: 자연지리를 중심으로", 『한국지형학회지』 16-3, 2009, 67-75쪽 등을 참조.

54. 이면우, "한국 근대교육기(1876~1910)의 지구과학교육", 56쪽.

55. 『서유견문』에서는 행성을 遊星으로, 위성을 從星이라고 부른다.

56. 이한섭 편, 『西遊見聞』, 박이정, 2000, 21-~32쪽.

57. 1876년부터 1910년 사이의 학교를 중심으로 이루어진 과학 교육의 역사에 관해서는 이면우, "한국 근대교육기(1876~1910)의 지구과학교육", 29-197쪽; 宋旻煐, "韓国科学教育の成立と展開", 東京都立大学 博士学位論文, 1997, 30-104쪽 등을 참조.

58. 이면우, "한국 근대교육기(1876~1910)의 지구과학교육", 84-87쪽 참조.

59. 宋旻煐, "韓国科学教育の成立と展開", 68쪽에서는 1906년 普通学校令이 나오고부터 한국에서 "理科教育이 開始"되었다고 하였다.

60. 이면우, "한국 근대교육기(1876~1910)의 지구과학교육", 171쪽.

61. 베어드의 생애와 한국에서의 활동에 대해서는 리처드 베어드 지음, 김인수 옮김, 『배

위량 박사의 한국선교』, 쿰란출판사, 2004를 참조.

62. 이 두 책의 중요성은 이면우(1999)가 일찍이 제기하였고, 책의 성립 과정과 내용에 대한 상세한 연구는 박은미, "개화기 천문학 서적 연구: 정영택의『天文學』과 베어드의『천문략히』", 충북대학교 석사학위논문, 2010에서 제출되었다. 본 논의에서 필자는 연세대 소장본『天文略解』를 확인하고, 나일성의 연구를 박은미의 연구와 연결시켜 논의하였다.

63. 원서는 *Descriptive Astronomy*([1869] 1884)였으나 스틸의 사후에 이 제목으로 출간된 것이다. 원서는 후반부에서 항성과 성운 성단 등을 다루고 있지만,『천문략히』는 이 부분이 번역되어 있지 않다. 원서의 목차는 다음과 같다. The Study of Astronomy 11(page)/Space 33/ The Sun 40/ Meteors and Shooting Stars 183/ Comets 194/ Zodiacal Light 206/ The Stars 213/ The Constellations 224/ Double Stars Colored Stars Variadle Stars Clusters 265/ Time 277/ Celestial Measurements 287/ Tables 307/ Guide to the Constellations 334/List of Interesting Objects Visible with an Ordinary 341/ 필자는1896년 중국에서 출간된 漢譯本인『天問略解』(연세대학교 소장)을『천문략히』와 대조해보고, 한글본이 한역본을 일부분을 제외하고는 거의 그대로 따르고 있다는 것을 확인하였다. 한역본『天問略解』의 천문학 용어는 한글본『천문략히』에 사용된 것과 대부분 일치한다.

64. 분광경을 사용하여 천문 관측을 한 것은 1872년 헨리 드레이퍼(Henry Draper)로부터 시작되었다. 이후 분광경 관측은 1880~90년대에 폭넓게 활용되었다. John Lankford, ed., History of Astronomy: An Encyclopedia (New York and London: Garland Publishing, Inc., 1997), p.482.

65. 나일성,『서양과학 도입과 연희전문학교』, 107쪽.

66. 루퍼스의 생애와 한국에서의 활동에 대해서는 나일성,『서양과학 도입과 연희전문학교』, 212-18쪽; 박성래,『인물과학사 2』, 414-19쪽 등을 참조.

67. 베커에 대해서는 박성래,『인물과학사 2』, 420-26쪽을 참조.

68. 루퍼스는 1915년 미시간대학에서 박사학위를 받았고, 이후 연희전문학교의 수물과 교수가 되어 2년간 봉직한 후 1917년 미시간대학 교수가 되어 돌아갔다.

69. 박은미, "개화기 천문학 서적 연구: 정영택의『天文學』과 베어드의『천문략히』", 28쪽.

70. 박은미, "개화기 천문학 서적 연구: 정영택의『天文學』과 베어드의『천문략히』", 31-39쪽.

71. 권두연, "보성관(普成館)의 출판 활동 연구",『현대문학의 연구』44, 2010, 9쪽.

72. 식민지 시기의 과학 교육에 대해서는 김근배, "일제시기 조선인 과학기술인력의 성장", 서울대학교 박사학위논문, 1996을 참조.

73. 이원철의 과학자로서의 생애와 활동에 대해서는 나일성, "이원철: 사막에서 몸부림친 천문학자", 『한국과학기술인물 12인』, 해나무, 2005, 250-76쪽을 참조.

제8장 결론: 한국천문학사의 한국적 특징

* 제8장의 서술은 전용훈, "한국 천문학사의 한국적 특질에 관한 시론: 세종 시대 역산 (曆算) 연구를 중심으로", 『한국과학사학회지』 38-1, 2016, 24-31쪽에서 서술한 내용을 토대로 논의를 확대하고 개편한 것이다.

1. 동아시아의 천변점성술에서는 천변(天變)을 해석하기 위해 하늘의 구역과 땅의 지역을 연결시킨 분야설(分野說)을 설정하였다. 이에 따르면, 한국의 왕조가 차지하고 있던 중국의 동북방과 한반도는 이십팔수 가운데 기(箕)와 미(尾)의 분야에 해당되는 것으로 인식되어왔다. 이것은 오랜 옛날부터 상식이 되어 있었는데, 그 예를 조선후기의 유학자인 이익(李瀷)의 언급에서 볼 수 있다. 맹자의 한 구절을 해설하면서, "기(箕)라는 나라는 곧 우리나라를 가리킨 것이다. 분야(分野)로 따진다면 우리나라가 기(箕)와 미(尾)의 지점에 해당되고 서쪽 지역이 기의 위치가 된다. 그러므로 내 생각에는 단군(檀君) 왕조의 말기에 기자가 이 기성(箕星)의 지점을 돌아다니다가 마침내 이 땅에서 봉작을 받은 것일 듯하다"고 하였다. 『星湖僿說』 卷之一, 天地門 箕指我東. "箕之爲國, 指我東也. 以分野驗之, 我東正當箕尾之躔, 而西道爲箕, 則意者箕子於檀君之末, 游行箕躔之分, 而卒乃受封於此也."

2. 천변(天變)이 일어나는 위치가 기수(箕宿)와 미수(尾宿) 부근이라면 이는 십이차(十二次)로 석목(析木)에 해당하고 이는 곧 한국 왕조에 밀접히 관계되는 천변으로 해석되었다. 그러나 조선전기에 남사고(南師古)는 『동국분야기(東國分野記)』를 지어 조선의 전 지역을 하늘의 전 분야(分野)와 연결시킨 이론을 제안한 것으로 알려져 있다. 하늘 전체를 조선 팔도와 연결시키는 소위 동국분야(東國分野)에 대한 생각이 조선후기로 갈수록 강화되는 것은 사실이다. 한편으로 서양으로부터 지구설(地球說)이 전래하면서 분야설 자체에 대한 불신이 커진 것도 사실이다. 그러한 예를 조선후기의 정약용(丁若鏞), 서유본(徐有本) 등에서 볼 수 있다. 『茶山詩文集』 卷第8, 對策 地理策. "至於二十八宿之各有分野者, 全天宿度, 非中國之所得專, 則其說本不合理也."; 『左

『藪山人文集』卷第三, 文 與金生泳書. "班固漢志, 鄭康成禮註及魏太史令陳卓所著, 郡國所直宿度, 然後儒疑信者相半. 而至於東國則地與燕境相接, 故位屬之箕尾分.今又就東土彈丸之地, 割裂分繫於二十八宿, 曰某州直某宿, 某邑當某宿, 是眞井蛙之窺天也." 조선후기 분야설 비판에 대해서는 임종태, "17·18세기 서양 과학의 유입과 분야설의 변화:『星湖僿說』〈分野〉의 사상사적 위치를 중심으로",『韓國思想史學』21, 2003, 391-416쪽 참조. 분야설에 대해서는 다음을 참조. 이문규, "중국 고대 분야설의 성립과정",『한국과학사학회지』21-2, 1999, 221-38쪽; 오상학, "전통시대 천지에 대한 상관적 사고와 그의 표현: 분야설을 중심으로",『문화 역사 지리』11, 1999, 15-32쪽.

3. 『천지서상지(天地瑞祥志)』에 관한 가장 종합적인 연구로는 水口幹記,『日本古代漢籍受容の史的研究』, 汲古書院, 2005, 177-406쪽을 참고할 수 있고, 일부에 대해 역주본이 출간되었다. 김용천, 최현화,『천지서상지: 당 제국의 국가제사와 의례』, 예문서원, 2007; 최현화, 김용천, 이경섭, "『天地瑞祥志』연구를 위한 試論",『동국대학교 대학원 연구논집』33, 2003, 659-75쪽; 김용천, 이경섭, 최현화, "譯註『天地瑞祥志』第一",『中國史研究』25, 2003, 253-86쪽; 김용천, 최현화, "譯註『天地瑞祥志』譯註(2)",『中國史研究』45, 2006, 387-416쪽; 佐々木聰, 佐野誠子, "京都大學人文科學研究所所藏『天地瑞祥志』第十四翻刻·校注",『名古屋大學中國語學文學論集』29, 2015, 117-75쪽; 佐野誠子, "『天地瑞祥志』所引志怪資料について",『名古屋大學中國語學文學論集』29, 2015, 177-92쪽.

연구논문으로는 다음을 참조. 中村璋八, "天地瑞祥志について:附引書索引",『漢魏文化』7(1968); 中村璋八,『日本陰陽道書の研究』, 汲古書院, 1985, 503-508쪽; 太田晶二郎, "『天地瑞祥志』略說:附けたり所引の唐令佚文竕",『東京大學史料編纂所報』7, 1972, 1-15쪽; 권덕영, "天地瑞祥志 편찬자에 대한 새로운 시각: 日本에 전래된 신라 天文地理書의 一例",『백산학보』52, 1999, 381-402쪽; 김일권, "『天地瑞祥志』의 역사적 의미와 한국사에서의 자료적 가치: 찬자의 상반된 견해 재검토와『고려사』에 인용된 자료를 중심으로",『한국고대사연구』26, 2002, 221-68쪽; 水口幹記, 陳小法, "日本所藏唐代佚書『天地瑞祥志』略述",『文獻(季刊)』2007-1, 2007, 165-72쪽; 趙益, 金程宇, "『天地瑞祥志』若干重要問題的再探討",『南京大學學報(哲學·人文科學·社會科學)』2012-3, 2012, 123-32쪽; 孫英剛, "瑞祥抑或羽孽: 漢唐間的〈五色大鳥〉與政治宣傳",『史林』4, 2012, 39-50쪽.

4. 『天文類抄』의 번역은 김수길, 윤상철 공역 2013,『천문류초』, 대유학당, 2013을 참조. 관련 연구로는 정연식, "『천문류초』의 중궁, 헌원",『조선시대사학보』69, 2014, 103-36

쪽; 양홍진, 박명구, "천문류초(天文類抄)에 기록된 사신동물천문도(四神動物天文圖) 연구", 『한국우주과학회지』 20-1, 2003, 83-94쪽 등을 참조.

5. Park Seong-rae, *Protents and Politics in Korean History* (Korean Studies Series no.7) (Seoul: Jumundang, 1998), pp.13-14.

6. 이태진, "16세기 한국사상계의 "천도(天道)"와 외계충격(外界衝擊) 현상", 『韓國史論』 53, 2007, 90-91쪽 〈표 1〉과 〈표 2〉 참조. 이태진의 연구에서는 총 25,201건 가운데, 유성 3,064, 태백주현 4,572, 혜성·객성 895, 日變 255건으로 분석되었다. 이태진, "소빙기(1500~1750)의 천체 현상적 원인: 『조선왕조실록』의 관련 기록 분석", 『국사관논총』 72, 1996b, 95-97쪽 참조.

7. 양홍진, 박창범, 박명구, "고려시대의 흑점과 오로라 기록에 보이는 태양활동주기", 『천문학논총』 13-1, 1998, 182쪽.

8. 개적적인 연구로는 平山淸次, "獅子座流星の古記錄", 『天文月報』 5-6, 1912, 61-64쪽; 和田雄治, "朝鮮に於ける雨量觀測(一)", 『天文月報』 6-5, 1913, 49-52쪽; 和田雄治, "朝鮮に於ける雨量觀測(二)", 『天文月報』 6-6, 1913, 64-66쪽; 關口鯉吉, "朝鮮李朝古記錄中の彗星", 『天文月報』 10-8, 1917, 85-90쪽; 關口鯉吉, "朝鮮古記錄中の新星及変光星(?)", 『天文月報』 11-8, 1918, 123-25쪽 등이 있다. 오로라와 태양 활동에 관한 연구로는 양홍진, 박창범, 박명구, "고려시대의 흑점과 오로라 기록에 보이는 태양활동주기", 『천문학논총』 13-1, 1998, 181-208쪽을, 유성우에 관한 연구로는 안상현, "한국, 일본, 중국의 역사 기록에 나오는 별똥비 및 별똥 소나기 목록", 『韓國宇宙科學會誌』 21-4, 2004, 529-52쪽을 참조.

9. 국립기상연구소 편, 『관상감이 기록한 17세기 밤하늘』, 기상청, 2013에 원문과 역주 그리고 영문 번역이 편집되어 있다.

10. 1664년 10월 9일(음력)부터 1665년 정월 1일(음력)까지의 기록이 있다. 국립기상연구소 편, 『관상감이 기록한 17세기 밤하늘』, 72-254쪽 참조. 이 책에는 1661년의 혜성, 1664년의 혜성, 1668년의 혜성 관측 기록을 실었다.

11. 이에 대해서는 박성환, "조선 현종 5년(1664) 대혜성의 궤도", 『한국과학사학회지』 4-1, 1982, 52-64쪽을 참조. 영정조시대의 혜성에 대해서는 노규래, "조선 영·정조시대의 혜성 관측기록", 『한국과학사학회지』 7-1, 1985, 88-91쪽을 참조.

12. 수시력의 성립을 위해서 이루어진 관측 활동에 대해서는 山田慶兒, 『授時曆の道』, 198-223쪽; Nathan Sivin, *Granting Seasons*, pp.171-225 등을 참조.

13. 한영호, 이은희, 강민정, "세종의 역법 제정과 『칠정산』", 110쪽.

14. 한영호, 이은희, 강민정, "세종의 역법 제정과 『칠정산』", 109쪽.

15. 확인관측이기 때문에 천문학적 의미가 없다는 것이 아니라, 조선에서의 천문 관측의 특성이 그러하다는 뜻이다.

16. 『세종실록』 권77, 19년(1437) 4월 15일(甲戌). "宣德七年壬子秋七月日, 上御經筵, 論曆象之理, 乃謂藝文館提學臣鄭麟趾曰, 我東方邈在海外, 凡所施爲, 一遵華制, 獨觀天之器有闕."

17. 『四餘纏度通軌』跋文. "且製儀象晷漏用相參考, 其推驗之法, 已大備矣."

18. 한영호, 이은희, "교식추보법가령 연구", 275-82쪽을 참조. 중국에서 바뀐 산식을 『교식추보법』에서 수용한 것일 수도 있다(281쪽). 이 논문의 저자들은 다른 논문에서도 『교식추보법가령』에 실려 있는 교식계산법이 『칠정산내편』의 그것을 수정한 것이라는 사실을 근거로 『칠정산내편』의 성립 이후에도 세종시대의 천문학자들이 지속적으로 역산 연구를 진행해왔다고 추정하고 있다. 이은희, 한영호, "조선 초 간행의 교식가령(交食假令) 연구", 35-70쪽을 참조.

19. 『諸家曆象集』跋文. "天文則於七政列舍中外官入宿去極度分, 皆測之. 又將古今天文圖, 參別同異, 測定取正, 而其二十八宿度分及十二次宿度, 一依授時曆修改, 以刊石本矣." 『제가역상집』의 발문은 『세종실록』 권107, 27년(1445) 3월 30일(癸卯)의 기사에도 실려 있다.

20. 『세종실록』 권77, 19년(1437) 4월 15일(甲戌). 일성정시의에 관한 기사 가운데, "渾象之制, 漆布爲體, 圓如彈丸, 圍十尺八寸六分, 縱橫畫周天度分, 赤道居中, 黃道出入赤道內外, 各二十四度弱, 徧布列舍中外官星, 一日一周而過一度."라고 하여, 전천의 별을 "두루 펴져 있는 줄지은 별자리(28수)와 중관 및 외관의 별(徧布列舍中外官星)"이라고 하였으므로, 『제가역상집』 발문에서의 "七政列舍中外官入宿去極度分"은 전천 항성의 입수도와 거극도를 가리킨다고 볼 수 있다.

21. 『동국문헌비고』 상위고 권2, 儀象1. "(世宗) 十五年, 刻新法天文圖. 上裁酌古今天文圖, 其二十八宿距度及十二次交宮宿度, 一依授時所測, 勒成圖, 鐫于石."

22. 『星鏡』序. "今就甲辰(1844)所測中, 除却增星, 只取正座恒星, 更加算會得, 咸豐十一年辛酉(1861)赤道經緯度." 『欽定儀象考成』은 淸에서 관측 기준년을 1744년으로 삼아 만든 성표이다. 이후 周餘慶 등이 새로 기준년을 1844년으로 삼아 측정하여 『欽定儀象考成續編』을 만들었다. 潘鼐, 『中國恒星觀測史』, 上海: 學林出版社, 2009, 638-57쪽 참조. 『성경』의 항성 동정(同定)에 관한 연구로 유경로, 안상현, 박창범, "『성경』에 실린 별들의 동정(同定)", 『한국과학사학회지』 18-1, 1996, 3-57쪽을 참조.

23. 조선후기『중성기』와 『누주통의』을 중심으로 한 시각 제도에 대해서는 한영호, 남문현, "朝鮮의 更漏法", 183-214쪽을 참조.

〈표 및 도판 일람〉

〈참고문헌〉

1. 전근대 한문 사료

(1) 중국 역대 천문지(天文志) 및 역지(曆志):

『標點校勘 二十五史』中華書局, 1978: 『文淵閣四庫全書』 전자판.

淸史稿校註編纂小組, 『淸史稿校註』, 國史館, 民國75年.

(2) 『三國史記』, 『三國遺事』, 『高麗史』, 『高麗史節要』, 『朝鮮王朝實錄』, 『備邊司謄錄』, 『承政院日記』 등 한국의 역대 연대기자료: 국사편찬위원회(http://www.history.go.kr/) 제공 한국사데이터베이스.

(3) 한국 역대 문집

고전번역원, 『韓國文集叢刊』(http://db.itkc.or.kr/index.jsp?bizName=MM).

(4) 중국 자료 속의 한국 관련 기록

국사편찬위원회 편, 『역주 중국정사조선전』, 전4책, 국사편찬위원회, 1986.

이근명 외 엮음, 『송원시대의 고려사 자료』, 전2책, 신서원, 2010.

(5) 기타

『東史綱目』(安鼎福): 『국역동사강목』, 민족문화추진회, 1978.

『帛書』(黃嗣永): 윤재영 역, 『黃嗣永帛書(外)』, 正音社, 1975.

『書雲觀志』(成周惪): 『국역서운관지』, 세종대왕기념사업회, 1999.

『瀋陽狀啓』: 『국역심양장계』, 세종대왕기념사업회, 1999.

『增補文獻備考 象緯考』(徐浩修): 『국역증보문헌비고 상위고』, 세종대왕기념사업회, 1980.

『通文館志』: 『국역통문관지』, 세종대왕기념사업회, 1998.

『遼史』: 김위현 외 역,『국역요사』, 단국대학교출판부, 2012.

『國朝曆象考』(徐浩修 등): 이은희, 문중양 역주『국조역상고』, 소명출판, 2004.

『圭齋先生文集』(南秉哲):『韓國歷代文集叢書』616책, 경인문화사, 1993.

『錦帶殿策』(李家煥, 필사본): 박동욱 역,『금대집』, 한국고전번역원, 2014.

『唐六典』: 김택민 주편,『역주당육전』, 신서원, 2003.

『同文彙考』(承文院), 영인본, 국사편찬위원회, 1978.

『東史綱目』(安鼎福):『신편국역동사강목』, 민족문화추진회, 1977.

『東史年表』(魚允迪), 寶文館, 1915.

『東史』(李種徽): 김영심, 정재훈 역주,『東史』, 소명출판, 2004.

『四餘纏度通軌』(규장각한국학연구원 소장).

『星鏡』(南秉吉):『한국과학기술사자료대계 천문학편』, 여강출판사, 1986.

『數理精蘊』:『文淵閣四庫全書』799책, 臺北: 商務印書館, 1983.

『授時曆捷法立成』(孫光嗣):『한국과학기술사자료대계 천문학편』, 여강출판사, 1986.

『數學』(江永):『文淵閣四庫全書』796책, 臺北: 商務印書館, 1983.

『時憲紀要』(南秉吉):『한국과학기술사자료대계 천문학편』, 여강출판사, 1986.

『新法算書』: 『文淵閣四庫全書』788~789책, 臺北: 商務印書館, 1983.

『新製靈臺儀象志』: 『續修四庫全書』1031~1032책, 上海古籍出版社, 1995~1999.

『辛亥啓下觀象監釐正節目』(규장각한국학연구원 소장).

『曆算全書』(梅文鼎):『文淵閣四庫全書』794~795책, 臺北: 商務印書館, 1983.

『曆象考成後編』: 『文淵閣四庫全書』792책, 臺北: 商務印書館, 1983.

『曆象考成』:『文淵閣四庫全書』790~791책, 臺北: 商務印書館, 1983.

『五洲衍文長箋散稿』(李圭景): 영인본, 東國文化社, 단기4292년.

『頤齋亂藁』(정신문화연구원 탈초영인본, 1998).

『頤齋亂藁』(黃胤錫): 탈초영인본, 정신문화연구원, 1995.

『日本書紀』: 田溶新 譯,『(完譯)日本書紀』, 一志社, 1989

『正敎奉褒』(黃伯祿), 上海: 慈母堂, 光緒二十九年.

『諸家曆象集』(李純之): 『韓國科學古典叢書』II, 성신여자대학출판부, 1983.

『諸家曆象集』(李純之):『한국과학기술사자료대계 천문학편』, 여강출판사, 1986.

『朝鮮時代雜科合格者總攬』, 한국정신문화연구원, 1990.

『周禮』: 지재희, 이준녕 해역,『주례』, 자유문고, 2002.

『天問略解』(연세대학교소장).

『天文類草』(李純之):『한국과학기술사자료대계 천문학편』, 여강출판사, 1986.

『叢史』(洪敬謨): 영인본, 규장각한국학연구원, 2011

『推步續解』(남병철):『한국과학기술사자료대계 천문학편』, 여강출판사, 1986.

『推步捷例』(규장각한국학연구원 소장):『한국과학기술사자료대계 천문학편』, 여강출판사, 1986.

『治曆緣起』(규장각한국학연구원 소장).

『七政步法』(규장각한국학연구원 소장).

『七政算內篇』:『한국과학기술사자료대계 천문학편』, 여강출판사, 1986; 이은성, 유경로, 현정준 역, 『(국역) 세종장헌대왕실록』 제26~28책, 세종대왕기념사업회, 1971.

『海東繹史』(韓致奫):『국역해동역사』, 민족문화추진회, 1996.

『海東雜錄』(權鼈):『국역대동야승』, 민족문화추진회, 1983.

『玄象新法細草類彙』(許遠):『한국과학기술사자료대계 천문학편』, 여강출판사, 1986.

『協吉通義』(규장각한국학연구원 소장).

『弘齋全書』(正祖):『국역홍재전서』, 민족문화추진회, 1998.

『欽定儀象考成續編』:『續修四庫全書』1035책, 上海古籍出版社, 1995~1999.

『欽定儀象考成』:『文淵閣四庫全書』793책, 臺北: 商務印書館, 1983.

2. 현대 학술적 연구 자료

(1)단행본 도서(한국어, 중국어, 일본어, 영어)

구만옥,『조선후기 과학사상사 연구 1』, 혜안, 2004.

국립기상연구소 편,『관상감이 기록한 17세기 밤하늘』, 기상청, 2013.

국사편찬위원회 편,『한국사 15: 고려전기의 사회와 대외관계』, 국사편찬위원회, 1995.

기상청,『근대기상100년사』, 기상청, 2004.

김근배 등,『한국과학기술인물 12인』, 해나무, 2005.

김명호,『환재 박규수 연구』, 창비, 2008.

金炳國, 崔載南, 鄭雲采 역,『西浦年譜』, 서울대학교출판부, 1992.

김수길, 윤상철 공역,『천문류초』, 대유학당, 2013.

김순자,『한국 중세 한중관계사』, 혜안, 2007.

김영식, 『유가전통과 과학』, 예문서원, 2013.

김용선 역주, 『역주고려묘지명집성 (상)』, 한림대학교출판부, 2001.

김용천, 최현화, 『천지서상지: 당 제국의 국가제사와 의례』, 예문서원, 2007.

김위현 외 역, 『국역요사』, 단국대학교출판부, 1212.

김일권 역, 동아대학교 석당학술원 편, 『국역 고려사 제14책, 역지』, 경인문화사, 2011.

김한규, 『한중관계사』, 아르케, 1999.

김호동, 『몽골제국과 고려』, 서울대학교출판부, 2007.

나일성, 『서양과학 도입과 연희전문학교』, 연세대학교출판부, 2004.

나일성, 『한국 천문학사』, 서울대학교출판부, 2000.

니시지마 사다오 지음, 이성시 엮음, 송완범 옮김, 『일본의 고대사 인식』, 역사비평사,
   2008.

藤塚鄰, 박희영 역, 『추사　김정희: 또 다른 얼굴』, 아카데미하우스, 1993.

리처드 베어드 지음, 김인수 옮김, 『배위량 박사의 한국선교』, 쿰란출판사, 2004.

박성래, 『세종시대의 과학기술 그 현대적 의미』, 한국과학재단, 1997.

박성래, 『인물과학사』, 책과함께, 2011.

박성래, 『한국과학사상사』, 유스북, 2002.

박성래, 『한국인의 과학정신』, 평민사, 1993.

박창범, 『하늘에 새긴 우리역사』, 김영사, 2002.

배우성, 『조선후기 국토관과 천하관의 변화』, 일지사, 1998.

Benjamin Elman, 양휘웅 옮김, 『성리학에서　고증학으로(원제: From Philosophy to
   Philology)』, 예문서원, 2004.

샤를르 달레, 안응렬, 최석우 역주, 『韓國天主教會史』, 한국교회사연구소, 2000.

徐兢, 조동원 등 역, 『역주 고려도경』, 황소자리, 2005.

藪内淸 著, 兪景老 譯編, 『中國의 天文學』, 전파과학사, 1985.

양계초 지음, 전인영 옮김, 『중국근대의 지식인』, 혜안, 2005.

연세대학교 국학연구원 편, 『한국실학사상연구 4: 과학기술편』, 혜안, 2005.

염영하, 『한국종 연구』, 한국정신문화연구원, 1988.

圓仁, 신복룡 옮김, 『입당구법순례행기』, 선인, 2007.

유경로, 『한국 천문학사 연구』, 녹두, 1999.

유길준 저, 이한섭 편, 『西遊見聞』, 박이정, 2000.

이개석, 『고려-대원 관계 연구』, 지식산업사, 2013.

李奎報, 민족문화추진회 역,『국역동국이상국집』, 민족문화추진회, 1981.

이근명 외 역음,『송원시대의 고려사자료』, 신서원, 2010.

이노국,『19세기 천문수학 서적 연구』, 한국학술정보, 2010.

李龍範,『중세서양과학의 조선전래』, 동국대학교출판부, 1988.

이용범,『한국과학사상사연구』, 동국대학교출판부, 1993.

이우성 등,『혜강 최한기 연구』, 성균관대학교출판부, 2016.

이은성,『역법의 원리분석』, 정음사, 1988.

이은성,『韓國의 冊曆』, 전파과학사, 1978.

이은희,『칠정산내편의 연구』, 한국학술정보, 2007.

이현혜, 정인성, 오영찬, 김병준, 이명선,『일본에 남아 있는 낙랑 유물』, 학연문화사, 2008.

임형택,『실사구시의 한국학』, 창작과비평사, 2000.

장동익,『고려후기 외교사 연구』, 일조각, 1994.

장지연,『萬國事物紀原歷史』, 皇城新聞社, 1909.

전상운,『한국과학기술사』, 정음사, 1975.

전상운,『한국과학사』, 사이언스북스, 2000.

전해종,『한중관계사 연구』, 일조각, 1970.

조선기술발전사 편찬위원회,『조선기술발전사』, 백산자료 영인본, 1997.

John B. Henderson, 문중양 옮김,『중국의 우주론과 청대의 과학혁명(원제: The Development and Decline of Chinese Cosmology)』, 소명출판, 2004.

천문대 편,『한국천문력 및 고천문학』, 천문대, 1997.

한국고대사회연구소편,『역주한국고대금석문』, 가락국사적개발연구원, 1992.

한국천문연구원,『고려시대연력표』, 한국천문연구원, 1999.

한영우,『정조의 화성행차, 그 8일』, 효형출판, 1998.

허흥식 편,『韓國金石全文』, 아세아문화사, 1984.

黃嗣永, 윤재영 역,『黃嗣永帛書 外』, 정음사, 1975.

황재문 역,『萬國事物紀原歷史』, 한겨레출판, 2014.

江曉原, 鈕衛星,『天文西學東漸集』, 上海: 上海古籍出版社, 2001.

戴震,『戴震集』, 上海: 古籍出版社, 2009.

鄧文寬,『敦煌天文曆法文獻輯校』, 南京: 江蘇古籍出版社, 1996.

梁啓超,『中國近三百年學術史』, 三聯書店, 2006.

潘鼐, 『中國古天文圖錄』, 上海科學敎育出版社, 2009.

潘鼐, 『中國恒星觀測史』, 學林出版社, 1989.

阮元, 『疇人傳』: 楊家駱 主編, 『疇人傳彙編』, 世界書局, 1962.

王韜, 顧燮光 等編, 『近代譯書目』, 北京圖書館出版社, 2003.

汪曰楨, 『歷代長術輯要』: 王雲五 主編, 『國學基本叢書』, 臺北: 商務印書館, 1967.

王萍, 『西方曆算學之輸入』, 精華印書館, 民國55年.

熊月之, 『晚淸新學書目提要』, 上海書店出版社, 2007.

熊月之, 『西學東漸與晚淸社會』, 上海人民出版社, 1994

李迪, 郭世榮 編, 『淸代著名天文算學家 梅文鼎』, 上海: 科學技術文獻出版社, 1988.

錢大昕, 『潛硏堂集』, 上海: 古籍出版社, 2009.

朱文鑫, 『曆法通志』, 上海: 商務印書館, 1934.

陳遵嬀, 『中國天文學史』, 上海人民出版社, [1980]2006.

陳美東, 『中國科學技術史 天文學卷』, 科學出版社, 2003.

陳垣, 『二十史朔閏表』, 中華書局, [1926]1962.

淸史稿校註編纂小組, 『淸史稿校註』, 國史館, 民國75年.

洪金富 編著, 『遼宋夏金元五朝日曆』, 臺北: 中央硏究院歷史語言硏究所, 2004.

黃一農, 『社會天文學史十講』, 上海: 復旦大學出版社, 2004.

京城俯, 『京城府史』, 京城: 京城俯, 1934.

武田幸男, 『高句麗史と東アジア』, 東京大出版會, 1988.

飯島忠夫, 『支那古代史と天文學』, 第一書房, 1939.

飯島忠夫, 『支那古代史論』, 恒星社, 1941.

山田慶兒, 『授時曆の道』, 東京: みすず書房, 1980.

西島定生, 『西島定生東アジア史論集』, 岩波書店, 2002.

西澤宥綜, 『敦煌曆學綜論』, 東京: 美裝社, 2004.

細井浩志, 竹迫忍, 『唐·日本における進朔に関する研究』, 研究成果報告書, 2013.

小泉顯夫 編, 『樂浪彩篋冢』, 朝鮮古蹟硏究會, 1934.

水口幹記, 『日本古代漢籍受容の史的研究』, 汲古書院, 2005.

藪內淸, 『增補改訂 中國の天文曆法』, 平凡社, 1990.

藪內淸, 『增訂隋唐曆法史の硏究』, 臨川西占, 1989.

年代學硏究會編, 『天文·曆·陰陽道』, 岩田書院, 1995.

圓仁 撰,『入唐求法巡禮行記』, 東京: 佛書刊行會, 大正4.

齊藤國治,『日本·中國·朝鮮 古代の時刻制度』, 雄山閣, 1995.

中山茂,『日本の天文学』, 岩波書店, 1972.

中村璋八,『日本陰陽道書の研究』, 汲古書院, 1985.

中村春壽,『韓日古代都市計劃』, 六興出版, 1978.

編輯委員會,『日本の天文學の百年』, 恒星社厚生閣, 2008.

厚谷和雄 編,『具注曆を中心とする曆史料の集成とその史料學的研究』, 研究成果報告書, 2008.

A. Pannekoek, *A History of Astronomy*, New York: Dover Publications, Inc., 1961.

J. L. E. Dreyer, *A History of Astronomy from Thales to Kepler*, New York: Dover Publications, Inc., 1953.

Ho Peng Yoke, *Chinese Mathematical Astrology*, London: RoutledgeCurzon, 2003.

John Lankford, ed., *History of Astronomy: An Encyclopedia*, New York and London: Garland Publishing, Inc., 1997.

Joseph Needham, *Science and Civilisation in China*, vol.3,　Mathematics and the Sciences of the Heavens and Earth, Cambridge:　Cambridge University Press, 1959.

Keijo Hashimoto, *Hsu Kuang-Ch'i and Astronomical Reform: The Process of the Chinese Acceptance of Western Astronomy 1629-1635*, Osaka: Kansai University Press, 1988.

Nathan Sivin, *Granting the Seasons: The Chinese Astronomical Reform of 1280*, New York: Springer, 2009.

Park Seong-rae, *Protents and Politics in Korean History*, Seoul: Jumundang, 1998.

Richard Smith, *Chinese Almanacs*, Oxford: Oxford University Press, 1992: (日譯) 三浦國雄 監譯, 加藤千惠 譯,『通書の世界』, 東京: 凱風社, 1998.

(2)학술지 논문(한국어, 중국어, 일본어, 영어)

강철성, "사민필지의 내용분석: 자연지리를 중심으로",『한국지형학회지』 16-3, 2009.

구만옥, "'天象列次分野之圖' 연구의 쟁점에 대한 검토와 제언",『동방학지』 140, 2007.

구만옥, "고려왕조 천문역산학의 성격",『국제고려학회 서울지회 논문집』 9, 2007.

구만옥, "마테오 리치(利瑪竇) 이후 서양 수학에 대한 조선 지식인의 반응",『한국실학연구』20, 2010.

구만옥, "세종, 조선 과학의 범형(範型)을 구축하다",『한국과학사학회지』35-1, 2013.

구만옥, "조선왕조 집권체제와 과학기술정책: 조선전기 천문역산학의 정비과정을 중심으로",『동방학지』124, 2004.

구만옥, "조선전기의 산학정책과 교육",『인문학연구』11, 2007.

구만옥, "조선후기 천문역산학의 개혁 방안: 정조의 천문책에 대한 대책을 중심으로",『한국과학사학회지』28-2, 2006.

구만옥, "조선후기 천문역산학의 주요 쟁점: 정조(正祖)의 천문책(天文策)과 그에 대한 대책을 중심으로",『한국사상사학』27, 2006.

권덕영, "天地瑞祥志 편찬자에 대한 새로운 시각: 日本에 전래된 신라 天文地理書의 一例",『백산학보』52, 1999.

권두연, "보성관(普成館)의 출판 활동 연구",『현대문학의 연구』44, 2010.

金龍德, "昭顯世子 研究",『朝鮮後期思想史研究』, 乙酉文化社, 1977.

김동일, "별자리가 새겨진 고인돌무덤에 대하여",『조선고고연구』1996-3, 1996.

김두현, "청조(淸朝)정권의 성립과 전개", 서울대학교 동양사학연구실 편,『강좌중국사』IV, 지식산업사, 1989.

김만태, "성수신앙의 일환으로서 북두칠성의 신앙적 화현 양상",『동방학지』159, 2012.

김문식, "남병철이 파악한 서양의 과학기술",『문헌과 해석』16, 2001.

김문식, "『국조오례통편』의 자료적 특징",『한국문화연구』12, 2007.

김문용, "조선 후기 서양 수학의 영향과 수리 관념의 변화",『한국실학연구』24, 2012.

김상범, "天文知識의 독점과 규제: 宋政府의 天文規制措置와 天文敎育을 중심으로",『아세아문화연구』8, 2004.

김연희, "『한성순보』및『한성주보』의 과학기술 기사로 본 고종시대 서구문물 수용 노력",『한국과학사학회지』33-1, 2011.

김영식, "1735년 역서(曆書)의 윤달 결정과 간행에 관한 조선 조정의 논의",『한국과학사학회지』36-1, 2014.

김영식, "傳統中國 學者계층의 전문과학지식에 대한 태도: 天文曆法 및 그 전문가들에 대한 朱熹(1130~1200)의 태도를 중심으로",『한국과학사학회지』8-1, 1986.

김용천, 이경섭, 최현화, "譯註『天地瑞祥志』第一",『中國史研究』25, 2003.

김용천, 최현화, "譯註『天地瑞祥志』譯註(2)",『中國史研究』45, 2006.

김일권, "고려 역법의 이해:『국역 고려사 역지』역주",『석당논총』54, 2012.

김일권, "고령 바위구멍 암각화의 현황과 성격", 『영남대학교 민족문화연구소 학술대회 자료집』 2008-1, 2008.

김일권, "국내성에서 발견된 고구려 윷놀이판과 그 천문우주론적 상징성", 『고구려발해 연구』 15, 2003.

김일권, "별자리형 바위구멍에 대한 고찰", 『고문화』 51, 1998.

김일권, "영일 칠포지역의 별자리 암각화 연구", 『한국암각화연구』 8, 2006.

김일권, "영일만의 천문사상과 별자리 암각화", 『한국암각화연구』 15, 2011.

김일권, "한국 윷의 문화사와 윷판암각화의 천문사상: 임실의 윷판암각화 발굴과 천문 의 도시 단상을 붙여", 『한국암각화연구』 18, 2014.

김일권, "한국인의 윷놀이판 바위그림에 투영된 천체우주론적 관점 고찰: 井邑 斗升山 望華臺의 바위그림 자료 소개를 덧붙여", 『한국암각화연구』 5, 2004.

김일권, "『天地瑞祥志』의 역사적 의미와 한국사에서의 자료적 가치: 찬자의 상반된 견해 재검토와 『고려사』에 인용된 자료를 중심으로", 『한국고대사연구』 26, 2002.

김재완, "스민필지(士民必知)에 대한 소고", 『문화역사지리』 13-2, 2001.

김정미, "朝鮮時代 史庫形止案 硏究", 한국학중앙연구원 박사학위논문, 2015.

김종태, "庚辰年大統曆小考", 『생활문물연구』 7, 2002.

김지영, "18세기 후반 國家典禮의 정비와 『春官通考』", 『한국학보』 30-1, 2004.

김창현, "高麗時代 日官에 관한 一考察: 日官의 役割과 그 地位를 중심으로", 『사학연구』 45, 1992.

나일성, "이원철: 사막에서 몸부림친 천문학자", 『한국과학기술인물 12인』, 해나무, 2005.

남문현, 한영호, "조선조 중기의 혼천의(渾天儀) 복원 연구: 이민철의 혼천시계(渾天時 計)", 『한국과학사학회지』 19-1, 1997.

노규래, "南秉吉의 생애와 천문학", 『한국과학사학회지』 6-1, 1984.

노규래, "조선 영·정조시대의 혜성 관측기록", 『한국과학사학회지』 7-1, 1985.

노대환, "19세기 전반 西洋認識의 변화와 西器受用論", 『한국사연구』 95, 1996.

노대환, "19세기 중반 남병철(1817~1863)의 학문과 현실 인식", 『이화사학연구』 40, 2010.

노대환, "正祖代의 西器受容 논의: '중국원류설'을 중심으로", 『한국학보』 25-1, 1999.

노대환, "조선 후기의 서학유입과 서기수용론", 『진단학보』 83, 1997.

노대환, "조선후기 '西學中國源流說'의 전개와 그 성격", 『역사학보』 178, 2003.

노태돈, "왜 고조선인가", 고구려연구재단 편, 『고조선·단군·부여』, 고구려연구재단, 2004.

大谷光男, "百濟 武寧王·同王妃의 墓誌에 보이는 曆法에 대하여", 『美術史學研究』 119, 1973.

리준걸, "단군조선의 천문지식은 고구려 천문학의 기초", 『조선고고연구』 1996-3, 1996.

문중양, "'향력'에서 '동력'으로: 조선후기 자국력을 갖고자 하는 열망", 『역사학보』 218, 2013.

문중양, "18세기 후반 조선 과학기술의 추이와 성격: 정조대 정부 부분의 천문역산 활동을 중심으로", 『역사와 현실』 39, 2001.

문중양, "19세기의 사대부 과학자 남병철", 『과학사상』 33, 2000.

문중양, "세종대 과학기술의 '자주성', 다시 보기", 『역사학보』 189, 2006.

문중양, "전근대라는 이름의 덫에 물린 19세기 조선 과학의 역사성", 『한국문화』 54, 2011.

문중양, "『동국·증정·증보문헌비고』〈상위고〉의 편찬과 영정조대의 한국천문학", 『진단학보』 106, 2008.

미야가와 타구야, "식민지의 '위대한' 역사와 제국의 위상: 와다 유지(和田雄治)의 조선기상학사 연구", 『한국과학사학회지』 32-2, 2010.

박경철, "우리에게 부여는 어떤 의미를 지니는가", 고구려연구재단 편, 『고조선·단군·부여』, 고구려연구재단, 2004.

박권수, "17세기 조선왕실의 王陵地 선정 과정과 方外地師의 역할: 孝宗과 顯宗대의 山陵조성 과정을 중심으로", 『문화 역사 지리』 27-1, 2015.

박성래, "〈수시력〉 수용과 〈칠정산〉 완성: 중국 원형의 한국적 변형", 『한국과학사학회지』 24-2, 2002.

박성래, "高麗初의 曆과 年號", 『한국학보』 10, 1978.

박성래, "조선시대 과학사를 어떻게 볼 것인가", 『한국사시민강좌』 16, 1995.

박성래, "『漢城旬報』와 『한성주보』의 근대과학 수용 노력", 『신문연구』 36, 1983.

박성환, "조선 현종 5년(1664) 대혜성의 궤도", 『한국과학사학회지』 4-1, 1982.

박창범, 라대일, "단군조선시대의 천문현상기록의 과학적 검증", 『한국상고사학보』 14, 1993.

배현숙, "〈七政算〉內外篇의 字句同異", 『서지학연구』 3, 1988.

서경요, "淸儒 阮元의 樸學情神", 『東洋哲學研究』 2, 1981.

서금석, "고려의 曆法 추이를 통해 본 『고려사』 「曆志」 서문의 검토", 『역사학연구』 47, 2012.

서금석·김병인, "'步氣朔術' 분석을 통해 본 高麗前期의 曆法: 『高麗史』 「曆志」 『宣明曆』과 遼의 『大明曆』 '氣朔術'을 중심으로", 『한국중세사연구』 38, 2014a.

서금석·김병인, "고려중기 曆法과 金의 『重修大明曆』 '步氣朔術' 검토: 『고려사』 「세가」 11월 朔日 분석을 중심으로", 『역사학연구』 53, 2014b.

송일기, 윤주영, "中國本 西學書의 韓國 傳來에 관한 文獻的 考察", 『서지학연구』 15, 1998.

송지원, "정조대 의례 정비와 『春官通考』 편찬", 『규장각』 38, 2011.

송지원, "弘齋正祖의 國家典禮 정비와 그 의미", 『동양문화연구』 3, 2009.

송호정, "신화 속의 전설, 기자와 기자조선", 고구려연구재단 편, 『고조선·단군·부여』, 고구려연구재단, 2004.

심재석, "遼代 高麗國王 冊封의 構造와 展開", 『외대사학』 12-1, 2000.

안대옥, "청대 전기 서학 수용의 형식과 외연", 『중국사연구』 65, 2010.

안대옥, "『周髀算經』과 西學中源說: 명말 서학수용 이후 『주비산경』 독법의 변화를 중심으로", 『한국실학연구』 18, 2009.

안상현, "〈天象列次分野之圖〉에 나오는 고려시대 피휘와 천문도의 기원", 『고궁문화』 4, 2011.

안상현, "한국, 일본, 중국의 역사 기록에 나오는 별똥비 및 별똥 소나기 목록", 『韓國宇宙科學會誌』 21-4, 2004.

양명진, 박구, "천문류초(天文類抄)에 기록된 사신동물천문도(四神動物天文圖) 연구", 『한국우주과학회지』 20-1, 2003.

양홍진, 박창범, 박명구, "고려시대의 흑점과 오로라 기록에 보이는 태양활동주기", 『천문학논총』 13-1, 1998.

양홍진, 박창범, 박명구, "홈이 새겨진 고인돌과 홈의 특징", 『한국암각화연구』 14, 2010.

양홍진, 복기대, "중국 해성(海城) 고인돌과 주변 바위그림에 대한 고고천문학적 소고(小考)", 『동아시아고대학』 29, 2012.

연갑수, "『內閣藏書彙編』 해제", 『규장각』 16, 1994.

염정섭, "고려의 중국 農書·曆書·擇日書 도입과 '逐日吉凶橫看 木板'의 성격", 『한국중세사연구』 38, 2014.

오상학, "전통시대 천지에 대한 상관적 사고와 그의 표현: 분야설을 중심으로", 『문화 역사 지리』 11, 1999.

우장문, "고인돌을 만든 사람들의 사유에 관한 연구: 덮개돌의 굼을 중심으로", 『先史와 古代』 29, 2008.

위은숙, "13세기 '吉凶逐月橫看 高麗木板'을 통해본 고려의 擇日문화", 『민족문화논총』 59, 2015.

위은숙, "深源寺 소장 13세기 '吉凶逐月橫看 高麗木板'의 農曆", 『민족문화논총』 52, 2012.

유경로, "조선 시대의 중국역법 도입에 관하여", 『한국과학사학회지』 4-1, 1982.

유경로, "『증보문헌비고』 상위고 해제", 『국역증보문헌비고 제1책』, 세종대왕기념사업회, 1980.

유경로, 안상현, 박창범, "『성경』에 실린 별들의 동정(同定)", 『한국과학사학회지』 18-1, 1996.

윤경로, "Homer B. Hulbert 연구", 『역사교육』 29, 1981.

이면우, "이순지·김담 찬 대통력일통궤등 6편의 통궤본에 대한 연구", 『한국과학사학회지』 10-1, 1988.

이문규, "중국 고대 분야설의 성립과정", 『한국과학사학회지』 21-2, 1999.

이문규, "하늘에 새긴 우리 역사를 잘 못 읽다", 『서평문화』 49, 2003.

이문현, "영조대 천문도의 제작과 서양천문도에 대한 수용태도", 『생활문물연구』 3, 2001.

이용범, "麗代의 偽曆에 대하여", 『震檀學報』 29·30, 1966.

이용삼, 정장해, 김상혁, 이용복, "신라시대 천문역법과 물시계 복원연구", 『한국우주과학회지』 25-3, 2008.

이융조, 이용복, 박창범, "청원 아득이 고인돌 유적에서 발굴된 별자리판 연구", 『한국과학사학회지』 23-1, 2001.

이은성, "무령왕릉의 지석과 원가력법", 『동방학지』 43, 1984.

이은희, 한영호, "조선 초 간행의 교식가령(交食假令) 연구", 『한국과학사학회지』 34-1, 2012.

이은희, 한영호, 강민정, "사여(四餘)의 중국 전래와 동서 천문학의 교류", 『한국과학사학회지』 36-3, 2014.

이태진, "16세기 한국사상계의 "천도(天道)"와 외계충격(外界衝擊) 현상", 『韓國史論』 53, 2007.

이태진, "소빙기(1500~1750)의 천체 현상적 원인: 『조선왕조실록』의 관련 기록 분석", 『국사관논총』 72, 1996.

이필영, 한창균, "바위구멍의 해석에 관한 시론: 고고 민속 자료를 중심으로", 『史學志』 21-1, 1987.

이희덕, "高麗의 天文官制", 『東方學志』 96, 1997.

임정혁, "和田雄治의 조선기상학사연구: 측우기와 강우량 관측기록 조사", 『한국과학사학회지』 27-2, 2005.

임종태, "17·18세기 서양 과학의 유입과 분야설의 변화: 『星湖僿說』 〈分野〉의 사상사적 위치를 중심으로", 『韓國思想史學』 21, 2003.

임종태, "이방의 과학과 고전적 전통", 『동양철학』 22, 2004.

張東翼, "『高麗史』에서의 朔日", 『역사교육논집』 52, 2014.

張東翼, "高麗前期의 曆日", 『한국중세사연구』 33, 2012.

전민호, "헐버트(H. B. Hulbert)의 활동과 교육사상 고찰", 『한국교육학연구』 16-1, 2010.

전상운, "삼국 및 통일신라시대의 천문의기", 『고문화』 3, 1964.

전상운, "朝鮮前期의 科學과 技術", 『한국과학사학회지』 14-2, 1992.

전용훈, "정조대 曆法과 術數學 지식: 『千歲曆』과 『協吉通義』를 중심으로", 『한국문화』 54, 2011.

전용훈, "17~18세기 서양 천문역산학의 도입과 전개", 연세대학교 국학연구원 편, 『한국 실학사상연구 4, 과학기술편』, 혜안, 2005.

전용훈, "17~18세기 서양과학의 도입과 갈등: 시헌력 시행과 절기배치법에 대한 논란을 중심으로", 『동방학지』 117, 2002.

전용훈, "17세기 서양 세차설의 전래와 동아시아 지식인의 반응", 『한국실학연구』 20, 2010.

전용훈, "19세기 조선 수학의 지적 풍토: 홍길주(1786~1841)의 수학과 그 연원", 『한국과학사학회지』 26-2, 2004.

전용훈, "19세기 조선 지식인의 서양과학 읽기: 최한기의 기학과 서양과학", 『역사비평』 81, 2007.

전용훈, "19세기 조선에서 서양과학과 천문학의 성격", 『한국과학사학회지』 35-3, 2013.

전용훈, "19세기 조선의 역산 매뉴얼 『추보첩례』", 『규장각』 44, 2014.

전용훈, "A Korean Reading of Newtonian Mechanics in the Nineteenth Century," *EASTM* vol.32, 2010.

전용훈, "고려시대의 역법과 역서", 『한국중세사연구』 39, 2014.

전용훈, "남병철의 『推步續解』와 조선후기 서양천문학", 『규장각』 38, 2011.

전용훈, "서양점성술 문헌의 조선 전래", 『한국과학사학회지』 34-1, 2012.

전용훈, "서평: Nathan Sivin, Granting the Seasons: The Chinese Astronomical Reform of

1280, With a Study of Its Many Dimensions and Annotated Translation of its Records", 『한국과학사학회지』 32-1, 2010.

전용훈, "정조시대 다시보기: 천문학사의 관점에서", 『역사비평』 115, 2016.

전용훈, "최한기의 중력이론에 나타난 동서의 자연철학", 『혜강 최한기 연구』, 사람의무늬, 2016.

전해종, "청대 한·중관계의 일고찰: 조공제도를 통하여 본 청의 태도의 변천에 대하여", 『동양학』 1, 1971.

정연식, "조선 시대의 시간과 일상생활: 시간의 앎과 알림", 『역사와 현실』 37, 2000.

정연식, "『천문류초』의 중궁, 헌원", 『조선시대사학보』 69, 2014.

정재훈, "청조학술과 조선성리학", 『추사와 그의 시대』, 돌베개, 2002.

주영하, "정월초하루날의 명칭에 대하여", 『문헌과 해석』 22, 2003.

최현화, 김용천, 이경섭, "『天地瑞祥志』 연구를 위한 試論", 『동국대학교 대학원연구논집』 33, 2003.

하혜정, "추사 저작의 판본 연구", 『사학연구』 87, 2007.

한영규, "19세기 여항문단과 醫官 洪顯普", 『동방한문학』 38, 2009.

한영규, "남병철 회인시 연구", 『한문교육연구』 31, 2008.

한영호, "조선의 신법일구와 시학의 자취", 『大東文化研究』 47, 2004.

한영호, 남문현, "조선의 更漏法", 『동방학지』 143, 2008.

한영호, 이은희, "교식추보법가령 연구", 『동방학지』 159, 1212.

한영호, 이은희, "麗末鮮初 本國曆 완성의 道程", 『동방학지』 155, 2011.

한영호, 이은희, 강민정, "세종의 역법 제정과 『七政算』", 『동방학지』 168, 2014.

한정수, "고려-송-거란 관계의 정립 및 변화에 따른 紀年의 양상: 광종~현종 대를 중심으로", 『한국사상사학』 41, 2012.

한정수, "여말선초 지방지식인의 시간 이해: 耘谷 元天錫을 중심으로", 『한국사상과 문화』 38, 2007.

江曉原, "曆書起源考", 『中國文化』 6, 1992.

董煜宇, "北宋天文管理研究", 上海交通大學 博士學位論文, 2004.

董煜宇, "曆法在宋朝對外交往中的作用", 『上海交通大學學報』 2002年 第1期 第10卷, 2002.

董煜宇, "從文化整體概念審視宋代的天文學: 以宋代的曆日專賣爲個案", 孫小淳·曾雄生 主編, 『宋代國家文化中的科學』, 北京: 中國科學技術出版社, 2007.

鄧文寬, "莫高窟北區出土〈元至正二十八年戊申歲具注曆日〉殘頁考", 『敦煌研究』 2006-2, 2006.

鄧文寬, "黑城出土〈西夏皇建元年庚午歲, 1210年具注曆日〉殘片考", 『文物』 2007年 第8期, 2007.

史金波, "西夏的曆法和曆書", 『民族語文』 2006年 第4期, 2006.

孫英剛, "瑞祥抑或羽孼: 漢唐間的〈五色大鳥〉與政治宣傳", 『史林』 4, 2012.

嚴敦傑, "式盤綜述", 『考古學報』 4, 1985: (日譯) 橋本敬造, 坂出祥伸 譯, "式盤綜述", 『東洋の科學と技術, 藪内淸博士頌壽記念論文集』, 同明舍, 1982.

汪小虎, "元代頒曆制度述略", 『科學與文化』 2012-5, 2012.

韋兵, "競爭與認同: 從曆日頒賜, 曆法之爭看宋與周邊民族政權的關係", 『民族研究』 2008年 第5期, 2008.

李鑒澄, "晷儀: 我國現存最古老的天文儀器", 『中國古代天文文物論集』, 文物出版社, 1988.

李銀姬, 景冰, "朝鮮奎章閣本的『授時曆立成』", 『中國科技史料』 1998-2, 1998.

林金泉, "宋嘉定十一年具注曆曆譜考: 宋開禧萬年具注曆研究之一", 『成功大學學報 (人文社會篇)』 33, 1998.

張培瑜, "黑城新出天文曆法文書殘頁的幾點附記", 『文物』 1988-4, 1988.

張培瑜, "黑城出土殘曆的年代和有關問題", 『南京大學學報, 哲學·人文·社會科學』 1994-2, 1994.

趙益, 金程宇, "『天地瑞祥志』若干重要問題的再探討", 『南京大學學報, 哲學·人文科學·社會科學』 2012-3, 2012.

陳廣恩, "〈西夏書事〉中的科技史料述論", 『寧夏大學學報, 自然科學版』 1996年 第9期, 1996.

川原秀城, "梅文鼎與東亞", 『宗教哲學』 第45期, 2008.

湯開建, "西夏天文學初探", 『中國天文學史文集』 第4集, 北京:科學出版社, 1986.

夏鼐, "從宣化遼墓的星圖論二十八宿和黃道十二宮", 『考古學報』 1976-2, 1976.

黃一農, "中國傳統候氣說的演進與衰頹", 『淸華學報』 23-2, 1993.

黃一農, "擇日之爭與'康熙曆獄'", 『淸華學報』 21-2, 1991.

関口鯉吉, "朝鮮古記錄中の新星及変光星(?)", 『天文月報』 11-8, 1918.

關口鯉吉, "朝鮮古記錄中の流星群", 『朝鮮古代紀錄調査報告』, 朝鮮總督府觀測所, 1917.

關口鯉吉, "朝鮮古記錄中の彗星", 『朝鮮古代紀錄調査報告』, 朝鮮總督府觀測所, 1917.

関口鯉吉, "朝鮮李朝古記録中の彗星", 『天文月報』10-8, 1917.

橋本敬造, "梅文鼎の暦算學: 康熙年間の天文暦算学", 『東方学報』京都 41, 1970

橋本敬造, "暦象考成の成立", 『明淸時代の科學技術史』, 京都大學人文科學研究所, 1970.

橋本敬造, "楕圓法の展開", 『東方学報』京都 42, 1972.

今井湊, "飛鳥時代の暦法", 『今井文庫』, 日本国立天文台臺電子ライブラリ, PDF판.

大谷光男, "高麗史の日蝕記事について(上)", 『東洋學述研究』16-1, 1977a.

大谷光男, "高麗史の日蝕記事について(下)", 『東洋學述研究』16-2, 1977b.

大谷光男, "高麗朝および『高麗史』の暦日について", 『朝鮮学報』141, 1991.

大谷光男, "武寧王と日本の文化", 『百濟研究』8, 1977.

藤田亮策, "朝鮮の年號と紀年", 『朝鮮學論考』, 藤田亮策記念事業會, 1963.

木下礼仁, 宮島一彦, "高句麗の暦: 中原高句麗碑をめぐって", 『月刊韓國文化』6-1, 1984.

飯島忠夫, "三國史記の日食記事に就いて", 『東洋學報』15-3, 1921.

宋珉煐, "韓國科學教育の成立と展開", 東京都立大學 博士學位論文, 1997.

水口幹記, 陳小法, "日本所蔵唐代佚書『天地瑞祥志』略述", 『文獻(季刊)』2007-1, 2007.

全勇勳, "朝鮮における時憲暦の受容過程とその思想的背景", 『東方學報』京都 84, 2009.

全勇勳, "志筑忠雄と崔漢綺のニュートン科学に対する態度比較", 『京都産業大学論文集: 人文科学系列』第46號, 2013.

田中俊明, "高句麗の金石文: 研究の現況と課題", 『朝鮮史研究會論文集』18, 1981.

佐野誠子, "『天地瑞祥志』所引志怪資料について", 『名古屋大學中國語學文學論集』29, 2015.

佐々木聡, 佐野誠子, "京都大学人文科学研究所所蔵『天地瑞祥志』第十四翻刻・校注", 『名古屋大學中國語學文學論集』29, 2015.

中山茂, "消長法の研究(I): 東西觀測技術の比較", 『科學史研究』66, 1963.

中村璋八, "天地瑞祥志について:附引書索引", 『漢魏文化』7, 1968.

川原秀城, "數と象徵: 皇極經世学小史", 『中国社会と文化』12, 1997.

太田晶二郎, "『天地瑞祥志』略說:附けたり所引の唐令佚文帙", 『東京大學史料編纂所報』7, 1972.

平山清次, "獅子座流星の古記録", 『天文月報』 5-6, 1912.

平勢隆郎, "觀象授時から四分暦へ", 『中國: 社會と文化』16, 2001.

和田雄治, "朝鮮に於ける雨量観測(二)", 『天文月報』6-6, 1913.

Allan Chapman, "Tycho Brahe in China: the Jesuit Mission to Peking and the Iconography of European Instrument-Making Precesses", *Astronomical Instruments and Their Users*, Aldershot: Variorum, 1996.

Huang Yi-Long and Chang Chih-ch'eng, "The Evolution and Decline of the Ancient Chinese Practice of Watching for the Ethers", *Chinese Science,* vol.13, 1996.

Jun, Yong Hoon, "A Comparison of Korean and Japanese Scholars' Attitude toward Newtonian Science", *The Review of Korean Studies*, vol.13, no.1, 2010.

Pingyi Chu, "Scientific Dispute in the Imperial Court: The 1664 Calendar Case", *Chinese Science,* vol.14, 1997.

Pingyi Chu, "Archiving Knowlege: A Life History of the Chongzhen lishu (Calendrical Treatises of the Chongzhen Reign)", *Extrême Orient, Extrême Occident*, no.6, 2007.

Pingyi Chu, "Ch'eng-chu Orthodoxy, Evidential Studies and Correlative Cosmology: Chiang Yung and Western Astronomy", *Philosophy and the History of Science: Taiwanese Journal*, vol.4, no.2, 1995.

Ping-yi Chu, "Technical Knowledge, Cultural Practices and Social Boundaries: Wan-nan Scholar and Recasting of Jesuit Astronomy, 1600-1800", Ph.D. Dissertation, University of California, 1994.

Carl Rufus, "Astronomy in Korea", *Transactions of the Korea Branch of the Royal Asiatic Society*, vol.XXVI, part III, 1936.

Carl Rufus, "The Celestial Planisphere of King Yi Tai-jo", *Transactions of the Korea Branch of the Royal Asiatic Society*, vol.IV, part III, 1913.

3. 국내 학위논문

강민정, "『구장술해』의 연구와 역주", 성균관대학교 박사학위논문, 2016.

김근배, "일제시기 조선인 과학기술인력의 성장", 서울대학교 박사학위논문, 1996.

김상혁, "송이영 혼천시계의 작동 메커니즘에 대한 연구", 충북대학교 대학원 박사학위논문, 2007.

김슬기, "숙종 대 관상감의 시헌력 학습", 서울대학교 대학원 석사학위논문, 2016.

김정미, "朝鮮時代 史庫形止案 硏究", 한국학중앙연구원 박사학위논문, 2015.

미야가와 타쿠야, "20세기 초 일제의 한반도 기상관측망 구축과 식민지 기상학의 형성",

서울대학교 석사학위논문, 2008.

박은미, "개화기 천문학 서적 연구: 정영택의 『天文學』과 베어드의 『천문약히』", 충북대학교 석사학위논문, 2010.

서금석, "고려시대 曆法과 曆日 연구", 전남대학교 박사학위논문, 2016.

이면우, "한국 근대교육기(1876~1910)의 지구과학교육", 서울대학교 박사학위논문, 1999.

전용훈, "조선후기 서양천문학과 전통천문학의 갈등과 융화", 서울대학교 박사학위논문, 2004.

최고은, "1864년부터 1945년까지 한국 역서(曆書) 연구", 충북대학교 석사학위논문, 2010.

허윤섭, "조선후기 관상감 천문학 부문의 조직과 업무: 18세기 후반 이후를 중심으로", 서울대학교 석사학위논문, 2000.

Contents in English

The History of Astronomy in Korea

by Jun, Yong Hoon

The Academy of Korean Studies